초보자를 위한 법학 입문서

법학입문

정갑용 · 설계경 · 정성숙 共著

법률출판사

머리말

최근 우리나라에 로스쿨제도가 도입되면서 법학분야에 일대 전환기를 맞고 있고, 이에 따라 법학의 공부방법도 새로운 발상의 전환이 필요한 시점입니다.

본래, 법학공부는 순수한 학문을 위하여, 각종 국가시험을 대비하기 위하여, 또는 사회생활에 필요한 기초교양을 위하여 등 다양한 이유로 법학을 공부하게 됩니다. 하지만, 법학공부의 목적이 어떻든 법학을 처음 접하게 되는 학생으로서는 법학의 내용이 무엇인지, 법학을 어떻게 공부해야 하는지를 모르는 것이 대부분일 것입니다.

이에, 본서는 법학을 처음 접하는 학생들에게 법학공부를 쉽게 할 수 있도록 하기 위한 법학공부를 안내하기 위하여, 법을 깊이 배우기에 앞서, 법학의 기초적인 개념이 무엇인지, 법학의 대상이 되는 분야가 무엇인지, 법학이란 어떤 학문인지에 대하여 알기 쉽게 정리, 요약하였습니다.

뿐만 아니라, 그 동안 법학 초학자에게 법학의 길잡이를 해 온 많은 법학입문서가 있었습니다만, 최근 법학전문대학의 설립으로 인하여 상당수의 법과대학이 폐지되고 로스쿨제도의 취지에 맞게 구성된 법학입문서가 시급히 요청되고 있으므로, 본서는 실무중심의 안내서로서의 역할을 하고자 최근 사례나 판례를 충분히 수록하고 기본적인 개념을 일목요연하게 정리하였습니다.

본서의 내용은 5개 분야 즉, 법학일반, 공법, 사법, 사회법, 소송법의 분야로 나누어 정리하였습니다.

제1장은 법학일반에 관한 것으로, 법의 이념, 법의 효력을 법학의 가장 기본적인 내용을 수록하였으며,

제2장은 공법 분야로서 그 내용은 헌법, 행정법, 형법, 국제법,

제3장은 사법 분야로서 민법과 상법,

제4장은 사회법 분야로서 사회보장법, 노동법, 지적재산권법, 환경법,

제5장은 소송법 분야로서 민사소송법과 형사소송법에 관한 것입니다.

그 동안 본서를 집필하는 데 많은 시간과 노력을 기울였으나 아직도 부족한 부분이 많이 있음을 통감하며 부족한 부분에 대해서는 차후 수정판을 통하여 보완하도록 할 생각입니다.

아무쪼록, 본서가 법학공부를 처음 시작하시는 여러분들께 많은 도움이 되시기를 기대하며, 본서를 편찬하는 데 도움을 주신 각 교수님들께 감사드리고 아울러 본서의 출판을 기꺼이 맡아 주신 법률출판사 김용성 사장님 이하 직원 여러분들께도 감사의 마음을 전합니다.

2009. 1.

저자 드림

차 례

제2장 공법

제3장 사법

제4장 사회법

제1장

법학 일반론

제1절 법과 사회

Ⅰ. 법과 사회생활

1. 인간과 사회

인간은 '사회적 동물'이다. 다른 생물과 달리 인간은 '자기 의지(자아)'를 가지고 다른 인간과 더불어 사는 공동체 생활을 영위하는 동물로서 여러 다양한 생활관계에서 서로 의존하며 살아가고 있다. 이와 같이 인간은 공동체 생활을 하므로 서로 협력하며 살아가기도 하지만 필연적으로 서로 간에 이해관계가 대립되기도 하고 분쟁이 발생하기도 한다. 이와 같은 이해관계의 충돌을 규율하지 않고 각자 마음대로 행동하게 이른바 "만인의 만인에 대한 투쟁"만이 있어서 사회질서와 기능이 마비되고 약육강식의 무질서로 빠지게 될 것이므로, 사람이 살아가는 사회에서는 각자가 준수하여야 할 사회규범이 필요하게 된다.

인간은 규범을 통해 옳은 것과 그른 것을 가늠하고, 해도 되는 것, 해야 되는 것, 해서는 안 되는 것을 구분하고, 칭찬받을 일과 비난받을 일을 판정하며, 가치와 소망을 공유한다. 더 나아가 규범은 사회 구성원들이 자신을 비롯하여 서로에게 기대하는 유형의 마음가짐과 행위를 규정하고 규제함으로써 사회의 안정된 존속을 위해 필요한 질서를 유지시킬 뿐만 아니라 우리 각자의 정체성과 삶의 형태를 조건 짓는다. 이를 통해 인간 사회는 단순한 개체들의 집단을 넘

어서 하나의 정신적 공동체를 이룬다.[1)]

한편, 규범이란 사람이 사회생활을 함에 있어서 '하여야 한다' 또는 '하여서는 안 된다'는 가치기준을 정하는 것인데, 이러한 점에서 규범은 당위적 성격을 가지며 사회가 있는 곳에는 법을 포함한 사회규범이 존재하고, "사회가 있는 곳에 법이 있으며, 법이 있는 곳에 사회가 있다"는 명제를 이행할 수 있을 것이다.

"사회가 있는 곳에 법이 있다."는 말은 사회적 동물인 인간들이 공동체 생활에서 협력, 이해관계의 대립, 분쟁의 발생 등 다양한 형태의 생활상에 있어서 서로 평화롭게 공존, 공생할 수 있는 공동체 사회의 질서를 세우는 것을 의미하는데, 그것이 바로 "법(法, 법규범, Law, Droit, Recht)"[2)][3)]인 것이다.

2. 법과 사회생활

우리 자신의 하루생활을 얼핏 보면 법과는 아무런 관계가 없는 듯 하지만 사실은 법과 무관한 것은 아무 것도 있을 수 없다는 것을 발견할 수 있다. 즉, 우리가 아침에 잠을 깨어 일어난 그 공간도 자택, 전세, 월세 등으로서 그 이전에 부동산 매매계약(자택), 부동산 전세계약(전세), 부동산 임대차계약(월세) 등의 법률행위로 이루어진 것임을 알 수 있다. 아침에 일어나 식사를 하는 경우에 식탁 및 식기는 동산 매매계약, 식사로 먹는 식품은 식품위생법, 농산물 또는 수산물 유통 관련법 등 이전의 다양한 법률행위의 결과로 인한 것임을 알 수 있다. 식사를 마치고 학교나 직장에 버스로 등교, 출근하는 경우에 '여객운송계약'이 적용되고, 건널목을 지나는 경우에도 '도로교통법'이 적용되는 것이다.[4)] 바로 나 자신도 아버지와 어머님이 결혼이라는 법률행위를 통하여 사

---

1) 김준수' "법과 도덕", 189~190면.
2) 법의 한자인 '法'은 '水'와 '去' 및 '廌'를 합친 것으로, 정의를 상징하는 상상의 동물인 해태(廌)가 물(水)이 흘러가듯이(去) 공정하게 정의를 실현한다는 의미이다.
3) ① 법; 법은 법규범 전체(법률, 명령, 조례, 규칙 등과 판례, 관습법, 조리 등을 총칭)
② 법률; 입법기관인 국회의 의결을 거쳐 대통령이 공포한 것을 말함.
③ 법규; 직접 국민의 권리・의무에 관한 사항을 규정한 법, 성문법, 제정법.
④ 법질서; 통일적인 법규범의 체계.
⑤ 법령; 법률과 명령, 성문법 전체.
⑥ 법전; 체계적으로 편제, 조직된 성문법규의 전체(헌법・민법・형법・상법・민사소송법・형사소송법 등).
4) 그 외에도 경범죄처벌법(법률 제8435호, 2007. 5. 17)에서는 사회생활관계에서 남에게 위해

랑에 의해 비롯된 결과라고 볼 수 있는 것이다.

이렇게 보면, 우리의 생활과 법은 떼려야 뗄 수 없는 밀접한 관계에 있으며, 법을 통하여 사회질서가 유지됨은 물론, 우리의 권리가 최대로 확보하고 개인의 사회생활에 있어서도 인간으로서의 존엄과 가치가 존중되고 그 능력에 따라 공평하게 대우받는 여건을 확보할 수 있는 것이다. 따라서 법질서가 존재하지 않거나 법규범이 그 기능을 다하지 못하는 경우에는 가진 자, 힘있는 자가 못 가진 자, 힘없는 자를 일방적으로 지배하는 '무법천지'가 되어 종국에는 인간사회가 온전히 보전되지 못하는 불행할 결과가 초래될 것이다.

Ⅱ. 법과 사회규범

인간사회를 질서지우는 것으로 '사회규범'과 '자연법칙'이 있으나, '인간의 가치판단'이 없다는 점에서 사회규범과 구분된다.

'법'은 우리 인간사회의 질서를 유지하기 위하여 필요 불가결한 것으로 인간사회의 질서를 유지하기 위한 '사회규범'에 해당되는데, 이러한 사회규범으로서 사회질서를 유지하고 있는 것은 법규범 뿐만 아니라, 종교규범, 관습, 도덕규범 등이 있다.

1. 법과 도덕

일반적으로, 법은 사회생활규범이고 도덕은 개인생활규범이고, 법이 규율하는 대상은 외부적 행동이지만 도덕은 내부적 심리상태를 규율대상으로 하며, 법의 요청은 행위의 합법성이며, 도덕의 요청은 행위의 도덕성이다. 또한, 법은 타율성을 가지는 데 반하여, 도덕은 자율성을 가진다고 한다. 법은 경험적

가 되는 여러 경범죄의 종류를 정하고 있다(빈집 등에의 잠복, 흉기의 은닉 휴대, 폭행 등 예비, 허위신고, 시체 현장변경 등, 요부조자 등 신고 불이행, 관명사칭 등, 출판물의 부당게재 등, 물품강매 · 청객행위, 허위광고, 업무방해, 광고물 무단첩부 등, 음료수 사용방해, 오물방치, 노상방요 등, 의식방해, 단체가입강청, 자연훼손, 타인의 가축 · 기계 등 무단조작, 수로유통방해, 구걸 부당이득, 불안감 조성, 음주소란 등, 인근 소란 등, 위험한 불씨 사용, 물건 던지기 등 위험행위, 공작물 등 관리소홀, 굴뚝 등 관리소홀, 정신병자 강호소홀, 위해동물 관리소홀, 동물 등에 의한 행패 등, 무단소등, 공중통로 안전관리소홀, 공무원 원조불응, 성명 등의 허위기재, 전당품장부 허위기재, . 미신요법, 야간통행제한 위반, 과다노출, 지문채취 불응, 자릿세 징수 등, 비밀춤 교습 및 장소 제공, 암표매매, 새치기, 무단출입, 총포 등 조작 장난, 무임승차 및 무전취식, 뱀 등 진열행위, 장난전화 등, 금연장소에서의 흡연.

·상대적 규범이며, 도덕은 초경험적·절대적 규범이다. 법은 권리·의무의 양면성을 가지나, 도덕은 의무의 일면성만을 가진다.[5] 법은 법률·명령의 형식으로 문자로 표시하는 데 반하여, 도덕은 그러한 형식으로 표시되지 아니한다. 법은 현실을 바탕으로 하여 전체 사회구성원에게 행해지는 규범이므로 사회일반평균인을 대상으로 하여 보통 사람으로서는 누구나 할 수 있는 행위를 요구한다. 이에 대하여 도덕은 현실사회의 높은 이상화를 지향하는 규범이므로 보통 사람으로는 도저히 실천할 수 없을 정도로 높은 것이라고 한다는 등의 기준으로 양자를 구별한다.

예링은 법과 도덕의 관계에 관한 문제를 "법철학에 있어서의 케이프 혼"이라 하여 그 해결의 어려움을 지적한 바 있다. 엘리네크는 '법은 도덕의 최소한'이라 하였는데, 이는 '법'은 인간사회에서 통용되는 '도덕'의 내용 중에서 그 사회에 요구되는 최소한의 것을 법규범으로 정립한다는 의미이다. 특정 사회의 법은 그 사회의 질서를 유지하기 위하여 그 사회의 도덕적인 내용에서 가장 필요한 것을 법규범으로 정립하는 것이다. 예를 들어, 타인에 대한 존중, 사랑, 양보, 신체의 침해 금지 등이 그 사회의 도덕규범인데, 특히 '사람을 살해한 자는 5년 이상 징역, 무기징역 또는 사형에 처한다.'[6]는 내용을 법으로 정립하는 경우이다. 남의 도움이 절실한 경우에 그를 도우는 것이 사회의 도덕규범인데, 법규범에서는 노유 질병 기타 사정으로 인하여 부조를 요하는 자를 보호할 계약상 의무가 있는 자가 유기한 때에는 3년 이하의 징역에 처한다.[7] '경범죄처벌법'을 보면, 눈, 비, 바람, 해일, 지진 등으로 인한 재해 또는 화재, 교통사고, 범죄 그 밖의 급작스러운 사고가 발생한 때에 그 곳에 있으면서도 정당한 이유 없이 관계 공무원이 도움을 청하여도 이에 응하지 않은 사람은 구류 또는 과료의 형으로 처벌한다.[8]

그러나, 교통질서의 유지를 위한 '도로교통법'과 같이 단순히 공동생활의 편리만을 위한 것으로 도덕규범과 관련이 적은 분야의 법규범도 존재한다.

법과 도덕과의 관계 내지 특징을 구분해 보면,

첫째, 사회규범으로서 규율대상의 측면을 보면, 법규범은 인간의 외면적, 물

---

5) 최종고, 『법학통론』, 박영사, 2006, 40~42면, 참조.
6) 형법 제250조.
7) 형법 제271조 제1항.
8) 경범죄처벌법 제1조 제36항.

리적 행위를 규율하고, 도덕규범은 인간의 내면적, 정신적 사상을 규율한다.

둘째, 사회규범으로서 그 내용을 실효적으로 확보하는 방법의 측면을 보면, 법규범은 국가권력에 의한 강제라는 타율적인 특징을 지니고, 도덕규범은 개인 스스로에 의한 도덕규범의 준수라는 자율적인 특징을 지니고 있다.

셋째, 사회규범의 내용을 실현하는 과정의 측면에서 보면, 법규범은 권리가 있는 반면에서 반드시 의무가 따르는 양면성을 지니는 반면에, 도덕규범은 의무가 강조되는 단면적인 특징을 지니고 있다.

넷째, 사회규범의 내용인 권리, 의무를 실현하는 방법의 측면에서 보면, 법규범은 그것을 준수하지 않는 경우에 국가권력이 개입하여 그 내용(권리, 의무)을 관철시킨다는 강제성을 지니는 반면에, 도덕규범은 개인 스스로에 의한 준수가 요구되지만 타인이 그것을 준수하지 않는 경우에도 그것을 강제할 수 없는 특징을 지니고 있다.

이와 같은 법과 도덕을 구분한 것이 <표 1>이다.

〈표 1〉 법과 도덕과의 구분

규범 / 특징	법	도덕
규율대상	외면적・물리적 행위	내면적・정신적 사상
실효성	타율성	자율성
권리・의무	양면성	단면성
강제성	있음	없음

켈젠에 따르면 "인간에게 의무로 부과되고 있는 행위"라는 기준은 법과 도덕을 구별하는 기준이 될 수 없다고 한다. 왜냐하면 자살은 법과 도덕에 의해서 동시에 금지될 수 있기 때문이다. 그리고 켈젠은 법은 외적행위에 관계할 뿐 행위의 동기나 의도에는 무관심한데 반하여, 도덕은 다만 행동의 내적인 동기나 의도의 순수성을 요구한다는 칸트의 합법성과 도덕성의 구별에서 기인하는 널리 알려져 있는 견해 역시 법과 도덕의 구별을 위한 적절한 기준이 되지 못한다고 비판한다. 켈젠은 도덕과 구별되는 법의 고유한 특징을 확정하기 위

해 강제질서라는 개념을 우선 강조한다. 강제나 제재 역시 단순한 강제가 아니라 객관적으로 효력 있는 규범의 집행이라는 것으로 해석될 수 있다는 점에서 그 고유한 의미를 지닌다. 켈젠은 법을 "규범적 강제질서"로 규정한다.[9)]

2. 법과 관습

관습은 일정한 행위가 특정한 범위의 다수인의 사이에서 반복하여 행하여지는 데에서 성립한다. 따라서 관습은 습관과 구별된다. 습관은 반복하여 행해지는 행위가 개인적인 것이고, 각 개인에 따라 여러 가지로 다르겠으나, 관습은 사회적인 행위이고 이를 지키고 따라야 한다는 사회공통의 의식이 사회구성원 중에 발생하고 있는 것이다. 그러므로 관습에 위반하면 사회적 비난을 받는다. 이리하여 관습은 규범성을 띠게 되고 이른바 관습규범으로 된다.

'관습'이란 특정 사회에서 오랜 기간 동안에 걸쳐서 형성되어 온 것으로, 그 사회 구성원들의 일정한 행위가 사회 구성원 사이에 한결같이 반복되어 감에 따라 점차 올바른 행위의 기준으로 인정되나 아직 법으로까지는 안된 상태의 규범을 의미하는데, 예를 들면 성년의식, 결혼의식, 제사의례, 장례의식 등을 들 수 있다.

이에 비하여, 법은 인간생활을 국가권력에 의하여 강제적으로 규율한다는 점에서 비권력적 강제의 속성을 지니는 관습과 구별되며, 관습법은 일정한 사회적 관행이 계속되어 '법적 확신'이 주어짐으로써 사회구성원의 대다수에 의하여 지켜질 정도로 된 규범으로 국가권력에 의하여 강제적으로 규율한다는 점에서 비권력적 강제의 속성을 지니는 관습과 구별된다.

관습은 그 자체가 법적 강제를 지니고 있지는 않으나 아주 다양한 인간생활에 대하여 법규범이 이를 완벽하게 규율한다는 것은 가능하지도 않고 바람직하지도 않으므로 관습은 우리 인간생활을 규율하는 매우 중요한 사회규범이다.

---

9) 나종석, "정의와 법의 연관성에 대한 고찰", 한국동서철학회 논문집, 동서철학연구, 제27호, 2003, 151~153면.

〈표 2〉 법규범, 관습법 및 관습과의 구분

내 용 / 구 분	주 요 특 징
법규범	법은 인간생활을 강제적으로 규율하는 사회규범으로 국가권력에 의한 강제가 적용된다는 점에서 비권력적인 강제가 적용되는 관습과 구분
관습법	관습법은 사회적 관행이 계속되어 법적 확신 내지 법적 인식을 수반하여 대다수에 의하여 지켜질 정도로 된 것으로, 국가권력에 의한 강제가 적용된다는 점에서 비권력적인 강제가 적용되는 관습과 구분
관 습	관습은 일정한 행위가 사회 구성원 사이에 오랜 기간 동안 계속적으로 반복되어 그 사회의 올바른 행위의 기준으로 인정되지만 아직 법으로까지는 안 된 상태의 규범으로, 비권력적인 강제가 특징

3. 법과 종교

종교는 초인격적인 신을 대상으로 하고 이에 대한 개인적인 중심적 신앙을 기초로 하여 절대자에 귀의하기 위하여 성립하는 규범이다. 종교와 법이 분화되어 있지 아니한 고대사회에서는 제정일치라는 것이 인정되어 종교적인 금기가 동시에 법적 규범으로 되었다. 특히 중세 서구에서는 기독교와 법이 혼합되어 종교가 최고권위의 가치기준이어서 평등사상 · 이자지급금지 · 혼인 등에 관한 종교적 계율이 교회법이라는 이름으로 일반사회를 규율하였다, 그러나 사회의 발전, 특히 국가권력의 형성에 따라 법적 규범과 종교적 규범의 분화가 점차로 명확하게 되었다. 그리하여 정교분리가 이루어지고, 법은 일단 국가법을 의미하고, 교회법은 종교 내부에서만 적용되게 되었다.

법규범은 사회가 복잡하고 다양하게 분화함에 따라 종교규범으로부터 분리되어 국가권력에 의한 강제규범으로서 성립하는데, 근대 이전의 사회는 법규범과 종교규범가 분화되지 않은 상태였다.

종교규범 사회생활규범으로, 금전대부에 대한 이자금지, 이혼금지 등의 종교규범이 사회생활을 규제하였는데, 파문 등 자체의 징계행위가 있기는 하나 그 역시 국가권력에 의한 강제가 아니라는 점에서 법규범과 구분된다.

〈표 3〉 법규범과 종교규범의 구분

법규범	법규범은 사회가 복잡하고 다양하게 분화함에 따라 종교규범으로부터 분리되어 국가권력에 의한 강제규범으로서 성립
종교규범	근대 이전은 법규범과 종교규범이 분화되지 않은 상태 종교규범은 사회생활규범으로, 금전대부에 대한 이자금지, 이혼금지 등의 종교규범이 사회생활을 규제하였는데, 파문 등 자체의 징계행위가 있기는 하나 국가권력에 의한 강제가 아니라는 점에서 법규범과 구분

Ⅲ. 법의 기능

법은 사회생활에서 여러 가지 기능을 하지만, 그 중에서도 질서유지, 제도형성, 예측성 확보, 정당성 평가 등에서 중요한 기능을 한다.

첫째, 법의 질서유지 기능이다. 법은 개인의 생명, 신체, 재산, 인격 기타 권익을 폭력적 침해로부터 보호하고 나아가 사회적·국가적 이익을 수호함으로써 사회적 공동생활에 있어서 안녕과 질서를 유지하는 기능을 한다.

둘째, 법의 질서유지 기능이다. 법치주의 국가에서 모든 사회제도는 법형식에 의하여 수립되고 촉진되기 때문에 정치, 경제, 교육, 문화, 가족제도 등의 사회제도는 사회규범의 복합체로 이루어져 있고, 법은 이것을 제도화하고 운용의 기준을 마련하는 기능을 행한다.

셋째, 법의 예측성 확보 기능이다. 법은 일정한 행위에 대하여 금지, 제한 등 규제를 하므로 자기 행위의 결과에 대한 예측 내지 기대를 가능하게 한다. 법의 이런 기능은 사회생활에서 나타나는 각종 관계를 확실하게 보장하는 규칙성을 확보함으로써 타인과의 분업과 협력을 가능케 하였다. 법의 예측성을 확보하기 위한 조건으로는 법의 내용을 명확히 하고, 함부로 개정・폐지하지 말아야 하며(법 제정의 경성성), 실제로 행해져야 하며(법의 유효성), 국민의식에 합치되어야 한다(법규범의 객관성, 합리성).

넷째, 법의 정당성 평가 기능이다. 법규범은 인간이 사회생활을 하는 데에 있어서 행위의 기준이 되므로, 자기의 행동이 타당성 또는 합법성을 갖는가 여부에 대한 평가기준으로서의 기능을 갖는다. 특히, 권력행사에 있어서 일정한 기준을 제시하고 권력의 정당성 및 권력행사의 타당성 여부를 제도적으로 확보하여 인간의 기본권을 최대한 신장하여 인간이 인간으로서의 존엄과 가치를 존중받고 생활할 수 있는 여건을 보장한다.

〈표 4〉 법규범의 기능

내 용 / 기 능	주 요 내 용
질서유지	법은 개인의 권익을 보호하고 사회적・국가적 이익을 수호하여 사회적 공동생활의 안녕과 질서를 유지
제도형성	정치, 경제, 교육, 문화, 가족제도 등의 사회제도의 근거 및 운용의 기준을 마련
예측성확보	행위의 결과에 대한 예측 내지 기대 가능
정당성평가	법은 사회생활에 대한 인간행위의 준거(정당성 및 합법성)

제2절 법의 이념

Ⅰ. 정의(正義)

법의 궁극적으로 실현하고자 하는 것(법의 이념, 목적)은 '정의(Justice)'를 실현하는 것인데, 일반적으로 '정의'를 옳은 바를 행하는 것으로 설명된다. 그러나, '법적 정의'가 구체적으로 무엇인가에 대하여 그 동안 다양한 논의가 전개되어 왔으나 아직도 그 기준과 내용을 명확히 정립하지 못하고 있다.

이와 같이 '정의'를 명확하게 정립하지 못하는 이유는 '정의'라는 자체가 시대나 사회, 인간 개개인 또는 이익집단의 이해관계가 각기 다르며 법규범을 정립하는 데에 있어서 근본적인 전제가 되는 '인간관' 또는 '가치관'이 각기 다를 수밖에 없기 때문이라고 생각된다.

인간관에 대하여는 여러 학설이 나뉘는데, 평등주의는 직접적이고 광범한 호소력을 갖고 있으며 기본적인 출발점을 '모든 사람이 평등하게 이 세상에 태어났다.'는 명제에 두고 있다. 이 같은 사실은 분명한 것이다. 따라서 평등주의자라도 모든 가치있는 것들이 동등하게 분배되어야 한다고 주장하지는 않으며 어느 정도의 탄력성을 부여한다. 자유주의는 로크(Loke), 칸트(Kant), 스미스(Smith) 등이 주장한 이래 하이예크(Hayek)를 거쳐 노직(Nozick)에 이르고 있다. 이 원칙에 의할 때 정의로운 분배는 모든 사람이 정당하게 가질 권리가 있는 것만을 소유하는 상태를 의미한다. 공리주의는 '최대다수의 최대행복'에 집약적으로 나타나 있다. 사회 후생의 총부를 극대화시키는 것이 정의로운 상태라고 생각한다.

한편, '정의'에 대한 전형적인 설명으로 아리스토텔레스(Aristoteles)를 들 수 있는데, 그는 정의를 다음과 같이 세 가지로 분류하였다.

첫째, 평균적(산술적, 형식적) 정의로 일정한 법익을 그 사회구성원의 수로 나누어 배분하는 방법을 말한다. 예를 들면, 개인 간의 급부와 반대급부, 손해배상 등에서 일체의 가치판단을 배제하고 산술적, 형식적으로 공정한 균형을 유지하는 경우를 말한다.

둘째는 일반적(법률적) 정의이다. 이는 개인이 단체(국가 등)에 대하여 의무를 다하는 것을 말하며, 국가의 비상시에 국가에 대한 의무를 다하는 것(특별권력관계)은 이러한 정의에 부합된다.

셋째는 배분적(실질적) 정의이다. 소위 '각자에게 그 자신의 몫'을 배분하는 것으로 개인의 능력 및 업적에 따라 그에 상응하는 차별적 대우를 하는 것을 말하는데, 성과급의 차등 지급, 일정한 자격증에 대한 특별수당의 지급 등이 그 예이다.

한편, 법규범은 그 자체의 이념(목적)인 '정의'를 구체적으로 실현하기 위하여 '법적 안정성'과 '합목적성'이라는 두 가지의 기본원리를 차용하고 있는데, 라드브루흐는 "법이념의 세 측면, 즉 정의, 합목적성, 법적 안정성은 서로 날카롭게 모순될 수 있음에도 불구하고 모두 자신의 측면에서 법을 공동으로 지배하고 있다고 지적하고 있다."[10)]

Ⅱ. 합목적성

법이 정의를 지향한다고 할 경우에 실제 적용에 있어서는 불합리한 결과가 나타날 수도 있다. 그러므로 법에 있어서 구체적인 정당성을 실현시킬 수 있는 두 번째의 법의 이념 내지 가치가 필요하게 된다. 그것이 바로 합목적성이다. 합목적성이란 법이 그 가치관에 구체적으로 합치되는 것을 말한다. 법은 본질적으로 국가의 의사이고 동시에 하나의 제도이다. 따라서 법의 목적은 국가의 목적과 직결되기 때문에 법의 합목적성은 국가의 목적에 의해 결정된다. 또 법의 목적은 사회적 · 정치적 · 사상적 배경에 의해 구체적 내용이 결정되는 것이므로 정의가 법의 내용을 일반화하는 데 반하여, 합목적성은 법을 개별화하는 경향이 있다. 따라서 법의 합목적성은 법이 요구하는 가치관에 따라 법의 목적을 현실화하는 데 있다.

오늘날 인간은 개인의 권리나 자유를 본위로 하는 개인성과 공공의 복지라는 단체적 가치를 추구하는 단체성의 양면성을 띠고 있으며, 이것은 서로 대립

---

10) 조천수, "라드브루흐의 방법 3원론, 법이념과 공식", 법철학연구 제7권 제1호, 한국법철학회, 2004, 133면.

관계에 있다. 즉, 사익과 공익의 대립·모순관계의 조화를 모색하는 것은 법의 합목적성을 통해서 가능한 것이다.

Ⅲ. 법적 안정성

법적 안정성이란 인간이 법에 따라 안심하고 생활할 수 있는 상태, 즉 법에 의하여 보호되는 사회생활의 질서와 안정을 말한다. 법 전체는 사회 전체의 질서를 형성하고, 사회질서의 유지라는 것은 법의 목적이고 이념이기도 하다. 즉, 사회질서를 유지하는 것이 법의 가치이고 이러한 가치가 있기 때문에 법이 우리들에게 필요한 것이다. 질서야말로 인간사회에 있어서 안정성과 상호교섭의 최저의 기준이며, 인간의 번영과 문화창조의 출발점이다. 질서는 법의 생명이며, 따라서 법은 질서의 안정을 제1차적인 목표로 삼되, 그 질서는 정의의 기준에 비추어 정당하다고 판단되는 것이어야 한다.

'법적 안정성'은 사회구성원 대부분의 지지를 통하여 법에 의하여 보호되는 사회생활의 질서와 안정을 말하는데, 법은 질서를 유지하기 위한 것이고 사회구성원이 안정된 생활을 영위하는 것도 법을 통한 질서가 유지되기 때문이다. 법이 사회질서를 유지할 힘을 잃게 되면 법으로서의 존재의의도 상실하게 되므로, 법적 안정성, 즉 법에 의한 사회질서의 안정유지는 법적 정의를 실현하는 기본원리라고 할 수 있다.

한편, 법적 정의를 실현하기 위하여 '법적 안정성'만을 추구한다면 그것이 사회구성원 일부(특히, 가진 자, 권력자)에 의해 그들만의 이익을 확보하기 위하여 정립된 경우(소위, 악법)에 이를 계속 유지하는 것은 대다수 구성원들의 이익을 일방적으로 무시하는 방법으로 악용될 여지가 있다. 또한, 사회의 발전에 따라 새로운 이해관계가 출현하기도 하고 가치관의 변화에 따라 일정한 행위에 대한 법적 판단기준이 달라질 수도 있으므로, 법규범은 결국은 인간을 위하여 존재한다는 점에서 '법적 안정성'만을 강조하여 법규범의 변화를 무시하는 것은 매우 불합리한 결과를 초래할 것이다.

따라서, 법적 안정성은 '법에 의한 안정'이 아니라 '법 자체의 안정'을 의미하는데, 이는 법의 안정성이 보장되면 나아가서 사회질서의 안정성도 보장되기 때문이다. 만약 법 자체가 자의적으로 적용된다면 사회질서는 유지될 수 없어 혼란에 빠져 법의 실효성은 보장되지 못한다. 따라서 법의 실효성을 확보하기 위하여는 법적 안정성이 전제되어야 한다. 라드브루흐는 법적 안정성을 유지하기 위하여는, 법의 내용이 명확해야 하고, 법이 함부로 자주 변경되어서는 안 되고, 법의 실행은 실제로 확실히 행해져야 하며, 법은 국민의 의식에 맞아야 한다고 한다.

Ⅳ. 상호관계

라드브루흐는 법의 이념인 정의·합목적성·법적 안정성은 서로 연관되면서 또 서로 모순된다고 보았다. 즉, 정의가 일반화하는 경향이 있는 데 대하여, 합목적성은 개별화하는 경향이 있고, 정의나 합목적성이 이념적인 것인데 대해, 법적 안정성은 실정성을 요구하고, 이 실정성은 실력, 즉 사실로부터 나오는 것이기 때문에 이념과 모순된다. 법적 안정성은 법질서의 정립이라는 법의 기능에 관한 이념인 데 대하여, 정의나 합목적성은 법의 내용에 관한 법이념이다. 법적 안정성은 법의 형식에 중점을 두고 있으나, 정의나 합목적성은 주로 법의 실체에 중점을 두고 있다. 따라서 법적 안정성은 사회질서의 유지를 위해 법의 내용이 비록 정의나 합목적성에 부합하지 않더라도 강제성을 요구하게 되므로 법적 안정성과 정의·합목적성의 사이에 모순·갈등이 생긴다. 또 정의와 합목적성이 다 같이 법의 내용에 관한 것이라 하지만 합목적성이 인간의 목적에 이바지하는 공리성을 띠는 데 대하여, 정의는 윤리성이라고 하는 각기 다른 가치관념을 바탕으로 하기 때문에 이 양자 사이에도 모순이 생긴다.

법이념의 상호관계는 곧 법의 개념과 가치를 결정하게 되어 정의·법적 안정성·합목적성은 서로 긴밀한 관계에 있게 되어 그 상호간의 적용문제가 제기된다. 라드브루흐는 상대주의이론에 입각하여 이러한 모순은 학문적인 보편타당성의 원리로서는 해결할 수 없고, 실천적·주관적으로 해결할 수밖에 없다고 한다. 즉, 자연법을 중요시하는 시대에는 정의의 이념이 최고의 가치기준이 되고, 경찰국가시대에는 합목적성의 이념이, 법실증주의 시대에는 법적 안정성의 이념이 특히 강조된다고 한다. 또한 법체계에 있어서도 형법에서는 정의의 이념이, 행정법에서는 합목적성의 이념이, 그리고 민법이나 소송법에서는 법적 안정성의 이념이 강하게 작용한다고 한다.

법에 있어서의 정의와 합목적성 그리고 법적 안정성은 서로 대립하고 모순된다 하더라도 법이 존재하는 한 이념으로서 영속할 것이다. 특히 실정법은 그 시대의 정치와 관련되는 경우가 많다. 예컨대 정치적으로 보수주의와 진보주의가 있는 경우에 보수주의의 입장에서 정의라고 하는 것이 진보주의 입장에서는 정의로 생각되지 않는 경우가 있다. 따라서 보수주의가 만든 법률은 진보주의에서 볼 때는 악법이 된다.

따라서 무엇이 정의이고, 무엇이 합목적성이며, 무엇이 법적 안정성인가 하는 것은 시대와 장소에 따라 상대적으로 결정할 수 밖에 없을 것이다. 그러나 이러한 세 이념은 법이 진실로 추구해야 할 당위적인 목표이므로 이들이 조화되도록 하는 것이 중요한 과제라 할 수 있다. 이 점에서, 라드브루흐는 법의 세 가지 이념이 서로 조화하는 가운데 법의 생명은 유지・발전되어 간다고 주장하였다.

제3절 법의 연원(존재형식)

Ⅰ. 의의

법의 연원(법원, 존재형식)이라는 용어는 넓은 의미에서는 법을 형성하는 원동력 또는 법규범의 타당근거를 말하고, 좁은 의미에서는 법의 객관적 존재형식을 말하는데, 일반적으로 법원이라 함은 좁은 의미의 법의 객관적 존재형식을 지칭한다.

Ⅱ. 성문법

1. 의의

성문법이란 문서의 형식을 갖추고 일정한 절차와 형식에 따라서 권한있는 기관이 제정·공포한 법을 말하며 제정법이라고도 한다. 법의 진화과정을 존재형식의 측면에서 보면 불문법에서 성문법으로 이행되어 왔다. 사회생활이 복잡하여짐에 따라 개인이 준수하여야 할 법규범을 명시함으로써 법의 통일·정비가 이루어져 생활의 안정을 유지할 수 있다. 또한 국가에 대해서 개인의 기본권을 보장하여야 할 정치적 요청에서 성문법의 필요성을 가져왔으며 이것은 곧 성문법 제도의 장점이 된다. 따라서 현대국가는 법질서에 있어서 성문법을 기본으로 하고 있으며, 불문법국가인 영국에서도 불문법주의를 보완하기 위하여 성문법이 요청되고 있다.

성문법은 법규범을 성문화함으로써 그 내용이 고정성을 지니게 되어 변화하는 사회사정의 현실에 신속히 적응하지 못하는 결점을 갖는다. 또한 성문법은 입법자의 의사를 반영시키는 데 용이하므로 입법자가 자의에 빠지는 경향이 있으며, 국민의 법적 확신과 사회적 기반을 무시하여 성문법 만능주의를 가져올 우려가 있다. 일반적으로 성문법주의는, 법의 통일·정비로 법적 질서를 안정화시키고, 법의 의미와 내용이 명확하여 법을 구체적으로 시행하기에 적합한 장점이 있는 반면에, 법의 경화로 유동적인 사회실정에 적응하기 어렵고, 입법의 기술화로 말미암아 법에 대한 이해가 어렵다는 단점도 아울러 가지고 있다. 이와 같은 성문법주의의 장·단점은 거꾸로 불문법주의의 단·장점이 된다.

성문법에는 헌법·법률·명령·자치법규 및 국제조약 등이 있으며, 이러한 모든 법질서는 헌법을 정점으로 하여 구성되어 있다. 성문법은 형법전, 민법전과 같이 법의 존재를 문장의 형식으로 표기하고 있는 법을 말하는데, 성문법의 장점은 국민이 법을 명확히 알 수 있어서 예측가능성이 높으며, 법의 통일적인 정비가 용이하다. 성문법은 개정절차가 까다로우므로 지속성을 가지며, 불문법에 비하여 법적 안정성이 높다. 반면에, 성문법의 단점은 민주정치가 온전하게 실현되지 않는 경우에 다수 입법자의 횡포가 우려되며, 변화하는 사회에 탄력적으로 대처하기 어렵고 입법의 복잡화·기술화로 인해 일반국민이 체계적으로 이해하기 곤란하다는 단점이 지적된다.

2. 내용

1) 헌법

헌법이란 국가의 조직 및 작용에 관한 국가의 근본법으로서 국가의 최고의 기본법이다. 따라서 헌법은 법률·명령은 물론 국가기관의 행위보다 상위에 있으며 또한 이들 효력의 근거가 된다. 헌법은 국가의 최상위 규범이므로 그 개정은 일반 법률의 개정보다 엄격한 절차를 요하는 것이 일반적이다. 특히 헌법은 국가의 통치질서를 규범화한 것으로서 개인의 기본권과 국가의 통치권력과의 관계를 주요내용으로 하고 있기 때문에 헌정의 운영에서 헌법의식이 필수적 전제이다. 헌법이 성문형식을 취한 경우를 성문헌법이라 하여 우리나라를 포함한 대부분의 국가가 이에 속한다. 또한 영국과 같이 단일 헌법전을 갖지 않은 불문헌법 국가도 있다.

한 국가의 법형식은 헌법을 최고법규로 하고 그 아래에 법률·명령 등의 다양한 법원이 상하의 단계적 구조를 이루고 있다. 따라서 헌법은 국가의 기본조직·통치작용·국민의 기본권 등을 규정하게 마련이다. 헌법은 국가의 최상위법으로서 가장 강력한 효력을 갖는 것이므로 하위의 법인 법률이나 명령 등은 헌법에 위반되어서는 아니된다.

2) 법률

법률은 넓은 의미에서 법 일반을 말하는 것이나, 좁은 의미에서는 입법기관인 국회에서 제정하는 성문법을 뜻하며, 행정부나 사법부에 의해 제정되는 법규와 구별된다. 법률은 헌법의 하위에 있으므로 헌법에 위배되면 무효가 된다. 또한 법치국가에 있어서는 국민의 기본권에 관한 사항은 법률로 정한다. 입법권은 국회에 속하므로 국회는 유일한 입법기관인 것이다.

법률의 제정은 법률안의 제출, 의결 및 공포의 3단계를 거치게 된다. 법률안의 제출은 국회의원과 정부가 할 수 있으며 국회에서 법률안이 의결되면 정부에 이송되어 15일 이내에 대통령이 공포한다. 법률안에 이의가 있을 때에는 대통령은 위의 기간 내에 이의서를 붙여 국회로 환부하고 그 재의를 요구할 수 있으며, 법률은 특별한 규정이 없는 한 공포한 날로부터 20일을 경과함으로써 효력을 발생한다.

일반 법률은 헌법보다 하위에 속하므로 헌법에 위반되는 법률을 제정해서는 안 된다. 형법 · 민법 · 상법 · 민사소송법 · 형사소송법 등은 모든 내용을 하나의 법전속에 포함시켜 단일법의 형태를 취하고 있다. 이것을 보통 법전이라고 한다.

3) 명령

명령은 국회의 의결을 거치지 않고 행정기관에 의해 제정되는 성문법이다. 국회의 의결을 요하지 않으며 제정권자가 행정기관이라는 점에서 법률과 상이하다. 또한 명령은 형식적 효력에 있어서 법률의 하위에 있는 것이므로 명령에 의하여 헌법 또는 법률을 개폐하지 못한다. 단 법률적 효력을 가진 긴급명령은 예외가 된다. 명령은 보는 관점에 따라 다음과 같이 분류된다.

-. 제정권자를 표준으로 하여 대통령령 · 총리령 · 부령

-. 수권의 근거를 표준으로 하여 위임명령 · 집행명령

-. 법률에 대한 관계를 표준으로 하여 비상명령 · 긴급명령 · 위임명령

-. 규정상의 내용을 표준으로 하여 집행명령 · 독립명령

명령과 규칙은 국회의 의결을 거치지 아니하고 권한이 있는 기관에 의하여 제정되는 법규 중 다음에 설명하는 자치법규에 속하지 않는 성문법규이다. 입법권은 국회에 있는 것이 원칙이지만, 국회는 근본적인 중요한 점만 법률의 형식으로 정하고, 실제로 법률을 집행하는 데 필요한 세부적인 사항을 각 행정기관으로 하여금 정하도록 하고 있다.

대통령은 법률에서 구체적으로 범위를 정하여 위임받은 사항(위임명령)과 법률을 집행하기 위하여 필요한 사항(집행명령)에 대하여 대통령령을 발할 수 있다.[11)]

4) 규칙

헌법은 권력분립의 이념에 따라 입법부와 사법부 및 중앙선거관리위원회에 각각 규칙의 제정권을 부여하고 있다. 즉 국회는 그 자율권에 의하여 법률에 저촉되지 않는 범위 안에서 의사와 내부규율에 관한 규칙을 제정할 수 있다. 따라서 의사규칙과 내부규칙은 국회 안에서만 효력을 가지는 것이나, 그 효력은 국회의원에게만 미치는 것이 아니라 국회 안에 들어오는 모든 사람에게 적용되는 법규로서의 효력을 갖는다. 또한 대법원은 그 규칙제정권에 의하여 법률에 저촉되지 않는 범위 안에서 소송절차, 내부규율, 사무처리에 관한 규칙을 제정할 수 있으며, 중앙선거관리위원회는 법령의 범위 안에서 선거관리·국민투표관리 또는 정당사무에 관한 규칙을 제정할 수 있다.

5) 자치법규

자치법규란 지방자치단체(서울특별시·광역시·도·시·군·구)가 제정하는 법규이며, 헌법상의 자치권에 의하여 제정된다[12)]. 자치법규는 지방자치단체가 법령의 범위 내에서 제정한 자치에 관한 규정이다. 지방자치단체는 헌법이 보장한 자치입법권에 의해 조례와 규칙을 제정할 수 있다. 조례는 지방자치단체가 법령의 범위 내에서 그 사무에 관하여 지방의회의 의결을 거쳐 제정하는 것이며, 규칙은 지방자치단체의장이 법령 또는 조례가 위임한 범위 내에서 그

11) 헌법 제75조.
12) 헌법 제118조 1항.

권한에 속하는 사무에 관하여 제정한 자치법규를 말한다.

조례는 자치사무 및 단체위임사무를 규정하며, 법령에서 위임받은 사항을 규정하는 위임조례(대통령령·총리령·부령과 같은 성격)도 있다. 규칙은 법령에서 위임받은 사항을 규정하는 경우, 법령위임규칙으로서 위임조례와 같은 성격이며 양자는 대등한 지위에 있게 되지만, 조례에서 위임받은 사항을 규정하는 것(조례위임규칙)과 조례의 집행을 위한 사항을 규정하는 것(조례집행규칙)은 조례의 하위법규가 된다. 한편, 기관위임사무에 관한 사항을 규정하는 기관위임규칙은 법령 외에도 중앙기관의 행정규칙에 의하여서도 제약을 받게 된다.[13)]

6) 조약

조약은 문서에 의한 국가 간의 명시적 합의를 말하며, 협정약정, 협약, 규약, 헌장, 규정, 의정서, 결정서, 선언, 합의서, 교환공문서, 잠정협정, concordat(로마교황이 체결하는 조약)등의 명칭으로도 불린다. 그러나 의회의 동의없이 행정부만에 의하여 체결되는 행정협정은 넓은 의미의 조약의 일종이나 조약과는 성질이 다르다. 행정협정은 조약이나 법률에 의하여 수권된 사항을 정한다든가 조약을 시행하기 위하여 필요한 세부적 사항을 행정부가 단독으로 의회의 동의없이 체결하는 것이다.

조약은 대통령에 의해 체결되고, 국회의 동의를 얻어 대통령이 공포함으로써 그 효력이 발생한다. 또한 국제관습법이란 법적 구속력을 가진 국제관행을 말하는데 조약과 함께 국제법을 구성한다.

조약의 국내법과의 효력의 우열관계에 관하여는, 헌법과 조약과의 관계에 관한 학설을 살펴보면 헌법우위설이 통설이다. 법률과의 관계에 있어서는 헌법 제60조 제1항에 열거된 조약(상호 원조 또는 안전보장에 관한 조약, 중요한 국제조직에 관한 조약, 우호통상항해조약, 주권의 제약에 관한 조약, 강화조약, 국가나 국민에게 중대한 재정적 부담을 지우는 조약, 입법사항에 관한 조약)은 국회에서 체결·비준에 동의권을 행사한다는 점에서 법률과 같은 효력을 갖는 것으로 보아야 할 것이다. 그 밖의 조약은 그 성격에 따라 대통령령·

---

13) 중소기업청, 『법제실무』, 2001, 15면.

총리령·부령과 같은 효력을 갖는 것으로 볼 수 있을 것이다.[14)]

Ⅲ. 불문법

불문법이란 문장으로 표현된 제정법이 아니고 실제상 관행으로 존재하는 법원을 뜻한다. 불문법에는 관습법·판례법·조리 등이 포함되며 일정한 입법기관의 제정절차를 거치지 않고 발생한 법이기 때문에 비제정법이라고 한다. 법의 생성과정을 보면 불문법으로부터 성문법주의로 발달하여 왔지만, 오늘날 성문법국가에서도 불문법은 일반적으로 성문법의 보충적 효력을 가지고 있다. 그러나 변화하는 복잡한 사회에서 성문법만으로 대응한다는 것은 법의 적용에 많은 문제점과 결함이 필연적으로 나타나게 되어 현대와 같은 입법만능시대에도 불문법의 법원성이 중요시되고 있다.

불문법은 일반 서민이 이해하기 쉽고 현실사회의 변천에 적응하기 쉽다는 장점이 있으나, 성문법에 비하여 법의 통일정비가 어렵고, 구체적이고 명확하여야 할 권리·의무관계가 성문법에 비해 불명확하다는 단점이 지적된다.

1. 관습법

1) 의의

관습법이라 함은 일정한 법공동체에서 자연발생적으로 형성된 법규범으로, 관습법은 관습이 법공동체 구성원들의 법적 확신을 얻음으로써 구속성을 갖게 되는 불문법의 일종이다. 관습은 특정한 사회에서 습관적으로 준수되는 사실과 관행으로부터 자연발생적으로 축적된 규칙이다. 이러한 관습이 사회구성원들의 법적 확신을 얻을 때 관습법으로 된다. 관습이 법으로 발전된 것이 관습법이다.[15)]

따라서 국가의 입법행위에 의하여 제정되는 성문법과 다른 기반을 가지고 있다. 관습은 다만 하나의 관행으로서 특정한 사람들에 의해 행해지고 있는 한에 있어서는 아직 사회규범의 일종에 지나지 않는다. 그러나 국가가 관습을 법

14) 중소기업청, "법제실무", 2001, 12면.
15) 오세혁, "관습법의 현대적 의미", 법철학연구 제9권 제2호, 한국법철학회, 2006, 147면.

원으로서 인정함으로써 강제력을 갖는 경우에는, 그것은 단순한 관습이 아니고 법으로서의 관습, 즉 관습법이 되는 것이다. 관습법은 사회생활 가운데 단순한 사회적 사실로서 존재하는 사실인 관습과 구별하여야 한다.

2) 성립요건

관습법이 성립하기 위해서는, 법적 확신설에 따르면 관행과 법적 확신이 필요하다. 관습법이 존재하기 위해서는 우선 관행, 즉 어떠한 사항에 관하여 상당한 기간 동안 동일한 행위의 반복이 존재하여야 한다. 그 관행이 그 기원을 알 수 없을 정도로 오래된 것일 필요는 없다.[16)]

즉, 관습은 다음의 요건을 구비하여 국가의 승인을 얻음으로써 비로소 관습법으로서 성립된다.

첫째, 관습법의 실체가 되는 사실적인 관습이 존재하여야 한다. 일정한 사항에 대하여 같은 행위가 다수인에 의하여 반복·계속될 때 이것이 곧 규범화되어 관습이 존재하게 된다.

둘째, 관습의 내용이 법규범으로서의 의식을 갖는 법적 가치를 가져야 한다. 관습의 내용을 존중하여 준수하는 것이 국가공동생활의 질서유지와 그 발전을 위하여 필요한 것이어야 한다.

셋째, 관습이 공공의 질서와 선량한 풍속인 공서양속에 반하지 않아야 한다. 공서양속에 반하지 않는 것은 국가사회의 법질서에 위배되지 않고 사회의 건전한 일반적 도덕관념에 어긋나지 않음을 의미한다. 법이 국가 공동사회의 유지와 발전을 목적으로 존재하는 까닭에 관습법이 법으로서 성립하기 위하여는 이에 어긋나지 말아야 함은 물론이다.

넷째, 관습이 법령의 규정에 의하여 인정되거나 또는 원칙적으로 법령에 규정이 없는 사항에 관한 것이라야 한다. 법령에 명문규정이 있는 경우는 법령과 상위한 관습이 있을 경우에는 그 관습에 의하도록 명시한 경우에 한한다. 예컨대 민법 제224조의 저수·배수 시설의 설치비용에 있어서 관습에 의한 비용부담의 결정과 같은 것이다.

16) 오세혁, "관습법의 현대적 의미", 법철학연구 제9권 제2호, 한국법철학회, 2006, 153면.

3) 관습법의 효력

(1) 사실인 관습과의 관계

민법 제106조는 사실인 관습에 관하여 “법령 중의 선량한 풍속 기타 사회질서에 관계없는 규정과 다른 관습이 있는 경우에 당사자의 의사가 명확하지 아니한 때에는 그 관습에 의한다”라고 규정한다. 따라서 어떤 관습이 있고 당사자가 그 관습과 반대되는 의사를 표시하지 않는 한, 또는 당사자의 의사가 불명확할 때에만 법적 효력을 갖고 관습에 따라 해석된다.

사실인 관습과 관습법과의 차이는 다음과 같은 점에 있다. 첫째, 관습법은 당사자의 의사와 관계없이 법규로서의 효력을 가지지만 사실인 관습은 당사자의 의사를 해석하는 기준이 되어 법률행위의 내용을 결정함으로써 비로소 효력을 가진다. 둘째, 관습법은 강행법규는 물론 비록 임의법규라 하더라도 법령에 규정되어 있는 사항에 관하여 존재할 수 있으나, 사실인 관습은 법률행위의 해석을 통하여 임의법규를 개폐할 수 없는 것이 원칙이다.

(2) 관습법과 성문법과의 관계

성문법이나 관습법은 다 같이 국가의 법으로서 이론상 그 사이에 우열이 있을 수가 없다. 그러나 실제로 입법정책적 측면에서 그 차별이 발생하고 관습법은 성문법에 대하여 보충적 효력을 갖는 것으로, 관습은 법으로서 효력을 갖는다고 하더라도 법령이 존재하지 않는 범위에서만 성립함을 원칙으로 한다(관습법의 보충적 효력).

2. 판례법

1) 의의

판례법이란 법원의 판례를 통해서 형성되는 불문의 규범을 뜻한다. 즉 법원의 판결 그 자체가 판례법이 되는 것이 아니라, 법원의 동일한 취지의 판결이 반복됨으로써 판례를 법원으로 인정하는 경우에 성립되는 불문법이다. 판례와 관습법은 그 개념과 기원이 상이하게 구성되어 있으나, 동일한 종류의 사건에 대하여 동일한 내용의 선례가 반복됨으로써 사회의 관행이 규범화되어 결국

판례에 의해서도 불문의 관습법이 성립될 수 있는 것이다. 따라서 판례와 관습은 불문법을 성립시키는 데 있어서 다 같이 밀접한 관계에 있는 것이다.

2) 판례법주의

불문법주의인 영미법에서는 판례는 재판의 단순한 판결이 아니라 그 자체가 곧 판례법으로서 법원이 된다. 즉 영미법은 판례법이 제1차적 법원이 되는 판례법주의이기 때문에 구체적 사건에 대한 법원의 판결이 정립한 법적 원칙이 곧 법이 된다. 따라서 법원이 사건을 재판하는 경우에 이미 나와 있는 판례에 의한 선례구속의 원칙에 따라 법적인 구속을 받게 되는 것이다.

3) 성문법주의와 판례의 효력

대륙법계에서는 성문법주의를 채용하여 법원의 판결은 다른 판결에 구속받지 않을 것을 원칙으로 하기 때문에 판례는 오직 법규의 해석을 위한 자료에 불과하다. 즉, 성문법국가에 있어서의 판례는 영미법에서와 달리 법원으로서의 법규범적 효력은 부정되고, 실정법 해석에 있어서 사실상 해석의 기준이 되는 효력을 갖는 데 그친다. 그러나 , 성문법주의에서도 법적으로 구속력이 없는 판례는 사실상 구속력 구속력을 갖게 되어 판례가 성문법에 대한 수정적 · 보충적 작용을 하는 경우가 적지 않다. 즉, 법원은 법적 안정성을 위해 특별한 사정이 없는 한 선례인 판례를 변경하기 어려으며, 하급심에서 상급법원의 판례를 존중하게 되어 성문법 국가에서도 판례는 사실상의 구속력을 갖는다고 할 수 있다.

3. 조리

조리라 함은 사물의 합리적 · 본질적 법칙 즉, 사물필연의 도리를 말한다. 조리는 이성에 의하여 승인된 사회 공동생활에 있어서의 본질적인 이치를 가리키며 실정법 질서의 존재와 그 가치의 기초가 된다. 이는 사회통념 · 경험법칙 · 공서양속 · 신의성실의 원칙 · 법의 일반원칙 · 정의 · 자연법 등으로 표현되기도 한다. 본래 사회생활관계는 복잡하고 변화하는 것이기 때문에 아무리 치밀하게 성문법이 갖추어지고, 관습법 · 판례법이 발달한다 하더라도 사회가 필요로 하는 모든 법률관계를 남김없이 규정한다는 것은 사실상 불가능하다. 따라서 법원은 특정한 구체적 사건에 적용할 법규가 없다는 이유로 재판을 거절할 수 없음은 물론, 또한 법관은 법에 의해서만 재판을 하여야 하는 것이므로, 법의 흠결을 보충하여 재판을 하지 않을 수 없는 것이다. 그리하여 조리의 법원성을 명시적으로 규정한 입법례가 많다.

조리란 '사물의 본성 또는 사물의 도리로서 사람의 건전한 상식으로 판단할 수 있는 자연의 이치 내지 본질적 법칙으로 국가가 법적 규범의식으로서 승인한 사회생활의 원리'를 말하는 바, 민법 제1조의 취지에 비추어 볼 때 조리는 성문법규와 관습법이 아닌 일체의 법인식자료로 이해될 수 있다. 다시 말해 경험칙, 사회통념, 공서양속, 정의, 형평, 신의칙, 사회적 타당성 등 개별적이고도 독립적인 고독한 인간이 사회구석적인 일반사회인의 이성에 바탕을 둔 재판규범이 바로 조리이고, 대법원은 지금까지 조리를 근거로 민형사 사건은 물론이고 섭외사법에 이르기까지 수많은 사건을 판결해왔다.[17]

구체적 사건의 재판에서 적용할 성문법이나 관습법이 없는 경우에 법원(法院)은 조리에 의하여 재판을 행할 수밖에 없다. 따라서 조리는 보충적 효력을 갖게 된다.

Ⅳ. 법률의 구성

법률의 구성이란 법의 형식상의 구성을 말하는데, 일반적으로 법은 전문 · 본칙 · 부칙으로 구성된다.

1. 법률의 형식

1) 공포번호

법령문 첫 페이지 좌측상단에는 "법률", "대통령령", "총리령", "산업자원부령" 등으로 법형식이 기재되어 있고, 공포시 법제처에서 부여받은 공포번호가 "제○○○○호"의 형식으로 기재된다.

---

17) 박선영, "관습법에 관한 사법부 해석의 범위와 한계", 35면.

2) 법령의 제명

법령의 제명은 법령의 고유한 명칭이다. 법령의 제명을 붙이는 경우에는 주요내용이 대표될 수 있어야 한다. 다른 법령과 혼동될 염려가 없어야 하며 법령종별에 따라 제명을 구별하여 표현하여야 한다.

3) 전문

법의 전문이란 법의 본칙 앞에 있는 서문으로서 법의 한 구성부분이다. 일반적으로 헌법에는 전문이 있지만, 법률, 명령, 규칙 등에는 전문이 없는 것이 보통이다. 전문의 내용은 법마다 다르며 통일되어 있는 것은 아니나, 일반적으로 법의 제정유래, 제정취지, 기본목적 · 기본원칙 등을 선언하고 있다.

4) 본문

본문이란 법의 실질적 구성부분으로, 그 법의 본질적 내용을 규정한 부분을 말한다. 법의 구성부분 가운데 전문과 부칙을 제외한 부분이 본칙에 해당한다. 전문이 없는 법은 있어도 본문이 없는 법은 없다. 본문은 또 다음과 같이 나누어진다.

(1) 편 · 장 · 절 · 관 · 항

많은 조문으로 구성된 본칙은 공통된 내용의 조항을 묶어 몇 개의 편으로 구성하고, 다시 그 편 안에서 공통된 조항을 묶어 장으로 표시하고, 장을 다시 세분할 필요가 있는 경우에는 절로, 절은 다시 관으로, 관은 다시 항을 설치한다. 그러나 내용이 간단한 경우는 이들을 구별하지 않아도 무방하다. 이들에게는 그 내용에 따라 제목을 붙인다.

(2) 조 · 항 · 호

본칙의 규정은 그 내용을 간명하게 표시하기 위하여 條라는 기본단위를 사용하며, 제1조에서부터 시작한다. 법의 내용이 지극히 간단한 경우는 條를 사용하지 않는 경우도 있다(예: 연호에 관한 법률, 실화책임에 관한 법률, 근로자의 날 제정에 관한 법률, 한글 전용에 관한 법률 등).

項은 條의 하위단위로서 ①·②·③···로 표시한다. 모든 條가 項으로 나누어지는 것은 아니며 내용이 간명한 條는 項으로 구분되지 않는다(예: 민법 제1조는 항이 없으나 제2조는 2개항으로 구성되어 있다).

號는 條 또는 項에서 사용되는 條 또는 項의 하위단위이며, 項만의 하위단위가 아니다(예: 헌법 제89조는 項없이 17개號가 규정되어 있으며 헌법 제111조는 1項(에는 5개號가 규정되어 있으나 2項~4項 에는 號가 규정되어 있지 않다.

號를 다시 세분할 필요가 있을 때에는 가 나 다 ···로 표시한다(예: 가사소송법 2조, 하도급거래 공정화에 관한 법률 2조, 외국인투자촉진법 2조 등).

條에는 괄호 안에 표제를 붙이는 것이 일반적이다. 項의 경우는 부칙의 項에는 표제를 붙이는 경우가 있으나 본칙의 項에는 붙이지 않는다. 號의 경우는 어느 경우에나 붙이지 않는다.

(3) 단서규정

하나의 條 ·項 중의 문장이 구분되는 경우에 후단의 문장이 '그러나'(또는 '다만')로 시작되어 전단의 문장에 대한 예외를 규정하는 경우가 있다. 이러한 경우 '그러나' 이하를 단서라 하고 전단의 규정을 본문이라고 한다

5) 부칙

부칙은 본칙에 부수하여 법의 일부를 구성한다. 부칙에는 일반적으로 그 법령의 시행일, 경과조치, 그 법령의 시행에 따라서 필요로 하는 다른 법령의 개폐조치 등에 관한 사항을 규정한다.

부칙의 내용이 많은 경우에는 이를 條로 구성하며, 그렇지 않은 경우에는 項으로 구성한다. 부칙의 條나 項의 경우 표제를 붙이는 것이 일반적이다.

부칙과 구별되어야 할 것으로 보칙이 있다. 보칙은 본문 중에서 보충적 규정을 정하는 부분의 장이나 절의 표제로 사용된다.

2. 법률의 용어

1) 「고시」와 「공고」

「고시」는 법령이 정하는 바에 따라 국민의 권리·의무와 관련되는 일정한

사항을 알리는 것을 말하고, 「공고」는 법령에서 정하는 바와 관계없이 일반적인 사항을 알리는 것을 말한다.

2) 「적용」과 「준용」

「적용한다」고 함은 A의 특정조항이 조금도 수정됨이 없이 그대로 B사항에 대하여 적용되는 경우에 사용된다.

3) 「본다(간주한다)」와 「추정한다」

「본다(간주한다)」고 함은 분쟁을 방지하고 법률적용을 명확히 하기위하여 법령으로써 의제하여 버리는 것을 말한다. 「추정한다」고 하는 것은 어느 쪽인지 증거가 분명하지 않은 경우에 일응 그러리라고 판단을 내려놓는 것을 말한다. 그러므로 당사자가 반대증거를 제출하는 경우에 추정은 무시된다.

4) 「한다」·「하여야 한다」와 「할 수 있다」

「한다」 또는 「하여야 한다」는 반드시 할 의무를 지우는 것이고, 「할 수 있다」는 표현은 할 수 있는 권능을 부여하는 것이다. 즉 하여도 좋고 하지 않아도 좋은 경우를 말한다.

5) 「그러하지 아니하다」

이 표현은 단서규정에서 본문규정의 적용제외를 표시하기 위하여 사용된다. 「···하여서는 아니된다. 다만 ···의 경우에는 그러하지 아니하다」라고 하는 것이 그 예이며, 이러한 경우에 대하여는 본문의 금지규정을 적용하지 않는다는 의미이다.

6) 「기일」·「기한」·「기간」

「기한」은 어떤 법률의 효력이 언제부터 발생한다거나 언제까지 효력을 가진다고 하는 것과 같이 법률 효과의 발생 또는 소멸을 일정한 일시의 도달에 매이게 하는 경우에 쓴다. 「기간」은 언제부터 언제까지라고 하는 것과 같이 일정한 시간적인 간격의 길이를 표시하는 용어이다. 그리고 「기일」이란 어떤 행위가 행해지거나 어떤 사실이 생기게 될 일정한 시점 또는 시기를 말한다. 「기간

」과 「기한」이 어떤 시간적인 길이를 표시하는 용어인데 대해 「기일」은 특정한 구체적인 날을 의미하는 점에서 다르다.

7) 「과료」와 「과태료」

「과료」는 형법에서 정하는 형벌의 일종이며, 「과태료」는 행정목적의 달성에 장애를 미칠 위험성이 있는 경우에 과하는 행정질서벌이다.

제4절 법의 분류

법은 원래 복잡한 사회관계를 규율하므로 다양하게 흩어져 있는 여러 법규칙들을 여러 가지 기준에 의하여 분류 · 정리하고, 계통을 수립하여 논리적 통일에 맞추어 조직화하는 것을 법의 체계화라 한다. 법체계를 세우는 것은 구체적인 법률생활의 안전과 책임있는 사회생활을 신속 · 원활하게 하는 데 필요한 일이다.

Ⅰ. 공법·사법·사회법

1. 의의

공법과 사법의 구별은 로마법에서부터 시작된 전통적 법의 분류형식인데 로마법에서는 공적인 내용의 조직에 관한 것은 공법이고, 개인의 이해관계에 관한 것은 사법이라고 보았다.

2. 구별

공법과 사법의 구별기준에 관하여는 여러 가지로 나누어 볼 수 있다.

즉 법이 보호하는 이익이 공익(국가적 이익)이라면 공법이고, 사익(개인적 이익)의 보호를 목적으로 하는 것이라면 사법이라고 구분하는 태도를 일반적으로 이익설이라고 칭한다. 또한 법이 규율하는 법률관계의 주체에 착안하여 구분하는 주체설이 있다. 즉, 국가 · 공공단체 상호의 관계 및 국가 · 공공단체와 개인의 관계를 규율하는 것이 공법이며, 개인간의 관계를 규율하는 것이 사법이라고 하는 태도이다. 또한 이외에 권력적이냐 비권력적이냐를 기준으로 하여 권력적인 것은 공법, 비권력적인 것은 사법이라고 하는 권력설(성질설)이 있으며, 여러 가지를 기준으로 하자는 복수기준설이 있다. 현재는 복수기준설이 다수설이며 이에 의하면 공법은 국가적, 윤리적, 공익적, 타율적, 지배적이며 사법은 개인적, 경제적, 사익적, 자율적, 평등적이라고 한다.

한편 사회법은 공법 · 사법의 어느 것에도 속하지 않는 제3의 법영역이라고도 할 수 있고, 사법관계에 공법적 규제를 가미한 법이기도 하다. 개인간의 실질적인 평등의 실현을 도모하기 위하여 경제적 약자보호의 입장에서 사법에 수정을 가한 것이 사회법이다. 사회법은 사법의 고유한 영역을 인정하면서도 사회적, 경제적 약자를 보호하는 입장에서 공법적인 체제를 가하여 개인의 실질적 평등을 보호하기 위한 법이다. 때문에 사회법은 공법도 사법도 아닌 양자를 혼합한 그 중간에 위치하는 '제3의 법 영역'이라 할 수 있다.

〈표 7〉 공법·사법·사회법의 구분

분 류	개 념	특 징
공법	ㅇ국가·공공단체 상호의 생활관계 및 공동단체와 개인의 관계를 규율 ㅇ보호법익이 국가적 이익	ㅇ국가적, 공익적, 타율적, 지배적
사법	ㅇ개인간의 관계를 규율 ㅇ보호법익이 개인적 이익	ㅇ개인적, 경제적, 자율적, 평등적
사회법	ㅇ전통적인 공사법 원리를 수정하여 실질적 평등을 구현 ㅇ사회적, 경제적 약자를 보호	ㅇ사회적, 공익적, 타율적, 분배적

Ⅱ. 국내법과 국제법

1. 의의

국내법은 국가라고 하는 단일의 주체에 의해서 정립되어 국가의 단독의사에 따라 강제되어진 법이다. 이에 반하여 국제법은 다수 국가들 간의 관계를 규율하는 법이며 一國과 他國의 외부관계를 규율의 대상으로 하는 것이다.

2. 구별

국내법은 특정 국가의 단독의사로 정립되고 국가 내의 국가와 국민, 국민 상호간의 법률관계를 규율한다. 이에 비하여, 국제법은 여러 국가의 합의로 정립되며, 국제사회의 국가와 국가의 상호 법률관계를 규율하고, 성문법, 관습법(법의 일반원칙)의 형태로 존재한다.

Ⅲ. 실체법과 절차법

1. 의의

실체법과 절차법이란 법규의 규율대상을 기준으로 하는 구별이다. 실체법이란 법률관계에 있어서 권리의무의 발생·변경·소멸의 내용 및 운용의 절차에 관한 법을 말한다. 즉, 실체법이란 권리, 의무의 실체, 즉 권리, 의무의 종류·변동·효과·내용 등에 관하여 규정하는 법을 가리키고, 절차법이란 권리·의무의 실질적 내용을 실현하기 위한 절차에 관하여 규정하는 법을 말한다. 헌법, 형법, 민법 등은 실체법에 속하고, 형사소송법, 민사소송법, 가사심판법, 비송사건절차법 등은 절차법에 속한다. 절차법 가운데는 직접 소송에 관한 것과 그렇지 않은 것이 있는데, 민사소송법, 형사소송법 등은 전자에 속하고 부동산등기법, 호적법 등은 후자에 속한다. 사법은 대체로 거의 실체법이고 사회법은 실체법과 절차법의 성질을 아울러 포함하고 있는 경우가 많다.

결국, 권리의무나 법률관계의 내용에 관한 법의 총칭이 실체법이며, 그 권리의무를 구체적인 경우에 현실적으로 실현하는 수단이나 절차에 관한 법이 절차법이다.

〈표 9〉 실체법과 절차법의 구분

분 류	개 념	특 징
실체법	○ 법률관계 그 자체, 즉 권리·의무의 내용과 종류, 주체, 발생, 변경, 소멸 등을 규정	○ 민법, 형법, 상법
절차법	○ 실체법이 정하는 권리·의무 관계를 실현하기 위한 수단과 방법을 규율	○ 민사소송법, 형사소송법, 행정소송법, 파산법, 부동산등기법

2. 구별

실체법은 이를 운영할 절차법이 있음으로써 법을 적용할 수 있기 때문에 양자의 관계는 실체법이 목적인 데 대하여, 절차법은 수단을 의미하며 상호 불가분의 관계에 있다. 실체법은 절차법이라는 수단을 통하여 가능한 것이기 때문에 절차법의 적용에 있어서 신중을 기하여야 한다. 특히 범죄소추에 있어서 실체적 진실발견이라는 실체법의 적용도 중요하지만 개인의 권익과 인신보호를 위해서는 절차적 과정의 중요성이 더욱 강조된다. 영미법에서 적법절차조항을 활용하고 있는 것이나, 행정법상 행정절차가 발달하고 있는 것은 우리에게 시사하는 바 크다. 법원은 실체법과 절차법이 서로 저촉되는 경우에는 실체법에 의하여 재판을 하여야 하며, 실체법이 존재하지 아니하더라도 재판을 거절할 수 없지만, 절차법이 없을 때는 재판을 할 수 없는 것이 원칙이다. 또한 실체법이 개정되면 그것은 법률불소급의 원칙이 적용되는 데 반하여, 절차법이 개정되면 실체법의 운용방식을 변경하는 데 불과하므로 새로운 절차법을 적용하는 것이 원칙이다.

Ⅳ. 일반법과 특별법

1. 의의

일반법과 특별법과의 구별은 법의 효력범위가 일반적·보편적 사항에 대한 것인가 또는 특수적인 것인가를 기준으로 하여 법을 분류한 것이다. 일반법은 사람, 사항, 장소에 대하여 일반적으로 넓은 효력범위를 갖고 적용되는 법을 가리키고, 특별법은 특수적인 좁은 사항에 국한된 효력범위를 갖는 법을 말한다. 일반법과 특별법을 구별하는 실익은 법의 적용순위에 있어서 특별법은 일반법에 대하여 우선적으로 적용된다는 점에 있다. 이것은 '특별법은 일반법에 우선한다'고 하는 특별법 우선의 원칙으로 법적용상 중요한 원칙이다. 또 이와 관련하여 일반법은 넓게, 특별법은 좁게 해석하여야 한다는 원칙이 있다.

2. 구별

법의 효력이 미치는 인적 범위를 기준으로 보면, 형사관계의 기본법인 형법은 군인 및 군속의 형사관계를 규율하는 군형법을 보면 형법은 군형법에 비하여 일반법이며 군형법[18]은 형법에 비하여 특별법이다.

법의 효력이 미치는 내용적 범위를 기준으로 보면, 일반국민의 민사생활관계를 규율하는 기본법인 민법과 특히 상거래를 규율하는 상법과의 관계에서는 민법이 상법에 비하여 일반법이며 상법은 민법에 비하여 특별법이다.

법의 효력이 미치는 내용적 범위를 기준으로 보면, 서울특별시 전체에 적용되는 시 조례와 특정 구에 적용되는 구 조례는 시 조례는 구 조례에 비하여 일반법이고 구 조례는 시 조례에 비하여 특별법이다.

---

18) 〈74.3.12 육군 73 고군형항 818〉 근무규칙에 위배하여 복장을 갖추지 아니하거나 일시 수소를 이탈하여도 초병에 해당한다. 〈1998. 5. 26. 고등군사법원 98노194〉 수면중인 초병도 초병에 해당한다. 〈76.2.10. 대법원75 도3608〉 동일계급의 경우 먼저 진급한 자는 상관에 준한다. 〈72.5.23. 대법원 72도568〉 육군중사인 피고인이 중대 소속 육군소위인 "갑"의 면전에서 동인에 대하여 "야 소대장 너 그렇게 밖에 말 못하겠나, 술좌석에서 군기잡으려 하나"라고 말한 사실을 인정하여 군형법 제64조 제1항을 적용하여 상관모욕죄로 처단하였음은 정당하다.

〈표 10〉 일반법과 특별법의 구분

구별기준	분 류	개 념	특 징
효력범위	일반법	○사람, 장소, 사항에 관해 보편적으로 넓은 효력범위를 가짐	민법, 형법, 이자제한법
	특별법	○사람, 장소, 사항에 관해 특수적, 제한적 효력	공무원법, 군형법, 선원법, 상법, 교육공무원법

Ⅴ. 강행법과 임의법

1. 의의

강행법과 임의법은 법규의 적용이 절대적인가 임의적인가의 차이에 의하여 구별된다. 강행법은 당사자의 의사와 관계없이 반드시 적용되며, 그 내용이 공공의 질서에 관련되거나 국가・사회관계의 규율을 직접적인 목적으로 하는 규정으로서 국가가 그 내용을 강행적으로 실현시키고자 하는 것으로, 헌법・행정법・형법・소송법의 대부분은 강행법에 속한다.

2. 구별

임의법은 당사자의 의사에 따라 그 적용을 배제시키고자 하는 법으로, 그 내용이 개인적인 생활관계의 규율을 목적으로 하는 법규는 본래 당사자의 자유로운 의사를 존중하고 국가는 이에 개입하지 않는 것을 원칙으로 하고 있다. 공공의 질서, 선량한 풍속에 반하지 않는 한 개인의사자치의 원칙이 적용되는 것이다. 개인의 의사에 기초한 별단의 것을 정하지 않은 경우에는 개인의 의사의 자치가 보충되고 임의법의 존재의의가 인정된다.

〈표 11〉 강행법과 임의법의 구분

구별기준	분 류	개 념	특 징
법효력의 강도	강행법	ㅇ당사자의 의사와 관계 없이 적용	ㅇ강행법은 "---해야 한다" ㅇ임의법은 "---달리 합의하지 않는 한 ---"
	임의법	ㅇ원칙적으로 법의 내용이 적용되나, 당사자의 의사표시가 있는 경우에는 그 적용을 배제	

Ⅵ. 자연법과 실정법

1. 의의

자연법이란 '자연의 법칙' 또는 '자연스러운 법도'를 뜻하고, 그러한 것으로서 실정법과 같이 '인위적으로 제정된 법'과 구분된다. 인간의 법이 시대에 따라 변천하는 일시성, 제한성과 각 문화 공동체에 따라 내용이 다른 문화적 상대성을 갖는 반면, 자연법은 모든 존재에게 보편타당한 유효성을 지니고 불변하는 법이다. 자연법 사상가들은 이러한 자연법이 존재할 뿐만 아니라 실정법에 대해 도덕적 구속력의 준거와 기반이 되는 상위의 법이라고 주장한다.[19)]

2. 구별

자연법은 인간이 제정한 법이 아니라 때와 장소를 초월한 보편타당한 법이며 선험적인 규범이며 실정법의 밑바탕에는 자연법이 존재하고. 이러한 초경험적인 자연법은 인간의 이성에 의해서 인식할 수 있다고 한다.

실정법은 그 시대 그 사회의 구성원들에 의해 구체적 내용이 결정되는 경험적인 상대적 규범이다.

19) 김준수' "법과 도덕", 206면.

법학의 근본문제에 대한 논의에 있어서 자연법론자들은 선험적 · 객관적 규범으로서의 자연법의 존재를 인정하지만 법실증주의자들은 자연법의 존재를 부정하고 실정법만을 법의 전부로 보는데, 법실증주의는 상황에 따라 국민의 권리와 자유를 보장하는 좋은 법이 있는 될 수 있는 반면에 국민을 억압하는 도구로 쓰이는 악법이 있을 수도 있다.

〈표 12〉 자연법과 실정법의 구분

구별기준	분 류	개 념	특 징
법제정 주체의 여부	자연법	○'신의 의지'에 의해 시간과 장소를 초월하여 언제나 보편타당한 선험적 규범	○실정법의 옳고 그름을 판단하는 가치척도
	실정법	○인간의 경험을 근거로 시간과 장소에 따라 변하는 상대적 개념의 법규범	○19세기 이후에 자연론의 이념들이 본격적으로 실정법화

Ⅶ. 고유법과 계수법

1. 의의

법은 그 성립의 자료를 표준으로 하여 고유법과 계수법으로 분류할 수 있다. 고유법이란 자국에 고유한 소재를 기초로 하여 형성된 법을 말하고, 계수법이란 타국의 법을 소재로 하여 형성된 법을 말한다. 법의 계수에 있어서 계수법의 기초가 되는 타국의 법을 母法이라고 부르고, 계수법 자체를 子法이라고 부른다.

고유법은 국가, 민족 고유의 사회적 · 역사적 흐름 속에서 자연적으로 생성되어 온 법이고, 계수법은 타국에서 생성, 발달한 법률제도와 사상을 받아들여 이것을 자료로 하여 성립한 법이다. 이 때 계수된 법, 즉 타국법을 母法이라 하고, 그 계수법 자체를 자법이라고 한다. 계수법에는 관습적 계수와 입법적 계수가 있다. 전자는 어떤 국가에서 발달한 법이 타국에 옮겨져 관습법으로 시행되는 경우로서, 1804년의 나폴레옹 민법전을 벨기에, 이태리 등이 계수한 경우이다. 후자는 입법수단으로서 타국법을 채용하는 경우로서 20세기에 이르러 세계 각국이 영・미・독・불의 헌법을 계수한 것이 그 예이다.

〈표 13〉 고유법과 계수법의 구분

구별기준	분 류	개 념	특 징
법성립의 자료	고유법	ㅇ자국에 고유한 소재를 기초로 성립	ㅇ모법
	계수법	ㅇ타국의 법을 소재로 형성	ㅇ자법

2. 구별

양자를 구별하는 실익은 법규가 어느 것에 속하느냐에 따라 법사학이나 법해석의 연구방법에 상당한 차이를 가져온다는 데에 있다, 그러나 계수된 법도 오랜 시일이 경과되면 국민생활 속에 토착화되어 계수법으로서의 성질이 상실되고 고유법으로서의 성격을 띠게 되므로 양법의 구별은 절대적이 아니고 상대적이 된다. 오늘날 세계가 좁아져 국제관계로부터 고립해서는 존재할 수 없기 때문에 타국법을 계수하는 것은 불가피하게 되어, 자국 고유의 법만을 고수하는 국가는 거의 없다. 법의 계수의 유명한 예로서는 독일에 있어서 로마법의 계수를 들 수 있고 우리나라에서는 일반적으로 독일법을 많이 계수하였다.

제5절 법의 해석

Ⅰ. 의의

'법의 해석(법해석학, Interpretation of law)'이란 실제로 증명가능한 구체성을 띤 법을 실정법이라 하고 이를 해석하는 것을 주로 하는 학문을 법해석학이라 하며, 일반적 · 추상적으로 규정되어 있는 법규범을 구체적인 사건에 적용하여 집행하기 위해 그 의미와 내용을 명확하게 밝히는 것을 법의 해석이라 한다. 즉, 법의 해석이란 일반적, 추상적으로 규정되어 있는 법령을 구체적 사건에 적용하거나 집행하기 위하여 그 의미를 체계적으로 이해하고 그 목적이나 이념에 따라 법규범의 의미, 내용을 명확히 하는 이론적, 기술적인 작업을 말한다.

법의 해석에 관한 근거는 '법제업무운영규정'[20]에 의하면, 법령해석의 요청은 법령소관 중앙행정기관의 장은 지방자치단체의 장 또는 민원인으로부터 법률적 판단을 요하는 질의를 받는 등 법령을 운영 · 집행하는 과정에서 해석상 의문이 있는 경우에는 행정운영의 적법성 및 타당성을 보장하기 위하여 법령해석업무를 관장하는 기관(민사 · 상사 · 형사, 행정소송, 국가배상관계법령 및 법무부소관 법령과 다른 법령의 벌칙조항에 대한 해석인 경우에는 법무부를, 그 밖의 모든 행정관계법령의 해석인 경우에는 법제처를 말한다. 이하 "법령해석기관"이라 한다)에 법령해석을 요청한다.

중앙행정기관의 장은 다른 중앙행정기관 소관법령에 대하여 제1항의 규정에 의한 해석요청을 하고자 하는 경우에는 당해 법령소관 중앙행정기관의 장의 의견을 먼저 들어야 하며, 지방자치단체의 장은 법령해석기관에 법령해석을 요청하려면 그 법령소관 중앙행정기관의 장에게 법령해석을 요청하여 그 회신을 받아야 한다.

---

20) 2008.12.31, 대통령령 제21239호 제26조.

Ⅱ. 필요성

사람들은 말을 할 때 보통 언어의 경제성의 원칙에 따라 둘 이상의 낱말을 하나로 줄이기도 하고 말의 한 부분을 빼기도 하면서 긴 표현을 짧게 만든다. 한 텍스트를 해석할 때 상황이나 문맥이 중요하다 하여 문법과 논리를 무시하면 이른바 자의적인 해석이 되고 만다. 따라서 어떤 텍스트를 해석할 때는 그것이 무엇이든 문법과 논리를 바탕으로 해야 한다. 그렇지 않으면 모든 텍스트가 귀에 걸면 귀걸이 코에 걸면 코걸이 식의 자의적인 해석의 대상으로 전락하게 된다.[21)]

법의 해석이 필요한 이유는 법조문이 인간의 언어로 쓰여 있고 언어는 그 자체가 모든 사회생활관계를 정확하게 전달하는 것이 불가능한데, 언어는 그 해석에 따라 뜻이 변하고 글 자체로만으로는 저자의 의도나 생각이 완벽히 전달되기는 어렵다. 법조문 역시 제정한 사람의 의도가 완벽히 파악되기 어렵고 시간이 지나면서 언어자체가 변하거나 도덕률이 변하므로 법의 해석이 필요한 것이다.

Ⅲ. 분류

1. 유권해석

1) 입법해석

민법 제98조에서 '물건'이란 용어를 풀이하여 "본법에서 물건이라 함은 유체물 및 전기 기타 관리할 수 있는 자연력을 말한다"고 규정하는데, 이것은 동일한 법률 중에 법의 '해석규정'을 두는 예이다. 이것은 입법기관이 법을 제정하는 권한으로 해석규정을 두어서 해석을 꾀하는 것이다. 또 어느 경우에는 부속법규 같은 다른 법령에서 해석규정을 두는 예도 있다. 그것은 독립된 법규를 이루고 있으므로 '법규해석' 또는 '법정해석'이라 한다. 최근의 입법경향은 특

21) 김기영, "법과 언어", 「독일어문학」, 제37집, 193면.

히 선행하는 사회적 지반을 갖지 않은 신입법을 할 때 해석규정을 마련하는 경우가 있다. 또 입법기술적 조작상의 해석규정을 마련하는 경우도 있다. 예를 들면 노동조합법 제2조에서 '노동조합', 동법 제4조에서 '근로자', 동법 제5조에서 '사용자'의 의의 등을 각각 규정하고 있다. 입법해석은 법령 중에 해석규정을 설정하는 것이므로 본래적 의미의 법해석 방법과는 다르다.

2) 사법해석

사법기관인 법원에 의하여 행해지는 법의 해석을 사법해석이라고 하는데 보통 판결의 형식으로 이루어진다. 사법해석은 개별적으로 취급하는 당해사건에 관한 한 원칙적으로 최종적인 구속력을 가지므로 법해석으로 중요한 의의를 가진다. 사법해석은 입법해석과 같은 절대적인 구속력은 없으나, 하급법원은 상급심에서 자신의 판결이 파기되지 않도록 노력하게 될 것이기 때문에, 판결 특히 최고법원의 판결은 국민이나 법원에 대해 사실상의 구속력을 가진다. 또한 사법해석은 법원에서 하는 것이므로 '재판해석'이라고도 부른다.

3) 행정해석

행정관청에서 법을 집행할 때, 또는 상급관청이 하급관청에 대한 훈령・지령 등을 내리면서 법을 해석하는 것을 말한다. 물론 행정관청은 최종 구속력이 있는 해석은 하지 못하며, 그릇된 해석에 따른 법집행으로 위법한 행정처분이 행해졌을 때는 최종적으로 법원의 해석으로 교정된다. 그러나 상급관청의 회답 등은 동일 계통의 하급관청에 대하여 사실상 구속력을 가지며 일반적인 경우에 있어서 그 행정행위가 취소되지 않는 한 공정력이 인정되므로 역시 행정해석도 사실상의 구속력이 있는 것이다.

2. 문리해석

법규의 문장의 의미를 하나하나 밝힌 후에, 다시 조문 전체문장의 구성을 검토하여 그 의미내용을 파악하는 해석 방법이다.[22] 이것은 법을 해석함에 있어서 전단계적 방법이다.

---

22) 최종고, 앞의 책, 129면.

1) 축소해석

법조문의 문구를 문리적으로 해석하여 법조문의 언어적 표현 자체보다 더 좁게 해석하는 것이다. 이것은 법조문의 언어적 표현을 제한하는 해석이므로 제한해석이라고도 한다. 예컨대, 민법 제109조 1항에서 "의사표시는 법률행위의 내용의 중요부분에 착오가 있는 때에는 취소할 수 있다"고 규정하고, 동조 2항에서는 "전항의 의사표시의 취소는 선의의 제3자에게 대항하지 못한다"고 규정하는데, 이 경우의 '제3자'는 법조문의 언어적 표현대로 해석한다면 당사자 이외의 모든 제3자를 가리키는 것으로 되겠으나, 이 조문의 의미내용을 정확히 이해한다면 제3자의 범위를 한정하여 "당사자와 그 포괄승계인 이외의 자로서 착오에 의한 의사표시로 생긴 법률관계에 의거하여 새로운 이해관계를 가지게 된 자"로 좁게 해석되는 것이다. 또 형법 제329조의 절도죄의 객체인 '재물'에는 부동산은 포함되지 않는다고 하여 축소해석을 한다.[23]

2) 확장해석

법규의 문장의 의미를 확장하여 해석하는 방법으로, 문리해석에 의한 법문의 단순한 해석이 너무 좁아서 법규의 진정한 의도를 실현할 수 없을 때에 법문의 의미를 확장하여 해석하는 태도이다. 예를 들면 형법 제257조의 '상해'에서 문구의 의미상으로만 본 생리적 장애에 국한하지 않고, 여성의 두발을 절단함으로써 외관상 손상을 초래한 경우에도 상해죄를 적용하도록 '상해'의 의미를 확장하여 해석하는 경우가 그것이다.[24]

3) 유추해석

어떤 사항을 직접 규정한 법규가 없는 경우에, 이와 성질이 사항을 규정한 법규정을 적용하여 하는 것이다. 예컨대, 민법 제326조는 "유치권의 행사는 채권의 소멸시효의 진행에 영향을 미치지 아니한다"고 규정하는데, 동일한 사항의 질권에 대해서 민법의 규정이 없으나, 질권의 행사에도 위의 규정을 유추하여 적용하는 경우가 그 것이다.[25]

---

23) 위의 책, 같은 면.
24) 위의 책, 같은 면.

형법에서는 죄형법정주의에 의하여 피고인의 이익을 위하여 유추금지의 원칙에 적용되며, "의심스러울 때는 피고인에게 유리하게"라는 원칙이 인정되고 있다.

3. 논리해석

법규의 문자나 문장의 문법적 의미에 구애받지 않고 입법목적 · 사회적 요구 등을 참작하여, 또 입법자의 심리적 의사에 관계없이 법문의 논리적 추리에 의하여 행하는 법의 해석이다. 법규의 발생적 · 심리적 · 주관적 의의를 초월한 객관성의 보장에 이바지하기는 하지만, 과도한 형식논리의 편중은 '개념법학'의 폐단에서 보는 바와 같이 실제 사회에 적합지 않은 모순을 발생시키기도 한다.

1) 비교해석

법규를 구법과 신법, 국내법과 국외법, 모법과 자국법 등과 같이 비교 대조하면서 해석하는 방법이다. 특히 외국법을 많이 수용한 나라에서는 그 모법과의 비교해석이 중요하다.

2) 물론해석

법조문이 일정한 사례를 규정하고 있을 경우에 다른 사례에 관하여도 사물의 성질상 당연히 그 규정에 포함되는 것으로 판단하는 해석방법이다. 가령 자전거의 통행을 금지하는 게시판이 세워 있는 경우에는 오토바이도 물론 통행하지 못한다고 해석할 수 있다. 또 민법 제396조 과실상계의 규정에서 "채무불이행에 관하여 채권자에게 과실이 있는 때에는 법원은 손해배상의 책임 및 그 금액을 정함에 이를 참작하여야 한다"고 하였다. 이 규정 속에는 '과실'보다 더 중한 주관적 귀책사유인 '고의'는 물론 포함되는 것으로 물론해석을 할 수 있다. 그리고 물론해석은 법조문의 자구 속에 다른 사례가 당연히 포함되어 있다고 해석되는 데 반하여, 확장해석은 법조문의 자구 '밖에' 확장하여 해석한다는 점에서 서로 다르다.

---

25) 권재열 외, 『법학개론』, 법문사, 2004, 63면.

3) 반대해석

법문에 명시되지 않은 경우 이외는 그와 반대로 할 수 있고 해석하는 방법을 말하며, "A는 B이다"라는 법규정을 "A가 아니면 B가 아니다"고 해석하는 방법이다.[26] 예컨대, 부부의 일상가사대리에 대하여, "부부의 일방이 일상의 가사에 관하여 부담한 채무에 대하여 다른 일방은 이로 인한 채무에 대하여 연대책임을 진다"는 규정은 부부의 일방이 일상의 가사에 관하지 않는 한 연대책임이 없다고 해석하는 것이 그 예이다.

4) 목적해석

법의 입법취지, 제정목적을 파악하여 행하는 해석방법으로, 개별 및 법 전체의 목적, 제정 당시의 목적, 법적용시의 목적을 함께 고려하여 해석하는 방법이다. 일반적으로 법의 목적은 입법과정에서의 제정이유서, 해당 법령의 연혁 및 제(개)정이유에서 이를 알 수 있다.

5) 의사해석

입법 당시의 자료(제안서, 제정이유서, 국회의사록 등)를 보고 입법자의 입법의도가 무엇인지를 파악하여 법규의 의미내용을 구체화하는 해석방법이다.

6) 보정해석

법문의 자구가 잘못되었다거나 표현이 부정확하다고 인정되는 경우에 그 자구를 보정한다거나 변경하는 해석인데, 변경해석이라고도 한다.[27] 예컨대, 민법 제7조에서 "법정대리인은 미성년자가 아직 법률행위를 하기 전에는 동의와 승낙을 취소할 수 있다"고 규정하였으나, 여기의 '취소'는 일정한 원인에 의하여 의사표시의 효과를 소급적으로 소멸시키는 것이므로, 법정대리인이 미성년자에게 준 '동의'나 '승낙'은 장래에 대해서 그 효력이 생기지 않도록 하는 것이므로 '철회'라고 해석되어야 할 것이다.

---

26) 김연 외, 『법학통론』, 법문사, 2008, 183면.
27) 권재열 외, 앞의 책, 62면.

Ⅳ. 유권해석의 사례

1. 취득세의 부과기준

주택에 대하여 부동산 매매계약 계약에 대한 취득 신고를 한 후 취득일부터 30일이 이내에 매매 계약 해제(실거래 신고 취하) 사실을 입증한 경우에 취득세를 부과하는 것은 무리가 있다고 판단된다.[28)]

2. 시설공사의 낙찰기준

법원판결에 의하여 입찰행위가 유효함이 입증되었을 경우, 당시 입찰일자를 기준으로 낙찰대상자로 하여금 당초에 구비한 제증명서류로 소급계약처리가 가능한지 및 상기 건에 대한 낙찰대상자가 부도발생으로 계약체결이 불가능 경우에 차점회사가 낙찰자격이 있는지에 대한 질의에 대하여, 계약체결의 소급은 인정될 수 없으며 낙찰자가 계약을 체결하지 아니할 경우에 그 차점자를 낙찰자로 결정할 수는 없다.[29)]

3. 호적에 없는 부인의 분묘 개장

○○시 ○○지구 택지개발로 인하여 종중의 묘지를 이장하게 되었는데, 아직 호적에 올리지 못한 재취한 부인의 묘지를 개장하는데, 그 연고자가 시체 또는 유골의 현존지 또는 개장지를 관할하는 시장・군수・구청장에게 기존 분묘의 사진을 첨부하여 신고관청에 신고를 하면 개장이 가능하며, 매장된 시체 또는 유골에 대한 족보 등이 없을지라도 종중 또는 지역주민이 인우보증을 하면 이를 근거로 하여 개장신고가 가능하다.[30)]

---

28) 경북, 세정-3994, 2006. 8. 28.
29) 조달청, 회제 125-4153, 1986. 11. 17.
30) 보건복지부 온라인 민원회신, 2001. 5. 24.

4. 정리해고의 요건

노동관계법에서 정리해고의 요건으로 명시한 '긴박한 경영상의 필요'의 구체적인 의미는 기업의 파산뿐만 아니라 생산성 향상을 위한 구조조정, 기술혁신 또는 경쟁력 증진을 위한 작업형태의 변경까지 포함하며, 기술혁신 등을 통한 생산성 향상 또는 경쟁력 강화를 위한 작업형태의 변경 등 기업의 인원감축이 객관적으로 보아 합리성이 있다고 인정될 때에는 이를 '긴박한 경영상의 필요성'이 있는 것으로 볼 수 있다.[31)]

---

31) 문화일보, 1997.10. 18.

제6절 권리·의무

Ⅰ. 권리

1. 의의

권리란 법령이 특정인에게 이익을 부여하고 그 특정인이 그 이익을 주장할 수 있는 법적 힘, 특정인에게 부여된 법률상의 힘이 권리이다.

현대 법치주의에서 행정주체와 사인간은 법에 의하여 규율되는 관계인데 행정주체와 사인간의 관계가 공법의 규율을 받는 경우에는 이를 공법관계라 말하고, 그 내용이 되는 권리・의무를 보통 공권・공의무라 말한다.

행정객체가 되는 사인은 위와 같이 행정주체에 대하여 일정한 공권을 갖게 되는데(개인적 공권), 이 개인적 공권은 법률상 자기를 위하여 일정한 이익을 주장할 수 있는 힘을 갖는다.

2. 구별개념

권리는 권원, 권능, 권한, 반사적 이익과 각각 구별하여야 한다.

1) 권원

권원은 어떤 법률적 또는 사실적 행위를 하는 것을 정당화하는 근거, 즉 법률상의 원인을 말한다. 예컨대 어떤 물건을 직접 자기가 사실상 지배하지 않더라도 언제든지 이를 지배할 수 있는 법률적 근거로서의 소유권이 이에 해당한다.

2) 권능

권능은 권리 중에 포함된 개개의 작용을 말한다. 예를 들면 소유권자는 사용의 권능, 수익의 권능, 처분의 권능을 가지는데, 이러한 권능도 때로는 사용권,

수익권, 처분권이라고도 한다. 권한과 같은 뜻으로도 쓰이나 일반적으로 권리의 내용인 개개의 기능을 말한다. 예컨대 민법 제211조에서는 "소유권자는 법률의 범위 내에서 그 소유물을 사용·수익·처분할 권리가 있다"고 규정하고 있는데, 소유권은 그 권리의 내용으로서 목적물을 사용할 권능, 수익할 권능, 처분할 권능이 있는 것이다. 그러나, 한 개의 권리가 있으면 그로부터 여러 가지 권능이 나오는 것이며, 몇 개의 권능이 합하여 한 개의 권리를 이루는 것이 아니다.

3) 권한

권한은 공법상 또는 사법상의 법인 또는 단체의 기관이 법령·정관 등에 의하여 행할 수 있는 사무의 범위 도는 한계를 말한다. 예컨대 공무원의 권한, 대통령의 권한이라든가 회사사장의 권한, 법인의 기관의 권한이라는 것 등이 있다. 국가 또는 지방자치단체의 기관에 대해서는 직권, 직무 등이라고 부르기도 한다.ⅣⅤ

4) 반사적 이익

반사적 이익이라는 것은 어떠한 법규가 권리를 부여하였기 때문에 받는 이익이 아니라, 법규가 사회 일반을 대상으로 하여 정한 규정의 반사적 효과로서 받는 간접적인 이익이다. 바꾸어 말하면 법규 실시의 결과 그 반사로서 일정한 이익을 누릴 뿐 개인은 그것을 권리로서 청구할 수 없는 권리를 말한다. 예컨대 국가 또는 공공단체가 공원을 조성하게 되면 개인은 그 곳에서 휴식을 취하는 등의 이익을 누리지만 개인은 공원의 조성을 요구할 수 없는 것과 같다. 또한 수산업법에 의하여 수산자원이 보호됨으로 인하여 어민이 이익을 얻는 것은 반사이익에 불과하므로, 만약에 관계관청이 직무수행을 불충실하게 하여 어민들이 받는 이익이 감소되더라도 그 권리를 주장하지 못한다.

3. 권리의 분류

권리는 여러 가지 표준에 의하여 분류될 수 있으나, 그 중 일반적인 분류방법은 공법과 사법과의 이원적 체계의 구별에 대응하는 공권, 사권 및 사회권으로의 분류이다.

1) 공권

공권이란 공법관계에 있어서 당사자의 어느 한 편이 가지는 권리를 말하며, 국가, 공공단체 및 개인이 공법관계에서 갖는 권리 특히 통치관계에서 가지는 권리이다. 이 권리에는 국가 및 공공단체가 지배자로서 국민에 대하여 가지는 국가적 공권과 국민이 국가 또는 공공단체에 대하여 가지는 개인적(국민적) 공권이 있다.

(1) 국가적 공권

국가적 공권이란 국가나 공공단체가 지배자로서 국민에 대하여 명령, 강제할 수 있는 권리로서 지배자의 권리인 특색을 갖는 것으로, 원칙적으로 국가가 자체의 존립을 위하여 가지는 것이나. 일정한 범위 내에서 국가로부터 위임을 받아 공공단체가 가지는 경우도 있다. 국가적 공권은 작용을 기준으로 하여 입법권, 행정권, 사법권 등으로, 권리의 목적을 표준으로 하여 행정조직권, 재정권, 형벌권, 경찰권, 공기업권 등으로, 권리 내용에 따라 명령권(하명권), 강제권, 형성권, 공법상의 물권 등으로 구분된다.

(2) 개인적 공권

개인적(국민적) 공권이란 국민이 국가에 대하여 가지는 기본적 권리이고 헌법에 의하여 보장되는 인권을 의미한다. 이 권리는 기본권의 내용에 따라, 인간의 존엄과 가치, 행복추구권, 평등권, 자유권적 기본권, 생존권적 기본권, 청구권적 기본권, 참정권 등으로 분류된다.

(3) 국제법상의 공권

국제법상의 공권이란 국가가 국제법상의 주체로서 가지는 권리로서, 국제사회에서 한 국가가 자기의 존립을 위하여 타국에 대하여 가지는 권리를 말하며, 독립권, 평등권, 자위권, 자존권, 교통권 등으로 분류된다.

2) 사권

사권이란 사법상의 권리, 즉 사인 상호간의 재산과 신분관계에서 인정되는 권리를 말한다. 또한 사권관계는 국가 또는 공공단체가 통치관계를 떠나서 사인과 대등한 지위에서 행위를 하는 경우에 국가, 공공단체와 국민 간에도 존재한다. 사권은 다음과 같이 분류된다.

(1) 내용에 따른 분류

① 인격권

인격권은 권리자 자신과 분리할 수 없는 인격적 이익의 향수를 내용으로 하는 권리로서, 생명, 신체, 자유, 명예, 정조 등의 보호를 목적으로 하는 권리가 이에 속한다. 인격권은 금전적 평가를 할 수 없는 것이고, 또한 인격을 떠나서는 의미가 없으므로 거래의 목적이 될 수 없다.

② 신분권

가족법상의 특정한 지위에서 생기는 신분권에는 친족권과 상속권이 있으며 신분과 존립을 같이하는 일신전속적인 권리이다. 친족권은 부모와 자, 부부, 친족과 같은 일정한 신분적 지위에 따라 발생하는 권리이다. 예컨대 친족, 후견인이 가지는 권리, 배우자가 가지는 권리인 부양청구권 등이 있다. 상속권은 상속개시 후 일정한 신분관계로 말미암아 상속인의 지위를 취득함으로써 발생하는 권리로서 호주상속권과 재산상속권이 있다.

③ 재산권

재산권은 경제적 이익을 그 내용으로 하는 권리이다. 이것은 권리자의 인격이나 신분과는 관계없이 금전적 가치를 목적으로 하고, 권리 그 자체도 금전적 가치를 지니는 권리이다. 재산권에 속하는 주된 것으로는 물권 · 채권 · 무체재산권이 있다.

i) 물권

물권은 권리자 자신이 일정한 물권을 직접 지배해서 이익을 얻는 배타적 권리인바, 민법이 정하는 물권에는 점유권과 소유권이 있고, 용익물권으로서 지상권 · 지역권과 전세권이 있으며, 담보물권으로서 유치권과 질권 · 저당권 등의 8종이 있다.

ii) **채권**

특정인(채권자)이 다른 특정인(채무자)에 대하여 일정한 급여를 요구하는 권리이다. 물권은 대세권인 데 대하여, 채권은 대인권이므로 양자가 경합할 때에는 물권이 채권보다 우선한다.

iii) **무체재산권**

저작, 발명 등의 정신적 · 지능적 노작에 의한 창조에서 오는 사회적 이익을 독점적으로 이용하는 것을 내용으로 하는 권리로서, 특별법으로 보호되고 있는 특허권, 실용신안권, 의장권, 상표권, 저작권 등이 이에 속한다.

④ **사원권**

단체의 구성원이 그 구성원(사원)의 자격으로서 단체에 대하여 가지는 권리를 총괄하여 사원권이라고 한다. 주식회사의 주주의 권리, 비영리사단법인의 사원의 권리 등이 이것이다.

(2) 작용에 따른 분류

① **지배권**

권리의 객체를 직접 배타적으로 지배하는 권리이다. 지배권은 권리의 실현을 위하여 타인의 협력이 불필요하고, 직접 자기의 의사로써 실현할 수 있는 권리이며, 국가공권력의 도움이 필요 없는 점에 있어서 청구권과 다르다. 지배권은 대내적으로는 직접 지배권을 행사하고 대외적으로는 배타적 권리를 지닌다. 이에는 물권 · 무체재산권 등이 있다.

② **청구권**

특정인(채권자)이 다른 특정인(채무자)에게 일정한 행위를 요구할 수 있는 청구적인 작용을 내용으로 하는 권리이다. 청구권에는 물권적 청구권, 채권적 청구권이 있으나 그 중 가장 전형적인 것은 채권이다.

③ **형성권**

권리자의 일방적 의사표시에 의하여 법률관계의 형성, 즉 발생, 변경, 소멸을 일어나게 하는 권리이다. 이에는 취소권, 추인권, 친생부인권 등이 있다. 형성권은 새로이 법률관계를 형성하는 점에서 지배권과 다르고, 또 타인의 행위를 개재시키지 않는 점에서 청구권과 다르다.

④ **항변권**

타인의 청구권 행사에 대하여 그 청구를 거절할 수 있는 작용을 하는 권리이다. 보증인의 최고 및 검색의 항변권, 쌍무계약에 있어서 동시이행의 항변권 등이 이에 속한다. 이는 상대방에게 청구권이 있음을 부인하는 것이 아니라, 그것을 전제하고 다만 그 행사를 배척하는 것이다.[32]

(3) 효력범위에 따른 분류

① **절대권**

절대권은 특정한 상대방이 없고 일반인을 의무자로 하여 모든 사람에게 주장할 수 있는 권리라는 데서 대세권이라고도 한다. 인권, 물권, 친권, 무체재산권 등의 지배권이 이에 속한다.

② **상대권**

상대권은 특정인을 의무자로 하여 그에 대해서만 주장할 수 있는 권리라는 점에서 대인권이라고도 한다.

(4) 이전성에 따른 분류

① **일신전속권**

일신전속권은 권리자에게만 전속되어 권리자로부터 분리할 수 없는 성질의 것으로서, 권리의 享受 또는 행사가 그 권리를 가지는 자의 일신에 전속하는 권리이다. 인격권이나 신분권이 이에 속한다.

---

32) * 보증인의 최고 및 검색의 항변권이란, 채권자가 보증인에게 채무의 이행을 청구하였을 경우, 보증인은 채무자가 변제능력이 있는 사실 및 그 집행이 용이한 것을 증명하여 먼저 주채무자에게 청구할 것을 요구하는 권리를 최고의 항변권이라 한다. 또한 이러한 경우, 주채무자에 대하여 먼저 강제집행할 것을 청구할 수 있는 보증인의 항변권을 검색의 항변권이라 한다.

② 비전속권

비전속권은 권리자로부터 분리할 수 있는 성질의 권리로서, 일신전속권과 달리 타인에게 상속이나 양도가 가능하다. 대체로 신분권, 인격권은 일신전속권이고 재산권은 비전속권이다.

(5) 독립성에 따른 분류

① 주된 권리

이는 다른 권리에 대하여 종속관계에 있지 않고 완전히 독립된 권리이다. 예컨대 원본채권, 요역지소유권 등이 이에 속한다.

② 종된 권리

이는 다른 권리의 효력을 담보하거나 또는 증가시키기 위하여 그 권리에 종속하는 권리이다. 예컨대 원금채권에 대한 이자채권, 요역지소유권에 대한 지역권 등이 이에 속한다.

3) 사회권

사회권은 사회법상의 권리이다. 사회법이 공법, 사법의 혼합적 · 중간영역적인 지위에서 성립되어 있는 관계로 사회권도 공권, 사권의 혼합적 성질을 띠고 있다. 따라서 사회권은 국가에 대하여 존립하거나 개인에 대하여 존립하기도 하고 또는 국가와 개인의 양자에 대하여 존립하는 경우가 있다. 사회권은 생존권적 기본권이라고도 말하는바, 현대복지국가에서는 국가가 적극적으로 국민의 생존을 위한 여러 조건을 보장할 의무가 있고, 국민은 국가에 대하여 적극적으로 생존을 위한 근로의 기회, 생활비의 제공 등을 요구할 수 있다는 것에 바탕을 두고 있다. 우리 헌법상의 교육을 받을 권리, 근로의 권리, 근로자의 단결권 · 단체교섭권 및 단체행동권, 인간다운 생활을 할 권리, 생활무능력자의 국가의 보호를 받을 권리, 국가로부터 혼인 및 가족생활과 보건을 보호받을 권리 등이 이에 속한다.

Ⅱ. 의무

1. 의의

의무란 권리에 대비되는 개념으로서 법에 의하여 받는 의사의 구속, 즉 사람들로 하여금 일정한 형태를 취하도록 하는 '법강제적인 힘'이라 할 수 있으며, 의무가 주어지는 경우에는 개인이 원하든 원하지 않든 그 의무의 내용을 강제할 수 있는 법률상의 힘이 있다.

의무는 자기 의사와는 관계없이 일정한 작위 또는 부작위를 강제당하는 법률상의 구속을 의미한다. 권리가 법률상의 힘이며 그 내용이 특정한 권익인 데 반하여, 의무는 법률상의 구속이며 그 내용은 특정한 불이익이다. 권리가 특정인에게 주어지고 있다면 반드시 이에 대응하는 의무가 따르게 된다. 예를 들면 물건을 판 매도인은 대금을 청구할 권리가 있는 데 반하여, 물건을 산 매수인은 대금을 지불할 의무를 지닌다. 그러나 권리와 의무는 반드시 대응하는 것은 아니다. 권리가 대응하지 않는 의무도 있고, 의무가 대응하지 않는 권리도 있다. 민법 제755조에 의한 감독의무 같은 것은 전자의 예이고 후자의 예로서는 민법상의 취소권 같은 것을 들 수 있다. 그리고 헌법상 근로의 권리를 갖는 국민은 동시에 근로의 의무도 부담하는 것처럼 권리를 가진 자에게는 의무가 수반되고 의무를 부담하는 자에게는 권리가 인정되기도 한다.

의무의 개념과 구별되어야 할 것으로서 책임이 있다. 의무가 자기의 의사와 관계없이 일정한 작위 또는 부작위를 하여야 할 법률상의 구속인 데 비하여, 책임은 의무위반으로 말미암아 형벌·강제집행·손해배상 등의 제재를 받게 되는 기초이다. 즉 의무는 책임을 수반함으로써 그 구속성이 확보되는 의무의 담보이다.

그런데 의무가 책임을 수반하지 않는 경우, 즉 책임 없는 의무가 존재한다. 예컨대 소멸시효완성 후의 채무에 관하여는 채무는 존재하는데도 불구하고 채권자는 소권을 가지지 않는다. 이러한 채무를 자연채무라고 일컫는다.

2. 의무의 분류

의무는 권리와 대응관계에 있으므로 의무를 다음과 같이 분류할 수 있다.

1) 공의무와 사의무

공의무는 공적 · 정치적 · 국가적 생활관계에 있어서의 일정한 법적 구속을 말한다. 공의무는 국내법상의 공의무와 국제법상의 공의무로 나누어진다. 사의무는 사법관계에 있어서 존립하는 의무로서 사권에 대응한다.

2) 적극적 의무와 소극적 의무

적극적 의무와 소극적 의무는 의무의 내용을 표준으로 한 분류이다. 적극적 의무는 어떤 행위를 할 것을 내용으로 하는 의무로서 법의 명령규정에 의거하여 발생한다. 이를 작위의무라고도 하는데 금전채무, 물건의 반환의무 등이 이에 속한다. 또 소극적 의무는 어떤 행위를 하지 않을 것을 내용으로 하는 의무로서 법의 금지규정에 의거하여 발생하며 부작위의무라고도 한다. 예컨대 물권불가침의 의무 등이 이에 속한다. 한편, 소극적 의무의 내용이 되는 부작위에는 단순부작위와 수인이 있다. 수인이란 개인이 일정한 행위를 하는 것을 참아 이의를 제기하지 않을 의무를 가리키는 바, 이것을 수인의무라고도 한다. 예컨대, 매연 등의 방조물이 이웃 토지의 통상의 용도에 적당한 것인 때에는 이웃 거주자는 이를 수인할 의무가 있다.

3. 자연채무

자연채무란 채권자가 채무자에 대하여 급부를 청구할 권리와 채무자가 제공한 급부를 수령하며 보유할 권리는 인정하지만, 그 채권을 기초로 소송을 제기하여 이행판결을 받거나 강제집행을 청구하는 것은 금지되는 경우를 말한다.[33] 즉,[34] 자연채무는 채권의 임의적 효력인 청구력과 보유력은 갖지만 강

---

33) 김대정, "自然債務論에 관한 一考察", 「법학논문집」, 제29집 제1호, 중앙대 법학연구소, 2005.8, 140면.

34) 현승종, "민법상 자연채무에 관한 소고, 「법학행정논집」, 제10집, 고려대학교 법학연구원, 1972, 307면.

제적 효력인 소구력과 집행력은 갖지 않는다.

자연채무가 발생하는 경우는 반사회적 행위(도박, 화대 등)로 인한 자연채무, 부제소의 합의(예를 들어, 계약당사자가 계약을 체결할 때에 또는 체결 이후에 그 계약채무의 이행을 소구하지 않겠다는 합의를 하는 경우가 있는데 이러한 부제소 합의가 있으면 그 계약 채무는 자연채무로 된다).[35]

Ⅲ. 권리의무의 제한

인간이 권리의 행사나 의무의 부담에 있어서도 무제한이 아니며, 항상 내재적인 제약요소를 담고 있다.

1. 신의성실의 원칙

신의성실의 원칙에 의한 제한이다. 신의성실의 원칙이란 사회 공동생활의 한 사람으로서 상대방의 신뢰를 헛되이 하지 않도록 성의를 가지고 행동하는 것을 말한다. 예컨대, 민법 제2조는 "권리의 행사와 의무의 이행은 신의에 좇아 성실히 하여야 한다"고 규정하고 있는데, 이를 '신의성실의 원칙' 또는 '신의칙'이라고 한다. 신의나 성실의 구체적 내용은 때나 장소가 변함에 따라 변화하는 것으로 결국 그 사회의 상식이나 일반통념에 따라 결정된다. 물가의 상승에 따라 지대나 가옥임대료의 인상을 청구하는 것 등은 신의성실의 원칙을 전개한 사정변경의 원칙의 한 경우이다. 그 밖에 권리의 남용도, 그 실질이 신의에 반하는 경우에는 이 원칙의 적용을 받아야 하며 또한 공공의 질서와 선량한 풍속의 내용을 정하는 데에도 이 원칙을 적용한다.

신의성실의 원칙은 당사자 간의 신뢰관계를 기조로 하는 채권법의 영역에서 특히 강조되어 온 것이며 채권의 행사와 채무의 이행에 관하여 발달하여 온 법리로, 이는 근본적으로는 권리남용금지와 공통된 원리에 입각하고 있는 것이다.

---

35) 원고 X교회의 신도인 피고 Y는 위 교회의 대표자인 소외 A(목사)가 교회에 인접한 곳으로 기도 로 이전할 필요가 있다면서 헌금을 요구하자, 1989.12.경 X에게 같은 달부터 1992.12.까지 3년간 분할하여 금 10,000,000원을 지급하기로 하는 내용의 헌금약정을 하였다. X가 비록 장래에 교회이전을 위한 대지구입을 위하여 헌금약정을 하였다 하더라도, 위 헌금약정에 의하여 부담하는 채무는 자연채무에 불과하다고 보아야 할 것이므로 법률적으로 그 지급을 강제할 수 없다(서울지법 1993.12.9.선고, 93다8923 판결).

예컨대 쌍무계약의 상대방이 완전한 채무를 이행하지 않는 한, 이쪽에서도 반대급부를 거절할 수 있는 것은 분명히 법상으로 인정된 일종의 권리이지만 (동시이행의 항변권의 경우) 상대방의 불완전이행의 정도가 아주 경미한 경우에까지 이 같은 권리를 행사한다는 것은 실질적 형평의 관점에서 허용되지 않는다고 해석된다.

2. 권리남용금지의 원칙

권리남용금지의 원칙은 신의성실의 원칙에 위반되는 권리의 행사는 허용되지 않는다는 원칙을 말한다.

신의성실원칙과 권리남용금지원칙은 후자가 보다 사회적인 관점에서의 제약인데 대하여 전자가 채권관계의 내부에서 이를 조정조화하려는 데 취지가 있다는 점이 다르다고 할 수 있으나, 양자는 동일한 기조 위에서 근대 민법상 중대한 변화를 촉진하여 온 지도원리가 되고 있다. 우리 민법에서의 이 원리는 단순히 채권이나 물권 등 어느 일부에만 적용되는 것이 아니고 사권 전반에 관한 한계 및 민법 전체에 흐르는 지도원리로서 의미를 가지는 것으로 보아야 한다.

3. 공익의 원칙

공익의 원칙이란개인의 권리행사는 사회 전체의 이익에 합당되어야 한다는 것으로, '공공질서', '선량한 사회풍속' 등으로 표현된다.

여기서, '공공의 질서'라 함은 국가사회의 공공적 질서를 말하고, '선량한 풍속'이란 사회의 일반적 윤리개념, 즉 모든 국민에게 요구되는 최소한도의 도덕률을 말한다.

반사회적 행위의 예를 들면, 형법상 범죄로 되는 행위를 목적으로 하는 것으로 살인의 대가로서 금전을 주는 계약은 무효이다. 다만 사기나 강박에 의한 법률행위는 피해자가 취소함으로써 무효로 되는데 그친다.[36] ㅇ일부일처제에 반하는 사항을 목적으로 하는 것, 첩계약이라든가 본처와 이혼하고 나서 혼인한다고 하는 약속으로 그때까지의 부양료를 줄 것을 내용으로 하는 계약, 개인의 자유를 침해하는 것, 예컨대, 인신매매나 매춘행위, 경제적 활동의 자유를

---

36) 민법 제110조.

과도히 제한하는 것, 영업의 자유를 침해하는 계약, 상대방의 급박하고 분별력이 없음을 틈타서 행해진 폭리행위, 도박계약과 같은 현저한 사행적인 행위 등은 반사회적 행위로 무효이다.

Ⅳ. 관련 판례

1. 신의칙

1) 매매계약

지방자치단체로부터 매수한 토지가 공공공지에 편입되어 매수인이 의도한 음시점 등의 건축이 불가능하게 되었더라도 이는 매매계약을 해제할 만한 사정변경에 해당하지 않고, 매수인이 의도한 주관적인 매수목적을 달성할 수 없게 되어 손해를 입었다 하더라도 매매계약을 그대로 유지하는 것이 신의칙에 반한다고 볼 수 없다.[37)]

2) 회사의 책임요건

회사가 외형상으로는 법인의 형식을 갖추고 있으나 법인의 형태를 빌리고 있는 것에 지나지 아니하고 실질적으로는 완전히 그 법인격의 배후에 있는 사람의 개인 기업에 불과하거나, 그것이 배후자에 대한 법률적용을 회피하기 위한 수단으로 함부로 이용되는 경우에는, 비록 외견상으로는 회사의 행위라 할지라도 회사와 그 배후자가 별개의 인격체임을 내세워 회사에게만 그로 인한 법적 효과가 귀속됨을 주장하면서 배후자의 책임을 부정하는 것은 신의성실의 원칙에 위배되는 법인격의 남용으로서 심히 정의와 형평에 반하여 허용될 수 없다.[38)]

---

37) 대법원, 2007.3.29, 2004다31302.
38) 대법원, 2008.9.11, 2007다90982.

2. 권리남용

1) 토지소유권의 행사

취득 당시 그 토지 위에 초등학교가 서 있고 현재 학교 교사로 사용하고 있다는 사실을 알면서 토지를 취득한 후에 그 학교 교사의 철거를 청구하는 것은, 공공복리를 위한 사회적 기능을 무시한 권리의 행사로서 권리남용에 해당한다.[39)]

2) 토지매수의 청구

권리행사가 단지 부당한 이득을 얻기 위한 방편에 지나지 않는 경우 건물이 서 있는 토지를 매수하여 그 시가의 7배가 넘는 건물의 철거를 청구하는 한편, 그 인접토지의 가격보다 2배 이상 되는 가격에 그 토지를 매수하도록 요구하는 행위는 권리남용에 해당한다.[40)]

3) 권리남용의 요건

권리행사가 권리의 남용에 해당한다고 할 수 있으려면, 주관적으로 그 권리행사의 모적이 오직 상대방에게 고통을 주고 손해를 입히려는 데 있을 뿐 행사하는 사람에게 아무런 이익이 없을 경우이어야 하고, 객관적으로는 그 권리행사가 사회질서에 위반된다고 볼 수 있어야 하는 것이며, 이러한 경우에 해당하지 않는 한 비록 그 권리의 행사에 의하여 권리행사자가 얻는 이익보다 상대방이 잃을 손해가 현저히 크다 하여도 그 사정만으로는 이를 권리남용이라 할 수 없다.[41)]

---

39) 대판 1978.2.14. 77다2324.
40) 대판 1964. 11.10. 64다720.
41) 대법원, 2008.9.25, 2007다5397.

제7절 법의 효력

1. 의의

1) 실질적 효력

법이 정립되면 개인은 법이 지시하는 바에 따라 사회생활을 영위하도록 요구되는데, 이와 같이 법이 현실에서 정립되고, 규범으로서 기능하는 것(규범으로서 지켜질 것을 요구하는 것)을 법의 타당성이라고 한다. 또한 사람이 사실상 그런 요구에 따른 방식대로 사회생활을 영위하는, 즉, 법이 사람에 의하여 현실에서 준수되는 것(현실에서 지켜지고 실행되는 것)을 법의 실효성이라고 한다.

법이 존재하기 위해서는 법의 타당성과 실효성이라는 요소가 필요하며, 이 두 가지 요소를 구비하여 현실의 사회생활에 대하여 작용하고, 사실로서 행하여질 때 법은 효력을 갖고 또한 타당하다고 한다.

2) 형식적 효력

(1) 시기

성문법은 그 시행기간 중 즉, 시행일로부터 폐지일까지 효력을 가지며, 이 시행기간중에 발생하는 사항에 관하여 적용되고, 시행기간 전 혹은 시행기간 후의 사항에 관해서는 적용되지 않는 것이 원칙이다. 법의 공포 후 시행되기까지에는 국민에게 법률의 존재를 확실히 인지시키기 위하여 일정기간 동안 공시를 하는데 이 기간을 주지기간이라고 한다.

법의 효력발생은 특별한 규정이 없으면 공포 후 20일이 경과함으로써 효력이 발생하나, 국민의 권리를 제한하거나 의무의 부과와 직접관련이 있는 경우에는 30일이 경과함으로써 효력이 발생한다.

(2) 종료

법의 시행에 따라 효력을 발생한 법령은 폐지·변경에 의해서 그 구속력을 상실하는데, 법률의 효력을 절대적으로 소멸시키는 것을 법의 폐지라고 하고, 신법에 의해서 구법의 일부 또는 전부가 소멸되는 경우를 법의 변경이라고 한다.

2. 적용원칙

1) 법률불소급의 원칙

성문법은 시행일로부터 그 폐지일까지 효력을 가지며, 시행일 전의 사항에 대해서는 원칙적으로 적용되지 않는다. 이것을 법률불소급의 원칙이라고 한다. 행위시에는 적법한 행위가 행위 후의 신법의 소급효에 따라 부적법한 것이 된다면 사회불안이나 혼란 또는 분쟁이 생기게 되어 안정된 사회생활을 바랄 수 없다. 이러한 불안이나 혼란의 발생을 피하기 위하여는 구법에 따라 발생한 법률관계를 보호하여 법적 안정성을 유지할 필요가 있다. 법률불소급의 원칙은 바로 이와 같은 필요 때문에 인정되는 것이다.

2) 죄형법정주의

죄형법정주의란 일정한 행위를 범죄로 하고 그 행위에 형벌을 과한다는 성문의 형법규정이 존재하지 않으면 행위자를 처벌할 수 없다는 것이다. 이것은 통상 '법률 없으면 범죄 없고, 법률 없으면 형벌 없다'라고 하는 법언에 의해서 표현되는 것으로서, 근대적 자유주의사상의 소산이며 근대형법의 대원칙이다. 예전에 형벌은 죄형전단주의에 따라 행하여졌는데, 이는 무엇을 범죄로 하고 이것에 어떠한 형벌을 과하는지에 관해 법에 사전적인 명문의 규정이 없고, 필요할 때마다 국가가 이를 결정하는 것이었다. 그러므로 죄형전단주의 아래에서는 국민이 행위시에 자기의 행위가 범죄가 되는지를 분명히 알 수 없었으므로 인권이 침해되는 것이 다반사였다. 이처럼 부당한 인권침해로부터 국민을 보호하기 위하여[42] 생겨난 것이 죄형법정주의이다.

---

42) 수사절차상의 적법절차를 강조한 것이 미국의 미란다 판결인데, 이는 경찰관들에 대한 게 업무지침을 제시하는 것으로, 구금상태에 있는 형사피의자에게 질문을 할 때는 반드시 묵비권을 행사할 권리, 변호인의 도움을 받을 권리 등을 알려주어야 한다는 것이다. 김재원, "묵비권과 변호인의 도움을 받을 권리", 성균관대학교 비교법연구소, 성균관법학 제18권 제2호 2007.8, 593면.

3) 경과법

법이 개정되는 경우에 어느 행위가 신·구의 양법에 걸치게 되는 경우에는 신·구 어느 법령을 적용하는가가 문제된다. 때로는 구법시대에 발생한 사항에 대하여 신법을 소급하여 적용하는 것이 적당한 경우도 있다. 그러나 일반적으로는 법령이 개정되는 때에 신·구 어느 법령을 적용하는가에 대해서 특별한 규정을 설정하는 것이 통례이다. 이 법률을 경과법(경과규정)이라고 하는데 일반적으로 시행법 또는 부칙의 형식으로 규정되어 있다. 민법부칙, 상법부칙 등이 그 예이다.

3. 사람에 대한 효력

법률의 효력이 어떠한 범위의 사람에게까지 미치는가라는 문제를 결정하는 기준으로 屬人主義, 屬地主義, 保護主義 및 普遍主義의 4가지가 있다.

1) 속지주의

속지주의는 법의 효력을 토지를 표준으로 하는 것으로서, 법의 효력범위가 그 법이 제정된 영역내에서만 인정되는 동시에 그 영역내에 있는 모든 사람에게 적용되는 것이다.

형법의 경우에 속지주의를 적용하면 자국의 영역 안에서 발생한 모든 범죄에 대하여 범죄인의 국적을 불문하고 자국형법을 적용한다. 속지주의는 국가주권사상에 일치하고 정의와 소송경제에 유리한 제도이므로 대부분의 국가가 채택하고 있는 장소적 적용범위에 대한 원칙이다. 국외를 운항중인 자국의 선박 또는 항공기내에서 행한 범죄에 대하여 자국형법을 적용한다는 기국주의(旗國主義)도 속지주의의 특수한 원칙에 속한다. 다만 속지주의에 의하여는 국외에서 발생한 범죄에 대하여 형벌권을 행사할 수 없다는 난점이 있기 때문에 다른 원칙에 의하여 이를 보완하고 있다.

2) 속인주의

속인주의란 사람을 표준으로 하여, 사람이 어디에 있는가를 불문하고 모두 자기가 소속한 국가의 법의 적용을 받는다고 하는 것이며, 이에 기초한 법을 속인법이라고 한다.

우리 형법의 경우에, 속인주의를 적용하면 자국민의 범죄에 대하여는 범죄지의 여하를 불문하고 자국형법을 적용한다. 자국민의 외국에서 범한 범죄에 대하여도 자국형법을 적용하는 것을 적극적 속인주의라고 하고, 외국에서 자국민의 자국 또는 자국민의 법익에 대한 범죄에 대하여만 자국형법을 적용하는 소극적 속인주의와 구별하기도 한다. 속인주의를 일관할 때에는 자국민은 속지주의에 의하여 외국형법을 적용받는 외에 자국형법의 적용도 받게 되어 여행가방에 자국형법도 들고 다니는 결과가 된다.

3) 보호주의

보호주의(保護主義, 실질주의)란 자국 또는 자국민의 법익과 관계되는 경우에 자국의 법령을 적용하는 원칙이다.

우리 형법의 경우에 대한민국 또는 대한민국 국민의 법익을 침해하는 범죄에 대하여는 누구에 의하여 어느 곳에서 발생하였는가에 관계없이 자국형법을 적용하는 원칙이다. 전자를 국가보호주의, 후자를 개인보호주의라고 한다. 여기서는 형법의 적용이 보호기능을 수행함에 그치게 되며, 입장이 다른 타국과의 사이에 마찰이 생길 수 있다.

4) 보편주의

보편주의(세계주의)[43]란 누가 어디서 누구에게 범한 범죄인가를 불문하고 문명국가에서 인정되는 공통된 법익을 침해하는 범죄에 대하여 자국형법을 적용하는 원칙을 말한다. 반인도적 범죄에 대한 사회방위의 국제적 연대성을 강조하는 입장이다. 우리 형법은 보편주의를 제한적으로 채택하고 있다.

우리 형법은 속지주의를 원칙으로 하면서(제2조, 제4조), 속인주의(제3조)와 보호주의(제5조, 제6조)를 가미하고 있다.

5) 사례

(1) 내국인에게 자국법이 적용되지 않는 경우

43) 보편주의를 세계주의라고 하기도 한다. 최종고, 앞의 책, 122면.

예컨대, 국가공무원법은 국가공무원만을 적용대상으로 하기 때문에 국민 모두에게 적용되는 것이 아니며, 변호사법·의료법 등도 마찬가지이다. 이와 반대의 방식으로 특정인에 대한 국법의 적용배제를 규정하는 경우도 있다. 즉, 대통령은 내란 또는 외환의 죄를 범한 경우가 아니고는 재직 중 형사상의 소추를 받지 아니하며(헌법 제84조), 국회의원은 불체포의 특권이 있고(헌법 제44조), 또 국회에서 직무상 행한 발언과 표결에 관하여 외부에서 책임을 지지 않는다(헌법 제45조).

(2) 외국인에게 그 在留(재류)국의 법이 적용되지 않는 경우

예컨대, 국민인 지위에 기초하여 권리가 되는 참정권, 청원권, 병역의무 등은 내국민에게만 부여된다.

국제사법상 재류외국인에게는 그 본국법을 적용하는 것이 적절한 경우가 있다.

국제법상의 예외로서 외교특권이 있다. 외교특권 외교관 등 국제법상의 특별한 신분을 가지는 자는 재류국법의 지배를 받지 않고 그 본국법의 적용을 받는다는 국제법상의 법원칙이다.

(3) 내외국인을 불문하고 일정한 국외범죄에 자국법이 적용되는 경우

형법상의 내란죄, 외환죄, 국기·통화에 관한 죄 등 우리나라의 중요한 국익에 대한 침해행위에 대하여는 그런 범죄가 국외에서 행하여졌고 또한 범인이 외국인이더라도 형법을 적용한다.

4. 장소에 관한 효력

1) 원칙

국가는 일정한 영역을 기초로 하여 존재하고, 그 공간을 다른 권력으로부터 제약을 받지 않고 자유롭게 또는 배타적으로 지배한다. 국가영역에 대한 배타적지배권을 주권이라고 하는데, 이것을 영역과의 관계에서 '영토고권(領土高權)이라고 부른다.

법이 효력을 미치는 지역적 범위로서의 국가영역은 일정한 육지와 이것이 바다에 연접하여 있는 때에는 연안의 일정범위의 해역 및 육지와 해역의 상공에 의해서 구성되며, 각각을 영토 · 영해 · 영공이라고 부른다. 첫째로, 영역 가운데서도 가장 기본적인 것이 영토이다. 우리나라의 영토는 한반도와 그 부속도서이며, 따라서 북한도 당연히 우리의 영토이다. 둘째는 영해이다. 영해란 灣이나 內海 · 하천 · 호수 등의 內水와 영토로부터 일정거리에 속한 바다를 말한다. 우리나라는 영해법에 의해서 영해를 12해리로 한다. 마지막으로 영공이란 영토와 영해의 상공부분이다.

2) 예외

국내법은 그 영토 · 영해 · 영공 모든 곳에 걸쳐서 적용되는 것이 원칙이나, 어떤 경우에는 국가영역 내에서도 국내법이 전면적으로 적용되지 않는 때가 있다. 외국인 및 외국법인에 대한 제한, 외교공관이나 외교사절 및 외교행낭 등에 외교특권[44]이 인정되는 경우, 기국주의[45]에 의하여 대한민국의 공용 항공기, 군함, 공용 선박에 대하여 국내법이 적용되는 경우가 그것이다.

❖ 기국주의 ❖

기국주의(旗國主義 flag state)란 공해상의 항공기나 선박은 그 소속국, 즉 그 항공기나 선박이 등록되고, 그 국기를 걸고 있는 나라만이 관할권을 갖는다는 국제법상의 일반 원칙이다. 공해상의 자국 항공기나 선박은 자국의 법령을 적용하는 등 각 나라는 공해의 질서유지 책임을 분담하고 있으며 위반행위를 한 항공기나 선박에 대한 단속(停船 및 臨檢 포함) 및 재판관할권은 그 항공기나 선박이 속하는 국가만이 행사할 수 있다.

44) 오늘날, 외교특권의 본질은 영역국의 법령집행의 면제를 의미하나, 일부의 경우에 아직도 영역국의 법적용 자제의 면제를 의미하는 '치외법권'이란 용어를 사용하는 경우도 있다.

45) 선박의 국적국을 의미하므로 선적국주의라고 하는 경우도 있다.

❖ 외교특권 ❖

외교특권(diplomatic privileges, 外交特權)은 외교사절의 특권 및 면제라고도 하는데, 외교사절은 파견국의 국가대표로 그 명예와 권위를 존중하고 그 임무를 능률적으로 수행할 수 있도록 특권과 면제가 부여된다. 외교특권은 내용은 외교사절의 신체와 명예·공관·문서·통신의 불가침 및 형사·민사 재판권의 면제, 경찰권·과세권의 면제를 그 내용으로 한다. 외교특권의 인적 적용범위는 외교사절과 배우자 및 직계가족, 기타 직원에 대해서도 인정된다. 특권은 국제관습에 의해 인정되어 왔으나 '1961 외교사절에 관한 비엔나협약'에서 명문화되었다

제2장

공법

제1절 헌법

Ⅰ. 헌법 일반론

1. 헌법의 의의

헌법은 국가의 기본법으로 국가권력의 소재와 행사에 관한 법규범의 일체, 즉 국가의 형태, 국가기관의 조직·권한 및 상호관계, 국민의 권리에 관한 기본적인 규범을 말한다.

1) 고유한 의미의 헌법

모든 국가는 자국의 역사적 전통, 문화적 특징, 경제발전의 정도 등에 따라 각기 고유한 특징을 지닌 통치체제와 정치운용의 원칙에 따라 국가를 통치하는데, 이와 같이 국가의 근본조직이나 작용을 규율하는 기본법을 고유한 의미의 헌법이라고 하며, 이는 국가의 존립기초에 관한 근본법이다.

2) 근대 입헌주의적 의미의 헌법

이는 근대의 입헌주의를 기본원리로 하는 헌법을 말하는 것으로, 국민주권론에 바탕을 두고서 국민의 자유와 권리를 최대한으로 보장(자유주의)하기 위하여 의회주의·법치주의·권력분립 원칙에 입각한 통치권의 행사를 그 내용

으로 하고 이를 성문화(성문헌법주의)한 헌법을 말한다.[46]

3) 현대 복지국가적 의미의 헌법

이는 복지국가의 실현을 위하여 근대입헌주의의 기본원리가 수정・보충되거나 새로운 기본원리가 채택된 헌법을 말하며, 사회적 법치국가헌법이라고도 한다. 즉, 복지국가의 실현과 관련하여 재산권의 상대화와 함께 근로기본권을 비롯한 사회적 기본권의 보장, 사기업의 사회화 등이 규정되었을 뿐만 아니라, 의회주의의 위기를 극복하기 위한 직접민주제의 부분적 도입, 행정국가화와 정당제도의 도입을 통한 권력분립제에의 변화 및 실질적 법치주의에 입각한 통치 등을 그 주요 내용으로 한다.

2. 대한민국 헌법

1) 헌법의 제정과 개정

(1) 헌법의 제정

헌법제정권력 또는 제헌권은 국가법질서의 근본법인 헌법을 창조하는 힘이라고 할 수 있다. 그러나 헌법제정권력은 사실적인 힘만이 아니고 헌법을 정당화시키는 권위 또는 가치를 아울러 가지지 않으면 아니된다. C. Schmitt의 표현에 따른다면 "헌법제정권력이란 고유의 정치적 실존의 종류와 형태에 관하여 구체적인 근본결단을 내릴 수 있는 권력이나 권위를 가진 정치적 의사"라고 한다.

헌법제정권력의 근본성격은 무엇보다도 그 시원적인 힘인 이상 헌법제정권을 합법화시키는 상위의 실정법규범은 존재하지 않는다. 헌법제정권력은 그에 의하여 만들어진 국가권력, 즉 조직화된 권력에 근거하는 것은 아니며, 자기 자신에 의하여 자신을 정당화할 수밖에 없는 근원적인 권력이므로 자율성을 가진다.

인격불가침의 기본가치, 법치국가의 원리, 민주주의의 원리 등 민주법치국가의 기본가치를 내용으로 하는 근본규범은 헌법제정권력이 자기의 존재를 주장하기 위한 기본적 전제이며 제헌권의 활동을 구속하는 내재적인 제약원리이다.

---

46) 권영성, 헌법학원론, 법문사, 2002, 6면.

(2) 헌법의 개정

헌법개정권력 또는 개헌권은 헌법을 개정하는 힘이라고 할 수 있다. 헌법개정권력은 헌법에 의하여 그 주체와 행사방법이 규정된 제도화된 제헌권이라고 할 수 있으며, 그것은 입법권의 상위권력이다. 헌법개정권력은 제도화된 권력이기 때문에 헌법제정권력과 달리 헌법개정규범에 구속되어 헌법이 정한 절차에 따라 행사되어야 한다. 헌법개정권의 한계긍정설에 입각하여 실정법적 한계를 규정하고 있는바, 동법 제79조 제3항은 헌법개정권의 한계, 즉 개정할 수 없는 사항으로 '연방제, 사회적 법치국가, 기본권의 존중제도 등의 기본원칙'을 들고 있다. 헌법개정권력은 헌법제정권력과 달라 한계가 인정된다고 하겠다.

헌법개정의 한계란 헌법개정의 방법으로써 모든 헌법규정을 개정할 수 있는가 여부의 문제로서, 법리상 한계가 있다는 학설과 없다는 학설로 나누어지고 있다. 한계긍정론에도 여러 가지 학설이 대립되어 있으며, 실정헌법에 개정한계를 규정한 헌법도 있다. 실정법상의 한계에는 내용상 제한, 방법상 제한, 시간적 제한 등이 있다.

2) 헌법 개정 연혁

우리 헌법은 9차에 걸쳐 개정되었는데, 1948년 7월 12일에 헌법이 제정되고, 제1차 개헌(1952년 7월 4일)을 시작으로 1987년 10월 27일 국민투표로 9차에 걸쳐 개정되었다.[47]

(1) 제헌 헌법(1948. 7. 12)

제헌국회는 1948년 7월 12일에 헌법안을 통과시키고 7월 17일 국회의장이 서명·공포하였다. 전문 및 본문 103조로 구성된 이 헌법의 주된 골자는 '국회단원제', '대통령중심제', '기본권 존중주의', '국제평화주의'로 되어있다.

(2) 제1차 개정(1952. 7. 7)

제1차 개정 헌법의 특징은 국무위원과 행정각부장관에 대한 임명은 국무총리의 제청으로 대통령이 임명하고 국회의 불신임결의권, 대통령과 부통령의

---

47) 자세한 내용은 홍성방, 헌법학, 현암사, 2008, 46면 이하 참조.

직접선거, 양원제 국회를 채택하였다.

(3) 제2차 개정(1954. 11. 29)

제2차 개정 헌법의 특징은 초대 대통령에 대한 중임제한규정을 폐지하고, 주권의 제약 및 영토의 변경을 가져올 중대한 사항에 대하여는 국회가결 후 국민투표에 회부, 국무총리제 및 국무위원의 연대책임제 폐지, 대통령 궐위 시에 부통령이 대통령지위 계승, 군법회의의 설치근거를 헌법에 의하도록 하고, 자유경제체제를 지향하며, 헌법 개정의 한계를 설정한 점 등이다.

(4) 제3차 개정(1960. 6. 15)

제3차 개정 헌법의 특징은 국민의 기본적 권리보장을 강화하여, 자유권에 대한 유보조항을 삭제하여 이를 제28조에 통일적으로 규정하는 동시에, 국민의 자유와 권리를 제한하는 법률도 자유와 권리의 본질적인 내용을 훼손하지 않도록 하고, 언론・출판・집회・결사의 사전허가 또는 검열제 금지, 정당의 해산을 헌법재판소의 판결에 의하도록 하며, 선거연령을 20세로 인하하고, 공무원의 정치적 중립을 보장하며, 완전한 의원내각제를 채택하여 대통령의 지위를 원칙적으로 의례적・형식적 지위에 한정한다. 또한 헌법재판소를 신설하고, 종래의 헌법위원회 및 탄핵재판소를 폐기하며, 사법의 독립과 민주화를 위하여 대법원장과 대법관은 법관의 자격을 가진 선거인단이 선출케 하고, 그 외의 법관은 대법원장이 임명하도록 한다. 선거의 공정을 기하기 위하여 헌법기관으로서 중앙선거위원회를 신설하고, 경찰의 중립을 위하여 필요한 기구의 설치를 헌법에 규정하며, 지방자치단체의 장을 원칙적으로 직선으로 선출한다.

(5) 제4차 개정(1960. 11. 29)

제4차 개정 헌법의 특징은 1960년의 3・15선거에 관련하여 불정행위를 한 자와 그 불정행위에 항의하는 국민에 대하여 살상 기타의 불법행위를 한 자를 처벌하기 위하여 특별법을 제정할 수 있도록 하며, 1960년 4월 26일 이전에 특정지위에 있음을 이용하여 현저한 반민주행위를 한 자의 공민권을 제한하기 위한 특별법을 제정할 수 있도록 하며, 1960년 4월 26일 이전에 지위 또는 권력을 이용하여 불정한 방법으로 재산을 축적한 자에 대한 행정상 또는 형사상의 처리를 하기 위하여 특별법을 제정할 수 있게 하고, 위의 형사사건을 처리하기 위하여 특별재판소와 특별검찰부를 둘 수 있도록 하는 것 등이다.

(6) 제5차 개정(1962. 12. 26)

제5차 개정 헌법은 5. 16 군사쿠데타로 인한 것인데, 그 특징은 대통령제 및 4년 중임제, 단원제 국회, 국회의 대통령 및 국무위원에 대한 탄핵소추권 및 탄핵심판위원회의 설치, 대통령의 계엄선포권 및 국회의 계엄해제 요구권, 법관추천회의를 거쳐 대통령이 국회의 동의를 얻어 대법원장을 임명하는 것 등이다.

(7) 제6차 개정(1969. 10. 21)

제6차 개정 헌법의 특징은 대통령의 중임 제한을 폐지하고 3기까지 계속하여 재임할 수 있도록 하는 것인데, 그 밖에도 국회의원 정수의 상한을 250명으로 확대하고, 국회의원이 겸직할 수 없는 직을 법률로 정하도록 하며, 대통령에 대한 탄핵소추는 50인 이상의 발의와 재적 3분의 2이상의 찬성을 얻도록 그 요건을 엄격히 한 점 등이다.

(8) 제7차 개정(1972. 12. 27)

제7차 개정 헌법의 특징은 대통령을 통일주체국민회의에서 선출하고 6년의 임기를 가지며 연임에 제한을 두지 않았으며, 대통령에게 헌법개정안제출권을 인정하고 이것은 국회의 의결을 거치지 않고 바로 국민투표에 부쳐 결정되도록 하였다.

그 외에도 통일주체국민회의를 신설하여 국민의 주권적 수임기관으로 하여 통일정책을 심의 · 결정하고, 대통령을 선출하며, 대통령이 추천한 국회의원정수 3분의 1에 해당하는 국회의원을 선거하고, 국회에서 의결된 헌법개정안을 최종적으로 확정하는 권한을 가지도록 하였다. 그 외에도 종전에 실시되어 오던 국회의 국정감사권을 삭제하고, 국회회기를 단축하여 정기국회의 회기를 90일, 임시회의 회기를 30일로 하고 정기회 · 임시회를 합하여 150일을 초과할 수 없게 하고, 대통령이나 국회의원의 입후보요건으로 소속정당의 추천을 필수조건으로 한다는 종래의 헌법규정을 폐기하였다. 위헌법률심사권을 법원에 부여하였던 제도를 폐지하고, 헌법위원회제도를 부활시켜 위헌법률심사권과 아울러 탄핵 및 정당의 해산에 관한 심판권도 부여하였다. 지방자치제도를 폐지하여 지방의회는 조국통일이 이루어질 때까지 구성하지 않음을 명시하였다.

(9) 제8차 개정(1980. 10. 27)

제8차 개정 헌법의 특징은 대통령은 간접선거로 선출하되 임기는 7년으로 중임을 제한하고, 복지국가의 건설을 지향하여 국가의 사회복지시행의무, 독·과점의 폐단규제, 중소기업의 보호·육성, 국토의 균형있는 이용, 소비자보호 등 경제질서에 관한 새로운 조항을 신설하였다.

(10) 제9차 개정(1987. 10. 29)

1987년 10월 29일, 기나긴 군부독재체제가 무너지고 명실 공히 현대적 의미의 민주주의체제를 가진 현행 헌법인 제9차 개정 헌법이 이루어졌다.[48]

3. 대한민국의 기본원리

1) 국민주권의 원리

헌법 제1조 제2항은 "대한민국의 주권은 국민에게 있고, 모든 권력은 국민으로부터 나온다"라고 규정하여 국민주권주의의 원칙을 선언하고 있다. 또한 헌법전문에서 국민이 헌법을 제정했고, 그 헌법을 국민투표에 의해 개정하였음을 선언하고 있으며, 제1조 제1항은 "대한민국은 민주공화국이다"라고 규정하여 국민주권의 원칙의 채택을 간접적으로 규정하고 있다.

2) 자유민주주의의 원리

헌법은 전문에서 "자유민주적 기본질서를 더욱 공고히 하여"라고 규정하고 있으며, 제4조는 "대한민국은 통일을 지향하며, 자유민주적 기본질서에 입각한 평화적 통일 정책을 수립하고 이를 추진한다"라고 규정하여 자유민주주의에 입각하고 있음을 강조하고 있다. 이 자유민주주의는 권력분립주의를 그 한 요소로 하고 있다.

---

48) 자세한 내용은 김철수, 헌법학개론, 박영사, 1996, 72면 참조.

3) 국제평화주의

헌법 전문은 "밖으로는 항구적인 세계평화와 인류공영에 이바지함으로써…"라 규정하고 있으며, 제5조는 "대한민국은 국제평화의 유지에 노력하고 침략전쟁을 부인한다"고 규정하고 있다. 또한, 제6조 제1항은 "헌법에 의하여 체결·공포된 조약과 일반적으로 승인된 국제법규는 국내법과 같은 효력을 가진다"라고 규정하여 우리나라가 국제법을 존중하며 국제사회질서에 대하여 협동할 것을 표명하고 있다.

4) 문화국가의 원리

헌법 전문은 '유구한 역사와 전통'을 강조하고 있으며, 총강에서는 민족문화의 창달조항을 신설하고 있다.[49] 이 밖에도 대통령의 취임선서에서 '민족문화의 창달에 노력한다'고 규정하고 있다.

5) 기본권존중주의

헌법 제10조는 "모든 국민은 인간으로서의 존엄과 가치를 가지며, 행복을 추구할 권리를 가진다. 국가는 개인이 가지는 불가침의 기본적 인권을 확인하고 이를 보장할 의무를 진다"고 규정하고 있다. 이는 국가의 존립목적이 국민의 기본권 보장에 있음을 밝히고, 기본권이 초국가적 자연권임을 인정한 것이다. 또한, 제37조 2항은 "국민의 모든 자유와 권리는 국가안전보장·질서유지 또는 공공복리를 위하여 필요한 경우에 한하여 법률로써 제한할 수 있으며, 제한하는 경우에도 자유와 권리의 본질적인 내용을 침해할 수 없다"고 하여 기본권의 제한을 엄격하게 하고 있다.

6) 복지국가주의

헌법 전문은 '국민생활의 균등한 향상'을 선언하고 있으며, 제34조는 '모든 국민의 인간다운 생활'의 보장과 사회보장 및 사회복지에 관한 국가의무를 규정 하고 있다. 또한 제35조 제1항은 '건강하고 쾌적한 환경에서 생활할 권리'

---

49) 헌법 제9조 "국가는 전통문화의 계승·발전과 민족문화의 창달에 노력하여야 한다".

를 보장하고, 제32조[50]는 '근로자의 고용의 증진과 적정임금의 보장' 및 근로조건의 기준을 '인간 존엄성을 보장 하도록 법률로 정할 것'과 국가유공자, 상이군경 및 전몰군경의 유가족에 대한 우선 취업권을 보장할 것을 규정하고 있다. 또한 제36조는 혼인과 가족생활이 '개인의 존엄과 양성(兩性)의 평등'에 기초하도록 강조하여 복지국가주의를 실질화하고 있다.

7) 사회적 시장경제주의

헌법은 제119조 이하[51]에서 경제질서에 관한 규정을 두고 있다. 즉, "경제질서는 개인과 기업의 경제상의 자유와 창의를 존중함을 기본으로 한다", "국가는 균형 있는 국민경제의 성장 및 안정과 적정한 소득의 분배를 유지하고, 시장의 지배와 경제력의 남용을 방지하며, 경제 주체간의 조화를 통한 경제의 민주화를 위하여 경제에 관한 규제와 조정을 할 수 있다"고 규정하고 있다. 이에 국토와 자원은 국가의 보호를 받으며, 국가는 균형 있는 개발이용을 위해 필요한 계획을 수립 할 수 있고 국가는 국민 모두의 생산 및 생활의 기반이 되는 국토의 효율적이고 균형 있는 개발, 이용과 보전을 위하여 법률이 정하는 바에 의하여 그에 관한 필요한 제한과 의무를 부과할 수 있다(제122조). 또한, 농·어업을 보호·육성하기 위하여 농·어촌 종합개발 과 그 지원 등 필요한 계획을 수립·시행하고(제123조 제1항), 지역간의 균형 있는 발전을 기하기 위하여 지역경제를 육성할 의무가 있으며(제123조 제2항), 소비자보호운동을 국가적 차원에서 보장하도록 하고 있다(제124조).

50) 헌법 32조; ① 모든 국민은 근로의 권리를 가진다. 국가는 사회적·경제적 방법으로 근로자의 고용의 증진과 적정임금의 보장에 노력하여야 하며, 법률이 정하는 바에 의하여 최저임금제를 시행하여야 한다. ② 모든 국민은 근로의 의무를 진다. 국가는 근로의 의무의 내용과 조건을 민주주의원칙에 따라 법률로 정한다. ③ 근로조건의 기준은 인간의 존엄성을 보장하도록 법률로 정한다. ④ 여자의 근로는 특별한 보호를 받으며, 고용·임금 및 근로조건에 있어서 부당한 차별을 받지 아니한다. ⑤ 연소자의 근로는 특별한 보호를 받는다. ⑥ 국가유공자·상이군경 및 전몰군경의 유가족은 법률이 정하는 바에 의하여 우선적으로 근로의 기회를 부여받는다.

51) 경제에 관한 헌법 규정은 제9장(제119조~제127조) 참조.

4. 대한민국의 기본질서[52)]

1) 민주질서

근대국가의 이론으로서의 국민주권이론은 전제군주정하에서 근대민주국가의 수립을 위한 항의적 이데올로기로서 주장되었던바, 역사적으로 본다면 Bodin에서 Hobbes에의 군주주권이론이 다시금 Hobbes에서 Locke에의 중간단계를 거쳐 1764년의 사회계약론(Du contrat social)에 있어서의 Rousseau의 국민주권이론으로 발전한 것이라고 할 것이다.

국민주권이론이 헌법에 규정되기에 이른 것은 미국의 여러 헌법과 France 헌법을 그 효시로 한다. 즉 미국의 Virginia 인권선언(1776) 제2조는 '모든 권력은 인민에게 있고, 따라서 인민에 유래하는 것이다. 행정관은 인민의 수탁자이며, 또 공복으로서 항상 인민에 대하여 책임을 지는 것이다'라고 하였고, 미국의 독립선언(1776), France인권선언(1789)도 같은 취지의 규정을 두었다. 또 제1차 대전 후의 독일은 '아래로부터의 혁명'에 의하여 국민주권이론을 헌법에 실정법화하게 되어 Weimar헌법 제1조 제2항은 '국가권력은 국민에게서 나온다'라고 하여 국민주권주의를 선언하였으며, 다른 지방헌법도 이에 따르게 되었다. 그 외에도 제1차 대전 후의 여러 나라의 새 헌법들이 국민주권의 원칙을 선언하였고, 제2차 대전이 끝난 오늘날 거의 모든 헌법이 국민주권주의를 선언하고 있다.

우리 헌법도 이러한 경향에 따라 제헌헌법 이래 줄곧 국민주권주의를 선언하고 있다. 국민주권주의를 규정하고 있는 헌법 제1조 제2항은 정당성의 원리로서의 측면과 실정헌법상의 구성원리로서의 측면을 아울러 가지고 있다. 이 헌법 제1조 제2항은 우리 헌법의 근본규범에 해당된다. 따라서 이 규정은 헌법 각조항의 해석기준이 되며, 헌법개정의 한계가 되어 어떠한 경우에 있어서도 헌법개정에 의하여 국민주권주의를 부인할 수 없다. 헌법 제1조 제2항은 '대한민국의 주권은 국민에게 있고, 모든 권력은 국민으로부터 나온다'라고 하여 국민주권의 원리를 명문으로 선언하고, 전문은 국민이 헌법을 제정했고 그 헌법을 국민투표에 의해 개정했음을 선언하고 있으며, 또 제1조 제1항은 민주공

---

52) 권영성, 전게서, 153면 이하 참조.

화국임을 규정하여 국민주권원리의 채택을 간접적으로 규정하고 있다.

2) 정치질서

(1) 정당제도

국민은 일반적으로 직접 국가권력을 행사하지 않고 특수한 국가기관을 통하여 행사한다. 현대적·대중적 민주정치에 있어서 실질적으로 정치를 결정하는 것은 각각의 공동적 이익과 공동적 권력추구에 의하여 결합되어 있는 정당이다. 우리 헌법 제8조 제2항에서는 '정당은 그 목적·조직과 활동이 민주적이어야 하며, 국민의 정치적 의사형성에 참여하는 데 필요한 조직을 가져야 한다'라고 그 개념규정을 하고 있는데, 정당법 제2조는 이를 구체화하여 '정당이라 함은 국민의 이익을 위하여 책임있는 정치적 주장이나 정책을 추진하고, 공직선거의 후보자를 추천 또는 지지함으로써 국민의 정치적 의사형성에 참여함을 목적으로 하는 국민의 자발적 조직을 말한다'라고 하여 정당의 정의를 내리고 있다. 정당의 목적이나 활동이 국가의 존립을 긍정해야 하고 민주적 기본질서를 존중하여야 하며, 이것을 위반하는 정당은 헌법상의 정당으로서 존립할 수 없고 헌법재판소의 심판으로 해산된다.

(2) 선거제도의 기본원리

① 보통선거

보통선거는 제한선거에 반대되는 것으로서, 사회적 신분·재산·교양 등에 의한 자격요건을 정함이 없이 일정연령에 달한 모든 자에게 원칙적으로 선거권을 인정하는 제도이다. 보통선거의 기본원리는 특정한 인종, 민족, 정치적·경제적 집단에 속해 있다는 이유로 또는 특정한 종교·직업을 가졌다는 이유로 선거권을 박탈하는 것을 금하고, 여성이나 소수민족이나 경제적 약자에게도 선거권을 부여하도록 하는 것이다.

② 평등선거

평등선거는 차등선거에 반대되는 것으로서, 선거인의 투표가치가 평등하게 취급되어지는 선거를 말한다. 오늘날 평등선거의 원칙은 1인 1표를 요구할 뿐만 아니라 1票 1價를 요구한다. 따라서 선거구간의 인구분포 등으로 투표의 성과가치가 불평등한 경우에는 평등선거에 위반된다.

③ 직접선거

직접선거는 간접선거에 반대되는 개념으로서, 의원의 선거가 일반유권자에 의하여 직접 행하여지는 경우를 말한다. 직접선거에 있어서 문제가 되는 것은 비례대표제선거에 있어서의 구속명부제이다. 구속명부제는 실질적으로 정당이 정한 후보자명부에 선거인이 구속되므로 정당에 의한 간접선거와 같은 결과를 가져오기 쉽다.

④ 자유선거

자유선거는 강제선거에 반대되는 것으로 직접적이나 간접적인 압력 없이 자유롭게 투표가 행해지는 선거제도를 말한다. 자유선거는 모든 선거인이 어떠한 강제도 받지 아니하고 외부의 어떠한 영향도 없이 자유롭게 자기의 선거권을 행사할 수 있는 것을 말한다.

3) 행정질서

(1) 법치주의

법치주의란 국가가 국민의 자유와 권리를 제한하든가, 국민에게 새로운 의무를 부과하려 할 때에는 국민의 의사를 대표하는 국회가 제정한 법률에 의하거나 법률에 근거가 있어야 한다. 법치주의의 요소는 i) 기본권의 보장, ii) 권력의 분리와 분할, iii) 형성적 법률의 개념, iv) 집행의 법률 적합성, v) 국가권력행사의 예측가능성, vi) 사법적 권리보장을 들 수 있고, 기타 입헌주의를 법치주의의 전제조건의 하나로 보고, vii) 성문헌법의 존재와 헌법의 민주적인 형성을 법치주의의 요소로 보거나, viii) 입법의 헌법에 대한 구속과 위임입법의 제한 등을 더 들 수도 있을 것이다.

법치행정의 원칙이란 행정권의 행사는 법률에 근거해서만 할 수 있고 헌법과 법률에 위배된 해정처분의 효력은 법원에서 부인할 수 있는 것을 말한다. O.Mayer는 법치행정의 내용으로서 i) 법률의 우위, ii) 법률의 유보, iii) 법률의 법규창조력을 들고 있다. 행정의 적헌법성과 적법성의 원칙은 i) 소극적 의의에 있어서의 적법성의 원칙으로서의 법의 우월성, ii) 이러한 원칙에서 나오는 행정행위의 예측가능성을 보장해 주는 법률의 규정, iii) 기본권을 침해할 경우의 법률의 근거와 법률의 유보, iv) 이러한 행정의 적법성의 보장으로서의 재판에 의한 행정작용의 법적 통제(협의의 법치행정의 원칙) 등의 여러 원리를 요청하고 있다.

인간의 존엄과 가치·행복추구권 및 기본적 인권의 보장을 규정한 제10조,[53] 경제의 민주화를 규정한 제119조 제2항,[54] 인간다운 생활을 할 권리의 보장을 규정한 제34조,[55] 국민의 자유와 권리는 반드시 법률로써만 제한할 수 있다는 제37조 제2항·제11조[56] 등에서 우리 헌법은 형식적 법치주의뿐 아니라 사회적 법치국가의 이념을 선언하고 있다.

(2) 직업공무원제도

우리 헌법은 제7조 제1항에서 '공무원은 국민전체에 대한 봉사자이며, 국민에 대하여 책임을 진다'고 하고, 제2항에서 '공무원의 신분과 정치적 중립성은 법률이 정하는 바에 의하여 보장된다'고 하여 공무원의 헌법상 지위와 직업공무원제도를 규정하고 있다. 그리고 제33조 제2항에서는 공무원의 근로3권을 제한하고, 제29조 제1항[57]에서는 공무원의 불법행위책임을, 제65조[58]에서는 고위공무원에 대한 탄핵소추를 규정하고 있으며, 나아가서 군공무원에 관한

53) 제10조; 모든 국민은 인간으로서의 존엄과 가치를 가지며, 행복을 추구할 권리를 가진다. 국가는 개인이 가지는 불가침의 기본적 인권을 확인하고 이를 보장할 의무를 진다.

54) 제119조; ② 국가는 균형있는 국민경제의 성장 및 안정과 적정한 소득의 분배를 유지하고, 시장의 지배와 경제력의 남용을 방지하며, 경제주체간의 조화를 통한 경제의 민주화를 위하여 경제에 관한 규제와 조정을 할 수 있다.

55) 제34조; ① 모든 국민은 인간다운 생활을 할 권리를 가진다.

56) 제37조; ② 국민의 모든 자유와 권리는 국가안전보장·질서유지 또는 공공복리를 위하여 필요한 경우에 한하여 법률로써 제한할 수 있으며, 제한하는 경우에도 자유와 권리의 본질적인 내용을 침해할 수 없다.

57) 제29조; ① 공무원의 직무상 불법행위로 손해를 받은 국민은 법률이 정하는 바에 의하여 국가 또는 공공단체에 정당한 배상을 청구할 수 있다. 이 경우 공무원 자신의 책임은 면제되지 아니한다.

58) 제65조; ① 대통령·국무총리·국무위원·행정각부의 장·헌법재판소 재판관·법관·중앙선거관리위원회 위원·감사원장·감사위원 기타 법률이 정한 공무원이 그 직무집행에 있어서 헌법이나 법률을 위배한 때에는 국회는 탄핵의 소추를 의결할 수 있다. ② 제1항의 탄핵소추는 국회재적의원 3분의 1 이상의 발의가 있어야 하며, 그 의결은 국회재적의원 과반수의 찬성이 있어야 한다. 다만, 대통령에 대한 탄핵소추는 국회재적의원 과반수의 발의와 국회재적의원 3분의 2 이상의 찬성이 있어야 한다. ③ 탄핵소추의 의결을 받은 자는 탄핵심판이 있을 때까지 그 권한행사가 정지된다. ④ 탄핵결정은 공직으로부터 파면함에 그친다. 그러나 이에 의하여 민사상이나 형사상의 책임이 면제되지는 아니한다.

규정과 교육공무원에 관한 규정 등이 있다. 공무원에 관한 일반법으로서 국가공무원법과 지방공무원법이 있고, 그 밖에 교육공무원법·경찰공무원법 등 각 단행법령이 있다.

4) 사회·경제질서

(1) 사회복지주의

복지국가는 국민의 복지유지와 향상을 국가의 목표로 하는 입장을 표현하는 것이다. 오늘날에는 복지국가의 한 요소로서 생존권의 보장이 중시되고 있는데 국가는 근로자의 권익옹호를 위하여 근로3권을 보장해야 하며, 인간다운 노동조건을 법률로써 보장하고 근로의 권리를 확보해야 하며, 근로능력이 없는 사람에게는 생활보호를 하고 사회복지사업을 추진하여야 한다.

사회복지국가의 건설을 목표로 사회정의구현에 관하여 규정하고 있다. 이에는 모든 국민의 인간의 존엄과 가치·행복추구권을 규정한 헌법 제10조와 제31조부터 제36에 걸쳐 규정되고 있는 생존권규정을 들 수 있다. 이 밖에도 재산권의 사회적 구속성을 규정한 헌법 제23조 제2항 등을 들 수 있다. 헌법은 그 외에도 근로권, 근로자의 단결권·단체교섭권·단체행동권, 혼인·가족·보건에 관한 권리, 건강하고 쾌적한 환경에서 살 권리, 최저임금제 실시, 주택개발정책의 실시, 모성보호노력의무를 추가하여 사회보호작용에 관한 구체적인 국가의 의무를 명시하고 있으며, 이 밖에도 환경법·소비자보호청구권·문화적 생존권보장에 관한 규정이 있다. 사회보호작용에 관한 법률로서는 사회보장기본법, 국민기초생활보장법, 직업안정법, 근로기준법, 재난및안전관리기본법, 산업재해보상보험법, 아동복지법 등이 있다.

(2) 사회적 시장경제주의

수정자본주의로서 이는 자본주의를 수정하여 국가가 개인의 경제적 영역을 통제·간섭함으로써 모든 국민의 인간다운 생활을 보장하려는 것이다. 이러한 경향을 성문헌법에 최초로 규정한 것이 Weimar헌법이다. 사회적 시장경제는 經濟財의 생산과 분배가 원칙적으로 자유경쟁원칙 아래서 행하여지되, 사회적 정의를 실현하고 건강한 사회질서와 사회적 약자의 보호를 위한 한도에서는 경제에 대한 국가의 통제가 정당한 권리일 뿐 아니라 국가의 의무로 되어 있는 경제헌법체제이다.

사회적 시장경제헌법은 자유와 평등, 직업의 자유, 계약의 자유, 집회의 자유, 소유권의 자유, 기업의 자유, 자유경쟁과 자유노동계약에 근거하고 있으면서 사회적 악습과 불공평 및 사회적 부정의와 긴급상태, 사회적 위기와 분규를 예방하고 배제하기 위하여 필요한 경우에는 그러한 자유영역에 대한 국가의 개입이 허용될 뿐만 아니라 오히려 요구되는 것이다.

우리 헌법도 이와 같은 취지에 따라 전문에서 '···정치·경제·사회·문화의 모든 영역에 있어서 각인의 기회를 균등히 하고, 능력을 최고도로 발휘하게 하며, 자유와 권리에 따르는 책임과 의무를 완수하게 하여 안으로는 국민생활의 균등한 향상을 기한다'고 선언하여, 경제에 있어서 각인의 기회를 균등히 한다는 것과 균등한 국민생활의 향상을 기한다는 두 가지 원칙을 선언하고 있다. 또한 헌법 제10조에서는 '모든 국민은 인간으로서의 존엄과 가치를 가지며, 행복을 추구할 권리를 가진다'는 것을 선언하고, 제34조에서는 '모든 국민은 인간다운 생활을 할 권리를 가진다'라고 규정하고 있다. 특히 현대헌법의 경향을 반영하여 '제9장 경제'를 두어 경제질서의 기본원칙과 그 구체적인 내용을 규정하고 있다.

5) 평화주의적 국제질서

헌법상에 적극적으로 평화유지에 관한 조항을 두기 시작한 것은 제2차대전 후의 일이다. 이것은 제2차대전이 참혹한 전쟁상태에서 시달린 헌법제정권자인 국민의 평화희구의 정신에서 나왔다고 볼 것이다. 평화조항의 핵심을 이루고 있는 경우 평화정신의 선언과 전쟁의 금지규정이라고 할 수 있는데, 평화정신의 선언을 서구적 민주주의국가 헌법에서는 대부분 전문의 형식으로 규정하고 있고 전쟁금지의 규정에 대하여는 전쟁을 침략전쟁·자위전쟁·제재전쟁의 셋으로 구분한다면 이들 중에서 공통적으로 금지되고 있는 것은 첫째의 침략전쟁이다.

평화를 보장하기 위한 방법으로서 평화파괴행위의 처벌, 평화주의자의 보호, 국제분쟁의 평화적 해결, 군비의 방기·제한, 국제법규의 존중이 있다. 국제분쟁의 평화적 해결의 방식으로서는 직접교섭, 주선, 중개, 심사, 조정, 국제기구에 의한 분쟁해결, 중재재판 및 사법적 해결 등이 있다.

우리 헌법은 전문에서 '안으로는 국민생활의 균등한 향상을 기하고 밖으로는 항구적인 세계평화와 인류공영에 이바지함으로써 우리들과 우리들의 자손의 안전과 자유와 행복을 영원히 확보할 것을 다짐하면서'라고 규정하고 있으며, 나아가 헌법 제5조 제1항에서 '대한민국은 국제평화의 유지에 노력하고 침략적 전쟁을 부인한다'라고 규정하여 평화질서의 대원칙을 규정하여 영구평화의 보장과 평화수호에의 결의를 표시하고 있다.

헌법은 전문에서 '조국의 평화적 통일의 사명'에 입각해 있음을 선언하고 제4조에서 '대한민국은 통일을 지향하며, 자유민주적 기본질서에 입각한 평화적 통일정책을 수립하고 이를 추진한다'고 규정하여 '평화통일의 원칙'을 천명하고 있다.

Ⅱ. 기본권론

1. 기본권의 개념

1) 기본권의 의의

기본권이란 국민이 향유할 수 있는 기본적 권리로서, 이는 국가가 부여함으로써 인정된다는 실정권설과 국가이전의 권리로서 국가는 기본권보장을 위한 수단에 불과하다는 천부인권설(자연권설)의 대립이 있다.[59]

우리 헌법은 전문에서 '우리들과 우리들의 자손의 안전과 자유와 행복을 영원히 확보하기 위하여 이 헌법을 제정하였다'고 선언하고 있으며, 제10조에서 '모든 국민은 인간으로서의 존엄과 가치를 가지며 행복을 추구할 권리를 가진다'라고 규정하고 있다. 또한 제34조는 '모든 국민은 인간다운 생활을 할 권리를 가진다'라고 규정하고, 제37조 제1항은 '헌법에 열거되지 아니한 자유와 권리'가 있을 수 있음을 인정하고 있기 때문에 기본권을 前국가적인 자연권으로 규정한 것이라고 보아야 한다.

---

59) 국가인권위원회법 제2조 제1호는 '인권'이라 함은 "헌법 및 법률에서 보장하거나 대한민국이 가입·비준한 국제인권조약 및 국제관습법에서 인정하는 인간으로서의 존엄과 가치 및 자유와 권리를 말한다"라고 정의하고 있다.

2) 기본권의 분류[60)]

(1) 내용에 의한 분류

헌법 제10조에서는 인간의 존엄과 가치・행복추구권을 보장하고 있지만, 이것을 보장하기 위해서는 차별대우가 금지되어야 하며 또한 자유롭고 인간다운 생활이 보장되어야 할 것이다. 인간의 존엄과 가치에 바탕을 둔 기본권은 내용에 따라서 행복추구권, 평등권, 자유권, 참정권, 청구권, 사회권으로 나누어진다.

(2) 성질에 의한 분류

기본권은 그 성질에 따라 초국가적인 기본권과 국가내적인 기본권으로 나눌 수 있다. 초국가적인 기본권은 천부인권으로서 인간의 권리이다. 반면에 국가내적인 기본권은 국가의 입법에 의하여 그 내용이 확정되고 또 제한될 수 있는 권리를 말한다.

(3) 효력에 의한 분류

기본권은 그 효력에 따라 현실적(구체적)인 기본권과 입법방침규정으로 나눌 수 있다. 현실적인 기본권이란 모든 국가권력을 직접으로 구속하는 기본권을 말한다. 반면에 입법방침규정은 직접 행정권과 사법권을 구속하지 아니하고 입법의 의무만을 부과하는 것을 말한다.

3) 기본권의 제한

국민의 기본권이라 하더라도 절대적인 것은 아니다. 따라서 다음과 같은 경우에 제한을 할 수 있다.

첫째, 헌법이 직접 기본권을 제한하는 것으로서 사회공동생활에 따른 기본권에 내재하는 한계(타인의 권리・도덕률・헌법질서 등)나 특별한 규정에 의하여 기본권은 제한될 수 있다.

둘째, 법률에 의한 기본권제한이 있는데 우리 헌법은 제37조 제2항에서 일반적 법률유보원칙을 규정하고 있다. 즉, '국민의 모든 자유와 권리는 국가안

---

60) 권영성, 전게서, 291면 이하 참조.

전보장·질서유지 또는 공공복리를 위하여 필요한 경우에 한하여 법률로써 제한할 수 있으며, 제한하는 경우에도 자유와 권리의 본질적인 내용을 침해할 수 없다'고 하고 있다.

셋째, 기본권의 예외적 제한이 있는데, 국가비상사태에 있어서 기본권의 제한이 여기에 해당한다. 우리 헌법상 긴급명령과 긴급재정·경제명령 또는 비상계엄선포에 의하여 기본권이 제한될 수 있다.

2. 개별적 기본권

1) 인간의 존엄, 가치와 행복추구권

헌법 제10조는 '모든 국민은 인간으로서의 존엄과 가치를 가지며, 행복을 추구할 권리를 가진다. 국가는 개인이 가지는 불가침의 기본적 인권을 확인하고 이를 보장할 의무를 진다'라고 규정하여 모든 국민은 인간으로서의 존엄과 가치와 행복추구권을 갖는다.

2) 평등권

헌법 전문에서 '정치·경제·사회·문화의 모든 영역에 있어서 各人의 기회를 균등히 하고, 국민생활의 균등한 향상을 기할 것'을 선언하고 있으며, 제11조 제1항에서 '모든 국민은 법 앞에 평등하며, 누구든지 성별·종교 또는 사회적 신분에 의하여 정치적·경제적·사회적·문화적 생활의 모든 영역에 있어서 차별을 받지 아니한다'고 규정하고 있다.

3) 자유권적 기본권

자유권적 기본권이라 함을 모든 국민이 그의 자유영역에 대해서 국가권력으로부터 자유로이 활동하고 생활할 수 있는 권리를 말한다. 한편, 자유권에 있어서 그 제한은 일부 개별적 법률유보조항에 의해서나 제37조 제2항의 일반적 법률유보조항인 공공복리·질서유지·국가안전보장을 위하여 필요한 경우에는 법률로써 제한할 수 있다.

우리 헌법에서 규정하고 있는 자유권의 내용을 살펴보면 다음과 같은 것이 있다.

(1) 신체의 자유

헌법 제12조,[61] 제13조,[62] 제27조,[63] 제28조[64]에서는 인정하고 있는 바, 신체의 자유는 신체안전의 자유, 신체활동의 자유 등을 포함한다. 신체의 자유의 내용으로는 죄형법정의주의, 고문금지와 묵비권, 변호인의 조력을 받을 권리, 영장제도, 구속적부심사제, 구속이유 등 고지제도, 자백의 증거능력 제한, 소급입법의 금지와 일사부재리의 원칙, 연좌제금지 등이다.

(2) 거주 · 이전의 자유

헌법 제14조[65]에서 규정하고 있는 거주 · 이전의 자유는 국내에서의 거주 · 이전의 자유뿐만 아니라 국외로 거주 · 이전할 자유도 내포한다.

---

61) 제12조; ① 모든 국민은 신체의 자유를 가진다. 누구든지 법률에 의하지 아니하고는 체포·구속·압수·수색 또는 심문을 받지 아니하며, 법률과 적법한 절차에 의하지 아니하고는 처벌·보안처분 또는 강제노역을 받지 아니한다. ② 모든 국민은 고문을 받지 아니하며, 형사상 자기에게 불리한 진술을 강요당하지 아니한다. ③ 체포·구속·압수 또는 수색을 할 때에는 적법한 절차에 따라 검사의 신청에 의하여 법관이 발부한 영장을 제시하여야 한다. 다만, 현행범인인 경우와 장기 3년 이상의 형에 해당하는 죄를 범하고 도피 또는 증거인멸의 염려가 있을 때에는 사후에 영장을 청구할 수 있다. ④ 누구든지 체포 또는 구속을 당한 때에는 즉시 변호인의 조력을 받을 권리를 가진다. 다만, 형사피고인이 스스로 변호인을 구할 수 없을 때에는 법률이 정하는 바에 의하여 국가가 변호인을 붙인다. ⑤ 누구든지 체포 또는 구속의 이유와 변호인의 조력을 받을 권리가 있음을 고지받지 아니하고는 체포 또는 구속을 당하지 아니한다. 체포 또는 구속을 당한 자의 가족등 법률이 정하는 자에게는 그 이유와 일시·장소가 지체없이 통지되어야 한다. ⑥ 누구든지 체포 또는 구속을 당한 때에는 적부의 심사를 법원에 청구할 권리를 가진다. ⑦ 피고인의 자백이 고문·폭행·협박·구속의 부당한 장기화 또는 기망 기타의 방법에 의하여 자의로 진술된 것이 아니라고 인정될 때 또는 정식재판에 있어서 피고인의 자백이 그에게 불리한 유일한 증거일 때에는 이를 유죄의 증거로 삼거나 이를 이유로 처벌할 수 없다.

62) 제13조; ① 모든 국민은 행위시의 법률에 의하여 범죄를 구성하지 아니하는 행위로 소추되지 아니하며, 동일한 범죄에 대하여 거듭 처벌받지 아니한다. ② 모든 국민은 소급입법에 의하여 참정권의 제한을 받거나 재산권을 박탈당하지 아니한다. ③ 모든 국민은 자기의 행위가 아닌 친족의 행위로 인하여 불이익한 처우를 받지 아니한다.

63) 제27조; ① 모든 국민은 헌법과 법률이 정한 법관에 의하여 법률에 의한 재판을 받을 권리를 가진다. ② 군인 또는 군무원이 아닌 국민은 대한민국의 영역안에서는 중대한 군사상 기밀·초병·초소·유독음식물공급·포로·군용물에 관한 죄중 법률이 정한 경우와 비상계엄이 선포된 경우를 제외하고는 군사법원의 재판을 받지 아니한다. ③ 모든 국민은 신속한 재판을 받을 권리를 가진다. 형사피고인은 상당한 이유가 없는 한 지체없이 공개재판을 받을 권리를 가진다. ④ 형사피고인은 유죄의 판결이 확정될 때까지는 무죄로 추정된다. ⑤ 형사피해자는 법률이 정하는 바에 의하여 당해 사건의 재판절차에서 진술할 수 있다.

64) 제28조; 형사피의자 또는 형사피고인으로서 구금되었던 자가 법률이 정하는 불기소처분을 받거나 무죄판결을 받은 때에는 법률이 정하는 바에 의하여 국가에 정당한 보상을 청구할 수 있다.

65) 제14조; 모든 국민은 거주·이전의 자유를 가진다.

(3) 직업선택의 자유

헌법 제15조[66]에서 규정하고 있는 직업선택의 자유는 단지 직업을 선택할 수 있는 자유뿐만 아니라, 선택한 직업을 자유로이 영위할 수 있는 영업의 자유도 포함된다. 또한 무직업의 자유도 포함된다.

(4) 주거의 자유

헌법 제16조[67]는 주거의 자유를 규정하고 있다. 주거의 불가침이란 사생활이 영위되는 지역인 주거에 대한 국가권력의 부당한 침입을 배제하는 권리이다. 따라서 주거에 대한 압수나 수색에는 검사의 신청에 의하여 법관이 발부한 영장을 제시하여야 한다.

(5) 사생활의 자유와 비밀

헌법 제17조[68]에서 규정하고 있는 사생활의 자유란 개인의 사적생활 영위의 자유를 말하는 것이고, 사생활의 비밀은 사생활의 부당한 공개로부터의 자유를 말한다.

(6) 통신의 자유

헌법 제18조[69]에서 규정하고 있는 통신의 불가침이란 서신뿐만 아니라 전신·전화 등의 검열이나 도청을 금지하는 것을 말한다.

(7) 사유재산권의 보장

우리 헌법 제23조 제1항에서 '모든 국민의 재산권은 보장된다'라고 규정하여 사유재산제도를 보장하고 있다. 또한 제2항에서는 '재산권의 행사는 공공복리에 적합하도록 하여야 한다'라고 규정하고 있으며, 제3항에서는 '공공필요에 의한 재산권의 수용·사용 또는 제한 및 그에 대한 보상은 법률로써 하되 정당한 보상을 지급하여야 한다'라고 규정하고 있다.

---

66) 제15조; 모든 국민은 직업선택의 자유를 가진다.
67) 제16조; 모든 국민은 주거의 자유를 침해받지 아니한다. 주거에 대한 압수나 수색을 할 때에는 검사의 신청에 의하여 법관이 발부한 영장을 제시하여야 한다.
68) 제17조; 모든 국민은 사생활의 비밀과 자유를 침해받지 아니한다.
69) 제18조; 모든 국민은 통신의 비밀을 침해받지 아니한다.

(8) 양심의 자유

헌법 제19조는 '모든 국민은 양심의 자유를 가진다'라고 규정하여 양심의 자유는 내심의 자유 중에서 신앙 · 학문 · 예술 등을 제외한 윤리적 · 정치적 · 사회적 양심의 자유를 말한다.

(9) 종교의 자유

헌법 제20조는 '모든 국민은 종교의 자유를 가진다. 국교는 인정되지 아니하며, 정치와 종교는 분리된다'라고 규정하여 종교의 자유를 보장하고 있다.

(10) 학문과 예술의 자유

헌법 제22조[70]에서 학문과 예술의 자유를 인정하고 있다.

(11) 언론 · 출판 · 집회 · 결사의 자유

헌법 제21조[71]에서는 언론 · 출판 · 집회 · 결사의 자유를 인정하고 있다.

4) 사회권적 기본권

생활권적 기본권 또는 생존권적 기본권이라고도 하는 사회적 기본권은 국민의 인간다운 생활에 필요한 여러 조건을 국가권력이 적극적으로 확보하여 줄 것을 요청할 수 있는 권리로서 국가권력에 대하여 불간섭을 요청할 수 있는 자유권과는 구별된다.

사회적 기본권은 법률이 정하는 바에 의하여 보장을 하기 때문에 그 실현에 대한 책임은 입법자에게 있다. 사회적 기본권의 제한도 헌법이나 법률로써 가능한데, 가장 중요한 것은 국가의 재정도나 예산의 부족에 따른 제한이라 할 것이다. 또한 일단 확보된 사회적 기본권도 긴급명령, 긴급재정 · 경제명령 등에 의하여 정지 또는 제약될 수 있다.

---

70) 제22조; ① 모든 국민은 학문과 예술의 자유를 가진다. ② 저작자 · 발명가 · 과학기술자와 예술가의 권리는 법률로써 보호한다.

71) 제21조; ① 모든 국민은 언론 · 출판의 자유와 집회 · 결사의 자유를 가진다. ② 언론 · 출판에 대한 허가나 검열과 집회 · 결사에 대한 허가는 인정되지 아니한다. ③ 통신 · 방송의 시설기준과 신문의 기능을 보장하기 위하여 필요한 사항은 법률로 정한다. ④ 언론 · 출판은 타인의 명예나 권리 또는 공중도덕이나 사회윤리를 침해하여서는 아니된다. 언론 · 출판이 타인의 명예나 권리를 침해한 때에는 피해자는 이에 대한 피해의 배상을 청구할 수 있다.

(1) 인간다운 생활을 할 권리

헌법 제34조는 '모든 국민은 인간다운 생활을 할 권리를 가진다'라고 규정하여, 모든 국민의 인간다운 생활을 할 권리와 국가의 사회보장의무를 규정하고 있다. 이 권리는 사회적 기본권 중에서도 가장 핵심적인 권리로서 최저한도의 문화적인 생활을 할 수 있는 권리를 말한다.

(2) 교육을 받을 권리

헌법 제31조는 '모든 국민은 능력에 따라 균등하게 교육을 받을 권리를 가진다'라고 규정하고 있다. 이는 교육을 받을 권리는 모든 국민이 능력과 재질에 따라 균등하게 교육을 받을 권리를 말하며, 성별 · 종교 · 사회적 신분에 따라 차별을 받지 않을 권리를 말한다.

(3) 근로의 권리

헌법 제32조는 '모든 국민은 근로의 권리를 가진다. 국가는 사회적 · 경제적 방법으로 근로자의 고용의 증진과 적정임금의 보장에 노력하여야 하며, 법률이 정하는 바에 의하여 최저임금제를 시행하여야 한다'라고 규정하고 있다. 이는 근로의 권리는 모든 국민의 완전고용에의 권리라고 할 수 있으며, 국민은 국가에 대하여 직업의 보장을 요구할 수 있을 뿐만 아니라, 이것이 불가능한 경우에는 실업수당의 지급을 요구할 수 있는 권리이다.

(4) 근로자의 노동 3권

헌법 제33조는 '근로자는 근로조건의 향상을 위하여 자주적인 단결권 · 단체교섭권 및 단체행동권을 가진다'라고 규정하여 경제적 약자인 근로자를 보호하기 위하여 노동3권에 관한 규정을 두고 있다. 여기에서 노동3권이란 근로자의 근로조건의 향상을 위하여 인정된 자주적인 단결권, 단체교섭권 및 단체행동권을 의미한다.

(5) 환경권

헌법 제35조는 '모든 국민은 건강하고 쾌적한 환경에서 생활할 권리를 가지며, 국가와 국민은 환경보전을 위하여 노력하여야 한다'라고 규정하여 인간다운 쾌적한 환경 속에서 생활할 수 있는 권리를 보장하고 있다.

(6) 혼인 · 가족 · 보건에 관한 권리

헌법 제36조는 '혼인과 가족생활은 개인의 존엄과 양성의 평등을 기초로 성립되고 유지되어야 하며, 국가는 이를 보장한다'라고 규정하여 모든 국민의 혼인 · 가족 · 보건에 관한 권리를 보장하고 있다.

5) 청구권적 기본권

자유권적 기본권, 사회적 기본권 등은 국민이 직접 그것을 향유할 수 있는 실체적 기본권이다. 그러나 청구권적 기본권은 국민의 권리 중에서 헌법이 규정하는 각종의 실체적인 기본권을 현실적으로 확보하기 위한 청구권적 성질을 가지는 기본권이다.

청구권적 기본권은 국가내적인 권리이기 때문에 헌법과 법률에 의하여 제한할 수 있다.

(1) 청원권

헌법 제26조는 '모든 국민은 법률이 정하는 바에 의하여 국가기관에 문서로 청원할 권리를 가진다'고 규정하고 있다. 여기에서 청원이란 국민이 국가나 지방자치단체 등 국가기관에 대하여 문서로써 진술하는 것을 말한다.

(2) 재판청구권

헌법 제27조는 '모든 국민은 재판을 받을 권리를 가진다'라고 규정하고 있다. 여기에서 말하는 재판을 받을 권리는 정당한 재판을 받을 권리와 신속한 공개재판을 받을 권리를 의미한다.

(3) 형사보상청구권

헌법 제28조는 '형사피의자 또는 형사피고인으로서 구금되었던 자가 법률이 정하는 불기소처분을 받거나 무죄판결을 받은 때에는 법률이 정하는 바에 의하여 국가에 정당한 보상을 청구할 수 있다'라고 규정하여 형사피고인 뿐만 아니라 형사피의자에까지 확대하여 형사보상청구권을 인정하고 있다.

(4) 국가배상청구권

헌법 제29조[72]에 의하여 공무원의 직무상 불법행위로 인하여 손해를 받은 국민은 국가 또는 공공단체에 대하여 정당한 손해배상을 청구할 수 있다.

(5) 범죄피해자 구조청구권

헌법 제30조는 '타인의 범죄행위로 인하여 생명 · 신체에 대한 피해를 받은 국민은 법률이 정하는 바에 의하여 국가로부터 구조를 받을 수 있다'고 규정하여, 범죄피해자의 국가에 대한 구조청구권을 인정하고 있다.

6) 참정권

참정권이란 국민이 국가의 의사결정에 참여할 수 있는 권리이다. 이는 국민이 국가의사의 형성과정에 참여하거나 국가기관을 구성하며, 국가권력행사를 통제 내지 견제할 수 있는 등 국민주권주의 실현을 위한 필수적인 제도적 장치로서의 민주적 · 정치적 권리이며, 또한 개별적인 국민의 능동적 공권이다.

참정권은 헌법 제37조 제2항의 유보조항에 따라 법률에 의한 제한을 받는다. 또한 선거권이나 피선거권 등 참정권은 외국인에게는 인정되지 않는다.

(1) 선거권

건국헌법 이래 1980년 헌법까지는 선거권자의 연령을 만20세로 헌법에서 직접 규정하여 왔으나, 현행헌법[73]은 이를 입법사항으로 하고 있다. 국민의 선거권에는 대통령선거권, 국회의원선거권, 지방자치단체의 장 및 지방의회의원 선거권 등이 있다.

(2) 공무담임권

공무담임권[74]은 행정부뿐만 아니라 입법부 · 사법부 · 지방자치단체와 기타

---

72) 제29조; ①공무원의 직무상 불법행위로 손해를 받은 국민은 법률이 정하는 바에 의하여 국가 또는 공공단체에 정당한 배상을 청구할 수 있다. 이 경우 공무원 자신의 책임은 면제되지 아니한다. ②군인 · 군무원 · 경찰공무원 기타 법률이 정하는 자가 전투 · 훈련등 직무집행과 관련하여 받은 손해에 대하여는 법률이 정하는 보상외에 국가 또는 공공단체에 공무원의 직무상 불법행위로 인한 배상은 청구할 수 없다.

73) 제24조; 모든 국민은 법률이 정하는 바에 의하여 선거권을 가진다.

74) 제25조; 모든 국민은 법률이 정하는 바에 의하여 공무담임권을 가진다.

일체의 공공단체의 직무를 담임하는 권리를 말한다.

(3) 국민표결권

헌법 제72조[75] 및 제130조[76]에서 외교·국방·통일 기타 국가안위에 관한 중요한 정책결정이나 헌법개정에 대한 국민투표를 인정하고 있다.

7) 국민의 기본적 의무

국민의 의무란 국민이 통치대상으로서의 지위에서 부담하는 기본적 의무를 말한다. 헌법도 전문에서 '…능력을 최고도로 발휘하게 하며 자유와 권리에 따르는 책임과 의무를 완수하게 하여…'라고 규정하여 국민의 의무에 관하여 규정하고 있으며, 본문도 이에 관하여 규정하고 있다.

(1) 납세의 의무

헌법 제38조는 '모든 국민은 법률이 정하는 바에 의하여 납세의 의무를 진다'라고 규정하고 있다. 납세의 의무라 함은 국가의 통치활동에 필요한 경비를 충당하기 위하여 국민이 조세를 납부하는 의무를 말한다.

(2) 국방의 의무

헌법 제39조는 '모든 국민은 법률이 정하는 바에 의하여 국방의 의무를 진다. 누구든지 병역의무의 이행으로 불이익한 처우를 받지 아니한다'라고 규정하고 있다. 국방의 의무란 협의에 있어서는 병역의 의무를 말하나 광의에 있어서는 방공·방첩의 의무 등을 포함한다.

(3) 교육을 받게 할 의무

헌법 제31조 제2항은 '모든 국민은 그 보호하는 자녀에게 적어도 초등교육과 법률이 정한 교육을 받게 할 의무를 진다'라고 규정하고 있다. 교육을 받게

---

75) 제72조; 대통령은 필요하다고 인정할 때에는 외교·국방·통일 기타 국가안위에 관한 중요정책을 국민투표에 붙일 수 있다.

76) 제130조; ① 국회는 헌법개정안이 공고된 날로부터 60일 이내에 의결하여야 하며, 국회의 의결은 재적의원 3분의 2 이상의 찬성을 얻어야 한다. ② 헌법개정안은 국회가 의결한 후 30일 이내에 국민투표에 붙여 국회의원선거권자 과반수의 투표와 투표자 과반수의 찬성을 얻어야 한다. ③ 헌법개정안이 제2항의 찬성을 얻은 때에는 헌법개정은 확정되며, 대통령은 즉시 이를 공포하여야 한다.

할 의무의 성질에 관해서는 이를 윤리적으로 의무로 보는 견해도 있으나, 법적 의무라고 보아야 할 것이다.

(4) 근로의 의무

헌법 제32조 제2항은 '모든 국민은 근로의 의무를 진다. 국가는 근로의 의무의 내용과 조건을 민주주의원칙에 따라 법률로 정한다'라고 규정하고 있다. 여기서 근로의 의무는 사회보장의 법률상의 전제로서의 의무를 가진다.

(5) 재산권행사의 공공복리 적합의무

헌법 제23조 제2항은 '재산권의 행사는 공공복리에 적합하도록 하여야 한다'라고 규정하고 있다. 또한 헌법 제119조 제2항[77]의 독과점규제, 제121조[78]의 농지소작제도의 원칙적 금지, 제122조[79]의 국토의 효율적 이용을 위한 의무 등도 이를 명시하는 것이라고 하겠다.

(6) 환경보전의 의무

헌법 제35조 제1항 후단은 '국가와 국민은 환경보전을 위하여 노력하여야 한다'라고 규정하고 있다. 이는 공해에 의하여 환경이 파괴되고 있는 현실을 감안하여 국가뿐만 아니라 국민에게도 일정한 환경보전의무를 부과하기 위한 것이다.

---

77) 제119조; ①대한민국의 경제질서는 개인과 기업의 경제상의 자유와 창의를 존중함을 기본으로 한다. ②국가는 균형있는 국민경제의 성장 및 안정과 적정한 소득의 분배를 유지하고, 시장의 지배와 경제력의 남용을 방지하며, 경제주체간의 조화를 통한 경제의 민주화를 위하여 경제에 관한 규제와 조정을 할 수 있다.

78) 제121조; ①국가는 농지에 관하여 경자유전의 원칙이 달성될 수 있도록 노력하여야 하며, 농지의 소작제도는 금지된다. ②농업생산성의 제고와 농지의 합리적인 이용을 위하거나 불가피한 사정으로 발생하는 농지의 임대차와 위탁경영은 법률이 정하는 바에 의하여 인정된다.

79) 제122조; 국가는 국민 모두의 생산 및 생활의 기반이 되는 국토의 효율적이고 균형있는 이용·개발과 보전을 위하여 법률이 정하는 바에 의하여 그에 관한 필요한 제한과 의무를 과할 수 있다.

Ⅲ. 통치의 구조

1. 통치구조

우리 헌법은 제1조 제2항에서 '대한민국의 주권은 국민에게 있고, 모든 권력은 국민으로부터 나온다'라고 함으로써 대한민국이 국민주권원리에 기초하고 있음을 천명하고 있다.[80] 즉, 대한민국에 있어서는 국민이 국가의사를 전반적이고 최종적으로 결정할 수 있는 권력을 갖는다는 것이다. 여기서 국민주권의 원리를 어떻게 실현할 것인가와 관련하여 직접민주제 및 간접민주제에 대한 논의가 있으며, 이를 위한 통치기구 구성의 원리로서 권력분립의 원리가 강조된다. 그리고 그 구체적인 실현양태에 따라 정부형태가 특정된다.

1) 권력분립주의

권력분립의 원리는 근대 법치국가에 있어서의 통치기구의 조직원리로서 가장 중요한 근대시민적 민주정치의 기본원리이다. 권력분립으로는 2권분립론, 3권분립론 등이 있지만 근대헌법의 기반을 이룬 것은 3권분립론이다.

3권분립론은 국가권력을 행정 · 입법 · 사법의 3권으로 나누어 이를 각기 독립한 기관에게 담당하게 하여, 기관상호간의 견제와 균형을 유지하게 함으로써 국가권력의 집중과 남용을 방지하기 위한 제도를 의미한다. 이 제도는 로크에서 비롯하여 몽테스키외에 이르러 그 이론적 완성을 본 제도로서, 근대의 시민적 자유주의 및 국민참정의 요청에 부응하였으므로 각국의 정치조직에 널리 채용되었다.

2) 대통령제

대통령제는 1787년 미합중국헌법에서 창출된 것으로서, 입법 · 사법 · 행정의 3권의 엄격한 분립과 상호간의 견제 · 균형을 기본원리로 삼고 있기 때문에 의원내각제와는 대조적이다.

---

80) 제1조; ① 대한민국은 민주공화국이다. ②대한민국의 주권은 국민에게 있고, 모든 권력은 국민으로부터 나온다.

대통령제에서는 행정부가 일원적 구조를 갖는다. 즉, 행정권이 대통령 1인에게 집중되고 대통령은 내각의 의견에 구속되지 않는다.

대통령제에서는 행정부와 입법부가 상호 독립되어 있는 결과 양 기관은 각자의 임기동안 안정적으로 행정권과 입법권을 행사할 수 있다. 즉, 내각불신임이나 의회해산이 없고, 의원과 장관의 겸직이 금지되고, 행정부 구성원의 의회출석 · 발언권과 행정부의 법률안 제출권이 인정되지 않는다.

대통령제가 갖는 장점은 대통령이 그 임기동안은 행정부가 안정되어 강력한 행정과 지속적인 국정처리를 할 수 있다는 점이다. 반면에 의회에 대하여 책임을 지지 않으므로 자칫하면 대통령의 독재화를 초래하기 쉽다. 또한 대통령과 의회 다수의 정치적 경향이 불일치하여 충돌할 경우 이의 해결방안이 마련되어 있지 않아 체제자체가 마비될 가능성도 있다.

현행 헌법의 정부형태는 대체로 대통령제를 중심으로 의원내각제적 요소를 가미한 형태로 볼 수 있으며, 과거에 비해 대통령의 대권적 권한이 삭제되고 국회의 권한강화, 사법권의 독립성 제고, 헌법재판소제도의 활성화, 지방자치제도의 본격화 등을 통하여 분산된 국가권력 간에 견제와 균형이 합리적으로 이루어지도록 하였다.

3) 의원내각제

의원내각제는 집행부가 대통령과 국무총리로 이원적으로 구성되어 입법부와 공존하는 제도를 말한다. 이 제도는 권력분립의 요청에 의하여 입법권과 행정권을 서로 독립시킴과 동시에 민주주의의 요청에 따라 행정권을 민주적으로 통제할 수 있도록 구성된 제도이다. 이러한 의원내각제는 18세기에 영국에서 군주와 의회가 서로 항쟁하던 과정에서 성립된 제도이며, 오늘날 각국에서 널리 보급된 지배적인 권력구조이다.[81]

4) 이원정부제

이원정부제란 의원내각제의 요소와 대통령제의 요소를 결합하여 가지고 있는 제도를 말한다. 이원정부란 원칙적으로 위기에 있어서는 대통령이 행정권

---

81) 김철수, 전게서, 727~728면.

을 전적으로 행사하나, 평상시에 있어서는 내각수상이 행정권을 행사하며 하원에 대하여 책임을 지는 의원내각제형식으로 운영되는 것을 말한다.

2. 국회[82)]

1) 국회의 권한

(1) 입법권

오늘날의 국민주권주의 하에서는 국민이 주권을 가지고 있으며 헌법제정권자인 국민이 헌법제정 시에는 국민대표기관을 지정하고 이 기관에 입법권을 부여하고 있다.

국회는 권력분립제의 통치기구에 있어서 입법권을 담당하는 국가기관이다.[83)] 따라서 국회를 보통 입법부라고 부른다.

(2) 통제권

국회는 주권자인 국민의 대표기관이라는 지위에서 국정을 감독・비판하는 권한이 부여되고 있다. 헌법상 중요한 것으로는 국무총리・국무위원의 출석・답변요구권, 해임건의권, 탄핵소추권, 국정감사・조사권 등을 통한 행정부 통제와, 대법원장・대법관과 헌법재판소장・재판관의 임명동의권, 법관과 헌법재판소에 대한 탄핵소추권, 예산심의・확정권, 국정감사 및 조사권 등을 통한 법원과 헌법재판소에 대한 통제를 들 수 있다.

(3) 재정에 관한 권한

재정에 관한 중요한 원칙은 헌법에 규정하고 있으며, 조세의 종목과 세율은 법률로 정하도록 하여 조세법률주의를 선언하고 있다.

(4) 일반국정에 관한 권한

국회는 정부의 권력남용을 방지하기 위하여 일반국정에 관한 권한을 가진다. 국무총리임명에 대한 동의권, 국무총리와 국무위원에 대한 해임건의권, 국정감사 및 조사권, 조약체결, 선전포고, 국군의 해외파견, 외국군 駐留에 대한

---

82) 헌법 제40~65조 참조
83) 헌법 제40조 입법권은 국회에 속한다

승인권 등이다.

(5) 자율권

헌법과 법률에 위배되지 않는 범위내에서 의사와 내부규율에 관한 규칙을 제정할 수 있다. 또한 의사진행에 관한 자율권을 자지고 있으며 내부경찰권과 내부조직권 등을 가지고 국회의원의 신분에 관한 사항을 심의할 수 있는 권한을 가진다.

2) 국회의 구성

국회의 형태는 단원제와 양원제의 두 가지가 있다. 단원제는 국회가 일원만으로 구성되는 형태이고, 양원제는 2원(상원, 하원)으로 구성되는 형태이다. 우리나라에서는 건국헌법에서 국정처리의 신속을 위하여 단원제를 채택하여 지금까지 단원제를 채택하고 있다.

3) 국회의원의 지위와 특권

국회의원은 비록 지역구에서 당선되었다고 하더라도 지역구민의 대표자가 아니고 국민전체의 대표자로 간주되고 있다. 또한 국회의원도 넓은 의미의 공무원이기 때문에 국민전체에 대한 봉사자로서의 지위를 갖는다.

국회의원은 면책특권과 불체포특권을 갖는다. 즉, 면책특권은 국회에서 직무상 행한 발언과 표결에 관하여 국회외에서 법적인 책임을 지지 않는 권리이며, 불체포특권은 현행범인 경우를 제외하고는 회기중 국회의 동의없이 체포 또는 구금되지 아니하는 권리를 말한다.[84]

3. 대통령[85]

1) 헌법상 지위

대통령은 국가의 원수이며 외국에 대하여는 국가를 대표한다. 즉, 대통령은

84) 제44조 ① 국회의원은 현행범인인 경우를 제외하고는 회기중 국회의 동의없이 체포 또는 구금되지 아니한다. ② 국회의원이 회기 전에 체포 또는 구금된 때에는 현행범인이 아닌 한 국회의 요구가 있으면 회기 중 석방된다.

85) 헌법 제66조~85조 참조.

대외적으로 국가를 대표하여 조약을 체결·비준하고 선전포고를 하며 강화조약을 체결하며 외교사절 등을 신임·수수한다. 대내적으로는 국가의 대표자로서 대법원장, 헌법재판소의 장 등을 임명할 수 있으며 사면권 등을 행사한다.

대통령은 행정권의 수반으로서의 지위를 가진다. 즉, 대통령은 국가의 최고 집행기관으로서 행정에 관한 권한을 관장한다. 또한, 대통령은 국민의 대표기관으로서 주권을 행사한다. 대통령은 이 지위에서 헌법개정제정안권, 국민투표회부권, 위헌정당해산제소권 등을 가진다.

대통령은 국가의 수호자로서 국가의 독립, 영토의 보전, 국가의 계속성과 헌법을 수호할 책무를 진다. 대통령은 이 지위에서 긴급명령권, 긴급재정·경제명령권과 계엄선포권을 가진다.

2) 신분상 지위

대통령은 국민의 보통·평등·직접·비밀선거에 의하여 선출한다. 대통령으로 선출될 수 있는 자는 국회의원의 피선거권이 있고 선거일 현재 40세에 달하여야 한며, 임기는 5년이며 중임할 수 없다.

대통령은 취임선서에서 헌법을 준수하고 국가를 보위하며 조국의 평화적 통일과 국민의 자유와 복리의 증진 및 민족문화의 창달에 노력하여 대통령으로서의 직책을 성실히 수행할 것을 선서하도록 하고 있으며, 또한 국무총리·국무위원·행정각부의 장 또는 그밖에 公私의 직을 겸할 수 없다.

한편 대통령은 내란 또는 외환의 죄를 범한 경우를 제외하고는 재직중 형사상의 소추를 받지 않는다.

3) 대통령의 권한

대통령은 헌법개정에 관한 제안권 및 공고권을 가지며, 또한 확정된 헌법개정안에 대한 공포권을 가지고, 필요하다고 인정할 때에는 외교·통일 기타 국가안위에 관한 중요정책을 국민투표에 회부할 수 있다.

대통령은 헌법재판소의 장 및 재판관, 대법원장과 대법관을 임명하는 권한을 가진다. 또한 대통령은 국무총리를 임명하며 국무총리의 제청으로 국무위원을 임명할 수 있는 권한뿐만 아니라 감사원장을 임명하고 중앙선거관리위원회의 위원 3인을 임명하는 권한도 가진다.

대통령은 국회에 대하여 임시회의 소집을 요구할 수 있는 권한과 국회에 출석하여 발언하거나 서한으로 의견을 표시할 수 있는 권한을 갖는다.

대통령은 법률안제출권, 법률안공포권 그리고 법률안거부권을 가지며 위임명령과 집행명령을 발할 권한을 가진다.

대통령은 법률이 정하는 바에 의하여 사면・감형・복권을 명할 수 있다. 일반사면을 하려면 국무회의의 심의를 거쳐서 국회의 동의를 얻어야 한다.

대통령은 행정권의 수반으로서 국가의 행정정책에 대한 최고결정권을 가진다. 또한 법률의 집행권을 가지며 정책집행에 필요한 집행명령과 위임명령을 발할 권한을 갖는다. 이밖에도 외교에 관한 권한, 국군통수권, 공무원임명권, 영전수여권, 위헌정당해산제소권, 기타 예산안제출권, 예비비지출권 등을 가진다.

대통령은 국가긴급 시에 긴급명령 등을 발할 수 있는 권한과 계엄을 선포할 수 있는 권한을 갖는다.

4. 행정부[86]

국무회의는 정부의 권한에 속하는 중요한 정책을 심의하는 최고행정정책 심의기관으로 대통령・국무총리와 15인 이상 30인 이하의 국무위원으로 구성되며, 대통령은 국무회의의 의장이 되고 국무총리는 대통령을 보좌하고 국무회의의 부의장이 된다.

국무총리는 대통령을 보좌하고 국무회의의 부의장이 되며 행정에 관하여 대통령의 명을 받아 행정각부를 통할하며, 법률이나 대통령의 위임 또는 직권으로 총리령을 발할 수 있다. 국무총리는 대통령이 국회의 동의를 얻어 임명한다.

국무위원은 국무회의의 구성원이며, 국무총리의 제청에 의하여 대통령이 임명한다.

국가원로자문회의는 국정의 중요한 사항에 관하여 대통령의 자문에 응하기 위하여 국가원로로 구성된 기관이다. 의장은 직전 대통령이 되며 직전 대통령이 없을 때에는 대통령이 지명한다. 이는 국가안전에 관련되는 대외정책・군사정책과 국내정책의 수립에 관하여 국무회의의 심의에 앞서 대통령에게 자문

86) 헌법 제86조~제100조 참조.

하는 기관이다.

행정각부는 대통령을 수반으로 하는 정부의 구성단위로서, 대통령 또는 국무총리의 지휘·통할하에 법률이 정하는 소관사무를 담당하는 중앙행정기관이며, 그 조직과 직무범위는 법률로 정한다.

감사원은 원장을 포함한 5인 이상 11인 이하의 감사위원으로 구성되는 합의제기관으로 국가의 세입·세출의 결산, 국가 및 법률이 정한 단체의 회계감사와 행정기관 및 직무에 관한 감찰을 하기 위하여 대통령의 소속하에 설치된 기관이다.

5. 사법부[87)]

헌법 제101조 제1항은 '사법권은 법관으로 구성된 법원에 속한다'라고 규정하여 사법에 관한 권한은 원칙적으로 법원이 행사함을 의미하고 있다. 행정권에 의한 자의적 침해와 의회의 다수파에 의한 부당한 입법으로부터 국민의 자유와 권리를 보장하기 위하여는 사법권의 독립이 강력히 확보되어야 한다. 사법부는 국민의 기본권이 침해된 경우에 그 사법적 보장을 위한 기관이다. 또한, 행정재판과 헌법재판을 통하여 원내다수파의 횡포와 그 자의적인 입법으로부터 헌법을 수호하는 기능을 담당한다.

사법권이 공정하게 행사되기 위해서는 사법권이 독립되어야 한다. 헌법 제103조에서 '법관은 헌법과 법률에 의하여 그 양심에 따라 독립하여 심판한다'라고 규정하여 재판상의 독립을 보장하고 있고, 제106조에서 '법관은 탄핵 또는 금고이상의 형의 선고에 의하지 아니하고는 파면되지 아니하며, 징계처분에 의하지 아니하고는 정직·감봉 기타 불리한 처분을 받지 아니한다'라고 하여 법관의 물적 독립과 인적 독립을 특히 규정하고 있다.

대법원은 대법원장과 대법관으로 구성되며, 법률이 정하는 바에 의하여 대법관이 아닌 법관을 둘 수 있다. 대법원장은 국회의 동의를 얻어 대통령이 임명하며, 임기는 6년으로 중임할 수 없다.

고등법원은 고등법원장과 법률로 정한 인원수의 판사로 구성한다. 고등법원에는 민사부·형사부 및 특별부를 둔다. 고등법원의 심판은 판사 3인으로 구

---

87) 헌법 제101조~제110조 참조.

성된 합의부에서 행한다.

특허법원은 특허법, 실용신안법, 의장법 및 상표법이 정하는 제1심사건과 다른 법률이 그 관할로 정하는 사건을 담당하기 위하여 설치된다.

지방법원에는 합의부와 단독부를 둔다. 지방법원의 사무의 일부를 처리하기 위하여 그 관할구역 내에 지원과 소년부지원, 시법원 또는 군법원 및 등기소를 둘 수 있다.

가정법원은 가사에 관한 소송과 비송사건 및 조정사건을 담당하기 위하여 설치된 것이다.

행정법원은 행정소송사건을 담당하기 위하여 설치된 것이다. 이는 행정소송의 제1심 관할법원을 고등법원에서 지방법원급으로 함으로써 행정소송을 3심제로 운영하고 전문성을 확보하여 국민의 권리구제를 강화하기 위한 것이다.

군사재판을 관할하기 위한 특별법원으로서 군사법원을 둘 수 있다. 군사법원에 관한 상고심을 대법원에 관할한다. 비상계엄하의 군사재판은 일정한 경우에 단심으로 하는 특례가 인정된다.

6. 헌법재판소[88)]

1) 의의

제6공화국헌법은 유명무실한 헌법위원회제도를 폐지하고 위헌심사를 보다 활성화하기 위하여 헌법재판소제도를 도입하였다. 헌법재판소는 헌법보장기관이다. 헌법보장의 방법에는 위헌법률심사제도 · 탄핵제도 · 위헌정당해산제도 · 행정재판제도 · 군력분립제도 등이 있다. 헌법재판소는 입법부의 위헌입법에 대해서는 위헌심사권을 가져 헌법을 보장하고, 행정공무원이나 법관 등의 위헌행위에 대해서는 탄핵결정을 함으로써 면직하여 헌법을 보장하고, 정당의 위헌행위에 대해서는 정당해산을 결정하여 헌법을 보장하고 있다.

2) 구성

헌법은 헌법재판소의 재판관의 자격 · 임명 · 임기 · 신분보장에 관해 직접 규정을 두고 있다. 또 헌법재판소의 조직과 운영 기타 필요한 사항은 법률로

88) 헌법 제111조~제113조 참조.

정하도록 하고 있는데, 이 헌법규정의 위임을 받아 헌법재판소법이 제정되어 헌법재판소의 설치·운영을 위한 근거법률이 되고 있다. 헌법재판소는 법률에 저촉되지 아니하는 범위 안에서 심판에 관한 절차, 내부규율과 사무처리에 관한 규칙을 제정할 수 있다.

헌법재판소는 9인의 재판관으로 구성하며 대통령이 임명한다. 그러나 재판관 중 3인은 국회에서 선출하는 자를, 3인은 대법원장이 지명하는 자를 임명한다. 재판관은 국회의 인사청문을 거쳐 임명·선출 또는 지명하여야 한다. 따라서 헌법재판소의 구성은 입법부와 사법부와 행정부에서 3인씩 지명할 수 있게 함으로써 3부간의 조화와 균형을 유지하려고 한 것이다. 헌법재판소장은 헌법재판관 중에서 대통령이 국회의 동의를 얻어 임명한다.

헌법재판소재판관은 법관의 자격을 가져야 임명될 수 있다. 헌법재판소법은 40세 이상의 자로서 15년 이상 i) 판사·검사·변호사, ii) 변호사의 자격이 있는 자로서 국가기관, 국·공영기업체, 정부투자기관 기타 법인에서 법률에 관한 사무에 종사한 자, iii) 변호사의 자격이 있는 자로서 공인된 대학의 법률학 조교수 이상의 직에 있던 자 중에서 임명하도록 규정하고 있다. 재판관의 임기는 6년으로 하며, 법률이 정하는 바에 의하여 연임할 수 있으며 정년은 65세로 한다. 다만 헌법재판소장인 재판관의 정년은 70세로 한다.

헌법재판소 재판관은 탄핵 또는 금고 이상의 형의 선고에 의하지 아니하고는 파면되지 아니한다. 헌법재판소 재판관은 정당에 가입하거나 정치에 관여할 수 없다.

3) 조직

헌법재판소에는 소장 1인을 두며, 소장은 국회의 동의를 얻어 재판관 중에서 대통령이 임명한다. 헌법재판소장이 궐위되거나 사고로 인하여 직무를 수행할 수 없을 때에는 다른 재판관이 헌법재판소규칙이 정하는 순서에 의하여 그 권한을 대행한다. 헌법재판소 소장 외에 8인의 재판관을 두되 국회에서 선출하는 자 3인, 대법원장이 지명하는 자 3인, 대통령이 임명하는 자 2인을 대통령이 재판관으로 임명한다.

재판관회의는 재판관 전원으로 구성하며, 헌법재판소장이 의장이 된다. 재판관회의는 재판관 7인 이상의 출석과 출석인원 과반수의 찬성으로 의결한다.

4) 헌법재판소의 심판권

헌법재판소는 ⅰ) 법원의 제청에 의한 법률의 위헌 여부, ⅱ) 탄핵, ⅲ) 정당의 해산, ⅳ) 국가기관 상호간, 국가기관과 지방자치단체간 및 지방자치단체 상호간의 권한쟁의, ⅴ) 법률이 정하는 헌법소원을 심판하는 직무를 가지고 있다. 헌법재판소의 심판은 재판관 전원으로 구성되는 재판부에서 관장한다. 헌법소원의 경우 예외적으로 사건처리의 신속성을 기하기 위하여 지정재판부를 둘 수 있다. 헌법재판소의 재판부의 재판장은 헌법재판소 소장이 된다.

헌법재판소법은 각종 심판절차에 있어서 당사자인 사인은 변호사를 대리인으로 선임하지 아니하면 심판청구를 하거나 심판수행을 하지 못하고, 다만 그가 변호사의 자격이 있는 때에는 그러하지 아니한다고 규정하여 사인이 당사자인 경우 변호사강제주의를 채택하고 있다.

5) 위헌법률심판결정의 형식

(1) 합헌결정

심판대상이 된 법률조항 내지 법률의 위헌성 여부를 심사한 결과 아무런 헌법위반사실을 발견·확인할 수 없는 경우에는 우리 헌법재판소는 당해 법률 또는 조항은 '···헌법에 위반되지 아니한다'라는 주문을 담는 형식의 합헌결정을 하고 있다.

(2) 위헌불선언합헌결정

헌법재판소는 5인의 재판관이 위헌이라고 하고 4인의 재판관이 합헌이라고 하는 위헌다수의견의 경우에는 과거에는 위헌불선언결정이라고 했다. 우리 헌법재판소는 토지거래허가제규정의 위반에 대한 벌칙을 규정한 (구)국토이용관리법 제31조의2에 대한 위헌여부심판에서 동조는 '···헌법에 위반된다고 선언할 수 없다'라는 主文을 선고함으로써 이러한 형식의 결정을 내린 바 있다.

(3) 헌법불합치결정

비록 위헌성이 인정되는 법률이라고 하더라도 국회의 입법권을 존중하고자,

그리고 위헌결정의 효력을 즉시 발생시킬 때 오게 될 법률의 공백을 막아 법적 안정성을 유지시키고자 하는 목적에서 위헌선언하는 법률의 효력을 일정기간 지속시키게 하는 결정을 말한다.

(4) 위헌결정

헌법재판소에서 법률의 위헌결정을 할 때에는 재판관 9인중 6인 이상의 재판관의 찬성을 얻어야 한다. 비록 위헌판단의 이유가 다르더라도 6명 이상의 재판관이 위헌이라고 한다면 위헌이 선언된다. 그러나 5명의 재판관이 위헌이라고 하고, 한정위헌을 주장하는 재판관이 1명이면 위헌결정을 하지 않고 한정위헌결정을 하게 된다.

5명의 재판관이 위헌이라고 하고, 4명의 재판관이 합헌이라고 하면 합헌으로 결정된다.

6) 탄핵심판권

국회는 재적의원 3분의 1 이상의 발의와 재적의원 과반수의 찬성으로 중요 공무원을 탄핵소추할 수 있다. 대통령에 대해서는 그 요건을 가중하여 발의에는 재적의원 과반수의 찬성을 필요로 하고, 의결에는 재적의원 3분의 2 이상의 찬성을 필요로 하고 있다.

탄핵소추의 대상자는 대통령, 국무총리, 국무위원 및 행정각부의 장, 헌법재판소 재판관, 법관 및 중앙선거관리위원회 위원, 감사원장 및 감사위원, 기타 법률이 정하는 공무원이다.

7) 위헌정당해산심판권

위헌정당해산심판을 청구할 수 있는 주체는 정부이다. 정부는 정당의 목적이나 활동이 민주적 기본질서에 위배될 때에는 국무회의의 심의를 거쳐 헌법재판소에 그 정당해산심판을 청구할 수 있다. 정당해산은 정당이 민주적 기본질서에 위배된 여부를 직권심사하여 주관적 목적과 객관적 강도를 따져 정당의 위헌성이 농후하여 영향력을 행사하는 경우 해산결정을 할 수 있다.

헌법재판소가 정당해산을 결정하는 경우에는 헌법재판소 재판관 9인 중에서 6인 이사의 찬성이 있어야 한다. 심판에 관여한 재판관은 결정서에 의견을 표시하여야 한다.

8) 기관간 권한쟁의심판권

국가기관간, 국가기관과 지방자치단체간 등에 권한쟁의가 있는 경우에는 헌법재판소에 제소하여 심판을 받을 수 있다.

국가기관에는 입법기관 · 행정기관 · 사법기관이 포함될 것은 물론이며, 중앙선거관리위원회도 포함된다. 국가기관과 지방자치단체간의 권한쟁의심판은 i) 정부와 특별시 · 광역시 · 도간의 권한쟁의심판뿐만 아니라, ii) 정부와 시 · 군 또는 자치구의 권한쟁의심판도 포함된다. 헌법재판소는 국회의원과 국회의장간에도 권한쟁의를 다툴 수 있다고 한다.

제2절 행정법

Ⅰ. 총설

1. 행정개념의 성립

행정법은 행정을 담당하는 행정주체의 조직과 행정의 집행과정에서의 행정의 작용 및 행정의 당사자인 국민의 행정구제에 관한 국내공법이다.[89)]

2. 권력분립과 행정

권력분립이란 국가작용을 입법 · 행정 · 사법으로 나누고 각 부분에 각각 독립적 기구를 두어 그 권능을 분담케 함으로써 3권력 상호간에 견제와 균형을 기하고, 이로써 국가권력의 집중과 남용을 방지하고 불법행사로부터 국민의 자유와 권리를 보장하기 위한 자유주의적 정치조직원리이다.

3. 통치행위

통치행위(Regierungsakt, acte de gouvernement)란 단순한 법집행작용을 넘어서는 고도의 정치행위 중에서 법원이 판결로서 위법 · 부당하다고 하더라도 그 집행이 곤란하기 때문에 사법적 통제가 배제되는 국가작용을 말한다. 이러한 통치행위는 입법도 사법도 아니며 또한 보통의 행정도 아니라는 의미에서 '제4의 국가작용'이라고 하기도 한다.[90)]

우리 헌법 제64조 4항에는 '국회의원의 자격심사 · 제명처분에 대해서는 법원에 제소할 수 없다'라고 규정하여 통치행위에 관한 근거규정을 두고 있지만, 법원조직법 제2조 1항은 '법원은 헌법에 특별한 규정이 있는 경우를 제외한

---

89) 유상현, 조인성 공저, 행정법총론, 형설출판사, 2007, 4면.
90) O. Mayer, S.7~13; 김용섭, "통치행위에 대한 사법적 통제", 고시연구, 2000.10; 이광윤, "통치행위부정설", 고시연구 1998.6. 참조.

일체의 법률상의 쟁송을 심판하고, 이 법과 다른 법률에 의하여 법원에 속하는 권한을 가진다'라고 하여 대체로 통치행위라는 근거만으로 심판을 거부할 수 없게 하고 있다.

4. 행정법

1) 행정법의 의의

행정법(Verwaltungsrecht, administrative law)이란 행정을 담당하는 "행정주체의 조직, 행정의 집행과정에서의 행정작용 및 행정의 당사자인 국민의 권리구제에 관한 국내공법"을 말한다.

2) 행정법의 성립

행정의 관념은 근대입헌국가에 이르러 비로소 성립하였으나, 행정관념의 성립이 곧 행정법의 성립을 의미하지 않는다. 행정법학의 연구대상인 독립의 법체계 내지는 법분야로서의 행정법은 각국의 특수한 정치적・경제적・사회적 기반과 독특한 연혁에서 성립・발전하였다. 일반적으로 대륙법계의 국가에서는 법치국가사상과 행정제도의 발달로 성립하게 되었으며, 영미법계의 국가에서는 단체주의사상의 발생과 법의 지배의 원리가 각각 행정법의 성립과 발달의 전제조건이 되었다.

3) 법치주의

법치주의 또는 '법률에 의한 행정의 원리'란 모든 행정작용은 사람에 의한 '인의 지배'가 아니라 법률에 의한 '법의 지배'하에 이루어져야 한다는 원리를 말한다. 역사적으로 볼 때 이러한 법치주의는 행정법 성립의 전제조건으로 작용하였을 뿐만 아니라 현대 행정법의 기본원리의 하나로서 매우 중요한 의미를 가지고 있다.

원래 법치주의는 근대입헌국가의 권력분립사상에 입각한 것으로서 국민의 자유와 권리가 행정권에 의하여 자의적으로 침해되는 것을 방지하고자 하는 데에 그 본질이 있으나, 제2차대전 전의 독일이나 일본과 같이 전체주의 사상이 지배하던 시절에는 법치주의가 형식적인 것으로 전락하기도 했다.

법치주의의 구체적 내용으로서는 오토 마이어(O. Mayer)의 분류에 따라 ① 법률의 법규창조력,[91] ② 법률우위의 원칙,[92] ③ 법률유보의 원칙[93]이 있다.

5. 행정법의 법원

1) 의의

법원(法源, Rechtsquelle, source of law)이라 함은 법을 구체적으로 알려고 하는 경우의 인식수단, 즉 법의 존재형식을 의미한다. 행정법의 법원은 행정에 관하여 실제 적용되고 있는 법의 존재형식 또는 그 인식근거가 되고 있는 실정법으로서의 성문법원과 성문법으로 규정되어 있지 않는 범위에서 적용되는 보충적 법원으로서의 불문법원으로 구분할 수 있다.

2) 성문법원

(1) 헌법

헌법은 국가의 최고규범이므로 헌법에 직접 규정하고 있는 행정조직에 관한 규정(대통령 · 국무총리 · 행정각부 · 감사원 · 지방자치단체 등)과 행정작용에 관한 규정(기본권 보장과 그 한계 및 경제에 관한 규정 등) 및 행정구제에 관한 규정(국가배상 · 손실보상 · 사법부 등에 관한 규정)은 행정법의 법원 중 최고의 법원이 된다.

(2) 법률

법치주의의 원리에 입각하여 모든 행정작용은 법률에 근거하여 발동되는 것이 원칙이다. 여기서 법률이라 함은 형식적 의미의 법률, 즉 국회가 헌법상의 절차에 따라 제정한 법률만을 의미한다.[94]

---

91) 법률의 법규창조력이란 법규는 국민주권주의하에서는 국회가 제정한 법률에 의해서만 가능하다는 원칙을 말한다.

92) 법률우위의 원칙이란 모든 행정작용은 법률에 반하여 행사되어서는 아니 된다는 원칙을 말한다.

93) 법률유보의 원칙이란 모든 행정작용은 법률의 수권에 의해서만 행하여져야 한다는 원칙을 말한다.

94) 국회가 직접 제정한 법률에는 그 지칭하는 명칭이 행정소송법, 국가배상법, 토지수용법, 정부조직법처럼 법으로 지칭되고 있는 경우와 공공기관의정보공개에관한법률, 정기간행물등록에관한법률처럼 '법률'로 지칭되는 경우가 있다. '법'과 '법률'의 구별실익은 없지만, 개념적으

(3) 조약 및 국제법규

조약이란 조약 · 협정 · 협약 등 명칭 여하를 불문하고 국가와 국가 사이 또는 국가와 국제기구 사이의 법적 구속력 있는 문서에 의한 합의를 말하며, 국제법규란 우리나라가 당사국은 아니지만 국제사회에서 일반적으로 그 규범성이 승인된 조약(예, 우리나라가 UN에 가입하기 전에도 이미 UN헌장의 규범성을 승인하고 있었다)과 국제관습법(예, 조약이 체결되기 전부터 관습법으로 존재해 왔던 외교관의 특권과 면제, 전쟁 및 포로의 대우, 국내문제불간섭주의, 정치범 불인도의 원칙 등)을 말한다.

(4) 명령

명령이라 함은 행정권에 의하여 정립되는 법규의 성질을 가진 것으로서 국민에게 의무를 부과하거나 국민의 자유와 권리를 제한하는 것을 내용으로 하는 것을 말한다. 즉, 법규명령을 총칭하는 것으로서 국회가 제정하는 법률에 대응되는 개념이며 행정권의 발동을 의미하는 행정규칙에도 대응되는 개념이다.

명령은 법률의 위임 여부에 따라 상위법령에서 위임받은 사항을 정하는 위임명령과 상위법령을 집행하기 위한 집행명령으로 나누어지고 그 제정주체에 따라 대통령령 · 총리령 · 부령으로 구분되며, 이 외에도 중앙선거관리위원회규칙 · 대법원규칙 및 헌법재판소규칙이 있다. 이들은 모두 우리 헌법이 명시하고 있는 것이지만, 이 외에 감사원규칙도 법규명령으로 인정할 것인가에 관하여 적극설과 소극설의 대립이 있지만 헌법에서 정하고 있는 법형식은 예를 들어서 규정하는 예시적인 것이라고 보아야 하기 때문에 이를 법규명령으로 보아야 할 것이다.

(5) 자치법규

자치법규란 지방자치단체가 자치입법권에 의거하여 법령의 범위 안에서 제정하는 자치에 관한 법규를 말하며(헌법 제117조 제1항), 이에는 지방의회가 제정하는 조례와 지방자치단체의 집행기관이 제정하는 규칙이 있다. 지방지차단체의 집행기관에는 행정에 관한 일반사무의 집행기관과 교육 · 체육 · 과학

로 구별하자면 '법'으로 지칭되는 것은 그 규범내용이 특정되어 있는 것을 말하며, '법률'로 지칭되는 것은 그 규범내용이 좀더 포괄적인 것을 말한다.

에 관한 사무의 집행기관이 있다. 따라서 규칙에는 일반사무에 관한 일반규칙과 교육 등에 관한 교육규칙이 있다.

3) 불문법원

행정법의 법원은 성문법을 원칙으로 하지만 광범하고 다양한 행정현상을 모두 성문법으로 규정하는 것은 사실상 불가능하다. 따라서 성문법이 정비되지 아니한 행정분야에 있어서는 불문법원 즉 관습법(행정선례법 · 민중적 관습법) · 판례법 · 조리 · 법의 일반원칙 등이 적용된다.

(1) 관습법

일반적으로 관습법이란 "일반 국민 사이에 오랫동안 계속하여 같은 사실이 관행으로 반복되고, 이에 대하여 법적으로 문서화되어 있지 않음에도 불구하고 이 관행은 준수되어야 한다는 국민 일반의 법적 확신을 얻음으로써 성립되는 법규범"을 말하며, 성문법주의를 원칙으로 하는 행정법 분야에서도 앞서 언급한 이유로 불문법으로서의 관습법이 존재할 여지가 있다.

(2) 판례법

행정소송사건에 대한 법원의 판결은 그 본질이 비록 특정 사건(case)에 대하여 행정법규를 해석 · 적용하여 당해 사건의 적법성 여부를 판단하는 것만을 목적으로 하는 것이기는 하지만, 그 판단 과정에서 일반적이며 추상적인 행정법규의 내용을 명확히 하고 그 해석의 기준을 제시하기 때문에 관계 행정청과 국민은 이를 법으로 인식하게 되는 바, 이를 판례법이라 한다.

(3) 조리

조리(Natur der Sache)란 '사물의 본질적 법칙' 또는 '일반 사회의 정의감에 비추어 반드시 그렇게 되어야만 할 것이라고 인정되는 것'을 말하며, 이는 ① 법해석의 기본원리로서 작용할 뿐만 아니라, ② 성문법 · 관습법 · 판례법이 모두 없을 경우에 최후의 보충적 법원으로서 매우 중요한 의의를 가진다. 따라서 조리는 행정법관계의 영역 전반에 걸쳐 광범위하게 적용되는 일반법원칙으로 기능하게 된다.

6. 행정법의 일반원칙

1) 비례의 원칙

비례의 원칙은 처음 경찰행정의 영역에서 인정되어 경찰권 발동에 대한 조리상의 한계로 작용해 왔는바, 일반적으로는 행정작용에 있어서 행정목적(예, 공공의 안녕 · 질서) 달성에 필요한 수단(예, 경찰관의 총기사용)을 선택함에 있어서 목적과 수단간에는 합리적이라고 인정될 정도의 비례관계가 유지되어야 하며 그렇지 못한 경우는 위법한 것으로 보아야 한다는 원칙을 말한다. 이는 흔히 과잉금지의 원칙이라고도 하며, 그 개별적 내용으로서는 목적적합성의 원칙, 최소침해의 원칙 및 협의의 비례원칙이 포함된다. 우리 헌법재판소는 비례의 원칙의 내용적 요소로서 목적의 정당성, 수단의 상당성 내지 방법의 적절성, 침해의 최소성, 법익의 균형성을 들고 있다.[95)]

2) 신뢰보호의 원칙

행정기관의 어떤 명시적 · 묵시적 언동이 있고, 그 정당성 또는 존속성에 대한 개인의 보호가치 있는 신뢰가 있는 경우에는 그 신뢰를 보호해 주어야 한다는 원칙을 말한다. 이러한 신뢰보호의 원칙은 독일에서는 20세기 초에 학설 · 판례로 형성되었다.

3) 평등의 원칙

평등의 원칙은 근대입헌주의 헌법의 가장 기본적인 원칙으로서, '본질적으로 같은 것은 같게, 본질적으로 다른 것은 다르게'라는 의미에서 형식적 평등이 아닌 합리적 차별을 인정하는 실질적 평등을 의미한다고 하겠으며, 우리 헌법도 직접 이를 명시하고 있다(평등권 및 균등교육 · 남녀고용평등 · 평등선거권 : 헌법 제11조 · 제21조 · 제32조 제4항 · 제67조 등).

4) 부당결부금지의 원칙

행정작용을 함에 있어서는 그것과 실질적 관련이 없는 상대방의 반대급부를

---

95) 헌재결 1998. 2. 27, 97헌바79.

행정작용의 조건으로 하여서는 아니 된다는 것을 말한다.

7. 행정법의 효력

1) 시간적 효력

행정법규가 그 효력을 발생하기 위하여서는 우선 공포가 있어야 한다. 일반 법규들은 최고법인 헌법과는 달리 공포와 동시에 즉시효력을 발생시키지 아니하고 일반 국민들의 주지와 준비를 위하여 일정한 시일이 경과한 후에 발효(실정법상은 시행이라는 용어를 사용하고 있다)시키는 경우가 많다.

이에 관한 기본법인 법령등공포에관한법률(제13조)도 이러한 취지에 입각하여 "대통령령 · 총리령 및 부령은 시행일에 관하여 특별한 규정이 없으면 공포한 날로부터 20일을 경과함으로써 효력을 발생한다"고 규정하고 있다.

2) 지역적 효력

일반적으로 행정법령은 그것을 제정한 기관의 권한이 미치는 모든 지역에 대하여 효력을 가진다. 행정법령은 행정에 대한 고유한 사무를 가지는 행정 각부의 국가행정에 관한 법령을 의미하는 것이므로 전국적으로 효력이 미치는 것이 원칙이다. 그러나 ① 국제법상 치외법권을 가지는 외교공관 또는 외국 군대가 사용하는 시설 · 구역에는 국내법이 효력을 미치지 못하고, ② 법령 자체가 특정지역에만 적용할 것을 선언하고 있는 경우(예, 수도권정비계획법 · 제주도개발특별법)와, 반대로 ③ 본래의 관할지역을 넘어서 다른 지역에도 적용되는 경우(예, A지방자치단체의 상 · 하수도, 폐기물처리장 등 공공시설을 B지방자치단체의 동의를 얻어 그 구역에 설치한 경우, A자치단체의 상 · 하수도 등의 시설 설치 · 운영조례가 B자치단체의 구역에서도 그 효력이 미치는 것)는 예외이다.

3) 대인적 효력

행정법령은 속지주의에 의하여 그 영토 또는 관할구역 내에 있는 모든 내 · 외국인과 법인에 대하여도 효력이 미치는 것이 원칙이지만, ① 국제법상 치외법권이 인정되는 외국 원수 · 외국 사절 · 외국 군대구성원에 대하여는 적용되지 않으며(단, 외국 군대구성원에 대하여는 한・미 행정협정과 같은 특별한 조약으로 국내법의 적용을 일부만 배제하는 예도 있다), ② 일반 외국인에게는 행정법규가 적용됨이 당연하지만, 예컨대 외국인토지법(제4조 제2항) 등과 같이 권리취득에 허가를 받도록 하는 등 특별한 제한을 가하는 경우도 있으며, ③ 국외에 있는 내국인에 대하여도 여권법・병역법 등이 적용되는 것과 같이, 당해 행정법규의 취지・목적으로 보아 국외에 있는 내국인의 행위도 규제할 것이 당연히 예상되는 경우에는 이들에 대하여도 효력이 미친다고 하겠다. 즉, 이는 지역적 기준으로 효력을 정하는 속지주의와는 달리 예외적으로 사람을 기준으로 그 효력을 정하기 때문에 속인주의라 한다.

8. 행정법의 기본원리

행정법은 헌법의 원리들을 구체화하는 집행법이다. 따라서 행정법의 기본원리는 헌법의 지도이념인 자유민주주의와 헌법의 최고가치인 국민의 기본권보장을 실현하기 위한 실천원리에 근거하는 것이다. 우리 행정법의 기본원리로는 ① 민주행정주의, ② 실질적 법치국가주의, ③ 복리국가주의, ④ 지방분권주의, ⑤ 사법국가주의 등을 들 수 있다.

9. 행정법관계의 당사자

행정법관계는 행정작용을 하는 자와 그 상대방, 즉 행정주체와 행정객체와의 관계이므로 행정법관계의 당사자는 행정주체와 행정객체를 말한다. 행정주체는 행정권의 담당자로서 행정권을 행사하고 그 법적 효과가 궁극적으로 귀속되는 자를 의미하고, 행정객체는 행정주체의 상대방으로서 행정권 발동의 대상이 되는 사인을 의미하는 것이지만 공공단체도 객체가 되는 경우가 있다.

10. 행정법관계의 내용

행정법관계도 사법관계와 마찬가지로 권리・의무관계로 구체화되며, 행정법관계에서 발생하는 권리・의무를 사법상의 권리・의무와 구별하여 공권・공의무라고 한다. 흔히 행정법관계의 내용이라 하면 이와 같은 공권과 공의무를 말한다. 공권・공의무는 그 귀속주체에 따라 국가적 공권・공의무와, 개인적 공권・공의무로 구분된다.

11. 특별권력관계

행정법관계(공법관계)는 그 수단에 따라 권력관계와 관리관계로 구분됨은 전술한 바와 같으며, 권력관계는 다시 일반 행정목적을 달성하기 위하여 성립된 일반권력관계와 특정 행정목적을 달성하기 위하여 성립된 특별권력관계로 구분되어 진다.

일반권력관계는 행정주체와 행정객체인 일반국민 사이의 관계로서, 국가의 일반통치권에 기하여 모든 국민 또는 주민의 신분을 가지는 자에게 당연히 성립하는 관계임에 반하여, 군인・공무원 등과 같이 특별한 신분관계에 있는 경우에는 일반권력관계에서 통용되는 법치주의 또는 행정의 법률적합성의 원칙을 배제하면서 어느 일방이 그 상대방을 포괄적으로 지배하고 그 상대방은 이에 복종하는 관계가 된다. 이러한 특별권력관계론은 19세기 후반의 독일의 입헌군주정을 강화하기 위한 이론적 기초로서 성립되어 오토 마이어에 의하여 체계화되었다.[96] 특별권력관계는 국가와 공무원・군인・국립학교 학생 등과의 관계와 같이, ① 공무원으로의 임명행위 등 특별한 공법상 원인에 의하여 성립하고(성립원인), ② 특별한 행정목적의 수행을 위하여 필요한 한도 내에서(목적), ③ 포괄적 지배권에 의하여(권력적 기초) 일방이 타방을 지배하고 타방이 이에 복종함을 내용으로 하는 법률관계이다.

Ⅱ. 행정작용법

1. 행정상 입법

1) 의의

행정상 입법이라 함은 '행정기관이 법조문의 형식으로 일반적・추상적인 규범을 정립하는 행정작용'을 말한다. 즉 행정상 입법이란 행정권에 의한 입법으로서 불특정 다수인에 대하여 효력을 가지는 규범을 정립하는 것이다.

96) Mayer, Deutsches Verwaltungsrecht, Bd. 2. 1924, S.284.

넓은 의미에서 행정상 입법(또는 행정입법)에는 국가행정권에 의한 입법과 지방자치단체에 의한 자치입법(조례와 규칙)이 포함되지만, 자치입법은 지방자치 편에서 별도로 논하고 있으므로 여기서는 국가행정권에 의한 입법만 설명하고자 한다.

행정상 입법에는 대외적 효력을 가지는 법규의 성질을 가지는 법규명령과 그렇지 아니한 행정 내부의 업무처리지침으로 정립되어 대내적 효력만 가지는 행정규칙이 포함된다. 법규명령은 다시 법령의 집행을 위하여 필요한 구체적·기술적 사항을 규율하기 위하여 발하는 집행명령과 법률 또는 상위명령에 의하여 위임된 사항에 관하여 발하는 명령으로서 위임의 범위 안에서 국민의 권리·의무에 관한 사항을 구체적으로 정하는 위임명령으로 나누어진다.

2) 법규명령

행정기관이 정립하는 일반적·추상적 규범 중에서 법규의 성질을 가진 것을 말한다. 법규라 함은 국민과 행정권을 모두 구속하며(양면적 구속성), 재판규범이 되는 법규범을 총칭하는 개념으로서, 행정권만을 구속하며(일면적 구속성) 재판규범이 되지 못하는 행정규칙과 대비되는 개념이다.

3) 행정규칙

행정규칙이란 "행정조직 내부 또는 특별권력관계 내부의 조직과 활동을 규율하기 위하여 제정되는 일반적·추상적 규정"으로서, 훈령·예규·지시 등의 형식으로 제정되는 행정기관 내부규범을 말한다. 법규명령과 달리 일반 국민의 권리·의무를 규율하는 것이 아니므로 소위 '법규'가 아니라는 점, 즉 국민에 대한 법적 구속력은 없고 오직 행정조직 내부에서만 효력을 가진다는 점에 특징이 있다(일면적 구속성). 따라서 행정규칙에 위반하여 행한 행정행위도 위법은 아니며 그 효력에는 아무 지장이 없으나, 다만 이를 행한 공무원만이 행정조직 내부에서 징계책임을 질뿐이라고 한다.

2. 행정행위

1) 행정행위의 개념

행정행위는 "행정기관이 법 아래서 구체적 사실에 관한 법집행으로서 행하는 권력적 단독행위인 공법행위"(최협의설)를 말한다.

2) 행정행위의 종류

(1) 법률행위적 행정행위 · 준법률행위적 행정행위

행정행위의 구성요소가 사람의 의사표시이고 따라서 그 법적 효과도 표의자가 바라는 대로 부여되는 것이 법률행위적 행정행위(하명 · 허가 · 인가 · 특허 등)이며, 반면 행정행위의 구성요소가 의사표시가 아닌 정신작용(판단 · 인식 · 관념의 표시)이고 따라서 그 법적 효과도 표의자의 의사 여하와 관계없이 직접 법규에 규정된 대로 부여되는 것이 준법률행위적 행정행위(확인 · 공증 · 통지 · 수리 등)이다.

(2) 수익적 행위 · 부담적 행위 · 복효적 행위

행정행위가 상대방에게 권리 · 이익을 새로이 부여하거나 이미 부과된 의무를 면제하는 등 유리한 효과를 발생하는 행정행위를 수익적 행정행위라 한다. 허가 · 특허 · 인가와 하명의 취소 등이 바로 수익적 행정행위이다. 그 반대로 상대방에게 의무를 부과하거나 이미 부여된 권리 · 이익을 박탈하는 등 불리한 효과를 발생하는 것을 부담적 행정행위라 한다. 부담적 행정행위로는 하명, 조세부과처분, 입영명령, 영업정지, 각종 허가의 취소처분 등이 있다.

한편, 행정행위의 직접 상대방에게는 유리한 효과를 발생하지만 제3자에게는 불이익을 초래하거나(예, 연탄공장설립허가로 인근주민은 불이익), 그 반대인 경우(예, 공해배출업소에 조업정지명령을 하면 인근주민은 이익)를 복효적 행정행위라 한다(학자에 따라서는 이를 이중효과적 행정행위라고도 한다).

(3) 기속행위 · 재량행위

일정한 요건에 해당하면 일정한 행정행위를 할 것을 법이 명하고 있는 경우에 법률효과의 선택과 결정에 있어서 행정청이 자유영역을 가지지 못하는 것을 기속행위라 하며, 어떤 행정행위의 요건・내용을 판단함에 있어 법이 행정주체에 대하여 일정한 범위 내에서 행정청에게 특정 효과의 선택・결정의 재량을 인정하고 있는 경우 이러한 재량에 따른 행정청의 행위를 재량행위라고 한다.

(4) 대인적 행위 · 대물적 행위 · 혼합적 행위

행정행위를 함에 있어서 무엇을 판단의 대상으로 하는가에 따라서 ① 국가고시합격자 결정, 자동차운전면허, 인간문화재 지정 등과 같이 순전히 사람의 학식・기술・경험과 같은 주관적 사정을 판단대상으로 하는 행위를 대인적 행정행위라 하고, ② 오직 물건의 객관적 사정에 착안하여 행하는 행위를 대물적 행정행위라 하며(예, 건물준공검사, 자동차검사증 교부, 자연공원 지정 등), ③ 인적・물적 요소를 모두 고려하여 행정행위의 여부를 판단하는 경우를 혼합적 행정행위라 한다(예, 총포제조영업 등은 사업주의 자질과 함께 일정한 시설을 갖출 것을 요구하고 있다).

(5) 쌍방적 행위 · 독립적 행위

행정행위는 권력적 단독행위이기 때문에 행정주체의 일방적 행위만으로 성립되지만, 그 행위를 하기 위한 전제로서 상대방의 신청・동의 같은 협력이 필요 없는 경우를 독립적 행정행위라 하며, 상대방의 협력이 필요한 경우를 쌍방적 행정행위라 한다.

(6) 요식행위 · 불요식행위

행정행위는 일반적으로 특별한 형식을 요구하지 아니하는 불요식행위라고 할 수 있지만, 개별 법령이 일정한 사항을 기재한 문서에 서명・날인할 것을 요구하는 경우에는 요식행위라 할 것이며, 이 경우 필요한 요식을 결하게 되면 형식의 하자 문제가 발생한다.

3) 행정행위의 내용

행정행위는 그 구성요소와 법률효과의 발생원인을 표준으로 법률행위적 행정행위와 준법률행위적 행정행위로 구분됨은 이미 설명한 바와 같다. 그 중 법률행위적 행정행위는 상대방에 대한 법률효과의 내용에 따라 다시 ① 특정한 의무를 부과하거나 이미 부과된 의무를 해제하는 명령적 행위와, ② 권리 · 능력을 부여하거나 변경하는 형성적 행위로 구분된다.

(1) 명령적 행위

명령적 행위는 행정청이 그 상대방인 국민에게 일정한 의무를 부과하거나 이미 과하여진 의무를 해제하는 행정행위를 말한다. 명령적 행정행위에는 하명 · 허가 및 면제가 있는데 이들은 모두 개인의 자연적 자유를 제한하거나 그 제한을 해제하는 행위로서 그 위반에 대해서는 강제집행이나 행정벌이 가하여지는 것이 일반적이다. 이러한 의미에서 권리를 발생 · 변경 · 소멸시켜 주거나 타인을 위하여 그 행위의 효력을 보충 · 완성시켜 주는 행위인 형성적 행위와 근본적인 차이가 있다.

명령적 행정행위는 다시 ① 의무를 명하는 행위인 하명과 ② 의무를 해제하는 허가 · 면제로 구분된다. ③ 의무를 해제하는 경우에도 부작위의무를 해제하는 것이 허가이며, 작위 · 급부 · 수인(受忍)의무를 해제하는 것이 면제이다.

① 하명

하명이란 명령을 하달하는 것으로서 상대방에게 적극적인 작위(위법건축물 철거 · 공해방지시설 개선명령 등), 소극적인 부작위(위험도로 통행금지 · 음식점영업정지 · 운전면허정지 처분), 일정한 내용의 급부(조세 · 도로점용료 · 수도사용료 부과처분), 또는 행정청의 의무부과에 대한 단순한 수인(건강진단 · 예방 접종 · 강제격리 처분)의 의무를 명하는 행위이다. 보통 작위 · 급부 · 수인을 명하는 것을 명령이라 하고, 부작위를 명하는 행위를 금지라고 하기도 한다. 금지에는 어떠한 경우에도 이를 해제하지 못하는 절대적 금지(미성년자에게 술 · 담배를 팔지 못하게 하는 것 등)와 일정한 자격요건을 갖춘 자에게는 금지를 해제하여 적법하게 행위를 할 수 있도록 허가할 수 있는 상대적 금지(음식점영업허가 · 건축허가 등)가 있다.

② 허가

허가는 일반적 금지(부작위의무)에 의하여 제한되었던 자연적 자유를 특정

자격요건을 갖춘 자에게 회복하여 적법하게 일정한 행위를 할 수 있도록 하는 처분을 말한다. 허가는 법령에 의하여 행하는 기속행위이다.

허가는 절대적 금지가 아닌 상대적 금지에 대하여만 가능하므로 절대적 금지를 예외적으로 승인해 주는 예외적 승인과는 구별된다. 허가는 학문상의 용어이며, 실정법상으로는 허가 외에도 인가(은행업・보험업・신용금고업)・면허(자동차운전・의사・약사)・등록(사설학원)・지정(담배소매인 지정)・승인(전기용품 형식승인) 등의 여러 가지 용어로 사용되고 있어 혼동을 초래하고 있다.

③ 면제

허가는 소극적인 부작위의무를 해제해 주는 것이지만, 면제는 적극적인 작위・급부・수인 의무를 해제하는 것을 말하며(예, 군입대의무면제・조세면제・예방접종의무면제 등), 의무를 해제해 준다는 점에서 허가와 성질이 같다. 따라서 면제의 성질・종류・효과 등은 허가에서 설명한 것과 같다.

(2) 형성적 행위

형성적 행위란 행정청이 그 상대방인 국민의 특정한 권리, 권리능력, 행위능력 또는 포괄적인 법률관계 및 기타 법률상의 힘을 발생・변경・소멸시키는 행위를 말한다. 형성적 행위는 이해관계인 및 제3자에게 대항할 수 있는 법률상의 새로운 이익이나 권리를 부여하거나 또는 이를 변경・박탈하는 것을 목적으로 하는 점에서 국민의 자연적 자유의 제한과 해제를 목적으로 하는 명령적 행위와 구별된다. 즉 형성적 행위는 특정한 권리나 법률관계를 새로이 창설한다는 점에서 명령적 행위와 구별된다. 형성적 행위는 상대방을 표준으로 하여 ① 직접 상대방을 위한 행위(설권(設權)・변경・탈권(奪權)행위로 나누어지며, 그 중 설권행위를 특별히 특허라고 한다)와 ② 타자를 위한 행위(제3자의 행위를 보충하여 그 효력을 완성시켜 주거나(인가), 제3자를 대리하여 행하는 행위(대리))로 나누어진다.

① 특허

특허란 특정 상대방을 위하여 새로운 권리・능력 또는 포괄적 법률관계를 설정하는 행위를 말하며, 이 중 권리를 설정하는 행위를 협의의 특허라고 한다. 특정인에게 재산상의 이익을 향유할 수 있는 권리 설정행위의 예로서는 광업허가, 어업면허, 자동차·해상·항만·항공 등 각종 운수사업면허, 보세구역설치경영특허, 특허기업특허, 토지수용권설정, 공유수면매립면허, 공물사용권특허, 교과서의 국정·검정·인정행위 등이 있으며, 특정인에게 그 행위를 할 수 있게 하는 능력 설정행위로서는 공법인설립행위가 있고, 두 가지 이상의 법적 관계의 합성에 의하여 성립하는 포괄적 법률관계 설정행위로서는 공무원임명·귀화허가 등이 있다.

권리·능력 및 포괄적 법률관계를 설정하는 행위를 설권행위, 즉 광의의 특허라고 하는 데 비하여, 이미 설정된 그것들을 변경시키는 행위를 변경행위(예, 광구변경, 공무원 전보)라 하고, 그것들을 소멸시키는 행위를 탈권행위(예, 어업면허의 취소)라 한다.

② 인가

인가라 함은 제3자의 법률행위에 동의를 부여하여 그 행위의 법적 효력을 완성하여 주는 행위로서 보충행위라고도 한다. 원래 사인간의 법률행위는 행정주체의 동의나 간섭 없이도 완전히 효력을 발생하는 것이 원칙이지만, 예외적으로 공익에 중대한 영향을 미치는 행위는 행정주체가 후견적 입장에서 관여하도록 하는 경우가 있으며, 현행법상 인가의 예로서는 비영리법인 설립허가 및 정관변경인가, 공공조합 설립인가, 특허기업의 운임·요금 인가, 사립학교법인 이사취임승인, 지방채기채승인, 허가나 특허의 양도·양수의 인가, 외국인 토지취득허가, 토지거래허가구역 내에서의 토지거래허가 등이 있다.

③ 공법상 대리

공법상 대리는 제3자가 하여야 할 행위를 행정청이 대신하여 행하고, 그 행위가 제3자가 행한 것과 같은 법적 효과를 발생시키는 행정행위를 말한다. 이러한 공법상 대리는 제3자 본인이 하여야 할 행위를 법률이 정하는 바에 의하여 행정목적을 달성하기 위하여 행정청이 대신하는 것이므로 그 대리의 성질은 법정대리이다.

(3) 준법률행위적 행정행위

준법률행위적 행정행위라 함은 개별적으로 국민의 권리와 의무에 구체적이고 직접적으로 영향을 미치는 행정행위라는 점에서 행정행위이지만, 법률행위적 행정행위와 달리 행정행위의 구성요소가 의사표시가 아닌 어떤 정신작용(판단 · 인식 · 관념의 표시)이며, 따라서 그 법적 효과도 의사표시에 나타난 행정관청의 의사대로 부여되는 것이 아니라 '직접 법령에 규정된 대로' 부여되는 행정행위를 말한다.

이러한 준법률행위적 행정행위는 보통 ① 확인행위, ② 공증행위, ③ 통지행위, ④ 수리행위로 구분된다.

① 확인

확인이란 특정 사실관계 또는 법률관계의 존재여부나 그 정당성 여부에 관하여 행정관청이 공적 권위로써 확인하는 '판단의 표시행위'이다. 실정법적으로는 재결(행정심판의 재결) · 결정(도로구역 · 당선인 · 시험합격자의 결정) · 특허(발명특허) 등의 용어로 사용되고 있다.

② 공증

공증이란 행정청이 그 상대방인 사인에게 특정 사실 또는 법률관계의 존부를 공적으로 증명함으로써 공적인 증거력을 부여하는 행정행위이다. 공증은 다만 어떠한 사실 또는 관계가 진실한 것으로 인식하여 그것을 공적으로 증명하는 '인식의 표시'이므로 진실이 아닐 수도 있다.

③ 통지

통지란 행정청의 의사 또는 특정한 사실 등을 특정인 또는 불특정 다수인에 대하여 알리는 행위를 말한다. 여기서 말하는 통지는 그 자체가 일정한 법률효과를 발생시키는 독립한 행정행위이므로, 이미 성립된 행정행위의 단순한 효력발생요건으로서의 '행정행위의 통지'와는 구별된다.

④ 수리

수리란 각종 인 · 허가 신청서, 국가시험원서, 혼인신고서, 행정심판청구서 등이 형식적 요건을 갖추었다고 인정된 경우에 이를 유효한 행정행위로서 받아들이는 것을 말한다. 수리는 단순한 사실에 불과한 도달이나 사실행위인 접수와는 달리 이를 유효한 것으로 받아들이는 행정관청의 수동적 의사표시로서, '관념의 표시'인 준법률행위적 행정행위이다.

4) 행정행위의 부관

행정행위의 부관이란 "① 행정행위의 효과를 특별히 제한하거나, ② 특별한 의무를 부과하거나, ③ 부족한 요건을 보충하도록 하기 위하여, 주된 행정행위에 부가하여 붙이는 종된 규율"을 말한다.[97]

부관은 그 내용에 따라 ① 조건, ② 기한, ③ 부담, ④ 철회권의 유보, ⑤ 법률효과의 일부배제, ⑥ 부관의 변경권의 유보 등으로 구분된다.

5) 행정행위의 성립과 효력

(1) 행정행위의 성립요건

① 내부적 성립요건

행정행위의 내부적 성립요건이란, "문서는 당해 문서에 대한 결재가 있음으로 성립한다"라는 규정에서처럼[98] 행정기관에 의하여 행정의사가 내부적으로 결정되는 것을 말한다. 행정행위는 처분 당시에 시행중인 현행 법령에 의하여야 하기 때문에 행정행위의 주체・내용・절차・형식이 모두 적법하고 공익에 적합(타당)하여야 한다.

ⅰ) 주체에 관한 요건

행정행위는 정당한 권한을 가진 기관이 권한의 범위 내에서 정상적인 의사작용에 기한 행위여야 한다.

ⅱ) 내용에 관한 요건

행정행위는 그 내용에 있어서 적법하여야 하고 공익에 적합하여야 한다(적법・타당). 또한 사실상・법률상 실현가능하고 객관적으로 명백해야 한다.[99]

---

97) 최근의 통설에 따른 정의이다. 김남진, 행정법Ⅰ,법문사, 2002, .237면; 박윤흔, 행정법강의(상), 박영사, 1999 369 ; 석종현, 일반행정법(상), 삼영사, 1990, 286면. 한편, 종전의 통설은 부관을 "행정행위의 효과를 제한하기 위하여 주된 의사표시에 붙여진 종된 의사표시"라고 하였으나, 이는 ① 행정행위의 효과를 제한하는 것이 아닌 부관도 있으며, ② '종된 의사표시'라는 관념을 강조하여 준법률행위적 행정행위에는 부관을 붙일 수 없다고 주장하고 있으나, 준법률행위적 행정행위에도 효과의 제한이 아닌 특별한 의무부과나 요건보충을 위한 부관은 붙일 수 있다는 점에서 비판을 받고 있다.

98) 사무관리규정 제8조 제1항 : 여기에서 결재는 전자이미지서명 또는 전자서명에 의한 결재를 포함한다.

iii) **절차에 관한 요건**

행정행위의 성립에 일정한 절차(신청 · 청문 · 타 기관의 협력 등)가 법상 요구되고 있는 경우에는 그 절차를 거쳐야 한다. 그들 절차를 거치지 않으면 하자있는 행위로 된다.

iv) **형식에 관한 요건**

우선, 법령에 특별한 형식을 규정하고 있지 않은 한 문서로 하여야 한다. 이 경우 문서에는 그 처분행정청 및 담당자의 소속 · 성명과 전화번호를 기재하여야 한다. 다음으로 문서의 내용으로는 법령에 특별한 규정이 없는 한 상대방의 주소 · 성명 및 행정행위의 내용 · 일자를 기재하고 관인을 날인하며, 처분이유의 명시가 요구될 때에는 처분이유까지 기재하여야 한다.

② **외부적 성립요건**

행정행위에 대한 기관장의 결재가 있고 이에 따라 영업허가서 등 공문서가 작성되었다 할지라도, 아직 내부적으로만 성립하였을 뿐 행정행위로서 완전히 성립하였다고는 볼 수 없으며, 외부에 대한 표시행위, 즉 문서의 발송행위가 있어야만 비로소 완전히 성립한다.

(2) 행정행위의 효력발생요건

행정행위가 성립요건을 모두 갖추었더라도 다른 법령에 특별한 규정이 없는 한 상대방에게 도달하여야만 효력을 발생한다(도달주의, 사무관리규정 제8조 제2항). 예컨대, 적성검사미필을 이유로 운전면허를 취소하고자 하는 경우에 운전면허취소통지서에 상대방의 주소를 잘못 기재하여 취소통지서가 반송되어 상대방이 이를 수령하지 못한 때에는 운전면허 취소행위의 효력이 발생되지 아니한다(국무총리행정심판위원회 재결 1990. 6. 13, 국행심90-158).

【판례】 : ① 통상우편의 도달추정을 부정한 판례

통상우편으로 발송된 재심사청구기간 결정통지서가 반송되지 않았다는 사실만 가지고 발송일로부터 일정한 기간 내에 원고에게 배달되었다고 추정

---

99) 홍정선, 행정법원론(상), 박영사, 2008, 384면.

할 수는 없다.[100)]

② 등기우편의 도달추정을 인정한 판례

등기우편으로 발송된 경우에 반송되거나 기타 특별한 사정이 없는 한 그 무렵 수취인에게 배달되었다고 볼 수 있다.[101)]

6) 행정행위의 효력

(1) 구속력

행정행위가 성립・발효요건을 갖춘 경우에는 그 내용에 따라 상대방과 행정관청을 구속하는 힘을 가진다.

(2) 공정력

공정력이란 행정행위는 비록 하자가 있더라도 당연 무효인 경우를 제외하고는 취소되기 전까지는 일응 유효한 것으로 통용되는 힘을 가지는 것을 말한다. 따라서 행정행위의 하자가 중대・명백한 경우에는 무효가 되므로 공정력이 인정되지 않는다. 오늘날에는 공정력 중에서 그 상대방인 국민에 대한 통용력만을 공정력이라 하고 다른 국가기관에 대한 통용력은 구성요건적 효력이라고 하여 이를 공정력과 구별하는 견해가 있다.[102)]

(3) 확정력(존속력)

① 불가쟁력

행정행위는 쟁송기간의 도과, 판결을 통한 행정행위의 확정, 상대방의 법적 구제수단의 포기 등의 사유가 존재하면, 상대방 등은 더 이상 그 효력을 다툴 수 없게 되는 힘을 가지게 되는 바, 이러한 행정행위의 효력을 불가쟁력이라 한다.

② 불가변력

일정한 행정행위는 행정청도 이를 자유로이 취소・변경 또는 철회할 수 없

---

100) 대판 1977. 2. 22, 76누265.
101) 대판 1998. 12. 13, 97누8977.
102) 김남진, 전게서, 301면; 박윤흔, 전게서, 403면 ; 석종현, 전게서, 305면.

도록 함으로써 법적 안정성을 도모할 필요가 있다. 행정행위가 갖는 이러한 힘을 불가변력이라 한다.

(4) 강제력

행정행위에 부과된 의무를 상대방이 이행하지 않는 경우에 행정행위의 내용을 강제로 실현시킬 수 있는 자력집행력과 제재력이 인정된다.

7) 행정행위의 하자(흠)

행정행위의 하자(瑕疵)란 행정행위가 법이 정한 성립·발효요건을 모두 갖추고(적법하고), 행정청이 공익에 적합한 재량을 행사한 경우(타당한 경우)에는 완전히 효력을 발생하지만, 그렇지 못한 경우에는 위법 또는 부당한 것으로 평가되어 소위 하자 있는 행정행위라 하여 그 하자의 종류·정도·내용에 따라 심한 경우 행정행위가 부존재 또는 무효가 되거나 취소의 대상이 된다.

(1) 행정행위의 부존재

무효인 행정행위는 일단 외관상 행정행위가 존재하고는 있으나 하자로 인하여 아무런 효과를 발생치 못하고 있는 것임에 반하여, 행정행위의 부존재(不存在)란 행정행위가 성립요건 중 중요한 요소를 결여함으로써 외관상으로도 행정행위라고 할 만한 것이 존재하지 않는 것을 말한다.

(2) 행정행위의 무효

외관상 행정행위로 존재함에도 불구하고 중대하고 명백한 하자로 인하여 취소를 기다릴 필요 없이 처음부터 아무런 법적 효과를 발생하지 아니하는 것을 말한다.

(3) 행정행위의 취소

행정행위의 취소란 그 성립에 있어서 "무효원인인 하자 이외의 하자가 있지만 공정력으로 말미암아 일단 유효한 것으로 취급되는 행정행위에 대하여, 그 성립상의 하자를 이유로 하여 취소할 권한이 있는 행정청이나 법원이 처음부터 소급하여 그 효력을 소멸시키는 별개의 행정행위"를 말한다.

(4) 행정행위의 철회

행정행위의 철회라 함은 "성립 당시에는 아무런 하자 없이 완전히 유효하게 성립한 행정행위에 대하여, 사후에 발생한 새로운 사정으로 말미암아 더 이상 그 효력을 존속시킬 수 없게 된 경우에, 장래에 향하여 그 효력을 상실시키는 별개의 독립된 행정행위"를 말한다.

(5) 행정행위의 실효

행정행위의 실효(失效)라 함은 "아무런 하자 없이 성립·발효한 행정행위가 그 목적의 달성 등 사후에 발생한 일정한 사유로 말미암아 그 효력이 소멸되는 것"을 말한다. 예컨대, 기한이 정하여져 있는 행정행위에 종기가 도래한 경우처럼 별개의 행정행위에 의하지 않고 기간이라는 객관적인 사실의 발생으로 당연히 행정행위의 효력이 소멸되는 것을 말한다.

Ⅲ. 행정상 의무이행확보수단

1. 행정강제

행정강제란 "행정목적의 실현을 위하여 사람의 신체 또는 재산에 실력을 가하여 행정상 필요한 상태를 실현하는 권력적 사실행위"를 말한다(예, 전염병 예방주사의 강제접종, 불법건축물의 강제철거, 체납조세의 강제징수 등). 행정의 실효성을 확보하기 위하여 내용적으로 직접적인 강제수단을 동원하게 되는 행정강제는 그 내용·방법에 따라, ① 행정법상의 의무이행을 강제하는 행정상 강제집행, ② 급박한 상황하에서 의무를 명하기 곤란한 경우에 행하는 행정상 즉시강제, ③ 강제적 조사 작용으로서의 행정조사의 3종류로 나누어진다.

2. 행정상 강제집행

행정상 강제집행(强制執行)이란 "직접 법령의 규정에 의하거나 또는 법령에 의거한 행정처분에 의하여 과하여진 행정법상의 의무의 불이행에 대하여, 의무자의 신체 또는 재산에 실력을 가하여, 장래에 향하여 이를 이행시키거나 이행된 것과 같은 상태를 실현하는 작용"을 말하며, 현행법상으로는 대집행·직접강제·집행벌·강제징수 등의 수단이 인정되고 있다. 이 중 대집행과 강제징수는 일반적 수단으로서의 강제집행이지만, 직접강제와 집행벌은 예외적 수단으로서 개별법에 의한 강제집행을 의미한다.

행정상 강제집행은 행정상 의무의 불이행을 전제로 하는 점에서, 이를 전제로 하고 있지 않은 행정상 즉시강제와 구별되며, 장래의 의무를 이행시키기 위한 강제수단이라는 점에서 과거의 의무위반에 대한 제재를 목적으로 하는 행정벌과 구별되며, 법원의 개입을 거치지 않은 독자적인 강제수단이라는 점에서 법원의 확인이나 판결을 요하는 민사상의 강제집행과 구별된다.

3. 행정상 즉시강제

행정상 즉시강제(卽時强制)란 목전에 급박한 장해를 제거하여야 할 필요가 있는 경우에 미리 행정법상 의무를 명할 시간적 여유가 없거나(예, 광견의 배회), 또는 성질상 의무를 명하고 그 이행을 기다려서는 목적달성이 곤란할 경우(예, 전염병환자의 입원명령), 즉시에 국민의 신체 또는 재산에 실력을 가하여 행정상 필요한 상태를 실현하는 권력적 사실행위를 말한다.

오늘날 행정상 즉시강제의 성격을 (수인)하명행위와 그 집행행위인 사실행위의 합성행위라고 하는 견해[103)]가 있는바, 그 실익은 취소소송의 대상으로 인정하는 데 무리가 없다는 점에 있다. 그러나 사실행위도 계속적 성질의 것인 한 취소소송의 대상이 된다는 최근의 견해에 의하면 굳이 합성행위로 볼 필요도 없다.

4. 행정조사

행정조사(行政調査)란 "행정기관이 행정작용을 적정하고 효율적으로 행하기 위하여 사인으로부터 행정상 필요한 자료를 수집하는 권력적·강제적 조사작용"을 말한다. 정보화사회가 진전됨에 따라 조사활동은 급속하게 확대됨에 따라 행정조사에 따른 국민의 권익침해가능성도 증대하게 되었다. 특히 권력

103) 이상규, 신행정법(상),박영사, 1996. 549면; 최치봉, 행정상즉시강제, 사법행정 1967.9, 30면.

적 사실행위인 행정조사로 인하여 주거의 자유, 영업의 자유, 사생활의 비밀 등의 기본권이 침해되는 경우가 있고, 개인정보와 기업의 비밀이 부당하게 수집·공개될 우려가 제기되고 있다.

행정조사의 특질을 보면 ① 직접 법률관계의 변동을 생기게 하는 것이 아니라 장래의 행정작용을 위한 준비행위로서의 성질을 가지며, ② 아무런 법적 효과를 발생시키지 아니하므로 행정행위가 아닌 사실행위이고, ③ 상대방의 의사에 불구하고 행하는 권력적 사실행위라는 점에서 상대방의 임의적 협력에 의하여 행하는 임의조사와 구별된다(단, 임의조사까지 행정조사에 포함시키는 견해도 있으나, 이는 너무 광범위하여 통일적인 이론구성에 난점이 있다).

5. 행정벌

행정벌(行政罰)이란 "행정법상의 의무위반에 대하여 일반통치권에 의거하여 과하는 제재로서의 처벌"을 말한다. 행정법규는 통상적으로 행정목적을 달성하기 위하여 국민에게 각종 행정상 의무를 부과하고, 그 실효성을 확보하기 위하여 의무위반에 대한 제재로서 행정벌을 규정하고 있다. 행정벌은 행정법상 과거의 의무위반에 대한 제재를 직접적인 목적으로 하지만 간접적으로 의무자에게 심리적 압박을 가함으로써 행정법상의 의무이행을 확보하는 기능을 가진다. 행정벌은 집행벌과는 달리 이중처벌금지의 원칙에 따라 동일 사실에 대하여 반복해서 부과할 수 없다.

1) 행정형벌

형법(41)에 열거되어 있는 형벌(사형·징역·금고·자격상실·자격정지·벌금·구류·과료·몰수)이 과하여지는 행정벌이며, 이에 대하여는 특별한 규정이 없는 한 형법총칙의 규정이 적용되고, 처벌절차도 통고처분 등 특별규정이 없는 한 형사소송법이 적용된다.

2) 행정질서벌

과태료(過怠料)를 과하는 행정벌을 말한다. 행정형벌은 직접 행정목적(공공복리·질서유지 등)을 침해하는 행위에 대하여 과하는 것이지만, 행정질서벌은 거기에까지 이르지는 않고 단지 행정목적달성에 장해가 되는 데 그치는 정도의 비행에 대하여 과하는 것이다(예, 행정관청에 대한 신고·보고의무·장부비치의무·허가증 게시의무 등의 위반, 공무원의 출입·서류검사의 거부·방해 등).

6. 새로운 의무이행확보수단

새로운 의무이행 확보수단으로는 ① 과징금·가산세·부당이득세·가산금, ② 공급거부, ③ 위반 사실의 공표, ④ 관허사업의 제한, ⑤ 운전면허 취소 및 자동차 사용정지, ⑥ 취업제한 제도 등을 도입하고 있다.

Ⅳ. 행정구제

1. 행정상 손해전보

1) 행정상 손해배상

행정상 손해배상(損害賠償)이란 “공무원의 위법한 직무집행행위 또는 공공의 영조물 설치·관리의 하자로 인하여, 개인에게 재산상의 손해를 가한 경우에, 국가나 공공단체가 그 손해를 배상하는 것”을 말한다(헌법 제29조, 국가배상법 제2조·제5조).

국가·공공단체의 위법한 활동으로 인하여 발생된 개인의 재산상의 손해에 대하여 그 원인자인 국가 등이 배상하도록 하는 것은, 사인 상호간의 관계에 있어서와 마찬가지로 자기의 불법행위로 말미암아 타인에게 끼친 재산상의 손해를 배상하는 것으로서 정의와 공평을 이념으로 하는 일반법원리에 그 근거를 두고 있다.

행정상 손해배상제도는 사법에서 발달한 개인주의적인 도의적 책임주의를 그 기초원리로 하고 있기 때문에 사법상의 불법행위책임과 공통점이 있다. 그러나 행정상 손해배상은 사법이 규율하는 분야와는 근본적으로 다른 공행정작용 및 기타의 공권력행사에 기인하는 배상책임을 규율하고 있고, 그 배상주체가 국가 또는 공공단체라는 점에서 사법상의 책임과는 다르다.

2) 행정상 손실보상

행정상 손실보상(損失補償)이란 "① 공공필요에 따른 적법한 공권력행사로 말미암아, ② 사유재산에 가해진 특별한 희생에 대하여, ③ 사유재산권의 보장과 전체적인 평등부담의 견지에서 행하여지는 조절적인 재산적 보상"을 말한다.

손실보상에 관한 실정법적 근거로서는 "공공필요에 의한 재산권의 수용·사용 또는 제한 및 그에 대한 보상은 법률로써 하되, 정당한 보상을 지급하여야 한다"는 헌법(제23조 제3항)규정을 들 수 있다. 그런데 손해배상과는 달리 이를 구체화하는 일반법은 아직 없고, 각 개별법(토수·징발·도계·국토·건축·도로·하천·전염병예방법 등)에서 정하고 있다.

각 개별법을 보면 재산권의 수용·사용·제한은 규정하고 있으면서도 이에 대한 보상규정은 두지 아니한 경우가 있어 문제가 되고 있으며(예, '국토의계획및이용에관한법률'에 의한 그린벨트, 즉 개발제한구역제도), 이 경우 상기 헌법 규정에 따라 직접 손실보상을 청구할 수 있는가의 문제와 관련하여 동 규정의 효력에 관한 학설이 대립되어 있다.

3) 수용유사침해에 대한 보상

'국토의계획및이용에관한법률'(제38조)에 의한 개발제한구역(greenbelt)제와 같이 법률에서 재산권침해의 근거규정은 두고 있으나, 이에 대한 보상규정은 두고 있지 아니함으로써 결과적으로 위법(위헌)하게 된 재산권침해에 대한 보상문제를 말한다. 즉 수용유사침해는 개인의 재산권에 대하여 사회적 구속을 넘는 특별한 희생이 가하여졌지만 당해 법률에 보상규정이 없는 경우에 그 손실을 전보해 주기 위하여 도입된 개념이다.

따라서 이를 위법으로 보아 손해배상을 청구할 수 있다는 이론은 제1절에서 설명한 바와 같이 헌법규정(제23조 제3항)의 해석에 관한 입법자에 대한 직접효력설(위헌무효설)의 입장이며, 국민에 대한 직접효력설에 의하면 직접 헌법규정에 의하여 당연히 손실보상을 청구할 수 있으므로 수용유사침해의 법리를 인정하게 된다.

4) 수용적 침해에 대한 보상

수용적 침해(收用的 侵害)란 적법한 행정작용의 결과 의욕되지 아니한 침해가 부수적으로 발생한 경우를 말하며, 예컨대 수십 년 간 도시계획상의 도로・공원용지 등의 도시계획시설로 고시만 해 두고 그대로 방치함으로써 토지소유자가 입은 재산상의 손해,[104] 지하철공사가 장기간 계속되어 인근 영업자의 영업에 발생한 손해 등이 이에 해당한다.

5) 공법상의 위험책임

위험책임(危險責任)이란 원래 사법에서 발달된 이론으로서 근대민법의 기본원칙인 과실책임주의에 대응하여, 오늘날 전기・교통・원자력・광업 등 고도의 위험성을 가진 기업활동으로 인하여 발생한 피해에 대하여 기업주체의 고의・과실을 묻지 아니하고 배상책임을 지게 하는 이론으로서, 공기업활동을 중심으로 한 공법분야에서도 이를 도입・적용하려는 노력이 바로 공법상의 위험책임론이다.

6) 공법상의 결과제거청구권

공법상의 결과제거청구권(結果除去請求權)이란 "위법한 행정작용의 결과로 야기된 사실상태로 말미암아 권익을 침해받았다고 주장하는 자가 행정주체에 대하여 그 위법상태를 제거하여 줄 것을 청구하는 권리"를 말한다(예, 토지수용처분이 취소된 후에도 반환하지 않고 계속 공공용지로 사용하는 경우 등).[105] 위법한 행정작용은 반드시 법적 행위에 한정되지 아니하며 행정상의 사실행위도 포함한다(예, 사유지에 대한 위험물 적치, 지하시설물 매설, 도로개설 등 부당한 점용행위). 이와 같은 결과제거청구권은 법률유보의 원칙 또는 자유권적 기본권에 부여된 방어권의 관념 등으로부터 도출된 실체적 청구권이다.

---

104) 예컨대, 서울특별시 기타의 지방자치단체들이 도로・공원・녹지 기타 도시계획시설용지로 고시만 해 놓고 수용보상비 등 사업예산의 부족으로 10년 이상 이를 집행하지 않은 면적이 엄청나게 많아 해당 토지소유자의 재산권침해가 심각하다는 지적이 그 동안 언론에도 자주 보도된 바 있다.

105) 학자에 따라서는 원상회복청구권(김도창, 전게서, 645면) 또는 방해배제청구권(이상규, 전게서, 625면)이라고 하기도 한다.

7) 희생보상청구권

헌법은 공공필요에 의한 재산권의 수용 등에 대한 보상만을 명시하고 있어 적법한 행정작용으로 인하여 재산권 아닌 생명·신체 등의 비재산권이 침해된 경우(예, 전염병예방접종사고로 생명·신체가 침해된 경우)에도 손실보상을 청구할 수 있을 것인가의 문제, 즉 희생보상청구권(犧牲補償請求權)의 문제가 제기되고 있다(위법한 행정작용으로 인한 침해는 재산권·비재산권을 불문하고 손해배상제도에 의하여 보전되고 있다).

2. 행정심판

광의의 행정심판(行政審判)이란 널리 행정청이 행하는 행정상의 법률관계에 관한 분쟁에 대한 심판절차를 말한다. 즉, 행정청의 위법·부당한 행정처분이나 기타 공권력의 행사·불행사로 인하여 자신의 권리나 이익을 침해당한 자가 행정기관에 대하여 그 시정을 구하는 절차를 말한다. 실정법상으로는 행정심판이라는 명칭 이외에 이의신청, 심사청구, 심판청구, 재심청구 등의 여러 가지 명칭으로 불리고 있다.

따라서 후술하는 이의신청과 당사자쟁송(재결)을 포함하여 널리 행정청이 행하는 모든 분쟁해결 절차를 말하지만, 그 중 특히 '행정심판법에 의한 행정심판'만을 협의의 행정심판이라고 한다. 현재의 행정심판은 임의적 절차로 되어 있다(행정소송법 제18조). 따라서 공무원관계법(국가공무원법 제16조·교육공무원법 제53조 제1항·지방공무원법 제20조의2)과 도로교통법(제101조의3), 조세관계법(국세기본법 제56조 제2항·지방세법 제78조 제2항·관세법 제38조의2) 등 개별법률에서 예외적으로 필요적 행정심판전치주의를 채택하고 있는 경우를 제외하고는 원칙적으로 임의적 절차이기 때문에 행정심판 또는 행정소송을 선택적으로 청구할 수 있게 되었다. 즉, 행정심판은 원칙적으로 임의적 절차이다.

이러한 행정심판제도에 관하여는 우리 헌법(제107조 제3항)이 직접 '재판의 전심절차로서 행정심판을 할 수 있다. 행정심판의 절차는 법률로 정하되, 사법절차가 준용되어야 한다'고 규정함으로써 제도적 근거를 마련하고 있다.

<table>
<tr><th colspan="5">행 정 심 판 청 구</th></tr>
<tr><td rowspan="2">청 구 인</td><td>① 성명</td><td>(주) ○○ 대표이사 ○○○</td><td>② 법인등록번호</td><td>○○○○○○-○○○○○○○</td></tr>
<tr><td>③ 주소</td><td colspan="3">서울특별시 ○○구 ○○동 ○○○-○○</td></tr>
<tr><td>④ 선정대표자 관리인 또는 대리인</td><td colspan="4">변호사 ○○○</td></tr>
<tr><td>⑤ 피청구인</td><td colspan="2">부산광역시 ○○구청장</td><td>⑥ 행정심판 위원회</td><td>부산광역시장</td></tr>
<tr><td>⑦ 청구대상인 처분내용(부작위의 전제가 되는 신청내용·일자)</td><td colspan="4">건축허가신청서 반려
부산광역시 ○○구 건축 문서번호 ○○○○○-○○○○ (2001. ○. ○○.)</td></tr>
<tr><td>⑧ 처분있음을 안날</td><td colspan="4">2001. ○. ○○.</td></tr>
<tr><td>⑨ 심판청구 취지, 이유</td><td colspan="4">별지 기재와 같음</td></tr>
<tr><td>⑩ 처분청의 고지유무</td><td colspan="2">유</td><td>⑪ 고 지 내 용</td><td>90일 내 행정심판 및 행정소송 청구</td></tr>
<tr><td>⑫ 증거서류 (증거물)</td><td colspan="4">1. 부산광역시 ○○구 "건축허가신청서 반려"처분 공문
2. 기타 관련공문</td></tr>
<tr><td>⑬ 근거법조</td><td colspan="4">행정심판법 제19조, 동법시행령 제18조</td></tr>
<tr><td colspan="5">위와 같이 행정심판을 청구합니다.

청 구 인 : (주) ○○ 대표이사 ○○ ○

부산광역시장 귀하</td></tr>
<tr><td>첨 부 서 류</td><td>청 구 서 부 본</td><td colspan="2"></td><td>수 수 료 없 음</td></tr>
</table>

청 구 취 지

“피청구인이 2001. 6. 29. 청구인에 대하여 한 건축허가 신청서 반려처분을 취소한다.”
라는 재결을 구합니다.

청 구 이 유

가. 건축허가는 행정청의 재량행위가 아니고 법령상 허가배제사유가 아니면 무조건 허가를 해주어야 하는 기속행위에 해당되며, 「건축위원회에서 당해 건축물이 부적합하다고 심의하였다는 사유만으로 건축허가신청을 거부할 수 없다」는 대법원 판례(2000. 3. 14. 선고 98두4658) 등이 있으며, 또 「부산진구청장이 집단민원 발생을 우려하여 허가반려처분한 것은 위법하다」는 행정심판 재결례(부산시 93행심 제202호) 등도 있다.

나. 행정정절차법 제4조제2항에서 “행정청은 법령 등의 해석 또는 행정청의 관행이 일반적으로 국민들에게 받아들여진 때에는 공익 또는 제3자의 정당한 이익을 현저히 해할 우려가 있는 경우를 제외하고는 새로운 해석 또는 관행에 의하여 소급하여 불리하게 처리하여서는 아니된다”고 규정하고 있음에도 불구하고 피청구인은 청구인에게 건축허가 사전심의를 인용해 놓고서 이제 와서 아무런 사정변화 없이 건축허가신청을 반려하는 것은 신뢰보호의 원칙에 위배되는 것으로, 부산시 행정심판위원회에서도 「구청장이 토지거래허가시에 탁아소건립 목적을 받아들여 허가를 해 놓고서 탁아소건립을 위한 토지형질변경허가신청을 반려하는 것은 신뢰보호원칙에 위배된다」는 재결례(93행심 제12호)도 있다.

다. 우리나라는 자유경제체제로서 대형마트·백화점 등 상호경쟁을 통하여 소비자가 최적의 소비처를 선택할 기회를 제공하고 있는바, 이 대형마트가 들어선다고 하면 다소의 소비형태의 변화는 있을지 모르겠으나 소비관행에 커다란 변화를 불러오지 않을 것으로 보이고 또 재래시장과 영세상인의 매출감소가 있다고 하더라도 이는 소비자들의 선택의 결과일 뿐이며 오히려 대형마트가 들어서므로 인해서 소비자 물가가 연평균 0.45% 하락하는 긍정적인 효과도 있고, 따라서 피청구인의 이 건 반려처분은 법률적인 근거 없이 특정상인(재래상인이나 영세상인)을 지원하는 것으로 공정거래법과 헌법상의 평등원칙에도 위배된다.

라. 피청구인이 우려하는 교통혼란에 대하여 부산광역시의 교통영향평가에서는 별 문제 없는 것으로 인용하였고 이를 하급관청인 피청구인이 부인하는 것은 행정의 위계질서에 어긋난다고 할 수 있고, 또 소비자들은 러시아워를 피하여 구매활동에 나설 것이며 이를 대비하여 매장측에서 주차시설과 진출입차량의 교통완화시설을 갖출 것이므로 피청구인이 우려하는 교통혼잡은 없을 것이다.

마. 피청구인의 관내에는 대형마트가 ○○마트 한 곳 뿐으로 주민들이 대형마트가 있는 서면 등으로 원거리 쇼핑을 함으로써 오히려 교통체증을 유발하고 연료낭비와 매연으로 자원낭비와 환경훼손을 가져온다 할 수 있고, 이 점포가 오픈할 무렵에는 지하철 공사와 광안대로가 완공되어 교통이 분산되고 인근 아파트 주민들은 도보로 쇼핑하는 새로운 쇼핑문화가 정착될 것이므로 지역 주민들의 가정경제에 보탬이 될 것이고 나아가 지역 상권은 성장할 것이다.

바. 청구인의 청구가 받아들여지지 않아 법원에 소송을 제기하면 승소판결을 받아 허가를 받을 때까지 상당한 시일이 소요될 것이고 이로 인한 경제적 손해인 임차토지의 임차보증금 34억원과 연간임차료 34억원(부가가치세 별도)에 대한 금융기관 대출이자를 피청구인은 배상하여야 할 것이므로 이 건 처분의 취소를 바란다.

사. 첨부서류

① 건축허가신청서 반려공문

② 교통영향평가결과통보서

③ 관련판례(이하 생략)

답 변 서

■ 답변 취지

"청구인의 청구를 기각한다"라는 재결을 구합니다.

■ 답변 이유

1. 행정심판 청구된 본 건 대지의 주변 여건을 살펴보면(증1,2), 당해 신청지는 부산의 대표적인 교통혼잡지역인 ○○로타리 부근으로(증3각호) 2002. 6월 ○○대로 진출입 램프가 개설되고, ○○○○○아파트가 2001. 6. 16. 2,637세대 입주를 시작으로 2005. 1월까지 7,374 전세대가 입주할 예정이므로 더욱 큰 교통혼잡이 예상되는 지역이며, 또한 대단위 아파트가 밀집된 지역으로 재래시장(○○○○시장 등) 및 생활필수품을 취급하는 상인들이 많이 분포되어 있는 지역입니다.
2. 청구인이 반려처분이 위법하다며 제시한 구 건축법 제8조제4항의 "시장, 군수, 구청장은 당해 용도, 규모 또는 형태의 건축물을 당해 대지에 건축하는 것이 도시미관, 주거환경 등에 비추어 대통령령이 정하는 바에 의하여 불합리하다고 인정되는 경우에는 건축위원회의 심의를 거쳐 건축허가를 하지 아니할 수 있다"는 규정은 1999. 2. 8자 개정되어 현행 건축법상 폐지된 규정이므로 청구인의 주장은 이유 없다 할 것입니다.

   법령상 허가배제 사유에 해당하지 아니하면 무조건 허가를 해 주어야 하는 기속행위라고 주장하나, 서울행정법원 2001. 3. 9. 선고 2000구 32242 판결은(증4) "건축법상 허가권자는 도시계획법에 따라 도시의 주거기능, 상업기능, 공업기능 등이 조화를 이루어야 하는 도시계획 기본이념에 부합되는 경우에는 건축허가를 거부하여야 할 것이다"라고 판결된 예에서 보듯이 당해 건축물이 건립될 경우 교통혼잡으로 인해 인접해 있는 아파트들의 주거기능 및 주변 상인들의 상업기능 등이 조화되지 않을 것이므로 건축허가신청서 반려는 도시계획법의 기본이념에 충실했다 할 것입니다.
3. 건축허가 사전심의를 인용해 놓고 이제 와서 사정변화 없이 건축허가 신청을 반려하는 것이 신뢰보호의 원칙 내지 신의성실의 원칙에 위배되며, 기존 재래시장 및 영세상인의 매출감소는 영업자(상인)간 소비자 선택결과로 피청구인이 건축허가 신청을 반려한 것이 법률적 근거없이 특정 상인을 지원하는 것이라고 주장하나, 건축심의는 민원인의 신청이 있을 경우 건축물의 안전·기능 및 미관을 향상시키기 위해 구조안전, 피난 및 소방에 관한 사항만 단순 심의하는 것으로 건축허가시 검토해야 하는 관련법령의 극소수에 해당할 뿐만 아니라 건축심의 신청을 거부할 수 있는 법령상 근거가 없으므로 건축심의를 득

한 사실만으로 건축허가처분을 위한 사전심의로 볼 수 없는바 청구인의 주장은 이유 없다 할 것이며, 우리 구에서는 97년 IMF 체제이후 어려운 경제사정으로 고통받고 있는 영세상인 및 서민경제를 보호하기 위해 재래시장 활성화(증5각호)와 일자리 하나 더 찾기 시책(증6각호)을 우리구 역점사업으로 시행하고 있는데, ○○○마켓이 건립되면 인근영세상인들의 매출격감으로 서민경제에 악영향을 미칠 것이므로 금번 건축허가 신청서 반려는 시책을 적극적으로 수행함으로써 행정의 일관성 원칙에 충실했다 할 것입니다.

4. 청구인은 교통혼잡에 대해 부산광역시 교통영향평가에서 인용된 것을 하급관청이 부인하는 것은 행정의 위계질서에 어긋난다고 하나 우리 구에서 교통혼잡을 우려하는 것은 교통영향평가 심의결과에 대한 것이 아니라 당해 지역여건이 부산의 대표적인 교통혼잡지역인 ○○교차로와 인근해 있을 뿐만 아니라 2002. 6월 ○○대로 진출입 램프가 개설되고, ○○○○○아파트가 2001. 6. 16. 2,637세대 입주를 시작으로 2005. 1월까지 7,374 전세대가 입주할 예정이므로 교통수요가 급증할 것이고, 여기에 ○○○마켓까지 건립된다면 교통혼잡이 더욱 가중되므로 인해 주민들의 불편을 예상한 사항으로 행정의 위계질서와는 무관하다 할 것입니다.

5. 결론적으로 이 건 건축허가신청서반려처분은 교통혼잡을 사전에 방지하여 도시계획의 기본이념인 도시의 주거기능 및 상업기능 등이 조화를 이루어 주민이 편안하고 안전하게 생활할 수 있도록 하기 위해 관계규정에 적법, 타당하게 처리되었으며, 또한 부산광역시 및 우리구에서 중점적으로 시행하고 있는 지역경제 활성화 시책의 일관된 추진이라는 측면에서 보더라도 청구인의 주장은 이유 없으므로 마땅히 기각되어야 할 것입니다.

2001. ○. ○○.

위 심판 대리인

○○주사 ○○○

증거서류 : ① 위치도
② 현장사진
③ 관련 판결문 사본
④ 일자리 하나 더 만들기 사업추진계획서 사본 등
(생 략)

3. 행정소송

행정소송이란 행정법상의 법률관계에 관한 분쟁에 대하여 당사자의 소송제기에 의하여 법원이 이를 심리·판단하는 정식재판절차를 말한다. 즉, 행정소송은 행정청의 위법한 처분 그 밖의 공권력의 행사·불행사 등으로 인하여 권리나 이익을 침해받은 자가 중립적인 지위에 있는 사법기관인 법원에 의하여 당사자 간의 대심구조에 입각한 엄격한 형식절차에 의하는 정식쟁송절차이다. 행정소송은 크게 위법한 행정작용으로 인하여 권리나 이익을 침해받은 자가 직접 제기하는 주관적 소송과 직접 자기의 법률상의 이익과 관계없이 그 시정을 구하기 위하여 제기하는 객관적 소송으로 대별된다. 주관적 소송은 다시 항고소송과 당사자소송으로 나누어지는데, 항고소송에는 취소소송, 무효등확인소송 및 부작위위법확인소송 등이 있다.

소 장

원 고 ○ ○ ○
서울시 ○○구 ○○동 ○○○번지
위 원고 대리인
변호사 ○ ○ ○
서울시 ○○구 ○○동 ○○○번지
피 고 ○○구청장

영업정지처분취소청구의 소

청 구 취 지

"피고가 원고에 대하여 1991. 6. 3자로 한 영업정지처분은 이를 취소한다"라는 판결을 구함.

청 구 원 인

1. 원고는 서울특별시 ○○구 ○○동 ○○번지 ○○○라는 상호로 경양식 음식업을 경영하고 있습니다.
2. 그런데 피고는 1991. 6. 3자로 원고에 대하여 1991. 6. 10부터 같은 해 6. 24까지 영업정지 처분을 내렸습니다.
3. 그런데 피고는 위 처분을 함에 있어 영업정지처분장만 1991. 6. 3 밤에 원고에게 교부하였는바, 영업정지처분은 아래와 같은 이유로 위법한 것이므로 당연히 취소되어져야 할 것입니다.
   (1) 피고가 원고에게 교부한 영업정지처분장에는 그 처분일자와 처분사유 등의 기재가 없어 식품위생법 제58조와 동법시행령 제36조 제1항에 위배된 위법한 처분이라 할 것입니다.
   (2) 피고가 위 처분을 함에 있어서는 식품위생법 제64조와 동법시행령 제36조, 제37조에 의한 청문절차를 거쳐야 하고 그 청문서는 청문일 7일 전에 원고 또는 그 대리인에게 도달되도록 발송하여야 함에도 불구하고 피고는 똑같은 위반사항인 영업장 무단확장에 대해 청문일을 1991. 5. 28로 한 청문서는 같은 달 23일 밤에 인편으로 원고에게 송달하여 7일 기간을 주지 않았고, 청문일을 1991. 6. 3로 한 청문서는 같은 해 5. 28 등기우편으로 원고에게 송달함으로써 이 또한 7일의 기간을 주지 않았으므로 위 처분은 적법한 청문절차

를 거치지 않은 위법이 있다 할 것입니다.

(3) 위 1991. 6. 3을 청문일로 한 청문서가 설사 7일 기간 전에 원고에게 송달되었다 하더라도 출석요구시간이나 청문에 대한 청문서에 소명요지를 기재하여 제출할 시간의 특정이 없는 한 1991. 6. 3이 경과되어야만 원고가 청문에 응하지 않거나 청문서를 제출하지 아니한 때에 해당되는바, 청문일이 경과되지도 않은 바로 그 청문일로 지정된 1991. 6. 3자로 위와 같은 영업정지 처분을 한 것 또한 적법한 청문절차를 밟은 행정처분으로 볼 수 없다 할 것이므로, 이 점에서도 위 처분은 위법하다 할 것입니다.

(4) 피고가 원고에게 보낸 출석요구서에 위반사항으로 영업장 무단확장 또는 객장 무단확장으로 기재되어 있어 위 처분이 위 위반사항에 원인한 것으로 보이는바, 위 처분사유가 무엇을 뜻하는지 불명하며 더구나 그에 대한 적용법조조차 밝히지 않고 있어 식품위생법의 어느 조항에 위반한 것인지도 명백치 않아 이 점에서도 청문절차나 그에 의한 행정처분이 위법하다 아니할 수 없습니다.

이상과 같은 이유로 위 영업정지 처분은 위법한 행정처분이므로 그 취소를 구하고자 본소 청구에 이른 것입니다.

첨 부 서 류

1. 사업자등록증 1통
2. 영업정지처분장 1통
3. 행정처분에 따른 청문서 2통
4. 행정심판청구서 접수증 1통
5. 위임장 1통

1991. 6.

위 원고 대리인
변호사 ○ ○ ○

서 울 고 등 법 원 귀 중

Ⅴ. 개별행정작용법

1. 행정조직법

행정조직법이란 '행정주체의 조직에 관한 법'이라고 정의할 수 있다. 국내공법에 해당하는 행정법은 행정주체와 행정객체를 그 당사자로 하고 있다. 행정주체란 행정을 집행하고 있는 국가 또는 자신의 사무를 자치적으로 행하는 공공단체(예, 지방자치단체, 공공조합 또는 영조물법인과 같은 공법상 법인 등)처럼 그 상대방의 관계에 있는 행정객체에 대하여 행정을 행하는 자를 의미한다. 행정조직법이란 이 같은 행정주체의 조직에 관한 법이다. 국민주권주의의 원리에 입각하여 보면 모든 국가권력은 국민으로부터 나오기 때문에 국가권력의 하나인 행정의 근원적인 주체는 국민이 되지만, 행정의 집행이라는 행정현실에서 보면 모든 국민이 행정의 주체가 될 수 없다. 그러므로 행정주체란 행정조직체계상 현실적으로 행정을 행하는 자만을 의미한다.

2. 행정조직의 유형

1) 중앙집권형과 지방분권형

중앙집권형은 행정권력을 가능한 한 많이 중앙 또는 상급기관에 집중시키는 것을 말하며, 이는 주로 초기 국가형성의 과정에서 일반적으로 나타나는 현상이다. 이에 반하여 지방분권형은 행정권력을 가능한 한 많이 지방에 분산시키거나 이양시키는 것을 말한다.

2) 권력통합형과 권력분산형

권력통합형이란 행정권력의 일원화의 요구에 의하여 행정권을 가능한 한 단일기관에 통합하거나 집중시키는 것을 말한다. 이에 반하여 권력분산형은 행정권력 상호 견제와 균형을 도모하기 위하여 행정권을 서로 대립하는 여러 기관에 분산시키는 조직형태를 말한다.

3) 관치행정형과 자치행정형

행정권의 주체를 국가에 한정하는가, 아니면 지방자치단체·경제단체(상공회의소·은행연합회·협동조합 등)·직능단체(의사회·변호사회·교원단체 등) 등에게 일정한 범위 내의 자기의 고유한 행정권을 부여하는가에 따른 분류이며, 전자를 관치행정형이라 하고 후자를 자치행정형이라 한다.

4) 직접민주형과 간접민주형

행정조직에 있어서의 직접민주형은 직접 국민의 의사에 따라 행정을 운영하는 경우를, 간접민주형은 국민이 선출한 대표자에 의하여 행정이 운영되는 경우를 말한다.

5) 독임형과 합의형

독임형(獨任型)은 행정을 단독 공무원의 책임 하에 수행하게 하는 것으로서 행정의 소재를 명확히 하며, 행정의 신속·능률·책임규명에 적합한 형태이고, 합의형(合議型)은 복수의 공무원의 합의에 의하여 행정을 수행하는 것으로서 행정집행에 있어서 신중·공평·이해조정에 적합한 형태이며, 각종 행정위원회제도가 이에 해당한다.

3. 우리나라 행정조직법의 기본원리

우리나라 행정조직의 기본원리로는 ① 행정조직의 민주성(책임행정주의), ② 행정조직의 법정성(행정조직법정주의), ③ 행정조직의 능률성(독임제의 원칙), ④ 행정조직의 분권성(자치성), ⑤ 행정조직의 관료성(전문직업성) 등을 들 수 있다.

4. 행정기관

행정기관(行政機關)이란 널리 행정주체의 행정사무를 담당하는 기관을 말한다. 이러한 의미의 행정기관에는 행정주체의 의사를 결정하고 이를 외부에 표시할 수 있는 권한을 가지는 행정관청뿐만 아니라 그 보조기관 등도 포함된다. 행정기관은 행정객체에 대하여 행정주체로서 행정사무를 처리하는 지위에 있는 행정사무의 담당자를 지칭하는 것이므로 입법기관 사법기관과는 구별된다. 또한 행정기관은 그를 구성하면서 현실적으로 행정업무를 처리하는 자연인인 공무원과는 구별되며,[106] 담당 공무원이 변경되더라도 행정기관으로서의 행위에는 아무런 영향을 미치지 아니한다.

1) 행정기관의 종류

(1) 행정관청(행정청)

행정관청(行政官廳)이란 국가의 의사 또는 판단을 결정하여 이를 외부에 표시할 수 있는 권한을 가진 기관을 말하며, 지방자치단체의 의사를 결정 · 표시할 수 있는 기관까지 포함하는 경우에는 행정청이라고 한다.

행정관청이란 행정행위 · 행정쟁송 등에 등장하는 학문상의 개념으로서, 정부조직법상 부 · 처 · 청 등을 행정기관이라고 하며, 이들 행정기관의 장인 장관 · 처장 · 청장이 바로 행정관청에 해당한다(장관 등의 자연인과는 구별되는 개념이다). 행정관청은 일반적으로 독임제의 형태를 가지지만, 감사원, 소청심사위원회, 토지수용위원회 및 노동위원회처럼 합의제기관인 경우도 있다.

(2) 보조기관

보조기관(補助機關)이란 행정관청에 소속되어 행정관청의 의사결정과 집행을 보조하는 행정기관을 말한다. 중앙행정기관의 보조기관의 명칭은 행정각부의 차관 · 본부장(외교통상부의 통상교섭담당본부장과 행정안전부의 민방위재난담당본부장) · 실장 · 국장 · 부장 · 과장 등이 이에 해당한다.

(3) 보좌기관

보좌기관(補佐機關)이란 행정관청의 의사결정에 직접 관여하는 계선기관(階線機關)인 보조기관과 달리, 특정 정책의 기획 · 연구 · 조사 등을 통하여 간접적으로 의사결정을 보좌하는 참모기관으로서, 차관보 · 담당관 등이 이에 속한다. 예컨대, 대통령비서실, 국무총리비서실 · 국무조정실 및 행정각부의

---

106) 예컨대, 세무서장은 국민에 대하여 행정주체인 국가의 조세행정을 수행하는 지위에서 볼 때에는 행정기관이고, 세무서라는 행정기관을 구성하는 자로서 국가에 대하여 근무관계에 있는 지위에서 볼 때에는 공무원이다. 박윤흔, 강의행정법(하), 박영사, 2001, 24면.

차관보 및 담당관 등이 이에 해당된다.

(4) 의결기관

의결기관(議決機關)이란 행정관청의 의사를 결정할 권한만 있고 이를 외부에 표시할 권한은 없는 합의제 행정기관을 말한다(예, 행정심판위원회, 각종 징계위원회 등).

(5) 집행기관

집행기관(執行機關)은 행정관청의 명을 받아 국가의사를 실력으로 집행하는 기관을 말한다(경찰관 · 소방관 · 세무공무원 등). 행정객체와의 관계에서 행정기관이 행정주체로 행하는 행정은 주로 여기에 해당한다고 할 것이다.

(6) 감사기관

감사기관(監査機關)은 다른 행정기관의 사무 또는 회계의 위법 · 부당 여부를 감사하는 행정기관을 말한다(감사원).

2) 행정관청

(1) 행정관청의 권한

행정관청의 권한(行政官廳의 權限)이란 행정관청이 법령상 행정주체의 의사를 결정하고 표시할 수 있는 범위를 말한다.

(2) 행정관청의 권한의 대리

행정관청의 권한은 스스로 행사하는 것이 원칙이다. 이를 권한불변경의 원칙이라 하며, 이러한 권한불변경의 원칙에 대한 예외로서 다른 행정기관이 자기의 이름으로 이를 대리(代理)하여 행사하고 그 효과는 피대리관청(被代理官廳)에게 귀속하는 경우가 있는데, 이를 권한의 대리라고 한다. 행정관청의 권한을 사고 · 질병 · 유고 등의 사유에 의하여 또는 기타 필요에 의하여 다른 행정기관이 대행하는 경우 그 권한의 대리관계는 일반적으로 대통령의 권한을 국무총리가 대행하거나 장관의 권한을 차관이 대행하는 것처럼 행정관청과 그의 보조기관 사이에서 행하여지는 것이 보통이다.

(3) 행정관청의 권한의 위임

권한의 위임(權限의 委任)이란 행정관청의 권한의 일부를 다른 행정기관에 위양(委讓)하여 그 수임기관의 권한으로 행사하게 하는 것을 말한다. 권한이 위임되면 법령에 규정된 권한의 소재가 변경되는 것이므로 반드시 법령의 근거를 요하며, 그 권한의 위임의 범위 안에서 수임기관의 권한이 되고, 수임기관은 이를 자기의 명의와 책임 하에서 행사하게 된다(행정권한의위임및위탁에관한규정).

5. 공무원법

1) 공무원의 개념

국가 또는 지방자치단체의 공무담당자를 그 기관으로서의 지위를 떠나서 인적으로 파악하는 경우 이를 공무원(public official)이라고 한다. 국가 또는 지방자치단체의 기관은 이러한 공무원으로 구성되는바, 공무원은 법인격이 없는 기관 그 자체와는 달리 국가 또는 지방자치단체와는 별개의 법인격이 인정되므로 국가와 지방자치단체와의 사이에 일정한 권리·의무관계를 형성하게 된다. 이러한 공무원은 넓은 의미의 공무원과 좁은 의미의 공무원으로 나누어진다.

2) 공무원의 종류

(1) 국가공무원과 지방공무원

공무원(公務員)은 그 임명주체와 담당사무를 중심으로 하여, 국가에 의하여 임명되고 국가의 사무를 집행하는 공무원을 국가공무원, 지방자치단체에 의하여 임명되고 지방자치단체의 사무를 집행하는 공무원을 지방공무원이라고 한다.

(2) 경력직공무원과 특수경력직공무원

① 경력직공무원

경력직공무원이란 실적과 자격에 의하여 임용되고 그 신분이 보장되며 평생토록 공무원으로 근무하는 것이 예정되는 공무원을 말한다. 그 종류로는 일반직 공무원, 특정직 공무원, 기능직 공무원이 있다(국가공무원법 제2조 제2항 및 지방공무원법 제2조 제2항).

i) **일반직공무원**

일반직공무원이란 기술 · 연구 또는 행정일반에 대한 임무를 담당하며 직군(학예 · 공안 · 행정직 등 15개) · 직렬(행정직군에 있어서의 일반행정 · 재무 · 교육 · 사회 · 문화 · 홍보)별로 분류되며, 계급은 1급 내지 9급으로 구분된다.

ii) **특정직공무원**

특정직공무원은 특수분야의 업무를 담당하는 공무원으로서 다른 법률이 특정직공무원으로 지정하는 공무원을 말한다. 각 개별법에 의한 법관 · 검사 · 외무공무원 · 경찰공무원 · 소방공무원 · 교육공무원 · 군인 · 군무원 및 국가정보원직원 등이 이에 속한다.

iii) **기능직공무원**

철도 · 정보통신 · 전신 · 기계 · 토목 · 건축 · 운전 등 기능적 업무를 담당하는 공무원을 말하며, 계급은 1등급에서 10등급으로 구분된다.

② **특수경력직공무원**

경력직공무원 이외의 공무원으로서, 비직업공무원을 말하며, 다음과 같이 세분된다.

i) **정무직공무원**

선거에 의하여 취임하거나 국회 · 지방의회의 동의를 얻어 임명되는 공무원 또는 고도의 정책결정업무를 담당하거나 이를 보조하는 공무원으로서 법령에서 정무직으로 지정하는 공무원을 말한다.

ii) **별정직공무원**

특정 업무를 담당하기 위하여 별도의 자격기준에 의하여 임용되는 공무원으로서 법령에서 별정직으로 지정하는 공무원을 말하다. 현재 이에 해당하는 공무원으로서는 국회 전문위원, 감사원 사무차장, 시 · 도 선거관리위원회 상임위원, 국가정보원 기획조정실장, 원자력위원회 상임위원, 각급 노동위원회 상임위원, 해양안전심판원 원장 및 심판관, 비서관 · 비서 등이 있다.

iii) **계약직공무원**

국가 · 지방자치단체와의 채용계약에 의거하여 일정한 기간 동안 전문지식 · 기술이 요구되거나 임용에 있어서 신축성 등이 요구되는 업무에 종사하는 공무원을 말한다(국립병원 · 시립병원의 의사, 시험연구기관의 연구원 등).

iv) **고용직공무원**

단순한 노무에 종사하는 공무원을 말한다.

3) 공무원관계의 변경

(1) 승진

승진(昇進)이란 동일 직렬 내의 하위직급에서 바로 상위직급으로 임용되는 것을 말한다. 따라서 직렬이 다른 상위직급으로 승진할 수는 없다. 그러나 예외적으로 1급 공무원에의 승진은 바로 하급공무원 중에서, 2급 및 3급에의 승진은 동일한 직군 내의 바로 하급공무원 중에서 임용할 수 있으며, 그 밖의 승진은 동일 직렬의 하급공무원 중에서 각각 임용 또는 임용제청한다.

(2) 전직

전직(轉職)이란 행정사무관에서 외무사무관으로 임명하는 것처럼 직렬을 달리하는 임명을 말한다. 이러한 전직은 직위분류제의 원칙에 예외가 되는 것이므로 공무원을 전직 임용하고자 하는 때에는 전직시험을 거치게 하거나 일정기간 교육과 연수를 받게 할 수 있다.

(3) 전보

전보(轉補)란 동일 직급 내에서의 보직의 변경을 말한다(예, 국세청의 A과장직에서 B과장직으로 옮기는 것). 공무원은 당해 직위에 임용된 날로부터 원칙적으로 1년 이내에 다른 직위에 전보될 수 없다(공무원임용령 제45조 제1항).

(4) 복직

복직(復職)이란 휴직 · 직위해제 또는 정직중에 있는 공무원을 직위에 복직시키는 것을 말한다. 휴직의 경우에는 복직이 보장된다.

(5) 휴직

휴직(休職)이란 공무원으로서의 신분은 보유케 하면서, 일정기간 동안 직무에는 종사하지 못하게 하는 것을 말한다. 따라서 휴직기간이 종료되면 본인의 복귀신고 등에 의하여 당연히 복직을 명하여야 한다.

(6) 직위해제

직위해제(職位解除)란 공무원의 직위를 유지시킬 수 없는 사유가 발생한 경우에 공무원의 신분은 그대로 유지하면서 보직을 해제하는 것을 말하며, 휴직과 달리 본인의 무능력 등에 대한 제재적 의미를 가지는 것이다.

(7) 강임

강임(降任)이란 같은 직렬 내에서 하위직급에 임명하거나 하위직급이 없는 경우 다른 직렬의 하위직급에 임명하는 것을 말한다.

(8) 정직

정직(停職)이란 징계의 일종으로서 1월 이상 3월 이하의 기간을 정하여 직무에 종사하지 못하게 함을 말하며, 정직처분을 받은 자는 그 기간 중 공무원의 신분은 보유하나 직무에 종사하지 못하며 보수의 3분의 2를 감한다. 정직기간이 종료되면 당연히 직무에 복귀하게 된다.

(9) 감봉

감봉(減俸)이란 징계의 일종으로서 1월 이상 3월 이하의 기간 동안 보수의 3분의 1을 감하는 것을 말한다.

제3절 형법

Ⅰ. 형법 일반론

1. 형법이란

1) 형법의 의의

형법이란 어떠한 행위가 범죄로 되고 이에 대한 법적 효과로서 어떠한 형벌 및 보안처분을 과할 것인가를 규정하는 법규범의 총체이다.[107)]

종래에는 범죄란 형벌을 과하는 행위이고 형벌도 범죄에 대하여 과하는 제재라는 점에서 범죄와 형벌은 완전히 대응관계를 이루어 왔다. 그러나 형사정책의 근대화에 따라 형벌 이외에 보안처분제도가 새로운 형사제재로서 추가됨으로써 범죄와 형벌의 대응관계도 변화하게 되었고, 형법의 개념적 정의도 형벌 이외에 보안처분을 내용으로 담게 되었다.

형법은 협의로는 형법이라는 이름이 붙여진 형법전을 말하며, 광의로는 형법전을 포함하여, 폭력행위등처벌에관한법률・국가보안법・군형법 등의 단행법규와 도로교통법・관세법 등 행정법규나 상법 등 민사법규 속에 규정되어 있는 형사제재규정들을 총칭하여 말한다.

2) 기능

형벌은 분명 해악이다. 그럼에도 불구하고 왜 제도로서 존재할 수 있는가, 다시 말하여 형법은 어떠한 역할과 기능을 수행하기에 정당화 될 수 있는가의 문제가 형법의 기능론이다. 이에 관하여는 견해가 다양하나 대체로 범죄예방기능, 규제기능, 보호적 기능, 보장적 기능을 들 수 있다.

범죄방지기능이란 형법이 사회의 최대 병폐인 범죄현상을 제거함으로써 사

---

107) 이재상, 형법총론, 박영사, 2008, 3면.

회질서를 안정시키고 국민이 보다 안전한 생활을 영위할 수 있도록 하는 것을 말한다. 형법이 이러한 범죄방지를 위하여 범죄를 사전에 예방하는 것은 물론, 범죄를 이미 저지른 자를 재사회화시켜 사회로 내보내 다시는 범죄를 행하지 않도록 하는 것을 과제로 한다.

규제적 기능이란 형법이 일정한 행위를 유형화하여 범죄로 하고 이에 대하여 일정한 형벌과 보안처분을 과할 것을 예고함으로써 범죄행위에 대한 국가의 규범적 평가를 명백히 하는 것을 말한다. 이는 일반국민에게 당해 행위가 법에 위배된다는 것을 제시하는 기능(평가적 기능)과 당해 행위를 행하지 않도록 내심적으로 의사결정을 명령하는 기능(의사결정 기능)을 통하여 사회질서를 위한 사회통제를 가능하게 하는 기능이다.

보호적 기능이란 형법이 인간의 공동생활 영위에 있어서 필요불가결한 사회질서의 근본가치를 보호하는 기능을 말한다. 이러한 근본가치에는 법익뿐만 아니라 사회윤리적 행위가치도 포함된다. 이러한 근본가치에는 법익뿐만 아니라 사회윤리적 행위가치도 포함된다.

보장적 기능이란 국가에 대하여 형벌권의 행사를 제한함으로써 자의적인 형벌권행사로부터 국민의 자유를 보장하는 기능을 말한다. 이는 일반국민에 대해서는 형법에 규정되어 있는 범죄 이외에는 어떠한 행위를 할지라도 처벌하지 않는다는 것을 보장한다는 점에서, 국민의 자유와 권리를 보장해 주는 기능과 범죄인에 대해서는 형법에서 정한 형벌의 범위안에서만 처벌하고 그 외의 부당한 처벌은 받지 아니할 것을 보장해 주는 기능의 두 가지 측면을 가진다.

2. 죄형법정주의

1) 의의

죄형법정주의는 포이에르바하의 '법률 없으면 범죄도 없고 형벌도 없다'라는 표현에서 보듯이 어떠한 행위가 범죄로 되고 이에 대하여 어떠한 형벌을 과할 것인가를 미리 성문의 법률에 규정하지 않는 한 어떠한 행위라도 범죄로서 처벌해서는 아니된다는 형법의 기본원리이다.

2) 원칙

(1) 법률주의

법률주의는 관습형법의 부정을 의미한다. 관습법이란 성문의 법으로 제정된 것이 아니므로 그 내용과 범위가 불분명하여 이를 가지고 처벌하는 경우에는 범죄와 형벌의 관계가 사전에 명시되어야 한다는 죄형법정주의의 의의가 상실된다. 다만 관습형법을 부정한다는 의미의 관습법이 간접적으로 형법의 해석과 적용에 영향을 미칠 수 없다는 의미가 아니다.[108)]

(2) 소급효금지의 원칙

형벌법규는 그 시행전의 행위에 대하여는 소급하여 적용되지 아니한다는 원칙이다(행위시법주의). 이는 만일 행위전에 적법한 행위가 나중에 제정된 법규에 의해 처벌되거나 행위자가 예측한 것보다 더 불이익한 처벌을 받게 된다면 국민의 행동이 자유가 보장될 수 없기 때문이다. 다만 이 원칙도 행위자에게 불이익한 소급효를 금지하는 데에 그 가치를 두므로 형법 제1조 제2항은 '범죄후 법률의 변경에 의하여 그 행위가 범죄로 구성하지 않거나 형이 구법보다 경한 때에는 신법에 의한다'고 규정하여 행위가에게 유리한 경우에는 경한 법 소급의 원칙을 적용하고 있다.[109)]

(3) 유추해석금지의 원칙

유추해석금지의 원칙이란 형법에 규정이 없는 사항을 그것과 유사한 성질을 가지는 사항에 관한 규정에 적용하는 것은 허용되지 아니한다는 원리이다. 만일, 유추해석을 허용한다면 형법이 명시하고 있지 않은 행위로 처벌받게 되어 개인의 자유와 권리가 위태롭게 될 수 있기 때문이다.

이 원칙은 피고인에게 유리한 유추해석까지 금지하는 것은 아니며, 실체법인 형법에만 적용되므로 절차법인 형사소송법의 규정에는 유추해석이 허용될 수 있다.

---

108) 참조판례: 대판 2000.10.27, 2000도1007; 헌재 1991.7.8, 헌가4; 2000.7.20, 99헌가15.
109) 참고판례: 대판 1997.6.13, 97도703.

(4) 명확성의 원칙

명확성의 원칙이란 형벌법규에 범죄와 형벌을 명확하게 명시하여 규정하지 아니하면 안 된다는 원칙이다. 법규의 내용이 명확하지 않으면 행위자가 어떠한 행위가 처벌의 대상이 되는지를 예측하기 곤란하고 법적 안정성이 침해될 가능성이 있으므로 이 원칙은 입법단계에서의 구속원리와 법관의 자의적 판단의 방지원리로서 기능하고 있다.

이 원칙은 구성요건의 명확성, 형사재제의 명확성 그리고 절대적 부정기형의 금지 등을 내용으로 하고 있다.110)

(5) 적정성의 원칙

적정성의 원칙이란 형벌법규의 내용이 인간의 존엄과 가치의 존중이라는 헌법의 근본규범이 요청하는 실질적 정의에 부합하여야 한다는 원칙이다. 형벌법규가 형식적으로 적법한 절차에 의해 존재하더라도 그 내용이 불합리하여 국민의 자유를 침해하는 경우에는 형벌법정주의의 실질적 가치가 상실되므로 법률내용의 적정성이 요청되는 것이다. 이 원칙은 형사처벌의 필요성과 형벌의 균형을 내용으로 한다.

3. 형법의 적용범위

1) 시간적 적용범위

(1) 행위시법주의와 재판시법주의

형법은 제1조 제1항에서 '범죄의 성립과 처벌은 행위시의 법률에 의한다'라고 규정하여 행위시법주의를 원칙으로 하고 있음을 명백히 하고 있다.

다만, 행위시법주의에 의하여도 피고인에게 유리한 때에는 신법을 적용해야 하고, 재판시법주의 또한 소급효금지의 원칙을 인정하고 있기 때문이다.

행위시에 처벌법규가 없던 것이 후에 범죄로 규정된 경우, 행위시에 있던 처벌법규가 후에 폐지된 경우, 행위시와 재판시의 처벌법규에 형의 경중에 변경이 있는 경우라는 세 가지 경우가 특히 문제된다.

---

110) 참조판례: 2000.6.29, 98헌가10; 1998.7.16, 97헌바23.

(2) 한시법

협의의 한시법이란 형벌법규에 유효기간이 명시되어 있는 것을 말한다. 광의의 한시법은 협의의 한시법 이외에 법령의 내용과 목적이 일시적 사정에 대응하기 위한 것이기 때문에 유효기간이 사실상 제한되지 않을 수 없는 법령, 즉 임시법을 포함한다.

형벌법규에 명문의 규정이 없는 경우에 한시법이론에 의하여 유효기간이 지난 후에도 처벌할 수 있는가가 문제된다.

① 추급효부정론

한시법도 그 유효기간이 경과하면 당연히 실효되는 것이므로 한시법의 추급효를 인정할 수 없다는 견해이다.[111)]

② 추급효인정론

한시법의 유효기간이 경과된 후에도 그 기간주의 행위에 대하여는 처벌할 수 있다는 견해이다.

③ 동기설

법률변경의 동기를 분석하여 추급효를 인정할 것인가를 결정해야 한다는 견해를 말한다.

(3) 백지형법

백지형법이란 형벌의 전제가 되는 구성요건의 전부 또는 일부의 규정을 다른 법률이나 명령 또는 고시 등으로 보충해야 할 공백을 가진 형벌법규를 말한다. 백지형법의 공백을 보충하는 규정을 보충규범 또는 충전규범이라고 한다.

백지형법에 있어서 보충규범의 개폐를 법률변경으로 인한 범죄 불성립의 경우에 해당한다고 할지라도 그 개폐 전의 행위를 처벌할 수 있느냐의 문제는 한시법이론에 의하여 좌우된다고 해야 한다.

---

111) 배종대, 형법총론, 홍문사, 2008, 124면 이하 참조.

2) 장소적 적용규범

(1) 속지주의

속지주의란 자국의 영역 안에서 발생한 모든 범죄에 대하여 범죄인의 국적을 불문하고 자국형법을 적용한다는 원칙을 말한다.

(2) 속인주의

속인주의란 자국민의 범죄에 대하여는 범죄지의 여하를 불문하고 자국형법을 적용하는 원칙이다.

(3) 보호주의

보호주의란 자국 또는 자국민의 법익을 침해하는 범죄에 대하여는 누구에 의하여 어느 곳에서 발생하였는가에 관계없이 자국형법을 적용하는 원칙이다.

(4) 세계주의

세계주의란 누가 어디서 누구에게 범한 범죄인가를 불문하고 문명국가에서 인정되는 공통된 법익을 침해하는 범죄에 대하여 자국형법을 적용하는 원칙을 말한다. 형법은 대한민국 영역내에서 죄를 범한 내국인과 외국인에게 적용된다.

형법은 대한민국 영역 외에서 죄를 범한 내국인에게 적용된다. 형법은 대한민국 영역 외에서 내란의 죄, 외환의 죄, 국기에 관한 죄, 통화에 관한 죄, 유가증권 · 우표와 인지에 관한 죄, 문서에 관한 죄 중 제225조 내지 제230조, 인장에 관한 죄 중 제238조의 죄를 범한 외국인에게 적용된다.

범죄로 인하여 외국에서 형의 전부 또는 일부의 집행을 받은 자에 대하여는 형을 감경 또는 면제할 수 있다.

3) 인적 적용범위

형법이 어떤 사람에게 적용되는가의 문제를 형법의 인적 적용범위라고 한다. 형법은 시간적 · 장소적 효력이 미치는 범위에서 모든 사람에게 적용된다. 예외적으로 형법의 적용이 배제되는 사람에는 다음과 같은 경우가 있다.

(1) 국내법상의 예외

① **대통령**

대통령은 내란 또는 외환의 죄를 범한 경우를 제외하고는 재직중 형사상의 소추를 받지 아니한다.

② **국회의원**

국회의원은 국회에서 직무상 행한 발언과 표결에 관하여 국회 외에서 책임을 지지 아니한다.

(2) 국제법상의 예외

① **치외법권을 가진 자**

국제법상 치외법권을 가지는 외국의 원수와 외교관, 그 가족 및 내국인이 아닌 자에 대하여는 형법이 적용되지 않는다.

② **외국의 군대**

대한민국과 협정이 체결되어 있는 외국의 군대에 대하여는 형법이 적용되지 않는다.

Ⅱ. 범죄론

1. 범죄의 의의와 종류

1) 범죄의 의의

범죄란 형벌법규에 의하여 형벌이 과해지는 행위를 말하며, 범죄의 법률적 의의를 의미한다. 따라서 형법상 범죄가 성립하려면 행위가 어떠한 요건을 구비하영 하는가가 과제로 된다. 이는 범죄의 성립요건의 문제로서 구성요건해당성 · 위법성 · 책임이 그 요건이 된다.

(1) 구성요건 해당성

구성요건해당성이란 구체적인 사실이 형벌법규에 과형(科刑)의 근거로서 추상적으로 규정해 놓은 행위유형(구성요건)에 해당하는 성질을 말한다.

구성요건이란 형벌법규에 과형의 근거로서 추상적으로 규정된 행위유형이다. 구성요건은 법률상 정형적・추상적 개념이며, 이러한 개념에 구체적 사실이 들어맞는지에 관한 가치판단이 구성요건해당성의 판단이다.

(2) 위법성

위법성이란 구성요건에 해당하는 행위가 법적으로 허용되지 않는 것을 말한다. 구성요건은 위법행위를 유형화한 것으로 구성요건에 해당하는 행위는 일단 위법행위로 추정할 수 있지만 예외적으로 정당방위나 긴급피난 등의 사유가 존재하는 경우에는 위법성은 조각된다.

위법성이란 범죄성립요건의 두 번째 요건으로서 구성요건에 해당하는 행위가 전체로서 국가법질서와 상치되어 부정적인 가치판단을 받는 것을 의미한다. 위법성과 구별되어야 하는 개념으로서 불법이 있다. 불법은 위법한 행위 그 자체를 가리킨다. 위법성이 국가법질서 전체에서 판단하는 단일개념인데 비추어 불법은 형법상 불법, 민법상 불법 등 개별법에 따라 달리 평가될 수 있다.

(3) 책임성

범죄가 성립하기 위해서는 행위가 구성요건에 해당하고 위법성이 인정된 후 다시 제3의 단계로 행위자에게 책임이 있는지의 여부가 판단되어야 한다. 아무리 객관적으로 위법한 행위라도 개인적으로 행위자를 비난할 수 없는 경우에는 처벌할 수 없다. 이것을 책임주의라고 한다. 따라서 형법상 책임개념의 핵심은 비난가능성에 있다. 즉 행위자가 자유로운 의사에 의하여 적법하게 행위를 할 수 있었음에도 불구하고 불법을 결의하고 위법하게 행위를 하였다는 점에 비난이 가해지는 것이다.

책임능력이란 책임의 전제로서 법규범에 따라 행위를 할 수 있는 능력을 말한다. 책임능력의 본질에 대하여 도의적 책임론은 행위의 시비・선악을 변별하여 이에 따라 의사를 결정할 수 있는 능력(범죄능력)으로 이해하고, 사회적 책임론은 사회방위처분으로서 형벌이 효과를 거둘 수 있는 능력(형벌능력)으로 이해하고 있다. 책임능력은 형벌집행시에 존재해야 하는 것이 아니라, 범죄성립요건인 책임의 전제로서 행위시에 존재해야 하므로 도의적 책임론의 입장이 타당하다.

현행형법은 책임능력이 무엇인가에 대하여 적극적으로 규정하지 아니하고 소극적으로 책임능력이 조각되거나 감경되는 경우만을 규정하고 있다.

2) 범죄의 종류

(1) 결과범과 형식범

결과범이란 구성요건이 결과의 발생을 요건으로 하고 있는 범죄, 즉 행위뿐만 아니라 결과의 발생도 구성요건에 속하는 범죄를 말한다. 살인죄 · 상해죄 · 강도죄 · 손괴죄 등의 대부분의 범죄가 여기에 해당한다. 이에 반하여 구성요건의 내용이 결과의 발생을 요하지 않고 법에 규정된 행위를 함으로써 충족되는 범죄를 거동범 또는 형식범이라고 한다. 예컨대 주거침입죄 · 무고죄 · 위증죄 등이 거동범에 해당한다.

(2) 침해범과 위태범

구성요건이 법익의 현실적 침해를 요하는 범죄를 침해범이라고 하며, 구성요건이 전제로 하는 보호법익에 대한 위험의 야기로 족한 범죄를 위태범 또는 위험범이라고 한다. 예컨대 살인죄 · 상해죄는 침해범이며, 유기죄 · 업무방해죄 · 방화죄 · 통화위조죄는 위험범이다.

위험범은 다시 구체적 위험범과 추상적 위험범으로 구별된다. 법익침해의 구체적 위험, 즉 현실적 위험의 발생을 요건으로 하는 범죄를 구체적 위험범이라고함에 대하여, 법익침해의 일반적 위험이 있으면 구성요건이 충족되는 범죄를 추상적 위험범이라 한다. 예컨대 현주건조물방화죄 · 공용건조물방화죄는 추상적 위험범이고, 자기소유건조물방화죄 · 일반물건방화죄는 구체적 위험범이다. 구체적 위험범에 있어서는 위험의 발생이 구성요건요소이기 때문에 위험에 대한 인식이 고의의 내용이 되고 있음에 반하여, 추상적 위험범에 있어서는 위험이 범죄의 요소가 아니라는 점에 차이가 있다.

(3) 계속범과 상태범

계속범이란 구성요건적 행위가 위법상태의 야기뿐만 아니라 시간적 계속을 요하므로 행위의 계속과 위법상태의 계속이 일치하는 범죄를 말한다. 체포감금죄 · 주거침입죄가 여기에 해당한다. 이에 반하여 구성요건적 결과의 발생과 동시에 범죄도 완성되는 범죄를 상태범 또는 즉시범이라고 한다. 살인죄 · 상해죄 · 절도죄 등이 여기에 속한다.

계속범과 상태범의 구별은 공소시효의 기산점과 공범의 성립시기에 차이를 나타낸다. 즉 공소시효는 범죄가 종료된 때부터 진행되므로 계속범에 있어서는 위법상태가 종료된 때가 시효의 기산점이 되며, 계속범에 있어서는 범죄가 기수로 된 이후에도 행위가 계속되는 동안 공범이 성립할 수 있으나 상태범에 있어서는 범죄가 기수로 된 이후에는 공범이 성립할 수 없다.

(4) 일반범과 신분범 및 자수범

① 일반범

일반범이란 누구나 행위자가 될 수 있는 범죄를 말한다.

② 신분범

신분범이란 구성요건이 행위의 주체에 일정한 신분을 요하는 범죄를 말한다. 신분범에는 진정신분범과 부진정신분범이 있다. 진정신분범이란 일정한 신분 있는 자에 의하여만 범죄가 성립하는 경우를 말하며, 위증죄 · 수뢰죄 · 횡령죄가 여기에 속한다. 이에 반하여 부진정신분범이란 신분 없는 자에 의하여도 범죄가 성립할 수 는 있지만 신분 있는 자가 죄를 범한 때에는 형이 가중되거나 감경되는 범죄를 말한다. 존속살해죄 · 업무상횡령죄 · 영아살해죄가 여기에 해당한다. 신분범에 있어서 신분 없는 자는 그 죄의 정범이 될 수는 없으나, 공범이 될 수는 있다.

3) 행위론

(1) 행위론의 의의

범죄란 '구성요건에 해당하는 위법하고 유책한 행위'를 의미한다. 따라서 범죄는 먼저 행위의 존재를 요건으로 한다. 그러므로 형법적 평가의 대상이 되는 것은 행위이고, 형법이 적용되기 위해서는 먼저 행위로서의 성질을 가져야 한다. 형법은 인간의 행위를 정확히 판단하는 데에서 시작하여야 한다고도 할 수 있다.

행위론이란 범죄론에 대한 체계적 상위개념으로서 범죄의 모든 발생형태, 즉 작위범과 부작위범, 고의범과 과실범에 보편타당하게 적용될 수 있는 행위개념은 가능한가, 또 이러한 행위개념은 존재론적으로 파악해야 하는가 또는 규범적으로 파악해야 하는가라는 문제를 의미한다.

행위론은 먼저 형법적 의미에서의 행위와 비행위를 구별하여 어떤 의미에서도 처벌의 대상이 될 수 없는 거동은 행위에서 제외시킬 수 있는 것이어야 한다.

(2) 법인의 범죄능력

우리나라에서 법인의 범죄능력을 부정하는 것이 전통적인 견해라고 할 수 있다. 다만 행정형법, 특히 경제형법이나 환경형법의 분야에서 법인처벌의 폭이 확대되는 경향에 따라 법인의 형사책임과 관련하여 그 범죄능력을 재검토해야 한다는 주장이 일어나고 있다.

2. 구성요건

1) 구성요건의 의의

구성요건이란 형벌을 과하는 근거가 되는 행위유형을 추상적으로 기술한 것을 말한다. 형법규정에서 위반행위를 형성하는 사실을 금지의 자료라고 하며, 구성요건이란 바로 형법에 규정된 금지의 자료를 의미하는 것이다.

구성요건과 구성요건해당성은 구별되어야 한다. 구성요건은 법률상의 정형적·추상적 개념임에 대하여, 구성요건해당성은 어떤 행위가 법적 구성요건의 범죄정형적인 기술에 일치하는 것을 의미한다.

구성요건해당성은 불법요소이지만 그것은 유일한 불법요소가 아니라 위법성과 함께 불법을 형성하며, 위법성은 구성요건해당성 또는 불법구성요건의 실현과 위법성조각사유의 부존재라는 두 가지 요건에 의하여 이루어진다고 할 수 있다.

2) 결과반가치와 행위반가치

(1) 의의

결과반가치론이 불법의 실체가 법익의 침해 또는 그 위험에 있다는 근대 형법의 전통적 입장을 의미함에 반하여, 행위반가치론은 불법개념의 핵심은 결과가 아니라 행위에 대한 부정적 가치판단에 있다는 견해를 말한다.

3) 부작위범

(1) 부작위의 의의

범죄는 보통 적극적인 행위에 의하여 실행되지만 때로는 결과의 발생을 방지하지 않는 부작위에 의하여도 실현될 수 있다. 법규범에는 금지규범과 명령규범이 있다. 금지규범이 작위를 금지함에 반하여, 부작위는 바로 명령규범에 위반하는 것을 말한다.

(2) 부작위범의 구조

① 진정부작위범과 부진정부작위범

진정부작위범은 구성요건이 부작위에 의하여만 실현될 수 있는 범죄, 즉 법률에 규정된 부작위범의 구성요건을 말한다. 각칙상의 다중불해산죄와 퇴거불응죄 이외에 전시군수계약불이행죄·전시공수계약불이행죄가 여기에 속한다. 이에 대하여 부진정부작위범은 부작위에 의하여 작위범의 구성요건을 실현하는 경우를 의미한다.

4) 인과관계와 객관적 귀속

(1) 인과관계의 의의

인과관계의 문제는 발생된 결과를 행위자에게 그의 행위로 귀속시키기 위하여는 행위와 결과 사이에 어떠한 연관이 있어야 하느냐의 문제를 의미한다.

(2) 인과관계이론

① 조건설

행위와 결과 사이에 조건적 관계만 있으면 인과관계를 인정하는 견해이다. 조건설에 의하면 인과관계의 범위가 지나치게 확대된다는 비판을 면할 수 없다.

② 원인설

원인설은 조건설에 의하여 확장된 인과관계의 내부에서 결과의 발생에 대하여 중요한 영향을 준 조건과 단순한 조건을 구별하여 전자를 원인이라 하고, 원인이 될 조건에 대하여만 결과에 대한 인과관계를 인정하려는 이론이다. 원인설의 난점은 이론상 원인과 조건을 명백히 구별할 수 없을 뿐 아니라, 그 구별기준으로서 형법에 있어서는 아무런 가치도 가질 수 없는 자연과학적 사고를 무비판하게 도입하였다는 점에 있다.

③ 상당인과관계설

상당인과관계설은 결과귀속을 위하여 그 행위에 의한 결과발생이 개연성의 관계를 의미하게 된다.

④ 중요설

중요설은 조건설에 의하여 얻어진 논리적 인과관계를 구체적인 결과발생의 법률적 중요성이라는 규범적 문제와 구별하여 후자는 구체적인 형법상의 구성요건에 따라 결정해야 한다고 주장한다.

⑤ 합법칙적 조건설

합법칙적 조건설은 조건설이 기초로 하고 있는 인과관계를 명백히 확정할 수 없으므로 조건설의 결함을 일상적 경험법칙으로서의 합법칙성에 의하여 시정해야 한다고 한다.

(3) 객관적 귀속이론

① 의의

객관적 귀속이론이란 인과관계가 인정되는 결과를 행위자의 행위에 객관적으로 귀속시킬 수 있는가를 확정하는 이론을 말한다.

② 객관적 귀속의 기준

ⅰ) 회피가능성의 이론

객관적 관점에서 행위와 결과 사이의 목적적 연관을 판단하는 것은 결과에 대한 지배가능성 내지 회피가능성이 되어야 하며, 결과가 의사의 대상으로서 지배 가능할 때에 그 결과는 객관적으로 귀속된다고 하였다.

ii) **위험실현의 이론**

위험실현의 이론은 행위의 객체에 대하여 법적으로 허용될 수 없는 위험을 야기하거나 위험을 증가시킨 때에만 그 위험으로 인한 결과를 객관적으로 귀속할 수 있고, 이에 반하여 법익에 대한 위험을 야기하지 않거나 허용되는 위험만을 야기한 때에는 결과귀속을 인정할 수 없다고 한다.

5) 구성요건적 고의

(1) 고의의 본질

① **의사설과 인식설**

의사설은 고의를 구성요건을 실현하려고 하는 의사라고 이해하여 고의의 의지적 요소를 강조함에 반하여, 인식설은 구성요건의 내용에 대한 표상 또는 인식만 있으면 고의를 인정하여 그 지적 요소를 강조하는 것이다. 고의는 지적 요소로서 불법을 형성하는 요소를 인식할 것을 요하고, 의지적 요소로서 구성요건적 불법을 실현하는 의사결정이 있어야 하는 것이다. 이러한 의미에서 고의는 '객관적 행위상황을 인식하고 구성요건을 실현하려는 의사' 또는 간단히 '구성요건실현의 인식과 의사'라고 정의할 수 있다.

고의는 객관적 구성요건요소에 대한 인식을 필요로 한다. 따라서 구성요건에 규정되어 있는 행위의 주체(공무원 · 의사), 행위의 객체(사람 · 재물 · 문서), 구성요건적 결과(살해 · 상해 · 생명의 위험) 및 행위에 대한 인식이 있어야 한다.

(2) 고의의 종류

고의는 지적 요소와 구성요건 실현에 대한 행위자의 의사관련에 따라 확정적 고의와 불확정적 고의로 구별된다.

① **확정적 고의**

확정적 고의란 구성요건적 결과의 실현을 행위자가 인식하였거나 확실히 예견한 때를 말하며, 직접적 고의라고도 한다.

② **불확정적 고의**

불확정적 공의란 구성요건적 결과에 대한 인식 또는 예견이 불명확한 경우를 말하며, 여기에는 미필적 고의・택일적 고의 및 개괄적 고의가 포함된다.

i) **미필적 고의**

불확정적 고의 가운데 특히 결과의 발생 자체가 불확실한 경우를 미필적 고의라고 한다. 행위자가 구성요건적 결과의 발생을 확실하게 인식한 것이 아니라 그 가능성을 예견하고 행위한 경우를 말한다. 미필적 고의에 있어서는 이를 인식 있는 과실과 어떻게 구별할 것이냐가 특히 문제된다.

ⓐ **개연성설**

개연성설은 행위자가 결과발생의 개연성을 인식한 때에는 미필적 고의이며, 단순한 가능성을 인식한 때에는 인식 있는 과실이라고 한다.

ⓑ **가능성설**

가능성설은 구성요건적 결과발생의 가능성을 인식한 때에는 미필적 고의를 인정할 수 있다고 한다.

ⓒ **용인설**

용인설은 행위자가 구성요건적 결과발생을 가능하다고 생각하고, 이를 승인 또는 내적으로 용인하거나 양해한 때에 미필적 고의를 인정할 수 있음에 반하여, 법익침해를 내적으로 거부하거나 결과의 불발생을 희망한 때에는 인식 있는 과실이라고 하는 견해이다.

ⓓ **무관심설**

무관심설은 행위자가 가능한 부수결과를 적극적으로 좋아하거나 무관심하게 받아들인 때에는 미필적 고의이며, 부수결과를 원하지 않거나 발생하지 않기를 희망한 때에는 과실이 된다고 한다.

ⓔ **회피설**

고의는 구성요건의 실현의사를 의미하므로 법익침해를 회피할 의사를 실현한 때에만 고의를 인정할 수 없게 되고, 인식있는 과실을 인정할 근거가 되는 회피의사는 행위시에 행위자가 가능한 부수결과가 발생하지 않도록 조종한 때에만 인정된다는 견해이다.

ⓕ **위험설 및 위험차단설**

위험설은 고의의 대상은 구성요건에 해당하는 행위가 아니라 허용되지 않는 위험한 행위이므로 허용되지 않는 위험의 인식 또는 법익침해에 대한 결단이 있을 때에 미필적 고의가 있다고 해석하고, 위험차단설은 차단되지 않는 위험을 창출한 경우, 즉 행위자의 행위 후에 행운과 우연에 의하여만 결과가 발생하지 않을 수 있는 때에 미필적 고의를 인정한다.

ⓖ **감수설**

감수설 또는 묵인설이란 결과발생의 가능성을 인식하면서 구성요건 실현의 위험을 감수한 때에는 미필적 고의를 인정할 수 있고, 결과가 발생하지 않는다고 신뢰할 때에는 인식 있는 과실이 된다고 하여 감수의사를 미필적 고의의 본질적 요소로 파악하는 견해를 말한다.

ii) **택일적 고의**

결과발생은 확정적이나 객체가 택일적이어서 둘 가운데 하나의 결과만 일어날 수 있는 경우의 고의를 택일적 고의라고 한다.

iii) **개괄적 고의**

결과 자체가 일어나는 것은 확정적이나 그 객체가 불확정한 경우, 즉 객체가 너무 많아서 무엇에 그 결과가 일어날 것인가가 확정되지 않은 경우를 개괄적 고의라고 한다.

6) 사실의 착오

(1) 착오의 의의

주관적 인식과 객관적 실재가 일치하지 않는 것을 착오라고 한다. 착오에는 현실적으로 존재하지 않는 사실을 존재한다고 생각하는 적극적 착오와 존재하는 사실을 존재하지 않는다고 생각하는 소극적 착오가 있다. 환각범 · 불능범 또는 미수범이 적극적 착오에 해당한다.

(2) 사실의 착오와 고의

① 사실의 착오의 의의

사실의 착오는 고의에 필요한 구성요건적 불법요소에 대한 인식이 없는 경우를 말한다. 고의는 모든 객관적 구성요건요소에 대한 인식을 요한다. 그런데 사실의 착오는 이러한 인식의 전부 또는 일부를 결한 경우이다. 따라서 사실의 착오는 당연히 고의를 조각하지 않을 수 없다.

구성요건적 사실의 착오는 보통 구체적 사실의 착오와 추상적 사실의 착오라는 두 가지 태양으로 나타난다. 구체적 사실의 착오는 행위자가 인식한 사실과 현실로 발생한 사실이 동일한 구성요건에 속한 범죄이지만 구체적으로 일치하지 않는 경우를 말한다. 이에 반하여 행위자가 인식한 사실과 현실로 발생한 사실이 다른 구성요건에 속하는 범죄인 때를 추상적 사실의 착오라고 한다.

7) 과실

(1) 과실의 의의

고의를 구성요건의 객관적 요소에 대한 인식 또는 의사를 의미한다고 한다면, 과실이란 정상의 주의를 태만함으로 인하여 죄의 구성요소인 사실을 인식하지 못하는 것을 말한다. 다시 말하면 주의의무에 위반함으로써 의사에 반하여 구성요건을 실현하는 것이 바로 과실이라고 할 수 있다.

(2) 과실의 종류

① 인식 있는 과실과 인식 없는 과실

과실은 구성요건의 실현이라는 결과에 대한 심리적 관계에 따라 인식 있는 과실과 인식 없는 과실로 구별할 수 있다. 인식 없는 과실이란 행위자가 주의의무의 위반으로 인하여 구성요건이 실현될 수 있는 가능성을 인식하지 못한 때를 말하며, 인식 있는 과실은 구성요건이 실현될 수 있음은 인식하였으나 주의의무에 위반하여 그것이 실현되지 않을 것으로 신뢰한 것을 말한다.

② 보통의 과실과 업무상 과실 및 중과실

형법은 보통의 과실을 업무상 과실 또는 중대한 과실과 구별하여 후자를 무겁게 벌하고 있다. 중과실이란 주의의무를 현저히 태만히 하는 것, 즉 극히 근소한 주의만 하였더라면 결과발생을 예견할 수 있었음에도 불구하고 부주의로 이를 예견하지 못한 경우를 말한다.

(3) 과실범의 구성요건

① 주의의무위반

주의의무의 내용은 구체적인 행위로부터 발생할 수 있는 보호법익에 대한 위험을 인식하고 구성요건적 결과의 발생을 방지하기 위하여 적절한 방어조치를 취하는 데 있다. 따라서 주의의무는 예견의무와 결과회피의무를 그 내용으로 한다. 일정한 생활범위에 있어서는 예견하고 회피할 수 있는 위험이라 할지라도 전적으로 금지할 수 없는 것이 있다. 이러한 위험을 허용된 위험이라고 한다.

신뢰의 원칙이란 스스로 교통규칙을 준수한 운전자는 다른 교통관여자가 교통규칙을 준수할 것이라고 신뢰하면 족하며, 교통규칙에 위반하여 비이성적으로 행동 할 것까지 예견하고 이에 대한 방어조치를 취할 의무는 없다는 원칙을 말한다.

(4) 과실범의 위법성과 책임

① 과실범의 위법성

구성요건에 해당하는 과실행위의 위법성은 위법성조각사유에 의하여 조각될 수 있다. 과실범의 위법성조각사유로는 정당방위 · 긴급피난 및 피해자의 승낙을 들 수 있다.

② 과실범의 책임

과실범의 책임도 책임능력과 위법성의 인식을 전제로 한다. 또한 적법행위의 기대가능성이 없으면 책임이 조각된다.

8) 결과적 가중범

(1) 결과적 가중범의 의의

결과적 가중범이란 고의에 기한 기본범죄에 의하여 행위자가 예견하지 않았던 중한 결과가 발생한 때에 그 형이 가중되는 범죄를 말한다. 형법이 규정하고 있는 결과적 가중범에는 상해치사죄 · 폭행치사죄 · 낙태치사상죄 · 유기치사상죄 · 체포감금치사상죄 · 강간치사상죄 · 강도치사상죄 · 교통방해치사상죄 등이 있다.

(2) 결과적 가중범과 책임주의

기본범죄와 중한 결과 사이에 상당인과관계가 있을 때에만 결과적 가중범의 성립을 인정한다. 여기서 결과적 가중범에 대하여도 책임주의를 일관하여야 한다는 주장이 등장하게 된다. 그것은 중한 결과에 대하여 과실이 있을 것을 요건으로 함에 의하여 결과적 가중범을 책임주의와 조화시키고자 한다. 형법 제15조 제2항도 결과적 가중범에 관하여 '결과로 인하여 형이 중할 죄에 있어서 그 결과의 발생을 예견할 수 없었을 때에는 중한 죄로 벌하지 아니한다'고 규정하고 있다.

(3) 결과적 가중범의 종류

결과적 가중범에는 진정결과적 가중범과 부진정결과적 가중범이 있다. 진정결과적 가중범이란 고의에 의한 기본범죄에 기하여 과실로 중한 결과를 발생케 한 경우를 말하며, 상해치사죄를 비롯하여 형법이 규정하고 있는 대부분의 결과적 가중범이 여기에 해당한다. 이에 반하여 부진정결과적 가중범이란 중한 결과를 과실로 야기한 경우뿐만 아니라 고의(특히 미필적 고의)에 의하여 발생케 한 경우에도 성립하는 결과적 가중범을 말한다.

3. 위법성

1) 위법성의 의의

범죄가 성립하기 위하여는 먼저 구성요건해당성이 인정되어야 한다. 그러나 구성요건에 해당하는 행위는 전체 법률질서의 가치평가에 의하여 실질적불법요소가 확정되지 않으면 안 된다. 구성요건에 해당하는 행위가 적법한가 위법한가에 대한 종국적 판단은 위법성의 단계에서 비로소 가능하게 된다. 그러나 위법성의 문제는 구성요건에 해당하는 행위의 위법성이 위법성조각사유에 의하여 조각되는가라는 소극적 의미를 가질 뿐이다. 즉 구성요건에 해당하는 행위는 위법성조각사유에 해당하지 않으면 위법하다.

위법성과 불법은 통상 다른 의미로 사용되고 있다. 위법성이 규범과 행위의 충돌을 의미함에 반하여, 불법은 행위에 의하여 실현되고 법에 의하여 부정적으로 평가된 반가치 자체를 말한다.

2) 위법성 조각사유

(1) 정당방위

정당방위란 자기 또는 타인의 법익에 대한 현재의 부당한 침해를 방위하기 위한 상당한 이유가 있는 행위를 말한다. 요컨대 정당방위가 성립하기 위해서는 ① 현재의 부당한 침해가 있어야 하며, ② 자기 또는 타인의 법익을 방위하기 행위이어야 하며, ③ 상당한 이유가 있어야 한다.

(2) 긴급피난

긴급피난이란 자기 또는 타인의 법익에 대한 현재의 위난을 피하기 위한 상당한 이유있는 행위를 말한다. 요컨대 긴급피난이 성립하기 위해서는 ① 자기 또는 타인의 법익에 대한 현재의 위난이 있어야 하며, ② 위난을 피하기 위한 것이어야 한다.

(3) 자구행위

자구행위란 법정절차에 의하여 청구권을 보전하기 불가능한 경우에 그 청구권의 실행불능 또는 현저한 실행곤란을 피하기 위한 행위를 말하며 상당한 이유가 있는 때에는 벌하지 아니한다. 예컨대 숙박비나 음식비를 지불하지 않고 도주하는 손님을 붙잡아 그 대금을 받는 경우처럼 법적 절차에 의한 구제를 기다려서는 그 권리의 실현이 불가능하거나 또는 현저하게 곤란한 경우에 권리자 스스로 실력을 사용하여 그 보전에 필요한 구제행위를 하는 것을 말한다.

(4) 피해자의 승낙

피해자가 가해자에 대하여 자신의 법익침해를 허락하는 것을 말하며, 법률에 특별한 규정이 없는 한 위법성이 조각된다.

(5) 정당행위

사회상규에 위배되지 아니하는 행위를 정당행위라고 하며, 형법 제20조는 일반적으로 위법성조각사류로서 정당행위를 규정하고 있다. 즉, 법령에 의한 행위(공무원의 직무행위 등) 업무로 인한 행위(의사의 치료행위 등), 사회상규에 반하지 않는 행위(교육의 목적으로 객관적인 범위를 벗어나지 않는 징계권 있는 자의 징계행위) 등이 있다.

4. 책임론

1) 책임의 의의

책임이란 위법한 행위에 대하여 행위자를 개인적으로 비난할 수 있느냐라는 문제를 말한다. 즉 책임판단에 의하여 행위자에게 합법을 결의하여 행동을 할 수 있었음에도 불구하고 불법을 결의하고 위법하게 행위하였다는 것에 대하여 비난이 가하여지게 된다. 형법에 있어서 행위자의 책임문제는 행위의 위법성이 확정된 후에 비로소 제기되는 문제이다. 다시 말하면 책임 없는 불법은 있을 수 있지만, 반대로 불법 없는 형사책임은 생각할 여지가 없다.

형사책임은 어디까지나 법적 책임이며 도덕적 · 윤리적 책임과는 구별하지 않으면 안 된다. 형사책임은 법적 책임이면서도 민사책임과는 그 성질을 달리한다. 형사책임과 민사책임은 ① 민사책임이 사인 사이의 손해의 공평한 보상을 목적으로 함에 반하여 형사책임은 국가적 제재에 의하여 행위자를 벌함에 그 본질이 있고, ② 민사책임에는 위험책임의 원리와 무과실책임이 인정되지만 형사책임에는 책임주의의 관철이 요청되며, ③ 민사책임에서는 고의와 과실간의 경중을 묻지 아니하나 형사책임은 원칙적으로 고의만을 벌하고 과실은 예외적으로 또는 가볍게 벌하고 있다는 점에 차이가 있다.

책임판단의 대상은 구체적인 행위이며, 따라서 형사책임은 개별적 행위책임이지 인격책임 또는 행위자책임이 될 수는 없다.

2) 책임능력

(1) 책임능력의 의의

책임은 심리적 사실관계가 아니라 평가적 가치관계이다. 즉 행위자가 법에 따라 행위할 수 있었음에도 불구하고 범죄충동을 억제하지 않고 위법하게 행위하였다는 규범적 평가, 다시 말하면 구성요건에 해당하는 불법의 비난가능성에 책임의 본질이 있다. 따라서 행위자에게 적법하게 행위할 수 있는 능력, 즉 책임능력이 없을 때에는 책임도 없다고 해야 한다.

(2) 책임무능력자

① 형사미성년자

14세 되지 아니한 자의 행위는 벌하지 아니한다. 형사미성년자의 행위는 책임이 조각된다. 따라서 형사미성년자에게 책임능력을 전제로 한 형벌을 과할 수는 없지만, 소년법에 의한 보호처분까지 배제하는 것은 아니다. 소년법은 형벌법령에 저촉되는 행위를 한 12세 이상 14세 미만의 소년과 장래 형벌법령에 저촉되는 행위를 할 우려가 있는 12세 이상의 소년에 대하여 보호처분을 할 수 있다고 규정하고 있다. 소년이란 20세 미만자를 말한다. 소년 가운데 죄를 범한 때에 18세 미만인 소년에 대하여는 형벌 또는 무기형을 과할 수 없다. 즉 사형 또는 무기형으로 처할 것인 때에는 15년의 유기징역으로 한다.

② 심신상실자

심신장애로 인하여 사물을 변별할 능력이 없거나 의사를 결정할 능력이 없는 자의 행위는 벌하지 아니한다.

(3) 한정책임능력자

① 심신미약자

심신장애로 인하여 사물을 변별할 능력이나 의사를 결정할 능력이 미약한 자의 행위는 형을 감경한다.

② 농아자

농아자의 행위는 형을 감경한다.

(4) 원인에 있어서 자유로운 행위

원인에 있어서 자유로운 행위란 행위자가 고의 또는 과실에 의하여 자기를 심신장애(심신상실 또는 심신미약)의 상태에 빠지게 한 후 이러한 상태에서 범죄를 실행하는 것을 말한다. 책임능력은 행위시를 기준으로 결정해야 한다. 즉 행위자는 행위시에 책임능력이 있어야 한다. 형법 제 10조 제3항은 '위험의 발생을 예견하고 자의로 심신장애를 야기한자의 행위에는 전 2항의 규정을 적용하지 아니한다'고 규정하고 있다.

3) 위법성의 인식

위법성의 인식이란 행위자의 행위가 공동사회의 질서에 반하고 법적으로 금지되어 있다는 것을 인식하는 것을 말한다. 위법성의 인식은 법적으로 금지되고 있다는 인식을 의미하며, 가벌성의 인식이나 금지하고 있는 구체적인 법규정의 인식까지 요구하는 것은 아니다.

4) 법률의 착오

(1) 법률의 착오의 의의

법률의 착오란 책임비난에 필요한 위법성의 인식이 없는 경우, 즉 사실의 인식은 있으나 위법성을 인식하지 못한 때를 말한다.

(2) 법률의 착오의 태양

① 직접적 착오

행위자가 그의 행위에 대하여 직접 적용되는 금지규범을 인식하지 못하여 그 행위가 허용된다고 오인한 경우를 직접적 착오라고 한다.

i) 법률의 부지

행위자가 금지규범을 인식하지 못한 경우를 법률의 부지라고 한다.

ii) 효력의 착오

효력의 착오는 행위자가 일반적 구속력을 가지는 법규정을 잘못 판단하여 그 규정이 무효라고 오인한 때를 말한다.

iii) **포섭의 착오**

구성요건적 사실이 어떤 법률적 의미를 가지느냐에 대하여 착오를 일으킨 때를 포섭의 착오라고 한다.

② **간접적 착오**

간접적 착오란 행위자가 금지된 것은 인식하였으나 구체적인 경우에 위법성조각사유의 법적 한계를 오해하였거나 위법성조각사유가 존재하는 것으로 오인하여 위법성을 조각하는 반대규범이 존재하는 것으로 착오한 때를 말한다.

5) 기대가능성

(1) 기대가능성의 의의

기대가능성이란 행위자에게 적법행위를 기대할 수 있는 적법행위의 기대가능성을 말한다. 즉 행위시의 구체적 사정으로 보아 행위자가 범죄행위를 하지 않고 적법행위를 할 것을 기대할 수 있는 것을 기대가능성이라고 한다.

기대가능성의 유무를 판단하는 기준을 어디에 둘 것인가에 대하여는 세 가지 견해가 대립되고 있다.

① **행위자표준설**

기대가능성의 유무를 행위 당시에 있어서 행위자의 구체적 사정을 표준으로 하여 판단해야 한다는 견해이다.

② **평균인표준설**

기대가능성의 유무는 행위자 대신에 사회의 평균인을 표준으로 하여 판단해야 한다는 견해이다.

③ **국가표준설**

적법행위를 기대하고 있는 국가가 법질서 내지 현실을 지배하는 국가이념에 따라 기대가능성의 유무를 판단해야 한다는 견해이다.

초법규적 책임조각사유의 범위를 명확히 하고 이를 제한한다는 의미에서도 통설인 평균인표준설이 타당하다.

(2) 기대불가능성으로 인한 책임조각사유

① 형법상의 책임조각사유

강요된 행위 · 과잉방위 및 과잉피난은 형법총칙이 규정하고 있는 기대불가능을 이유로 한 책임조각사유이다.

형법 제12조는 '저항할 수 없는 폭력이나 자기 또는 친족의 생명 · 신체에 대한 위해를 방어할 방법이 없는 협박에 의하여 강요된 행위는 벌하지 아니한다'라고 하여 강요된 행위를 규정하고 있다.

② 초법규적 책임조각사유

ⅰ) 위법한 명령에 따른 행위

상관의 위법한 명령에 따른 행위는 어떤 경우에도 위법하다고 해야 한다.

ⅱ) 의무의 충돌

동시에 이행해야 할 의무가 충돌한 경우에 행위자가 낮은 가치의 의무를 이행하기 위하여 높은 가치의 의무를 태만히 한 때에는 행위자는 위법하게 행위한 것이 된다.

a) 행위자가 충돌하는 의무의 서열을 잘못 알고 높은 가치의 의무를 이행한다는 것이 낮은 가치의 의무를 이행한 때에는 금지의 착오에 해당하게 된다. 따라서 착오에 정당한 이유가 있는 때에는 책임이 조각되지 않을 수 없다.

b) 행위자가 낮은 가치의 의무인 것은 알았으나 극복할 수 없는 부득이한 사유로 인하여 낮은 가치의 의무를 이행한 때에는 기대가능성이 없기 때문에 책임이 조각될 수 있다.

ⅲ) 생명 · 신체 이외의 법익에 대한 강요된 행위

자기 또는 친족의 생명 · 신체 이외의 자유 · 정조 또는 재산 등에 대한 방어할 방법이 없는 협박에 의하여 강요된 행위는 형법 제12조에 해당하지 않는다. 그러나 이 경우에도 책임조각사유의 기본원리에 비추어 적법행위에 대한 기대가능성이 없는 때에는 초법규적으로 책임이 조각 또는 감경된다고 해야 한다.

Ⅲ. 미수론

1. 미수범

1) 의의

행위자의 범죄의사가 범죄로 실현되는 데는 여러 가지 단계를 거치게 된다. 즉 범죄의사는 예비 · 실행의 착수 · 결과의 발생을 거쳐서 종료의 단계에 이른다.

형법상의 미수범에는 크게 나누어 장애미수와 중지미수의 두 가지 종류가 있다. 장애미수란 행위자의 의사에 반하여 범죄를 완성하지 못한 경우를 말하며, 협의의 미수는 이러한 장애미수만을 의미한다. 이에 반하여 행위자의 의사에 의하여 범죄를 중지한 경우를 중지미수라고 하며, 형법은 중지미수에 관하여 "범인이 자의로 실행에 착수한 행위를 중지하거나 그 행위로 인한 결과의 발생을 방지한 때에는 형을 감경 또는 면제한다"고 규정하고 있다. 그런데 형법은 제27조에서 '실행의 수단 또는 대상의 착오로 인하여 결과의 발생이 불가능하더라도 위험성이 있는 때에는 처벌한다. 단, 형을 감경 또는 면제할 수 있다'고 규정하여 불능미수의 개념을 인정하고 있다. 즉 위험성이 있으면 미수범으로 처벌한다는 의미이다.

2) 미수범의 구성요건

형법 제25조가 규정한 미수범이 성립하기 위하여는 실행에 착수하여 행위를 종료하지 못하였거나 결과가 발생하지 아니할 것을 요한다. 미수범의 구성요건으로는 주관적 구성요건으로서의 고의와 객관적 구성요건으로서 실행의 착수 및 범죄의 미완성이라는 세 가지 요건이 필요하다고 할 수 있다.

3) 미수범의 처벌

미수범을 처벌할 죄는 각 본조에 정한다. 즉 미수범은 일반적으로 처벌되는 것이 아니라 개별적으로 처벌규정을 둔 때에 한하여 처벌받는 것이다.

2. 중지미수

1) 중지미수의 의의

중지미수란 범죄의 실행에 착수한 자가 그 범죄가 완성되기 전에 자의로 이를 중지하거나 결과의 발생을 방지한 경우를 말한다. 형법 제26조[112]는 중지미수에 대하여 형을 감경 또는 면제하도록 하고 있다. 중지미수는 장애미수, 불능미수와 함께 형법이 인정하고 있는 미수범의 한 형태이다.

2) 중지미수의 성립요건

(1) 주관적 요건 – 자의성

중지미수는 범인이 자의로 범죄를 완성하지 않은 경우이다. 따라서 자의성은 중지미수와 장애미수를 구별하는 기준이 된다.

(2) 객관적 요건 – 실행의 중지 또는 결과의 방지

중지미수가 성립하기 위하여는 객관적으로 실행행위를 중지하거나 그 행위로 인한 결과의 발생을 방지하여야 한다. 이와 같이 중지미수의 객관적 요건은 착수미수와 실행미수에 따라 차이가 있다.

3) 중지미수의 처벌

중지미수의 형은 감경 또는 면제한다. 즉 중지미수는 형의 필요적 감면사유이다.

3. 불능미수

1) 불능미수의 의의

불능범이란 행위자에게 범죄의사가 있고 외관상 실행의 착수라고 볼 수 있는 행위가 있지만 행위의 성질상 결과의 발생이 불가능한 경우, 즉 구성요건 실현의 가능성이 없는 경우를 말한다. 형법 제27조는 불능범이라는 표제 아래

---

112) 제26조 (중지범); 범인이 자의로 실행에 착수한 행위를 중지하거나 그 행위로 인한 결과의 발생을 방지한 때에는 형을 감경 또는 면제한다.

'실행의 수단 또는 대상의 착오로 인하여 결과의 발생이 불가능하더라도 위험성이 있는 때에는 처벌한다. 단 형을 감경 또는 면제할 수 있다'고 규정하고 있다. 즉 형법 제27조는 그 표제를 불능범이라고 하고 있지만 불가벌적인 불능범을 규정하고 있는 것이 아니라 위험성이 있기 때문에 처벌되는 미수를 규정하고 있는 것이다.

2) 불능미수의 구성요건

불능미수가 성립하기 위하여는 ① 실행의 수단 또는 대상의 착오로 인하여 결과의 발생이 불가능할 것, ② 위험성이 있을 것을 요건으로 함이 형법 제27조의 규정에 의하여 명백하다. 이 이외에 불능미수도 미수범인 이상 실행의 착수가 있어야 한다.

3) 불능미수의 처벌

형법 제27조는 결과의 발생이 불가능하더라도 위험성이 있는 때에는 형을 감경 또는 면제할 수 있다고 규정하고 있다. 즉 결과의 발생이 불가능하고 위험성이 없는 불능범은 벌하지 않지만, 위험성이 있는 불능미수는 처벌하여 이를 임의적 감면사유로 한 것이다.

4. 예비죄

1) 예비의 의의

예비란 범죄실현을 위한 준비행위로서 아직 실행의 착수에 이르지 않은 일체의 행위를 말한다고 할 수 있다. 예비는 실행의 착수 이전의 준비행위라는 점에서 실행에 착수하였을 것을 요하는 미수와 구별된다.

음모란 일정한 범죄를 실행할 목적으로 2인 이상이 합의를 이루는 것을 말한다. 따라서 합의를 이루지 않는 이상 단순한 범죄의사의 표명이나 교환만으로는 음모라고 할 수 없다. 음모도 실행의 착수 이전의 개념이라는 점에서 예비와 동일하며, 범죄수행에 대한 위험성의 정도에 있어서도 예비와 차이가 없다.

2) 예비죄의 구성요건

예비죄가 성립하기 위하여는 주관적 요건으로 예비의 고의와 기본범죄를 범할 목적이 있어야 한다. 객관적 요건으로 실행의 착수에 이르지 않는 객관적 준비행위가 있을 것을 요한다.

Ⅳ. 공범론

1. 공범이론

1) 공범의 의의

하나의 범죄를 단독으로 실행하는 것을 단독범이라고 함에 반하여, 두 사람 이상이 협력하여 실행하는 경우를 통상 범죄참가형태라고 한다.

형법은 총칙 제2장 제3절에서 공범이라는 제목으로 공동정범·교사범·종범 및 간접정범을 규정하고 있다. 따라서 형법의 공범에는 공동정범과 간접정범 및 교사범과 종범이 포함되는 것으로 이해되고 있으며, 이를 광의의 공범이라고도 한다.

한 사람이 실현할 것을 예상하고 규정한 보통의 구성요건을 수인이 협력 가공하여 실현한 경우를 임의적 공범이라고 하며, 필요적 공범이란 구성요건 자체가 이미 2인 이상의 참가나 단체의 행동을 전제로 하여 성립하는 범죄를 말한다.

2) 정범과 공범의 구별

정범에 단독정범·공동정범 및 간접정범이 포함된다. 정범이란 객관적 행위가담과 의사관여의 정도에 따라 '그 결과가 목적적으로 조종되거나 행위를 공동형성한 의사의 작품이라고 볼 수 있을 정도로 구성요건실현을 지배하거나 공동으로 지배한 자'이고, 공범은 이러한 행위지배 없이 타인의 범죄를 야기 또는 촉진한 자를 말한다고 할 수 있다. 공범은 정범을 예정한 개념이며, 범죄의 실행행위가 정범에 의하여 행하여지고 공범은 여기에 가담하는 데 불과하므로 공범은 정범의 행위에 종속되어 정범이 성립하는 때에 한하여 성립한다.

2. 간접정범

1) 간접정범의 의의

간접정범이란 타인을 도구로 이용하여 범죄를 실행하는 것을 말한다. 예컨대 정신이상자를 충동하여 방화하게 하거나, 내용을 모르는 간호사에게 독약을 주어 환자를 살해하는 경우가 여기에 해당한다. 간접정범은 타인을 이용하여 죄를 범한 점에서 교사범과 유사하며 직접정범과 구별된다. 간접정범에 있어서 피이용자의 행위는 이용자의 의사의 실현에 지나지 아니하며, 실행행위자에 대한 의사지배로 인하여 간접정범은 정범성을 가지는 것이다.

2) 간접정범의 구성요건

형법 제34조 제1항[113)]은 간접정범의 성립요건으로 '어느 행위로 인하여 처벌되지 아니하는 자 또는 과실범으로 처벌되는 자를 교사 또는 방조하여 범죄행위의 결과를 발생케 할 것'을 요구하고 있다.

3) 간접정범의 처벌

형법은 간접정범을 '교사 또는 방조의 예에 의하여 처벌한다'고 규정하고 있다. 따라서 간접정범의 이용행위가 외형상 교사에 해당할 때에는 정범과 동일한 형으로 처벌하며, 종범에 해당할 때에는 정범의 형보다 감경한다.

3. 공동정범

1) 공동정범의 의의

2인 이상이 공동하여 죄를 범한 경우가 바로 공동정범이다. 공동정범은 범죄에 대한 다수인의 참가형식이라는 의미에서 교사범・종범과 함께 광의의 공

113) 제34조 (간접정범, 특수한 교사, 방조에 대한 형의 가중); ① 어느 행위로 인하여 처벌되지 아니하는 자 또는 과실범으로 처벌되는 자를 교사 또는 방조하여 범죄행위의 결과를 발생하게한 자는 교사 또는 방조의 예에 의하여 처벌한다. ② 자기의 지휘, 감독을 받는 자를 교사 또는 방조하여 전항의 결과를 발생하게 한 자는 교사인때에는 정범에 정한 형의 장기 또는 다액에 그 2분의 1까지 가중하고 방조인 때에는 정범의 형으로 처벌한다.

범에 속한다. 그러나 공동정범은 어디까지나 정범이며 정범의 공동이라는 점에서 타인의 범죄에 가담하는 협의의 공범과 구별된다.

2) 공동정범의 구성요건

공동정범은 2인 이상이 공동하여 죄를 범하는 때에 성립한다. 따라서 공동정범의 성립을 위하여는 주관적 요건으로 공동가공의 의사와 객관적 요건으로 공동가공의 사실이 있을 것을 요한다.

3) 공동정범의 처벌

공동정범은 각자를 그 죄의 정범으로 처벌한다. 공동의 실행행위로 인하여 발생한 사실의 전부에 대하여 공동정범은 각자가 정범으로서 책임을 져야 한다는 의미이다. 따라서 갑과 을이 병을 살해하기로 공모하고 각각 병을 향하여 발포하여 갑이 쏜 탄환에 의하여 병이 사망하고 을이 쏜 탄환은 병에게 명중되지 아니한 때에도 갑과 을은 다같이 살인죄의 기수로 처벌된다.

공동정범은 공동의사의 범위 안에서만 성립한다. 따라서 공동정범 가운데 어느 1인이 공동의사의 범위를 초과한 때에는 그 부분은 공동정범이 아니라 단독정범이 될 뿐이다.

공동정범도 정범이므로 신분관계로 인하여 성립될 범죄, 즉 진정신분범에 있어서는 공동정범의 각자가 그러한 신분을 가질 것을 요한다. 그러나 형법 제33조[114]는 '신분관계로 인하여 성립될 범죄에 가공한 행위는 신분관계가 없는 경우에도 전 3조의 규정을 적용한다'고 규정하여, 비신분자는 단독으로 진정신분범의 정범이 될 수 없으나 신분자와 공동하여서는 신분범을 범할 수 있다는 특별규정을 두고 있다.

4. 교사범

1) 교사범의 의의

교사범이란 타인으로 하여금 범죄를 결의하여 실행케 한 자를 말한다. 형법

114) 제33조 (공범과 신분); 신분관계로 인하여 성립될 범죄에 가공한 행위는 신분관계가 없는 자에게도 전3조의 규정을 적용한다. 단 신분관계로 인하여 형의 경중이 있는 경우에는 중한 형으로 벌하지 아니한다.

제31조 제1항이 '타인을 교사하여 죄를 범하게 한 자는 죄를 실행한 자와 동일한 형으로 처벌한다'고 규정하고 있음은 이를 의미한다.

2) 교사범의 구성요건

교사범이 성립하기 위하여는 교사자의 교사행위와 정범의 실행행위가 있을 것을 필요로 한다. 교사자의 교사행위에는 교사범이 타인에게 범죄를 실행케 하려는 의사가 있어야 하며, 정범의 실행행위도 정범이 범죄의 결의를 할 것을 요한다.

3) 교사범의 처벌

교사범은 정범과 동일한 형으로 처벌한다. 자기의 지휘・감독을 받는 자를 교사한 때에는(특수교사) 정범에 정한 형의 장기 또는 다액의 2분의 1까지 가중한다.

5. 종범

1) 종범의 의의

종범이란 정범을 방조한 자를 말한다. 방조범이라고도 한다. 여기서 방조란 정범에 의한 구성요건의 실행을 가능하게 하거나 쉽게 하거나 또는 정범에 의한 법익침해를 강화하는 것을 말한다.

2) 종범의 구성요건

종범이 성립하기 위하여는 종범의 방조행위가 있어야 함은 물론이다. 그러나 종범도 공범의 종속성 때문에 이 이외에 정범의 실행행위가 있을 것을 요하는 것은 교사범의 경우와 같다.

방조행위는 반드시 작위에 한하지 아니하며 부작위에 의한 방조도 가능하다. 다만 부작위에 의한 방조가 성립하기 위하여는 종범이 보증인지위에 있어야 한다. 정범의 행위로 인한 결과의 발생을 방지하지 않은 보증인은 일반적으로 종범이 되는 것이 원칙이다.

3) 종범의 처벌

종범의 형은 정범의 형보다 감경한다. 정범이 미수에 그친 때에는 종범은 2중으로 형이 감경될 수 있다.

자기의 지휘・감독을 받는건자를 방조하여 결과를 발생하게 한 자는 정범의 형으로 처벌한다.

Ⅴ. 죄수론

1) 죄수이론

(1) 죄수론의 의의

범죄의 수가 1개인가 또는 수개인가의 문제를 죄수론이라고 한다. 공범론이 한 개의 범죄에 대한 수인의 공동을 문제로 함에 반하여, 죄수론에서는 그 행위자가 범한 범죄의 수를 문제로 한다.

형법은 죄수론에 관하여 총칙 제2장에서 제37조 내지 제40조에 걸쳐 경합범과 상상적 경합을 규정하고 있다.

(2) 죄수결정의 기준

죄수론을 법률적인 구성요건충족의 문제로 해석하여 구성요건을 1회 충족하면 일죄이고 수개의 구성요건에 해당하면 수죄라고 한다.

형법 제40조는 '1개의 행위가 수개의 죄에 해당하는 경우에는 가장 중한 죄에 정한 형으로 처벌한다'고 규정하고 있으며, 제37조는 '판결이 확정되지 아니한 수개의 죄 또는 판결이 확정된 죄와 그 판결확정 전에 범한 죄를 경합범으로 한다'고 규정하고 있다.

(3) 수죄의 처벌

형법은 경합범에 있어서 각 죄에 정한 형이 무기징역이나 무기금고 이외의 이종의 형인 때에만 병과주의를 채택하고 있다. 수죄에 대하여 하나의 전체형을 선고하는 것이다. 전체형은 통상 가장 중한 죄에 정한 형을 가중하는 방법으로 이루어진다.

2) 일죄

범죄의 수가 1개인 것을 일죄라고 한다. 범죄행위가 1개의 구성요건을 1회 충족시켰을 때를 말한다.

(1) 법조경합

법조경합이란 1개 또는 수개의 행위가 외관상 수개의 형벌법규에 해당하는 것 같이 보이나 형벌법규의 성질상 하나의 형벌법규만 적용되고 다른 법규의 적용을 매척하여 일죄만 성립하는 경우를 말한다. 법조경합에는 특별관계・보충관계 및 흡수관계의 세 가지가 있다. 특별관계란 어느 구성요건이 다른 구성요건의 모든 요소를 포함하고 그 이외의 다른 요소를 구비해야 성립하는 경우를 말하며, 보충관계란 어떤 형벌법규가 다른 형벌법규의 적용이 없을 때에 보충적으로 적용되는 것을 말한다(예, 유기죄는 살인죄에 대하여 보충관계에 있다). 흡수관계란 어떤 구성요건에 해당되는 행위의 불법과 책임내용이 일반적으로 다른 구성요건에 포섭되어 그 유죄판결에 전체과정의 반가치가 완전히 포함되었지만 특별관계나 보충관계가 인정되지 않는 경우를 말한다. 흡수관계에는 다음의 두 가지 경우가 있다.

① 전형적 또는 불가벌적 수반행위

행위자가 특정한 죄를 범하면서 그 죄와 논리적으로 필연적인 것은 아니지만 일반적・전형적으로 결합되어 있는 다른 구성요건을 충족하고, 그 구성요건의 불법내용이 주된 범죄에 대하여 경미하기 때문에 고려되지 않는 경우를 전형적 또는 불가벌적 수반행위라고 한다. 예컨대 살인에 수반된 재물손괴행위, 낙태죄와 부녀의 신체에 대한 상해행위, 자동차의 절도와 그 속의 휘발유 절도, 도주죄에 수반된 囚衣의 절도, 상해를 가하면서 행한 협박행위, 사문서위조와 인장위조행위 및 감금의 수단으로 폭행・협박한 경우의 감금죄와 폭행・협박죄 등은 모두 전형적 수반행위로서 흡수관계에 속한다.

② 불가벌적 사후행위

범죄에 의하여 획득한 위법한 이익을 확보하거나 사용・처분하는 구성요건에 해당하는 사후행위가 이미 주된 범죄에 의하여 완전히 평가된 것이기 때문에 별죄를 구성하지 않는 경우를 불가벌적 사후행위라고 한다. 예컨대 절도범이 절취한 재물을 손괴하여도 절도죄 이외에 손괴죄를 구성하지 않는 것이 그 전형적 예이다.

법조경합의 효과는 배제된 법률이 적용되지 아니하여 행위자가 그 법률에 의하여 처벌받지 않는다는 데 있다.

(2) 포괄일죄

수개의 행위가 포괄적으로 1개의 구성요건에 해당하여 일죄를 구성하는 경우를 포괄일죄라고 한다. 포괄일죄에 있어서는 따로 존재하는 수개의 행위가 당해 구성요건을 한 번 충족하여 본래적으로 일죄를 구성하고 별죄가 따로 성립하지 않는 점에서 과형상의 일죄와 구별된다.

포괄일죄의 태양으로는 결합범 · 계속범 · 접속범 · 연속범 및 집합범이 있다.

① 결합범

결합범이란 개별적으로 독립된 범죄의 구성요건에 해당하는 수개의 행위가 결합하여 1개의 범죄를 구성하는 경우를 말한다, 예컨대 강도죄는 폭행죄 또는 협박죄와 절도죄, 강도살인죄는 강도죄와 살인죄, 강도강간죄는 강도죄와 강간죄의 결합범이다.

② 계속범

계속범이란 구성요건적 행위가 기수에 이름으로써 행위자는 위법한 상태를 야기하고 구성요건적 행위에 의하여 그 상태가 유지되는 범죄를 말한다. 주거침입죄 · 감금죄 등이 여기에 해당한다.

③ 접속범

동일한 법익에 대하여 수개의 행위가 불가분하게 접속하여 행하여지는 것을 접속범이라고 한다. 예컨대 절도범이 문 앞에 자동차를 대기해 놓고 재물을 수회 반출하여 자동차에 싣는 방법으로 절취한 경우 등이 여기에 해당한다.

④ **연속범**

연속범이란 연속한 수개의 행위가 동종의 범죄에 해당하는 것을 말한다. 예컨대 상점점원 갑이 주인 을의 상품을 수일 동안 계속하여 절취하는 것을 연속범이라고 하여 일죄로 처벌하였다. 연속범은 실체법상으로 포괄하여 일죄가 된다. 따라서 행위자는 일죄로 처벌받게 된다.

⑤ **집합범**

집합범이란 다수의 동종의 행위가 동일한 의사에 의하여 반복되지만 포괄하여 일죄를 구성하는 경우를 말한다.

⑥ **포괄일죄의 처리**

포괄일죄는 실체법상 일죄이므로 하나의 죄로 처벌된다.

3) 수죄

(1) 상상적 경합

1개의 행위가 수개의 죄에 해당하는 경우를 상상적 경합 또는 관념적 경합이라고 한다. 예컨대 1개의 폭탄을 던져 수명을 살해하거나, 한 사람을 살해하고 다른 사람에게 상해를 가하고 가옥을 파괴한 경우를 말한다.

상상적 경합은 1개의 행위가 수개의 죄에 해당할 때에 성립한다. 따라서 상상적 경합의 성립요건으로서 행위의 단일성과 수개의 죄라는 두 가지 요건이 필요하다.

상상적 경합의 경우에는 가장 중한 죄에 정한 형으로 처벌한다.

(2) 경합범

경합범이란 판결이 확정되지 아니한 수개의 죄 또는 금고 이상의 형에 처한 판결이 확정된 죄와 그 판결이 확정되기 전에 범한 죄를 말한다.

형법은 동시적 경합범과 사후적 경합범의 2종의 경합범을 인정하고 있다.

① **동시적 경합범의 요건**

판결이 확정되지 아니한 수개의 죄를 말한다. 예컨대 갑이 ABCDE의 5개의 죄를 범하고 그 어느 것도 확정판결을 받지 아니한 때에는 그 전부가 경합범이 된다.

② 사후적 경합범의 요건

금고 이상의 형에 처한 판결이 확정된 죄와 그 판결확정 전에 범한 죄를 사후적 경합범이라고 한다.

(3) 경합범의 처분

① 동시적 경합범의 처분

i) **흡수주의**

가장 중한 죄에 정한 형이 사형 또는 무기징역이나 무기금고인 때에는 가장 중한 죄에 정한 형으로 처벌한다.

ii) **가중주의**

각 죄에 정한 형이 사형 또는 무기징역이나 무기금고 이외의 동종의 형인 때에는 가장 중한 죄에 정한 장기 또는 다액에 2분의 1까지 가중하되, 각 죄에 정한 형의 장기 또는 다액을 합산한 형기 또는 액수를 초과할 수 없다.

iii) **병과주의**

각 죄에 정한 형이 무기징역이나 무기금고 이외의 이종의 형인 때에는 병과한다.

② 사후적 경합범의 처분

경합범 중 판결을 받지 아니한 죄가 있는 때에는 그 죄와 판결이 확정된 죄를 동시에 판결할 경우와 형평을 고려하여 그 죄에 대하여 형을 선고한다. 이 경우 그 형을 감경 또는 면제할 수 있다.

경합범에 의한 판결의 선고를 받은 자가 경합범 중의 어떤 죄에 대하여 사면 또는 형의 집행이 면제된 때에는 다른 죄에 대하여 다시 형을 정한다.

Ⅵ. 형벌론

1. 형벌의 종류

형벌이란 국가가 범죄에 대한 법률상의 효과로서 범죄자에 대하여 그의 책임을 전제로 하여 과하는 법익의 박탈을 말한다. 형벌의 주체는 국가이다. 이러한 의미에서 형벌은 언제나 공형벌이며 국가적 형벌이라고 할 수 있다. 따라서 사인은 어떤 경우에도 형벌을 과할 수 없다.

형법이 규정하고 있는 형벌에는 사형·징역·금고·자격상실·자격정지·벌금·구류·과료·몰수의 9종이 있다. 이를 형벌에 의하여 박탈되는 법익의 종류에 따라 분류하면 생명형·자유형·재산형 및 명예형의 4종이 된다.

1) 사형

사형이란 수형자의 생명을 박탈하는 것을 내용으로 하는 형벌을 말한다. 형법은 사형은 교도소(형무소) 내에서 교수하여 집행한다고 규정하여 교수형을 채택하고 있으며, 군형법은 총살형을 인정하고 있다.

형법이 법정형으로 사형을 규정하고 있는 범죄에는 내란죄, 내란목적살인죄, 외환유치죄, 여적죄, 모병이적죄, 시설제공이적죄, 시설파괴이적죄, 간첩죄, 폭발물사용죄, 방화치사죄, 살인죄, 강간 등 살인죄, 강도살인죄, 해상강도살인·치사·강간죄가 있다.

2) 자유형

자유형이란 수형자의 신체적 자유를 박탈하는 것을 내용으로 하는 형벌을 말한다, 형법은 징역·금고 및 구류라는 3종의 자유형을 인정하고 있다.

(1) 징역

징역이란 수형자를 교도소(형무소) 내에 구치하여 정역에 복무하게 하는 것을 내용으로 하는 자유형 가운데 가장 무거운 형벌이다. 징역에는 유기와 무기의 2종이 있다. 무기는 종신형이지만, 10년이 경과한 후에는 가석방이 가능하다는 점에서 자유형의 사회복귀적 기능이 유지되고 있다고 할 수 있다. 유기징역은 1월 이상 15년 이하이나 형을 가중하는 때에는 25년까지로 한다.

(2) 금고

금고는 수형자를 교도소(형무소) 내에 구치하여 자유를 박탈하는 것을 내용으로 하는 형벌이며, 정역에 복무하지 않는 점에서 징역과 구별된다.

(3) 구류

구류도 수형자를 교도소 내에 구치하는 것을 내용으로 하는 자유형이다. 다만 그 기간이 1일 이상 30일 미만인 점에서 징역이나 금고와 구별된다.

3) 재산형

재산형이란 범인으로부터 일정한 재산을 박탈하는 것을 내용으로 하는 형벌을 말한다. 형법은 벌금과 과료 및 몰수의 3종의 재산형을 인정하고 있다.

(1) 벌금형

벌금형은 범죄인에 대하여 일정한 금액의 지불의무를 강제적으로 부담하게 하는 것을 내용으로 하는 재산형 중에서 가장 무거운 형벌이다.

(2) 벌금형의 내용

벌금은 50,000원 이상으로 하며, 상한에는 제한이 없다.

(3) 과료

과료도 재산형의 일종으로 범죄인에게 일정한 금액의 지불의무를 강제적으로 부담하게 한다는 점에서 벌금형과 동일하다. 다만 경미한 범죄에 대하여 부과되며, 따라서 그 금액이 적다는 점에서 벌금과 구별될 뿐이다.

과료는 2,000원 이상 50,000원 미만으로 한다. 과료를 납입하지 아니한 자는 1일 이상 30일 미만의 기간 노역장에 유치하여 작업에 복무하게 한다.

4) 명예형

명예형이란 범인의 명예 또는 자격을 박탈하는 것을 내용으로 하는 형벌을 말한다.

(1) 자격상실

자격상실이란 일정한 형의 선고가 있으면 그 형의 효력으로서 당연히 일정한 자격이 상실되는 것을 말한다. 상실되는 자격은 ① 공무원이 되는 자격, ② 공법상의 선거권과 피선거권, ③ 법률로 요건을 정한 공법상의 업무에 관한 자격, ④ 법인의 이사·감사 또는 지배인 기타 법인의 업무에 관한 검사역이나 재산관리인이 되는 자격이다.

(2) 자격정지

자격정지란 일정한 기간 동안 일정한 자격의 전부 또는 일부를 정지시키는 것을 말한다. 유기징역 또는 유기금고의 판결을 받은 자는 그 형의 집행이 종료하거나 면제될 때가지 (1)의 ①내지 ③의 자격이 당연히 정지된다.

자격정지기간은 1년 이상 15년 이하이다. 자격정지기간은 자격정지가 선택형인 때에는 판결이 확정된 날로부터 기산하며, 유기징역 또는 유기금고에 병과한 때에는 징역 또는 금고의 집행을 종료하거나 면제된 날로부터 기산한다.

2. 형의 양정

법관이 구체적인 행위자에 대하여 선고할 형을 정하는 것을 형의 양정 또는 형의 적용이라고 한다.

1) 형의 양정의 단계

(1) 법정형

법정형이란 개개의 구성요건에 규정되어 있는 형벌을 말한다. 형법은 상대적 법정형을 원칙으로 하고, 여적죄에 관하여만 절대적 법정형을 규정하고 있다.

(2) 처단죄

법정형이 처단의 범위로 구체화된 형을 처단형이라고 한다. 법정형에 법률상 및 재판상의 가중·감경을 한 형을 말한다. 예컨대 강도죄의 법정형은 단기 3년·장기 15년의 징역이다. 그런데 법률상 감경사유가 있는 경우에는 그 형이 법정형의 2분의 1, 즉 단기 1년 6월 · 장기 7년 6월로 된다.

(3) 선고형

법원이 처단형의 범위 내에서 구체적으로 형을 양정하여 당해 피고인에게 선고하는 형을 말한다. 자유형의 선고형에는 정기형과 부정기형의 두 가지 형식이 있다. 부정기형에는 다시 절대적 부정기형과 상대적 부정기형이 있다. 전혀 형기를 정하지 않고 선고하는 절대적 부정기형은 죄형법정주의에 반하므로 인정되지 않는다. 형법은 정기형에 의하며, 다만 소년법에 의하여 소년범에 대하여는 상대적 부정기형을 인정하고 있다.

2) 형의 가중 · 감경

(1) 형의 가중

형법은 형의 가중에 대하여는 법률상의 가중만을 인정하고, 재판상의 가중은 허용하지 않고 있다.

① 일반적 가중사유

형법이 모든 범죄에 대하여 일반적으로 형을 가중하는 사유를 말한다. 형법총칙은 일반적 가중사유로 i) 경합범가중, ii) 누범가중 및 iii) 특수교사 · 방조의 세 가지 경우를 규정하고 있다.

② 특수적 가중사유

형법각칙의 특별구성요건에 의한 가중사유를 말한다. 여기에는 상습범가중과 특수범죄의 가중이 있다.

(2) 형의 감경

형의 감경에는 법률상의 감경과 재판상의 감경이 있다.

① 법률상의 감경

법률의 특별규정에 의하여 형이 감경되는 경우를 말한다. 필요적 감경사유에는 i) 심신미약, ii) 농아자, iii) 중지범, iv) 종범의 네 가지가 있다. 임의적 감경사유는 i) 외국에서 받은 형의 집행으로 인한 감경, ii) 과잉방위, iii) 과잉피난, iv)과잉자구행위, v) 미수범, vi) 불능미수, vii) 자수 또는 자복, viii) 해방감경이 있다.

② 재판상의 감경(작량감경)

법률상의 특별한 감경사유가 없는 경우에도 법원은 정상에 특히 참작할 만한 사유가 있는 때에 그 형을 감경할 수 있다. 작량감경이라고도 한다.

(3) 형의 가감례

형의 가중·감경의 방법과 저도 및 순서에 관한 준칙을 형의 가감례라고 한다.

① 형의 가중·감경의 순서

1개의 죄에 정한 형이 수종인 때에는 먼저 적용할 형을 정하고 그 형을 감경한다. 형을 가중·감경할 사유가 경합된 때에는 다음 순서에 의한다. i) 각칙 본조에 의한 가중, ii) 제34조 2항의 가중, iii) 누범가중, iv) 법률상 감경, v) 경합범 가중, vi) 작량감경.

② 형의 가중·감경의 정도와 방법

유기징역이나 유기금고를 가중하는 경우에는 25년까지로 한다. 누범·경합범 및 특수교사·방조와 같은 일반적 가중사유의 가중정도는 각 별도로 규정되어 있다.

3) 양형

형의 양정 또는 양형이란 법정형에 법률상의 가중·감경 또는 작량감경을 한 처단형의 범위에서 구체적으로 선고할 형을 정하는 것을 말한다.

(1) 양형판단의 자료

① 범인의 연령·성행·지능과 환경

범인의 연령과 성행·지능·환경은 사회복귀의 필요성을 판단하는 데 중요한 의미를 가지는 특별예방적 요소이다.

② 피해자에 대한 관계

범인과 피해자의 친족·가족·고용 기타 유사한 관계를 말한다.

③ **범행의 동기 · 수단과 결과**

범행의 동기는 행위자의 위험성뿐만 아니라 행위책임을 판단하는 중요한 요소가 된다.

④ **범행후의 정황**

범행 후의 정오(情悟)와 피해변상이나 피해회복을 위한 노력 등 범행 후의 범인의 태도는 책임과 예방의 관점에서 중요한 의미를 가진다. 피고인의 법정 태도도 또한 이러한 의미에서 양형의 자료가 될 수 있다.

(2) 이중평가의 금지

이미 법적 구성요건요소로 되어 있는 상황은 양형에 있어서 이중으로 평가되어서는 안 된다는 것을 이중평가의 금지라고 한다.

4) 형의 면제, 판결선고전 구금과 판결의 공시

(1) 형의 면제

형의 면제라 함은 범죄가 성립하지만 형벌을 과하지 않게 되는 경우를 말한다. 따라서 형의 면제도 유죄판결의 일종이다. 형의 면제에는 필요적 면제와 임의적 면제가 있다. 그러나 양자는 모두 법률상의 면제에 한하며, 재판상의 면제는 인정되지 않는다. 형법이 인정하고 있는 일반적 면제사유로는 ⅰ) 외국에서 받은 형의 집행으로 인한 면제, ⅱ) 중지미수, ⅲ) 불능미수, ⅳ) 과잉방위, ⅴ) 과잉피난, ⅵ) 과잉자구행위, ⅶ) 자수 · 자복이 있다.

(2) 판결선고전 구금일수의 통산

판결선고전 구금이란 범죄의 혐의를 받는 자를 재판이 확정될 때까지 구금하는 것, 즉 구속을 말한다. 미결구금은 형은 아니지만 자유를 구속한다는 점에서 자유형과 차이가 없다. 따라서 형법은 판결선고 전의 구금일수는 그 전부 또는 일부를 유기징역 · 유기금고 · 벌금이나 과료에 관한 유치 또는 구류에 산입하도록 하고 있다. 이 경우에 구금일수의 1일은 징역 · 금고 · 벌금이나 과료에 관한 유치 또는 구류기일의 1일로 계산한다.

(3) 판결의 공시

판결의 공시란 피해자의 이익이나 피고인의 명예회복을 위하여 판결의 선고와 함께 관보 또는 일간신문 등을 이용하여 판결의 전부 또는 일부를 공적으로 주지시키는 제도를 말한다.

5) 누범

누범이란 범죄를 누적적으로 범하는 것을 말한다. 즉 광의에 있어서 누범은 확정판결을 받은 범죄가 있는 경우에 그 후에 다시 범한 범죄를 의미한다. 누범과 상습범은 사실상 중복적 상관관계에 있으며, 누범 중에서 특히 사회적 위험성이 큰 것을 상습범이라고도 한다. 형법은 누범의 형을 그 죄에 정한 형의 장기의 2배까지 가중하고 있다.

형법 제35조 1항[115]은 누범가중의 요건을 규정하고 있다. 이에 의하면 금고 이상의 형을 받아 그 집행을 종료하거나 면제를 받은 후 3년 내에 금고 이상에 해당하는 죄를 범한 때에 누범으로 처벌된다.

6) 집행유예 · 선고유예 · 가석방

(1) 집행유예

집행유예란 형을 선고함에 있어서 일정한 기간 동안 형의 집행을 유예하고 그 유예기간을 경과한 때에는 형의 선고의 효력을 잃게 하는 제도를 말한다. 법원은 다음과 같은 요건이 구비되면 1년 이상 5년 이하의 기간 형의 집행을 유예할 수 있다. 형의 집행을 유예하는 경우에는 보호관찰을 받을 것을 명하거나 사회봉사 또는 수강을 명할 수 있다. 보호관찰의 기간은 집행을 유예한 기간으로 한다. 다만, 법원은 유예기간의 범위 내에서 보호관찰기간을 정할 수 있다. 보호관찰이란 범죄인의 재범방지와 사회복귀를 촉진하기 위하여 교정시설에 수용되지 않은 자유상태에 있는 범죄인을 지도 · 감독하는 제도를 말한다. 집행유예의 선고를 받은 후 그 선고의 실효 또는 취소됨이 없이 유예기간

115) 第35조 (누범); ①금고 이상의 형을 받어 그 집행을 종료하거나 면제를 받은 후 3년내에 금고 이상에 해당하는 죄를 범한 자는 누범으로 처벌한다. ②누범의 형은 그 죄에 정한 형의 장기의 2배까지 가중한다.

을 경과한 때에는 형의 선고는 효력을 잃는다.

(2) 선고유예

선고유예란 犯이 경미한 범인에 대하여 일정한 기간 동안 형의 선고를 유예하고 그 유예기간을 경과한 때에는 면소된 것으로 간주하는 제도를 말한다. 형법은 벌금형뿐만 아니라 1년 이하의 자유형과 자격정지를 선고하는 경우에도 선고유예를 할 수 있도록 하고 있다. 1년이 넘는 징역에 처하는 경우에는 선고유예를 할 수 없다. 선고유예의 경우에도 보호관찰을 명할 수 있다. 즉 형의 선고를 유예하는 경우에 재범방지를 위하여 지도와 원호가 필요한 때에는 보호관찰을 받을 것을 명할 수 있다. 이 경우에 보호관찰의 기간은 1년이다. 형의 선고유예를 받은 날로부터 2년을 경과한 때에는 면소된 것으로 간주한다. 유예기간은 언제나 2년이다.

(3) 가석방

가석방이란 자유형을 집행받고 있는 자가 개전의 정이 현저하다고 인정되는 때에 형기만료 전에 조건부로 수형자를 석방하고 일정한 기간을 경과한 때에는 형의 집행을 종료한 것으로 간주하는 제도를 말한다. 가석방은 징역 또는 금고의 집행중에 있는 자에 대하여만 인정된다. 무기에 있어서는 10년, 유기에 있어서는 형기의 3분의 1을 경과하여야 한다. 가석방의 기간은 무기형에 있어서는 10년, 유기형에 있어서는 남은 형기로 하되 그 기간은 10년을 초과할 수 없다.

7) 형의 시효와 소멸

(1) 형의 시효

형의 시효란 형의 선고를 받은 자가 재판이 확정된 후 그 형의 집행을 받지 않고 일정한 기간이 경과한 때에 집행이 면제되는 것을 말한다. 형사시효에는 형의 시효와 공소시효가 있다 전자는 일정한 기간이 경과한 때에 확정된 형벌의 집행권을 소멸시키는 제도임에 반하여, 후자는 미확정의 형벌권인 공소권을 소멸시킨다는 점에서 차이가 있다. 공소시효는 형사소송법에 규정되어 있다.

형의 시효는 형을 선고하는 재판이 확정된 후 그 집행을 받음이 없이 일정한 기간을 경과함으로써 완성된다. 그 기간은 ⅰ) 사형은 30년, ⅱ) 무기의 징역 또는 금고는 20년, ⅲ) 10년 이상의 징역 또는 금고는 15년, ⅳ) 3년 이상의 징역이나 금고 또는 10년 이상의 자격정지는 10년, ⅴ) 3년 미만의 징역이나 금고 또는 5년 이상의 자격정지는 5년, ⅵ) 5년 미만의 자격정지 · 벌금 · 몰수 또는 추징은 3년, ⅶ) 구류 또는 과료는 1년이다.

시효는 형의 집행의 유예나 정지 또는 가석방 기타 집행할 수 없는 기간은 진행되지 않는다. 시효는 사형 · 징역 · 금고와 구류에 있어서는 수형자를 체포함으로, 벌금 · 과료 · 몰수와 추징에 있어서는 강제처분을 개시함으로 인하여 중단된다.

(2) 형의 소멸

형의 소멸이란 유죄판결의 확정에 의하여 발생한 형의 집행권을 소멸시키는 제도를 말한다. 징역 또는 금고의 집행을 종료하거나 집행이 면제된 자가 피해자의 손해를 보상하고 자격정지 이상의 형을 받음이 없이 7년을 경과한 때에는 본인 또는 검사의 신청에 의하여 그 재판의 실효를 선고할 수 있다.

8) 보안처분

(1) 보안처분의 의의

보안처분이란 형벌로는 행위자의 사회복귀와 범죄의 예방이 불가능하거나 행위자의 특수한 위험성으로 인하여 형벌의 목적을 달성할 수 없는 경우에 형벌을 대체하거나 보완하기 위한 예방적 성질의 목적적 조치를 말한다.

형법은 총칙에서 형벌에 관한 규정을 두고 있을 뿐이며 보안처분은 인정하지 않고, 다만 몇 개의 특별법에 보안처분에 관한 규정을 두고 있었다. 즉 소년법은 소년에 대한 보호처분을 규정하고 있으며, 보안관찰법은 국가보안법 등의 정치범죄에 대한 보안관찰의 보안처분을 규정하고 있다.

(2) 보안처분의 종류와 성질

① 보안처분의 종류

ⅰ) 대인적 보안처분과 대물적 보안처분

보안처분은 형식적 기준에 의하여 대인적 보안처분과 대물적 보안처분으로 분류될 수 있다. 대물적 보안처분이란 범죄와 법익침해의 방지를 목적으로 하는 물건에 대한 국가적 예방수단을 의미한다. 몰수·영업소폐쇄·선행보증 등이 여기에 해당한다. 이에 대하여 대인적 보안처분은 사람에 의한 장래의 범죄행위를 방지하기 위하여 특정인에게 선고되는 보안처분을 말한다. 사회보호법은 대인적 보안처분만 규정하고 있다.

ii) 자유박탈보안처분과 자유제한보안처분

대인적 보안처분을 자유침해의 정도에 따라 실질적으로 분류할 때에는 자유박탈보안처분과 자유제한보안처분으로 나누어진다. 자유박탈보안처분에는 상습범죄자에 대한 보호감호와 정신병자에 대한 치료감호 및 중독자에 대한 금절치료소감호와 노동혐오자에 대한 노역장감호 등이 있다.

자유제한보안처분의 대표적인 예는 보호관찰이며, 운전면허박탈·직업금지·거세 등도 여기에 해당한다.

(3) 치료감호

치료감호란 심신장애자와 중독자를 치료감호시설에 수용하여 치료를 위한 조치를 행하는 보안처분을 말한다.

(4) 보호관찰

보호관찰은 치료감호가 가종료되거나 치료위탁된 피치료감호자를 감호시설 외에도 지도·감독하는 것을 내용으로 하는 보안처분이다.

제4절 국제법

Ⅰ. 국제법의 개념

1. 국제법의 의의

국제법이란 전통적으로는 '국가 간의 생활관계를 규율하는 법규범'으로 파악하였으나, 최근에는 국제법을 '국가, 국제조직 및 개인 간의 권리의무관계를 규율하는 법' 이라고 보고 있으며[116], 국제법이란, "국제관습법, 국제조약법 등에 의해 정립되고 국제사회에 적용되는 것으로 국가 상호간, 국가와 국제기구, 국제기구 상호간, 국가와 개인, 국제기구와 개인 간의 생활관계를 규율하는 법규범의 총체"를 말한다.

한편, 국제법과 유사하나 구별되는 개념으로 다음과 같은 것이 있다.

1) 국내법

어느 국가의 관할권 내에 있는 개인 또는 법적 실체의 행위를 규율하는 국가 내부의 법에 지나지 않으므로 국제적 인격체간의 국제사회관계를 규율하는 국제법과는 구별된다.

2) 국제사법

국제사법은 외국 또는 외국인과 관련된 국제적 법률관계에 대한 법적 안정성을 확보하기 위하여 섭외적 사법관계에 적용될 법의 기준을 정하는 준거법으로 국내법의 일부이다.[117]

---

116) 이병조·이중범, 『국제법신강』, 일조각, 2007, 6면.

117) 김진권, "해사국제사법상 편의치적에 관한 고찰", 「한국해법학회지」, 제25권 제1호, 한국해법학회, 2003, 157면.

3) 국제형법

국제형법은 외국과 관련되는 사안을 형법이 적용될 수 있는지를 규율하는 것으로 국내 형법이 적용되는 행위와 범위를 정하는 준거법으로[118] 국내법의 일부이다.

4) 국제예양, 국제도덕

국제사회에서 국가가 국제공동생활을 함에 있어 보통 준수하는 예의·호의 또는 편의를 말하며, 이에 위반하더라도 위법행위가 되는 것은 아니며 국제여론의 악화 또는 정치적 불이익을 초래할 경우가 있을 뿐이다.

2. 국제법의 법적 성질

1) 국제법부정론

이 견해는 국제법은 법으로서의 본질을 갖추고 있지 않으므로 법이 아니라는 견해로, 대표적인 학자로는 홉스, 오스틴 등이 있었으나 오늘날 국제법부정론을 주장하는 학자는 거의 없다.

이 견해의 논거는 다음과 같다.

첫째, 국제법은 침해되는 경우가 많고,

둘째, 국제법은 성립에 있어 통일적 입법기관이 없으며,

셋째, 국제법의 적용에 있어 통일적 사법기관이 없고,

넷째, 국제법은 그 이행 및 준수에 있어서 강제성을 결여하고 있다는 점 등을 들고 있다.

2) 국제법긍정론

이 견해는 국제법도 다른 법과 마찬가지로 법으로서의 본질을 갖고 있다는 견해로, 다음과 같은 근거를 든다.

첫째, 국제법이 침해되지 않는 경우가 많으나 국내법에도 법이 침해되는 경

---

118) 김선복, "소위 국제형법에 관하여", 「해사법연구」, 제7권 제1호, 한국해사법학회, 1995. 8, 66면.

우는 얼마든지 있을 수 있으므로 이 점만으로 국제법의 법적 성질을 부정할 수 없다.

둘째, 모든 법이 특정한 입법기관에 의해 제정되지 않으면 안 된다는 견해는 성문법만이 법이라는 독단적 주장에 근거하는 것이며, 통일된 입법기관에 의한 것이 법이라는 견해는 관습법의 성립을 설명할 수 없게 된다.

셋째, 통일적 사법기관이 존재하지 않으므로 국제법은 법이 아니라는 국제법부정론의 견해는 법이 법원에 의해 적용됨으로써만 법이 된다는 모순된 전제에서 출발하고 있다.

넷째, 법에 있어서의 '강제'란 그것이 사실·존재의 세계가 아니고 가치·당위의 것으로 보아야 하므로 이 점에서 국제법에도 규범적 의미의 '강제'가 있다.

위에서와 같이 국제법부정론의 근거는 국제법의 법적 성질을 부정하는 결정적 이유가 되지 못하며, 그 중 가장 강력한 근거인 강제성의 결여도 강제를 규범적 강제로 볼 경우에는 타당성을 잃고 있으므로, 비롯 국제법이 비록 국내법과 달리 완전하지는 발달된 법체계를 갖추고 있지 못하나, 국제법도 국내법과 마찬가지로 법으로서의 본질을 갖추고 있다고 보아야 할 것이다.

3. 국제법과 국내법의 관계

1) 이원론

국내법과 국제법은 서로 독립한 별개의 법체계라는 것으로, 국제법과 국내법은 독립된 법체계이므로 상호간 아무런 관련이 있을 수 없고 국제법이 국내적으로 타당하려면 국제법을 국내법으로 변경, 즉 국가의 수용, 편입 또는 채용에 의한 이른바 변형이 필요하다는 견해이다.

2) 일원론

이 견해는 국제법과 국내법이 별개의 법체계가 아니고 하나의 통일적 법체계를 형성하고 있으며 그 규율대상에서 차이가 있을 뿐이라는 견해로. 국내법이 국제법보다 상위에 있다고 주장하는 국내법우위설과 반대로 국제법이 국내법보다 상위에 있다고 주장하는 국제법우위설로 나뉘어진다.

(1) 국내법우위설

통일적 법체계 내에서 국내법이 국제법보다 상위에 있다고 하는 견해로, 국내법은 대내적으로 그 국가의 국민에 대해 나타난 국가의사이고, 국제법은 대외적으로 다른 국가와의 관계에서 나타난 국가의사에 불과하다고 하다는 것이다. 이 견해의 주된 논거는 국제법이 국가를 구속하는 것은 국가가 자기의사에 의해 자신을 제한하는 것이라고 설명한다.

(2) 국제법우위설

국내법우위설과 반대로 통일적 법체계 내에서 국제법이 국내법보다 상위에 있다고 주장하는 견해로, 국내법의 유효성 및 타당성의 근거는 결국 국제법에 있다고 본다.[119)]

4. 국제법의 법원

국제법의 법원이란 법이 어떠한 형식으로 존재하는가를 의미하며, 국제성문법, 국제불문법(국제법관습법), 법의 일반원칙을 일반적으로 들고 있다.

1) 국제성문법(국제조약법)

오늘날 국제사회에서는 아직도 상당한 부분이 국제법관습법의 형태로 존재하고 있는데, 제2차 세계대전 이후로 국제사회의 법적 안정성을 충분히 확보하기 위하여 많은 분야에서 국제법의 법전화가 시도되고 있다.

국제관습의 법전화는 무력충돌법의 영역에서 시작되어 1899년과 1907년의 2차에 걸친 헤이그평화회의, 1930년 헤이그국제법전편찬회의, 1947년 국제법위원회의 설치, 1961년 외교관계에 관한 비엔나협약, 1969년 조약관계에 관한 비엔나협약, 1982년 유엔해양법협약 등의 분야에서 많은 성과를 거두었다.

2) 국제불문법(국제관습법)

국제관습법이란 국제법주체의 관습에 의해 성립된 국제법규를 말하는 것으

119) 이상은, 이병조, 앞의 책, 19~22면, 참조.

로, 국제적 관습이나 관행이 '법으로서 수락된 일반적 관행'으로 되면 국제관습법으로서의 법적 확신을 확립한 법규범으로 인정된다.

국제관습법이 성립되기 위하여는 다음과 같은 요건이 필요하다.

첫째, 국제법주체에 의한 일정한 관행이 계속적으로 일관되게 반복하여 존재해야 한다.

둘째, 그와 같은 관행을 준수하는 것이 의무적이라는 법적 확신이 확립되어야 하며, 법적 확신의 유무에 의해 사실인 관습과 구별된다.

셋째, 국제관습법은 그것의 형성과정에서 국제관습법의 성립을 명시적으로 거부한 국가에게는 적용되지 않는다.

3) 법의 일반원칙

법의 일반원칙이란 각국의 국내법에서 공통적으로 인정되고 있는 일반원칙으로 국제법규범의 창설에 작용하여 국제법규칙을 보충하고 국제법규의 흠결로 인한 재판불능을 방지하는 기능을 한다. 그 내용으로, 신의성실의 원칙, 권리남용금지의 원칙, 손해배상책임의 원칙, 기판력의 원칙, 시효의 원칙, 금반언의 원칙 등을 들 수 있다.

4) 형평과 선(*ex aequo et bono*)

형평과 선이란 국제법상 하나의 해석원칙으로 법의 부재, 흠결에 대하여 공평한 결과를 추구하기 위하여 제반 상황을 고려하는 원칙 내지 기준을 말하는 것으로[120], 국제사법재판소 제38조 제2항에서는 사전에 당사국들의 합의가 있는 경우에 '형평과 선'에 따라 재판할 수 있다고 규정하고 있다.

국제법이 있어서 '형평과 선'구체적인 경우에 정의를 실현할 수 있다고 판단되는 결정요소를 말하며 법의 해석 또는 보충을 위해 적용되는 원칙으로, ICJ 규정 제38조 제2항은 당사국이 합의하는 경우에는 ICJ는 형평과 선에 따라 재판할 수 있다고 규정하고 있다.

---

120) 김형구, "국제분쟁의 사법적 해결에 있어서 형평의 지위와 역할", 「한양법학」, 제11권, 한양법학회, 2000, 21면.

5) 강행규범(*jus cogens*)

강행규범이란 국제공동체의 공공질서에 관한 사항을 내용을 하고 있어서 국제공동체의 구성원들이 그 의사에 따라 좌우할 수 없는 규범을 의미하는 것으로[121], 불법적 무력행사, 노예무역, 해적행위, 집단학살, 대량적 인권유린 등의 금지가 이에 해당된다.

Ⅱ. 국제법의 주체

국제법주체란 국제법상의 권리의무의 귀속자를 가리키는 것으로, 국가는 완전하고 절대적인 국제법주체이며, 국제조직은 한정적이고 제한적인 주체성을, 개인은 수동적인 주체성이 인정된다.

1. 국가

1) 국가의 성립

국제법상 국가라 함은 일정한 영역에 정주하는 다수인으로 구성된 인적 집단으로서 통치조직과 국제관계를 설정할 수 있는 권능을 가진 국제법주체를 말하는 것으로, 국민・국가영역・주권의 세 요소로 구성된다.

국가의 성립유형으로 어느 국가에도 속하지 않는 무주지역에서 신국가가 형성되는 경우(창설), 국가의 일부가 독립하여 신국가를 건설하는 경우(분리독립), 하나의 국가가 분열하여 복수의 신국가를 형성하는 경우(분열), 복수의 국가가 결합하여 하나의 신국가를 형성하는 경우(합병) 등이 있다.

2) 국가의 기본적 권리의무

일반적으로 국가의 권리의무는, 주권, 평등권, 자위권, 명예권, 외교적 보호권, 국내문제 불간섭의무, 조약이행의무 등을 들 수 있다.

---

121) 1969년 조약관계에 관한 비엔나협약 제64조: 일반 국제법의 새 절대 규범이 출현하는 경우에 그 규범과 충돌하는 현행 조약은 무효로 되어 종료한다.

(1) 주권

일반적으로는 주권은 '최고독립의 국가권력' 이란 의미로 사용되는데, 국가는 주권에 의해 국내에서 최고권력을 가지고 국민과 국가영역을 지배한다. 즉, 국가는 영역 안에 있는 국민을 명령・강제할 수 있고, 국가영역의 일부를 처분할 권능을 갖고 있다. 또한, 국가는 주권에 의해 타국 또는 국제적 권력하에 놓이지 않고 그것들로부터 독립해 있다. 즉, 타국 또는 국제적 권력에 의해 명령되거나 강제되지 않는다.

국가주권은 존중되나 타국의 권리를 침해하면서까지 행동할 수 없으므로, 이는 주권에 대한 제한으로 볼 수 있다.

(2) 평등권

모든 국가가 평등하게 국제법상 권리의무를 향유할 수 있는 권리를 말하는 것으로, 국가는 영역의 大小, 인구의 多少, 문화수준의 高低 등 차이가 있으나 이를 이유로 하여 특정 국가를 국제법상 불평등하게 대우해서는 안 된다는 의미이다. 그 내용으로, '국제법'에서의 평등, '국제법의 적용'에서의 평등, '국제법의 정립'에서의 평등을 의미한다.

(3) 자위권

이는 국가의 책임이 조각되는 정당방위로, 급박 또는 현존하는 위법한 무력공격[122)]으로부터 자국을 방어하기 위하여 부득이 필요한 한도 내에서 실력을 행사할 수 있는 국가의 권리를 말한다.

국제사회에서 자위권행사라는 미명하에 침략행위가 행해짐으로써 자위권이 남용된 경우가 많았으므로, UN은 이러한 국제적인 객관적 판정기관으로서 안전보장이사회를 등장시키고 자위권의 통제를 위한 법적 장치를 갖추고 있다.

(4) 명예권

국가가 타국으로 하여금 자국의 명예 및 위엄을 존중케 하는 권리를 말하는

122) 무력공격이란 한 국가의 정규군대가 다른 국가의 정규군대를 공격하는 것을 말한다. 장신, "국제법상 무력행사금지의 원칙과 자위권", 「법학논총」, 제24집 제2호, 한양대학교 법학연구소, 2007, 187면.

것으로, 구체적으로는 국가를 대표하는 국가원수・외교사절과 국가를 상징하는 국기・국장에 대한 존경을 요구하는 권리로 나타난다.

(5) 외교적 보호권

외교적 보호권이란, 외국에 체재하는 자국민이 체재국의 국제법 위반행위에 의하여 법익을 침해받고 그 외국의 국내법에 의한 국내적 구제가 이루어지지 않은 경우에, 그 침해를 입은 본국은 가해국에 대하여 법익침해의 시정이나 적절한 배상을 요구할 수 있는 권리를 말하는 것으로,[123] 피해국가 자체의 권리이며 피해자인 재외국민의 권리를 대리하여 행사하는 것은 아니다.

(6) 국내문제 불간섭의무

국가 또는 국제조직이 국제법에 위반하여 타국의 국내문제에 간섭하지 않을 국제법상 의무를 말하며, 국내관할권에 속하는 사항이란 국제법이 국가에 의한 규율에 일임하고 있는 사항을 말한다.

(7) 조약이행의무

국가가 타국과 체결한 조약상의 부담을 이행할 의무를 말하는 것으로, 이와 같이 모든 국가는 조약의무를 이행하여야 하며, 이에 위반하여 조약의무를 이행하지 않은 국가는 국제법상 국가책임을 진다.

3) 국가의 소멸

국가가 국제법주체로서의 자격을 상실하는 것을 말한다. 국가의 국제법상 소멸원인, 복수의 국가가 결합하여 1국을 형성하는 것으로 종래의 복수국가는 소멸하고 신국가가 성립하는 경우(합병), 1국이 타국에 결합되는 것으로 피병합국은 소멸하고 병합국은 계속 국가로서 존속하는 경우(병합), 1국이 복수의 국가로 나누어지는 것으로, 전자는 소멸하고 새로 복수의 국가가 성립하는 경우(분열), 1국이 영역 전체를 복수의 타국에 강제로 탈취당하여 타국의 영역이 되는 것으로, 전자는 소멸하고 복수의 타국은 계속 국가로서 존속한다(분리), 타국의 정복에 의해 국가가 소멸하는 경우(정복), 자연적 사실에 의해 국가가

123) 김석호, "외교적 보호권에 대한 새로운 비판적 고찰", 「법학연구」, 제26권, 한국법학회, 2007, 409면.

소멸하는 경우(자연적 사실) 등이 있다.

2. 국제조직

1) 일반적 개념

(1) 의의

국제조직이란 공동의 목표를 달성하기 위하여 조약에 의거하여 성립한 정기적・상설적 활동기관을 가진 국제적 단체를 말하며, 모든 회원국으로 구성되는 총회, 일부 회원국으로 구성되는 이사회, 행정사무를 처리하는 사무국의 3기관으로 구성되는 것이 대부분이며, 일부 사법기관이 있는 경우도 있다.[124)]

국제조직은 원칙적으로 국제조직설립조약 또는 특별조약에 명시적으로 규정된 범위 내에서만 법인격을 지니지만, 이외에도 설립조약 내에 특정된 목적・기능과 관련하여 국제조직의 임무수행에 필요한 권능이 묵시적으로 인정된다.

국제조직은 효과적인 기능수행을 위하여 국제조직의 재산・본부・직원 등에 대해 일정한 특권・면제와 직무적 보호가 인정되며, 그 기관의 직원에 대하여 국가의 외교적 보호권과 유사한 권한인 직무적 보호권을 행사하며, 조직 및 직원이 입은 손해에 대한 배상청구권을 갖는다.

(2) 구성

국제조직의 기관은 여러 기준에 따라 분류하면 단독기관과 합의기관, 상설기관과 임시기관, 중앙기관과 산하기관, 주요 기관과 보조기관, 정부대표로 구성된 기관, 국제공무원으로 구성된 기관 및 사회세력집단대표로 구성된 기관으로 분류할 수 있다.

① 총회

전회원국으로 구성된 일반정책결정기관으로, 회기는 정기적으로 개최되는 통상회기와 필요에 따라 특별히 소집되는 특별회기가 있다.

---

124) 김대순, 『국제법론』, 삼영사, 2008, 269면.

② **이사회**

한정된 수의 회원국으로 구성된 의사집행기관이다. 그러나 미주국가기구 OAS와 같이 총회와 별도로 전회원국으로 구성된 이사회를 두는 경우도 있다. 이사국 선출은 보통 총회에서 행하는데, 회원국간의 형식적 평등보다는 조직의 기능적 요청에 부합되도록 구성하는 경향이 강하다.

③ **사무국**

회원국에 대한 연락·정보전달, 타기관의 운영준비, 결의집행, 조약등록 등 행정사무를 보조하는 기관으로, 사무국은 사무총장 밑에서 회원국으로부터 독립하여 임무를 수행하는 국제공무원으로 구성된다. 국제조직은 산하국제공무원에 대해 직무보호권을 행사한다.

④ **의회**

지역적 국제조직에는 회원국의 의원 중에서 인구비례로 선출된 의원들로 구성된 의회가 존재하는 경우가 있는데, 그 기능은 심의·감독에 있으며 진정한 의미의 입법기관은 아니다.

⑤ **법원**

자격 있는 자 중에서 일정한 기준에 따라 선출된 독립된 법관으로 구성된 중립적 기관으로, 회원국 상호간의 법률분쟁에 관한 결정을 내리고 타기관에 자문적·감독적 의견을 부여한다.

(3) 운영

① **만장일치제**

회원국의 수가 매우 제한되어 있고 특별한 결속을 필요로 하는 국제조직에 있어서는 만장일치제도를 채택하고 있다.

② **다수결제**

이는 결의내용의 경중에 따라 다음과 같이 나눌 수 있다.

i) **단순다수결**

이는 회원국 1표씩 계산하여 과반수를 얻으면 채택하는 다수결제도.

ii) **특별다수결**

2/3 다수결, 3/4 다수결, 4/5 다수결 등이 있는데, 대체로 가입 · 예산 · 조약채택 · 선거 · 개정 등의 경우에 특별다수결제가 적용된다.

iii) **가중치 다수결**

이는 국제조직의 실효적 운영을 위해 분담금 · 이해관계 · 책임능력에 따라 각 회원국의 투표에 가중치를 고려하는 방식으로, 가중치배분기준은 수출입실적, 출자액, 인구수, 조업실적 등이 있다.

③ **거부권**

UN안전보장이사회의 실질문제에 관한 표결은 상임이사국의 동의투표를 포함한 9개 이사국의 찬성투표를 필요로 하므로, 1개 상임이사국만의 반대투표로도 결정이 성립될 수 없다는 점에서 거부권이 부여된 것이다.

④ **총의제**

이는 표결에 따른 대결을 회피하고 비공식협의를 통하여 합의형성을 도모하는 정치적 편의제도로 근래에 많이 활용되고 있다.

⑤ **역총의제(Anti-Reverse)**

WTO 등에서 규범의 이행 및 준수를 확보하기 위하여 만장일치로 반대하지 않는 한 의사결정이 그대로 이루어지는 방식이다(WTO 분쟁해결기구의 패널설치, 권고안 및 판정안의 채택, 보복조치의 승인 등).

2) 국제연맹

(1) 성립

제1차 세계대전 후 평화유지를 위해 창립된 국제연맹은 일반적이고 세계적인 고도의 상설적 국제조직으로, 국제평화와 안전, 국제협력을 촉진하기 위하여 설립되었는데, 1919년 베르사이유평화조약 제1편으로 규정된 국제연맹규약이 1919년 6월 28일 채택되고 1920년 1월 10일 발효함으로써 국제연맹이 성립하였다.

(2) 기관

① 총회

모든 연맹국 대표로써 구성되었다.

② 이사회

상임이사국과 비상임이사국의 대표로써 구성되며, 총회의 과반수 찬성투표로 그 수를 변경할 수 있었던 것이 UN의 각종 이사회와 다르며, 이사회의 권한과 의결방법은 총회와 같다.

③ 사무국

연맹본부 소재지인 제네바에 설치되었으며, 총회 과반수의 동의로 이사회가 임명하는 1명의 사무총장과 그가 임명하는 사무직원으로 구성되었다.

(3) 임무

국제연맹의 임무는, 군비축소, 안전보장, 분쟁의 평화적 해결, 조약의 통제, 위임통치, 소수민족의 보호, 국제협력 등이다.

(4) 해산

국제연맹은 1930년대에 들어와 유럽의 분열에 따른 국제정국의 혼란으로 말미암아 심히 약화되어 제2차 세계대전의 발발로 연맹의 기능은 정지되어 사실상 소멸하였으며, UN이 성립하여 1946년 제네바에서 제21차 총회를 열어 정식으로 해체되고 재산은 UN으로 승계되었다.

3) 국제연합

(1) 성립

1943년 모스크바에서 미 · 영 · 소의 3국외상회의가 개최된 결과, '평화애호국의 주권평등원칙에 입각한 세계적 국제조직을 설립할 필요'를 확인하였으며, 1945년 4월 25일부터 6월 26일까지 샌프란시스코에서 개최된 연합국 전체의 국제회담에서 덤바턴오크스제안이 검토된 결과 성립한 것이 UN헌장이다. 서명국은 회담에 참가한 50개국과 폴란드이다.

UN헌장은 미·영·소·불·중의 5대국과 기타 서명국의 과반수가 비준서를 미국에 기탁한 때로부터 발효하게 되어 있었으므로, 5대국과 기타 24개국이 비준서를 기탁한 1945년 10월 24일 발효하였다.

(2) 목적 및 원칙

유엔의 목적은, 국제평화와 안전의 유지, 우호관계의 촉진과 평화의 강화, 국제협력의 달성, 조화의 중심 등이다.

이와 같은 목적을 달성하기 위한 실천원칙으로, 주권평등, 의무의 성실이행, 분쟁의 평화적 해결, 강력적 방법의 금지, UN에 대한 협력, 비회원국의 행동확보, 국내문제의 불간섭 등이다.

(3) 구조

① 회원국

유엔에는 원회원국과 신회원국이 있다. 원회원국은 샌프란시스코회의에 참가했거나 1942년 1월 1일의 연합국선언에 서명했던 국가로서 헌장에 서명·비준한 국가를 말한다. 원회원국의 수는 51개국이다.

② 가입

유엔의 가입에는 보편성의 원칙과 선별성의 원칙이 동시에 지배하는데, 전자는 모든 국가에 UN에의 가입이 개방된다는 원칙이고, 후자는 일정한 자격요건을 갖춘 경우에 선별적으로 가입시킨다는 원칙으로, UN헌장은 선별의 결정을 안전보장이사회와 총회가 하도록 규정하고 있다.

③ 탈퇴

헌장에는 규정이 없으므로 정당한 이유가 있고 부득이한 경우에는 탈퇴를 인정해야 한다는 것이 다수설이다.

④ 제명

회원국이 헌장상 원칙에 집요하게 위반한 경우에는, 총회는 안전보장이사회의 권고에 의거하여 제명 할 수 있다.

⑤ **권리 및 특권의 정지**

UN은 안전보장이사회가 취하는 강제조치의 대상이 된 회원국에 대하여는 안전보장이사회의 권고에 의거한 총회의 결정으로 회원국으로서의 권리 및 특권을 저지시킬 수 있다. 2년간 분담금을 연체한 회원국은 투표권을 행사할 수 없다.

(4) 기관

UN에는 헌장에 규정되어 있는 6개의 주요 기관과 필요에 따라 창설되는 수많은 보조기관이 있다. 주요 기관으로, 총회, 안전보장이사회, 경제사회이사회, 신탁통치이사회, 국제사법법원, 사무국이 있고, UN과 밀접한 제휴관계를 갖는 각종 전문기관, 정부간기구와 비정부간기구가 있다.

3. 개인

1) 국민

특정국가에 속하며 국가를 구성하고 있는 개인을 말한다. 개인을 특정 국가의 구성원이 되게 하는 자격 또는 법적 유대를 말한다. 한 국가의 국민이 되려면 그 국가의 국적을 가져야 한다. 어떤 개인이 어떤 국가의 국민인가의 여부는 그 개인이 그 국가의 국적을 갖고 있는가의 여부에 따라 결정된다. 따라서 국적은 국민의 지위를 취득하는 자격이 되며, 자국국적이 없으면 외국인으로 취급된다.

개인 중에는 1人이 2개 이상의 국적을 가지는 경우 또는 1인이 어느 국가의 국적도 가지지 않는 경우가 있는데, 오늘날 국적입법의 이상은 개인이 반드시 국적을 가져야 하되 둘 이상의 국적을 갖지 않는 것을 원칙으로 하고 있다. 이를 국적유일의 원칙이라 한다.

(1)국적득실사유

① 취득사유 : 국적의 취득사유에는 출생 · 귀화 · 복적 및 국가영역의 변경이 있다.

② 상실사유 : 국적의 상실사유에는 이탈・박탈 및 국가영역의 변경이 있다. 우리 헌법 제2조는 '대한민국 국민이 되는 요건은 법률로 정한다'라고 규정하고 있고, 국적법에 상세한 규정을 두고 있다.

(2) 국적의 저촉

국적의 저촉에는 적극적 저촉과 소극적 저촉이 있다. 전자는 이중국적으로 1인이 동시에 2개 이상의 국적을 갖는 경우이고, 후자는 무국적으로 1인이 어느 국가의 국적도 갖지 못하는 경우이다.

국적저촉의 경우 이론적으로 이중국적자는 두 국적의 관할을 받게 되고, 무국적자는 법적으로 소속국가가 없으므로 아무런 보호도 받지 못하게 된다.

(3) 외교적 보호권

국가가 외국에 재류하고 있는 국민이 재류국으로부터 부당한 대우를 받거나 불법하게 권리침해를 받는 경우에 재류국에 대해 적절한 구제를 요구할 수 있는 권리를 말한다. 외교적 보호권은 국가 자신의 권리이지, 국가가 개인의 권리를 대행하는 것이 아니다. 따라서 외교적 보호권은 국가의 권리이므로 개인이 포기할 수 없다.

2) 외국인

자국국적을 보유하지 않은 자를 말하며, 이는 전혀 국적을 갖지 않은 무국적자와 외국국적을 가진 자로 구분된다.

(1) 외국인의 출입국

① 입국

외국인이 국가에 체류하거나 통과하기 위해 당해국의 영역으로 들어오는 것을 말한다. 일반적으로 입국을 허용하는 경우에도 경제적・정치적 이유로 백치・빈곤자・병자・범죄인 등의 입국을 금할 수 있다. 입국의 허가를 국가・인종에 따라 차별하는 것은 위법은 아니나, 정치적 비난이나 보복의 대상이 된다.

② 출국

체류하는 국가의 영역 밖으로 퇴거하거나 여행하는 것을 말한다. 국가는 영역권에 입각하여 외국인에 대해 출국을 명령할 수 있다. 이 권리를 추방권이라고 한다.

(2) 지위

외국인은 본국의 관할권에 복종하는 동시에 재류국의 관할권에도 복종하며, 재류국의 영역 내에서 행한 자기의 모든 행위에 대해 재류국에 책임을 진다.

외국인이 향유하는 권리에 관해 국제법상 일반적으로 확립된 원칙은 없으나, 2국간의 우호통상항해조약이나 국제협력에 관한 일반조약에서 거주·통상 및 기타 경제적·사회적권리가 상호적으로 인정되는 경우가 많다.

모든 외국인은 재류국에서 권리능력을 인정받음으로써 일상생활필수품을 향유할 수 있는 능력·계약능력·결혼능력 및 상속능력 등을 가지며, 사유재산권 및 기득권 존중의 원칙은 문명국에서 인정되어 있는 법의 일반원칙으로, 외국인도 이러한 권리를 보호받는다.

외국인은 원칙적으로 재류국의 국민과 동일한 의무를 가진다. 그러한 의무에는 재판·경찰 및 납세 등에 관한 것이 있다. 그러나 신분상이나 공법상 의무를 지지 않는 것이 보통인데, 그 예로는 병역의무·교육의무 등이 있다.

(3) 범죄인인도

타국법익을 침해했거나 유죄판결을 받고 범죄지국으로부터 도망하여 자국에 체재하는 범죄인의 소추 또는 처벌을 위해 당해국에 인도함을 말하며, 이는 강제적 출국의 한 형태이다.

도망범죄인의 인도의무는 국제법상 확립되어 있지 않으므로, 원칙적으로 국가는 국제법상 범죄인을 인도할 의무는 없다. 따라서 특별한 조약상 의무가 없는 한, 범죄인의 인도여부는 국가가 자유로이 결정할 수 있다.

한편, 조약 또는 관행상으로 정치범을 인도하지 않는 원칙을 말한다. 정치범죄라 함은 특정국의 정치질서의 침해를 목적으로 하는 범죄를 말한다. 이러한 정치범죄를 절대적 정치범죄라고도 부른다. 모든 국가의 정치질서를 파괴하려는 무정부주의는 사회의 근본적 기초를 부정·파괴하는 반사회적 범죄이며, 여기서 말하는 정치범죄가 아니다.

3) 개인의 국제적 보호

개인의 기본적 인권에 대한 중요한 국제적 보장으로는, 국제연맹시대의 소수민족보호조약, UN헌장의 인권규정, 세계인권선언, 국제인권규약, 집단살해방지·처벌협약, 국제노동기구의 인권규정, 유럽인권협약, 인종차별철폐협약, 여성에 관한 협약, 아동권리협약, 스톡홀름인간환경선언, 고문금지협약 등이 있다.

4) 비정부간기구

정부 간의 조약 없이 여러 나라 국적의 사적·공적 인물들로 구성되어 국제관계에서 활동하는 조직체를 말하는 것으로, 국제적십자위원회, 국제상업회의소, 국제펜클럽 등이 있다.

5) 기타

(1) 외교사절

외교교섭 및 기타 직무를 수행하기 위해 상주 또는 임시로 외국에 파견되는 국가기관을 말한다. 1961년 외교관계협약은 상주외교사절제도에 관해 규정하고 있다.

외교사절은 상주사절과 특별사절로 구분되며, 외교사절의 계급은, 대사 또는 교황청대사, 그리고 동등한 계급의 기타 공관장, 공사 또는 교황청공사, 대리대사 등 3계급으로 구분하고 있다.

국제법상 외국의 외교사절단 및 공관원에게 접수국 내에서 부여되는 접수국의 국민이나 외국인보다 특별한 보호·대우를 말하며, 외교사절단과 공관원에 관한 특권·면제는 보통 불가침권과 면제 및 기타 특권으로 분류된다.

(2) 외국군대

1국의 군대가 타국의 동의를 얻어 그 국가에 주류할 때에는, 그 군대는 국제법상 일정한 특권·면제를 인정받는다. 이와 같은 경우에 보통 당사국간에는 주류하는 외국군대 및 그 구성원의 법적 지위 등에 관한 사항을 규정하는 조약을 체결하게 되는데, 이런 조약을 주류외국군지위협정이라 부른다.

외국군대 및 그 구성원은 원칙적으로 접수국 법령을 준수할 의무가 있으나, 외국군대의 구성원・군속 또는 그 가족 등은 접수국 내에서 주류외국군지위협정에 의거하여 일정한 특권・면제를 부여받는다.

(3) 국가선박

① 군함

국가의 군대에 소속하는 선박으로 그 국가의 군함임을 표시하는 외부표지를 게양해야 하며, 정부에 의해 정식으로 임명되고 그 서명이 군적 또는 이와 동등한 명부에 기재되어 있는 군장교의 지휘하에 있고, 정규군대 규율에 복종하는 승무원이 배치된 선박을 말한다.

연안국당국은 함장의 동의 없이 함내에 들어갈 수 없다. 군함은 보통법죄인에 대하여는 비호권을 갖지 못하므로, 이의 인도 요청에 불응하는 군함에는 퇴거를 요청할 수 있다.

② 公船

국가가 관리 또는 운영하는 선박으로 정부의 비상업적 역무에만 종사하는 선박을 말하며, 공선은 기국영해에서는 물론 공해상에서도 기국의 관할하에 있다. 타국영해의 항해에 관하여 공선은 사선과 동일한 무해통항권을 가지며, 국제항해해협에서는 통과통항권을 갖는다. 공선은 타국영해에 있는 경우 연안국의 재판관할권으로부터 면제된다.

(4) 국가항공기

① 군용항공기

군의 지휘・명령을 받는 군무종사자의 지휘하의 군사적 역무에 종사하는 항공기를 말하며, 허가없이 타국영공을 비행하거나 타국영역에 착륙할 수 없으나, 타국의 국제항행해협을 허가없이 상공비행할 수 있다.

② 공항공기

군용항공기 이외의 국가관리하에 국가역무에 종사하는 항공기를 말하며, 어떤 경우에도 타국영역에서 군용항공기와 같은 특권・면제를 향유하지 못한다.

Ⅲ. 국제영역론

1. 국가영역

국가영역은 육지와 육지에 접속한 수역 및 양자의 상공으로 구성되며, 영토와 영수의 지하 및 해저도 이에 포함된다.

1) 구성

(1) 영토

토지로 구성된 국가영역을 말하며, 육지와 도서로 구분된다. 만조시 수면상에 돌출하며, 수면에 둘러싸인 자연적으로 형성된 육지를 말한다. 도서는 독자적인 영해 및 접속수역, 배타적 경제수역, 대륙붕을 가지며, 이들의 범위는 육지의 영해·수역 등에 관한 획정원칙에 따라 결정된다. 연안국은 배타적 경제수역 내에 건설된 인공도나 시설·구조물에 대해 배타적 관할권을 가지며, 그 주위에 반경 500미터를 한도로 하는 합리적 범위 내에서 안전수역을 설정할 수 있다.

(2) 영수

수역으로 구성된 국가영역을 말하며, 이는 내수와 군도수역과 영해·해협으로 구분된다.

① 내수

영해의 측정기준이 되는 기선의 육지측 수역을 말하며, 이는 호소·하천·운하·항·만·내해로 구분된다. 군도국가의 국권은 수심과 연안으로부터의 거리에 관계없이 군도기선 내에 포함된 모든 수역에 미친다.

② 영해

영토의 해안 또는 군도수역에 접속한 일정범위의 수역을 말한다. 영해의 폭을 측정하려면 우선 영해의 폭이 어디서부터 시작하느냐의 문제가 생긴다. 이것을 해결하기 위해 일반적으로 일정한 기준선을 설정하고 이로부터 영해의 폭을 정하는 방법이 채택되고 있다. 이 기준선을 기선이라고 하는데, 여기에는 통상기선과 직선기선이 있다. 제 3차 해양법회의에서 참가국은 영해의 폭을 확장하는 대신 군함의 무해통상권 강화와 국제해협에서의 통과통항권을 보장하는 타협안에 합의하여 1982년 해양법 협약 3조에서 영해의 폭을 측정기선으로부터 12해리로 규정하는 데 성공하였다. 연안국의 영해에 대한 국권은 국제법상 일정한 제한을 받는데, 그와 같은 제한으로 무해통항권의 보장의무, 재판관할권행사의 제한과 해저전선 · 관선부설권의 보장의무가 있다.

③ **해양관할권**

i) **접속수역**

관세 · 재정 · 출입국 · 위생 등의 특정사항을 규제하기 위해 연안국의 관할권행사가 인정된 영해에 접속한 공해의 특정수역을 말한다.

접속수역은 영해의 일부가 아니다. 접속수역은 영해처럼 연안국의 주권에 복종하지 않으며, 다만 특정사항, 즉 관세 · 재정 · 위생 및 출입국에 관해서만 연안국이 관할권을 가진다. 접속수역의 폭은 영해의 폭을 측정하는 기선으로부터 24해리를 초과할 수 없다.

ii) **대륙붕**

영해를 넘어서 육지상괴의 자연적 연장을 통하여 접속된 대륙변계의 외측한계까지의 해저와 하층토를 말하며, 대륙변계의 외측한계가 영해측정기선으로부터 200해리의 거리에 미달하는 경우에는, 200해리의 거리까지의 해저와 하층토를 말한다.

대륙붕에 대한 연안국의 권리는, 천연자원의 탐사 · 개발권, 인공도 · 시설의 설치 및 안전수역설정권, 해양환경의 보호 · 보존에 대한 관할권, 해양과학조사권을 가진다. 대륙붕에 대한 연안국의 의무는, 상부수역의 항행자유보장의무, 해저전선 · 관선부설자유보장의무 등이 있다.

iii) **배타적경제수역(EEZ)**

기선에서 200해리의 거리의에 미달하는 경우에는, 200해리의 거리까지의 해저와 하층토를 말한다. 배타적경제수역에서 연안국은 해저의 상부수역, 해저 및 그 하층토의 생물이나 무생물 등 천연자원의 탐사, 개발, 보존 및 관리를 목적으로 하는 주권적 권리와, 해수・해류 및 해풍을 이용한 에너지생산과 같은 이 수역의 경제적 개발과 탐사를 위한 그 밖의 활동에 관한 주권적 권리, 인공섬, 시설 및 구조물의 설치와 사용, 해양과학조사, 해양환경의 보호와 보전 등에 대한 관할권을 가진다.

(3) 영공

영토 및 영수를 덮고 있는 상공으로 구성된 국가영역을 말한다. 영공에 속하는 공역은 영토와 영수의 경계로부터 수직으로 세운 선 내부에 있는 공간이다. 여기서 문제되는 것은 그 경계가 무한이냐 유한이냐의 여부, 유한으로 한다면 그 고도를 얼마로 할 것인가이다. 이에 관해 여러 학설이 있으나, 대표적 학설은, 항공기도달설, 영공무한설, 실효적 지배설, 대기권설, 삼분설, 부양력설 등이 있다.

2) 국가영역의 변경

국가영역의 취득을 의미한다. 국가영역은 반드시 고정적인 것은 아니고 여러 원인에 의해 취득 또는 상실된다. 그런데 영역의 변경이란 결국 영토의 변경을 말하는 것이며, 영수나 영공만의 변경은 실제로는 있을 수 없다. 국가영역의 변경원인은 국가행위에 의한 경우와 자연적인 경우로 대별되는데, 전자는 다시 쌍방행위인 경우와 단독행위인 경우로 나눌 수 있다.

(1) 국가행위에 의한 변경

첫째, 할양은 양도국과 양수국간의 합의에 의한 영역 일부의 이전을 말한다. 할양은 전쟁의 결과 승전국과 패전국 사이의 평화조약에 의하여 또는 평시에 매매, 교환, 증여 등의 방법에 의하여 성립한다.

둘째, 병합은 양도국과 양수국간의 합의에 의한 영역 전부의 이전을 말한다.

셋째, 정복은 국가가 무력에 의해 타국의 영역 전부를 강제적으로 취득하는 것을 말한다.

넷째, 선점은 국가가 무주의 지역을 타국보다 먼저 실효적 점유에 의해 자기의 영역으로 취득하는 것을 말한다.

다섯째, 첨부는 해안매립 또는 人工島의 건설과 같이 인위적인 영역의 증가를 말한다.

(2) 자연적 변경

자연적 사건에 의해 국가영역이 변경되면, 국가는 국제법상 특별한 절차 없이 영역을 취득 또는 상실한다.

첫째, 첨부는 영역취득원인 중 가장 오래된 형태로서 자연적 현상에 의해 영역이 증가되는 경우를 말한다.

둘째, 소멸은 자연적 현상에 의한 국가영역의 감소를 말한다.

셋째, 시효는 장기간에 걸쳐 평온하게 타국영토를 점유·지배함으로써 그 영토를 취득하게 되는 제도를 말한다.

3) 국가영역의 제한

국가의 영역권에 대한 제한에는 일반국제법에 의한 경우와 특별한 합의에 의한 경우가 있으며, 후자로는 국제지역·조차·국제하천·국제운하가 있다.

(1) 국제지역

국가간의 특별한 합의에 일정한 국가영역에 부과되는 영역권의 특별한 제한을 말한다. 국제지역이 설정된 지역을 승역지라 하고, 그 지역이 속하는 국가를 승역국이라 하며, 국제지역에 의해 이익을 받는 국가를 요역국이라 한다.

조차란, 국가가 타국과의 특별한 합의에 의해 타국영역의 일부를 차용하는 것을 말하는데, 이때 차용하는 국가를 조차국, 대여하는 국가를 租貸國, 조차의 대상이 되는 지역을 조차지라 한다.

(2) 비독립지역

① 신탁통치지역

UN의 감독하에 헌장이 정하는 원칙에 따라 특정국가, 국가군 또는 UN 자체에 의해 행해지는 신탁통치의 대상이 되는 지역을 말한다. 신탁통치 지역은 원래 11개 지역이었으나 대부분 독립을 달성하고, 유일하게 남아 있던 1개 지역도 최근 통치국인 미국으로부터 독립함으로써 신탁통치지역은 이제 완전히 없어졌다.

② **비자치지역**

원주민이 완전히 자치를 달성하지 못한 지역으로 보통 식민지 또는 속령 등으로 불린다.

2. 국제공역

1) 공해

공해라 함은 국가의 내수, 군도수역, 영해 및 배타적 경제수역에 포함되지 않는 수역으로서 국가의 주권이 배타적으로 행사되지 않는 해양의 모든 부분을 말한다.

공해의 법적 성질에 관하여는 일찍부터 많은 견해가 대립하여 왔다. 이들 견해는 공해를 무주물로 보는 견해, 공공물로 보는 견해, 불융통물로 보는 견해, 공동영유물로 보는 견해, 국제공역으로 보는 견해로 대별할 수 있다.

국제법상 어느 국가도 공해를 영유할 수 없으며, 또 공해는 원칙적으로 각국의 자유로운 사용을 위해 개방된다. 이 양자를 가리켜 일반적으로 공해자유의 원칙이라 한다.

(1) 공해의 자유

공해의 자유란, 공해는 모든 국가에게 개방되며 어느 국가도 공해에 대한 점유와 주권을 주장할 수 없으며 어떤 국가도 공해에서 타국 선박을 나포, 억류하거나 등의 국가권력을 행사할 수 없다는 원칙을 말한다.[125)]

공해자유의 내용은, 공해는 어느 국가에도 귀속되지 않는다. 어떠한 국가도 공해에 대한 영유를 유효하게 주장할 수 없다. 이것을 공해의 귀속으로부터의 자유라고 한다. 또한, 모든 국가는 공해를 자유로이 사용할 수 있다. 이것을 공해사용의 자유라고 한다(항행의 자유, 상공비행의 자유, 해저전선・관선부설의 자유, 인공도 및 기타 시설 건설의 자유, 어로의 자유, 과학적 조사의 자유).

공해를 항행하는 선박은 선박소속국의 국기를 게양하고 항행해야 한다. 선

125) 이민효, "공해의 군사적 이용과 공해자유원칙의 제한", 「성균관법학」, 제16권 제1호, 성균관대학교 비교법연구소, 2004. 6, 652면.

박은 반드시 1국의 국기만을 게양해야 하며, 2개국 이상의 국기를 게양하는 선박은 무국적선으로 간주된다. 무국적선은 모든 국가나 나포하여 처벌 · 몰수할 수 있다. 노예매매는 국제법상 금지죄며, 모든 사선 및 사항공기는 공해상에서 해적행위를 할 수 없으며, 모든 국가는 해적행위를 하는 선박 · 항공기를 나포 · 처벌할 수 있다. 또한, 공해상에서 국제협약을 위반하여 마약을 불법수송할 수 없으며, 모든 국가는 그와 같은 불법수송의 억제를 위해 협력해야 한다. 모든 사선 및 사항공기는 공해상에서 불법방송을 할 수 없으며, 모든 국가는 그와 같은 불법방송의 억제를 위해 협력하여야 한다. 모든 국가의 군함은 공해상에서 군함이나 비상업용 공선을 제외한 외국선박이, 해적행위, 노예무역, 불법방송, 무국적선의 혐의행위 또는 타국의 국기를 게양하거나 국기표시를 거부하는 행위를 행하고 있다고 판단할 상당한 이유가 있는 때에는 이에 승선 · 임검할 수 있다. 당해 선박이 혐의가 없음이 판명되면 임검으로 인해 생긴 손해에 대해 배상해야 한다.

(2) 추적권

외국선이 연안국의 내수, 군도수역, 영해, 접속수역, 배타적 경제수역 또는 대륙붕상에서 연안국 법령을 위반했다고 믿을 충분한 이유가 있을 때 연안국이 외국선을 당해 관할수역으로부터 계속 공해까지 추적하여 나포하거나 재판을 위해 연안국에 인도할 수 있는 권리를 말한다.

2) 심해저

연안국 주권하에 있는 대륙붕의 한계외측에 위치하는 공해의 해저와 해양저 및 그 하층토를 말하며, 심해저와 그 자원은 '인류의 공동유산'이다. 어떠한 국가도 심해저나 그 자원에 대해 주권이나 주권적 권리를 주장하거나 행사할 수 없다.

3. 공공 및 우주

1) 공공

영공을 제외한 공역으로 국가의 영공권이 미치지 않는 자유로운 공역을 말한다. 공역 중 영토와 영수의 상부공역은 영공으로 국가영역을 구성하며, 공해와 무주지의 상부공역은 공공으로 어느 국가의 영역에도 속하지 않는다. 접속수역 · 배타적 경제수역 및 대륙붕의 상부수역의 상부공역도 공공의 지위를 갖는다.

공공에서는 모든 국가의 항공기에 통항의 자유가 인정되어 있다. 따라서 1국의 군용항공기가 공공에서 타국 항공기를 공격하여 손해를 입히는 행위는 국제위법행위를 구성한다.

2) 우주

외기권과 천체로 구성되며, 외기권은 영공과 공공으로 구성되는 공역인 대기권 이외의 공간을 말한다.

우주는 공역 특히 영공과 밀접한 관계가 있기 때문에, 외기권의 범위는 영공의 범위에 의해 좌우된다.

모든 국가는 차별 없이 평등하게 달과 기타 천체를 포함한 우주를 국제법에 의거하여 자유로이 이용할 수 있다는 원칙이다. 이 원칙은 우주개발을 모든 국가에 자유로이 개방한 것이다. 우주활동은 기본적으로 모든 국가의 이익을 위해 행해져야 하며 우주는 전인류의 활동분야라는 원칙이다. 따라서 우주개발의 성과에서 얻는 이익은 선 · 후진국을 불문한 모든 국가가 이를 향유하게 되므로 우주는 평화적으로 이용되어야 한다.

Ⅳ. 외교관계법

1. 외교사절

1) 의의

외교교섭 및 기타 직무를 수행하기 위해 상주 또는 임시로 외국에 파견되는 국가기관을 말하는데, 1961년 외교관계에 관한 비엔나협약은 상주외교사절제도에 관하여 규정하고 있으며, 외교사절은 상주사절과 특별사절로 구분된다.

외교협약은 외교사절의 계급을, 대사 또는 교황청대사, 그리고 동등한 계급의 기타 공관장, 공사 또는 교황청공사, 대리대사 등 3계급으로 구분하고 있다.[126] 외교사절은 계급을 이유로 직무 및 특권·면제에 있어 아무런 처별을 받지 않는다. 동일계급간의 석차는 외교사절이 직무를 개시한 일시순서에 따라 정해진다. 어느 계급의 외교사절을 파견하느냐의 문제는 당사국간의 합의에 의해 결정된다.

2) 파견과 접수

(1) '아그레망'의 요청

파견국의 문의에 대해 접수국이 이의가 없다는 동의의 의사표시인 아그레망을 부여한다. 접수국은 타국으로부터 임명·파견되는 사절단장을 반드시 접수해야 할 의무는 없다.[127] 따라서 특정인물이 일신상의 이유로 인해 '기피인물'인 경우에는 아그레망을 거부할 수 있다.[128]

(2) 접수

신임장이라 함은 접수국원수에게 보내는 사절단장 개인에 관한 파견국원수의 개인적 문서이다. 접수국에 도착한 사절단장은 먼저 신임장 부본을 접수국의 외무부장관에게 제출하고, 정본은 접수국원수에게 직접 제출한다.[129]

(3) 직무

외교사절단장의 직무는 접수국의 관행에 따라 개시된다. 사절단장의 직무개시시기에 관하여는 사절단장이 신임장 정본을 국가원수에게 제출했을 때에 직무가 개시되는 관행과 사절단장이 접수국 외무부에 도착을 통지하고 신임장 부본을 제출했을 때에 직무가 개시되는 관행이 있다.

(4) 종료

외교관의 직무는 파견국이 접수국에 대해 당해 외교관의 직무종료사실을 통고한 때, 또는 접수국이 파견국에 대해 당해 외교관을 사절단의 공관원으로 인

126) 1961년 외교관계에 관한 비엔나협약 제14조.
127) 동 제4조.
128) 동 제9조 제1항.
129) 동 제13조.

정하는 것을 거부하는 사실을 통고한 때에 종료한다.[130)]

3) 외교상의 특권 · 면제

국제법상 외국의 외교사절단 및 공관원에게 접수국 내에서 부여되는 접수국의 국민이나 외국인보다 특별한 보호 · 대우를 말하는 것으로, 외교사절단에 관한 특권 · 면제는 사절단 또는 공관원 자신의 권리가 아니고, 사절단의 본국이 향유하는 권리이다. 외교사절단과 공관원에 관한 특권 · 면제는 보통 불가침권과 면제 및 기타 특권으로 분류된다.[131)]

외교관과 그 가족은 접수국 국민이 아닌 경우에는 외교관과 동등한 특권 · 면제를 향유한다.

2. 영사

1) 의의

재류국에서 본국 및 재류자국민의 통상 및 경제상의 이익을 보호하기 위해 임명된 국가기관을 말한다.

영사는 외교사절처럼 본국을 대표하는 기관이 아니므로 외교사절은 아니고 이에 준하는 기관에 지나지 않는다. 따라서 외교사절에게 광범히 인정되는 특권 · 면제는 영사의 경우에는 다소 제한된다.

영사는 전임영사와 명예영사로 구분되며, 영사기관장의 계급은 총영사, 영사, 부영사, 영사대리의 4계급으로 나누어진다.[132)] 동일국에 상주하는 외국영사기관장의 석차는 인가장의 교부일시순에 의하지만, 사전에 임시 인가가 부여된 경우에는 그 일시순에 의한다. 명예영사인 영사기관장은 전임영사인 영사기관장의 후순위이며, 영사기관장대리는 그 다음 순위가 된다. 영사기관장은 그 지위를 갖지 않은 영사관보다 상위의 석차를 갖는다.

2) 파견과 접수

영사관계의 설정은 국가 간의 합의에 의하며, 영사기관의 직무수행은 상대

130) 동 제43조.
131) 동 제22조 내지 제37조.
132) 1963년 영사관계에 관한 비엔나협약 제9조 제1항.

국의 동의를 전제로 한다. 외교관계의 설정은 영사관계의 설정에도 동의한 것으로 본다.[133)]

영사기관의 소재지·종류 및 관할구역과 그 변경은 파견국에 의해 결정되고 접수국의 동의를 얻어 시행한다. 영사관원의 규모에 관해 특별한 합의가 없는 경우, 접수국은 영사관할구역 내의 제반사정과 영사기관의 필요를 고려하여 합리적이며 정상적 범위 내의 규모를 유지할 것을 파견국에 요구할 수 있다.[134)]

영사의 임명·파견에는 외교사절단장의 파견에서처럼 접수국의 아그레망을 요청할 필요는 없다. 파견국은 임의로 영사기관장을 임명하고 그 자격을 증명하는 성명·종류·계급·관할구역 및 기관소재지를 기재한 위임장을 외교상 또는 적절한 경로를 통해 송부하고 영사기관장을 접수국에 파견한다.

접수국은 영사기관장으로 임명된 자를 반드시 접수해야 할 의무는 없으며, 외교사절단장의 경우와 같이 기피인물이라는 이유로 접수거부를 통고할 수 있다.[135)]

영사기관장이 접수국에 도착하여 자국외교사절단장을 통해서 파견국원수 또는 외무부장관의 이름으로 교부된 위임장을 각각 접수국원수 또는 외무부장관에게 제출하면, 이에 대해 접수국은 국가원수 또는 외무부장관의 이름으로 인가한다. 인가방법으로는 특별히 인가장을 교부하는 경우와 인가한다는 뜻을 위임장에 기입하는 경우가 있다.

3) 직무

영사기관의 직무는 원칙적으로 영사관에 의해 수행되나, 경우에 따라서는 외교절단에 의해서도 수행된다.

(1) 개시

영사기관장의 직무는 정식으로 자격이 인정되었을 때부터 개시된다. 영사기관장의 자격은 인가장 또는 인가의 사실을 기입한 위임장이 교부되었을 때 정

133) 동 제2조.
134) 동 제4조.
135) 동 제23조.

식으로 인정되나, 때로는 이에 앞서 임시인가를 교부받는 경우가 있는데, 이 경우에는 교부받은 때 영사기관장의 직무가 개시된다.

(2) 종료

영사기관장 및 영사관원의 직무는 소환 · 사임 · 인가장의 철회 · 영사관원 자격 인정취소 · 전쟁의 발생 · 영사의 사망 등으로 종료되나, 파견국이나 접수국의 원수의 변동으로 종료하지 않는다.

4) 영사상의 특권 · 면제

영사에 대하여도 일정한 특면 및 면제가 인정되나 외교사절에게 인정되는 특권과 면제에 비하여 제한적이다. [136]영사협약이 정하는 한도 내에서 원칙적으로 접수국당국은 동의없이 영사기관의 공관 내에 들어갈 수 없으나, 화재 등 긴급한 보호조치를 요할 때는 예외이다[137]. 파견국 영사기관의 동의를 요건으로 접수국은 침입 또는 손괴에 대해 공관을 보호하기 위해 또는 영사기관의 안녕의 방해 또는 위엄의 침해를 방지하기 위해 모든 적절한 조치를 취할 책무를 가진다.

영사기관의 공문서 · 서류 및 공용통신문은 일시 · 장소에 관계없이 언제나 불가침이다. 사문서는 불가침이 아니다. 영사행낭은 개봉 또는 유치할 수 없으나, 중대한 이유가 있는 경우에는 파견국이 위임한 대표로 하여금 접수국당국 입회하에 행낭의 개봉을 요구할 수 있다.

영사행낭을 운반하는 領事信書使는 접수국으로부터 그의 직무수행을 보호받으며, 신체의 불가침권을 향유하고 어떠한 경우에도 억류 또는 구금되지 않는다.

파견국이 소유 또는 임차하는 영사기관의 공관 및 영사기관장의 관저는 접수국 또는 지방자치단체의 모든 조세 및 부과금으로부터 면제된다. 그러나 특정의 역무의 제공에 대한 급부로서의 성질을 갖는 경우에는 예외로 한다.[138]

---

136) 동 제17조.
137) 동 제31조 제2항.
138) 동 제32조.

Ⅴ. 조약관계법

1. 조약의 개념

1) 의의

국제법주체 간의 합의를 조약이라고 하는데, 이러한 조약으로 이루어진 국제법을 국제조약법이라 한다. 조약에는 여러 명칭이 있는데, 어떠한 명칭이 어떠한 합의에 사용되는가에 대해 국제법상 원칙은 없다. 어떤 명칭을 사용하든지 국제법주체 간의 합의를 내용으로 하고 있는 한 모두 조약에 해당되며 그 효력에는 차이가 없다.[139)]

조약은, 조약의 명칭, 전문, 본문(목적, 용어의 정의, 조약본문, 종결조항 등, 체결일자 및 서명), 부속서로 구성된다.

2) 형식

전문에는 조약체결의 동기와 취지를 기재하며, 조약본문에는 당사국들이 합의한 실질적 규정을 기재하고, 본문의 말미에 위치하는 종결조항은 유효기간·가입·비준에 관한 보충적 규정을 기재하고, 조약문의 맨 끝에 체결일자와 대표자의 서명이 위치한다. 부속서는 사무적, 기술적 내용을 다루는 것으로 조약본문에 연이어 위치하나 조약본문의 일부로 간주된다.

조약원본은 양자조약에서는 2통을 작성하여 당사자가 1통씩 보관하고, 다자조약에서는 1통만을 작성하여 특정당사자가 보관하고 기타 당사자는 인증등본만 보관하는 것이 보통이다.

2. 조약의 분류

1) 보편조약·일반조약 및 특별조약

이는 조약당사국의 수를 표준으로 한 구분으로, 보편조약이란 모든 국제법

139) 1969년 조약법에 관한 비엔나협약 제2조.

주체를 당사자로 하는 조약을 말하나 실제적으로 이러한 조약은 존재하지 않는다. 일반조약이란 다수 당사국들이 합의한 조약이고, 특별조약이란 특정 국제법주체를 당사자로 하는 조약이다. 특별조약은 두 당사자 간에 체결되는 경우와 특정 소수당사자 간에 체결되는 경우가 있는데, 전자를 특히 양자조약이라 한다.

2) 입법조약과 계약조약

이는 조약의 성질을 표준으로 한 구분으로, 입법조약이란 당사자의 이해관계가 동일방향을 지향하고 있는 성질의 조약이며, 계약조약이란 당사자의 이해관계가 역방향의 성질을 가진 조약을 말한다.

3) 개방조약과 폐쇄조약

이는 조약에의 가입 可否를 표준으로 한 구분으로, 개방조약이란 원당사자 이외의 국제법주체의 가입이 허용되는 조약이고, 폐쇄조약이란 원당사자 이외의 국제법주체의 가입이 허용되지 않는 조약이다.

4) 영속조약과 처분조약

이는 조약의 내용을 표준으로 한 구분으로, 영속조약이란 유효기간 중에 계속적으로 이행을 필요로 하는 조약이고, 처분조약이란 내용이 1회의 이행으로 목적을 달성할 수 있는 조약이다.

3. 조약의 체결절차

조약이 성립하려면 일정한 절차를 완료해야 하는데, 전권위임장[140]을 지닌 국가대표의 교섭, 조약본문의 채택, 조약본문의 인증, 조약에 의해 구속되는데 대한 동의, 비준서의 교환 또는 기탁, 등록 등의 절차를 거쳐 성립되며, 조약 성립의 국내절차로서 의회의 동의와 정부의 공포가 있다.

---

140) 1969년 조약법에 관한 비엔나협약 제2조; "전권위임장"이라 함은 조약문을 교섭·채택 또는 정본인증하기 위한 목적으로 또는 조약에 대한 국가의 기속적 동의를 표시하기 위한 목적으로 또는 조약에 관한 기타의 행위를 달성하기 위한 목적으로 국가를 대표하기 위하여 국가의 권한있는 당국이 1 또는 수 명을 지정하는 문서를 의미한다.

4. 조약의 무효

조약이 성립요건을 갖추어 일단 성립되었다 하더라도 효력요건을 충족치 못한 경우 그 조약은 무효이다.

1) 절대적 무효

조약의 절대적 무효는 조약의 성립 후 어떠한 이유로 그 성립부터 법적 효력을 갖지 않는 것을 말하며, 국가대표에 대한 강박[141], 국가 자체에 대한 강박[142] 및 국제강행규범에의 위반[143] 등이 그것이다.

2) 상대적 무효

상대적 무효는 그 사유가 발생하면 조약에 의해 구속되는 데 대한 동의의 무효주장과 추인여부의 자유를 갖는 경우를 말하는 것으로 조약체결권한에 관한 국내법규정의 명백한 위반이 있는 경우[144], 국가동의를 표시하는 권한에 대한 제한을 대표가 위반한 경우[145], 국가동의의 본질적 기초를 형성하는 사실이나 사태에 관한 착오[146], 교섭중인 국가에 대한 사기[147], 그리고 국가대표의 부패[148] 등이 있다.

5. 조약의 부관(附款)

조약으로부터 보통 발생하는 효과를 제한하는 것으로 표의자가 특별히 붙인 제한을 말한다. 국제조약에 있어서 특히 중요한 부관으로는 기한・조건 및 유보가 있다.

---

141) 1969년 조약법에 관한 비엔나협약 제51조.
142) 동 제52조.
143) 동 제53조.
144) 동 제46조.
145) 동 제47조.
146) 동 제48조.
147) 동 제49조.
148) 동 제50조.

1) 기한

당사국이 조약의 효력발생 또는 소멸을 장래 발생이 확실한 사실에 의존케 하는 부관을 말한다. 도래가 확실한 점에서 조건과 다르다. 기한에는 시기와 종기가 있다.

2) 조건

조약의 효력발생 또는 소멸을 장래 발생이 불확실한 사실의 成否에 의존케 한 부관을 말한다. 조건에는 정지조건과 해제조건이 있는데, 전자는 조약의 효력발생을 장래 도래가 불확실한 사실에 의존케 하는 것이며, 후자는 조약의 효력소멸을 장래 도래가 불확실한 사실에 의존케 하는 것이다.

3) 유보

표현 · 명칭 여하를 불문하고 조약에 의해 구속되는 데 대한 동의표명시, 즉 조약의 서명 · 비준 · 수락 · 승인 또는 가입시에 국가가 자국에 대하여 조약의 일부조항의 효력을 배제 또는 변경하기 위하여 행하는 일방적 선언을 말한다.

Ⅵ. 국제책임론

1. 국제위법행위책임

1) 의의

국제법상 국가책임이라 함은 일반적으로 국가가 스스로의 국제위법행위에 대해 부담하는 국제법상의 책임을 말하는데, 위법행위책임이란 작위 또는 부작위로 인한 행위가 국제법상 당해 국가에게로 귀속되며 그 행위가 그 국가의 국제의무위반을 구성할 때에 성립한다.[149)]

2) 내용

모든 국가가 위법행위능력을 갖고 있음을 인정한다. 즉, 국제위법행위를 행

149) 김대순, 앞의 책, 564면.

한 국가는 당해 행위에 대해 국가책임을 져야 한다.

3) 위법성 조각사유

국가가 국제위법행위를 행한 경우에도 일정한 경우, 당해 행위의 위법성이 조각된다. 즉 피해국의 동의, 대응조치, 불가항력, 조난, 국가적 필요상황, 자위 등이 이 경우에 해당된다.

(1) 피해국의 동의

어떤 국제의무의 위반이 타방당사국이 부여한 동의의 범위내에서 행해진 경우 그 행위의 위법성은 조각된다.

(2) 대응조치

1국이 타국의 국제위법행위에 대해 협약 3부 2장의 요건에 따라 행해진 대응조치행위는 위법성의 조각된다.

(3) 불가항력

불가항력으로 인해 유일한 수단으로서 취한 국가행위의 위법성은 조각된다. 당해 행위에 대해 위법성이 조각되기 위해서는 그 행위가 외부적인 불가항력적 요인에 의해 물리적으로 강제된 결과이어야 하고 위반국의 의사에 의한 행위가 아니어야 한다.

(4) 조난

극한적 위난으로부터 자신의 생명이나 자신의 보호하에 있는 인명을 구조하기 위해 취해진 국가행위의 위법성은 조각된다. 이는 행위자의 주관적 의사가 개입된다는 점에서 앞서의 불가항력과의 차이가 있다. 이 경우 위반국이 조난상태를 초래하였거나 동등 또는 더 큰 위험을 조성할 수 있는 경우에는 위법성이 조각되지 않는다.

(5) 국가적 필요상황

국가행위가 중대하고 즉각적 위험으로부터 국가의 기본적 이익을 수호하기 위한 유일한 수단이며, 또한 그 행위가 피해국의 기본적 이익을 중대하게 손상하지 않은 경우에는 위법성조각의 근거로 원용할 수 있다. 그러나 국가적 필요상황은 당해 국제의무가 국제강행규범으로부터 발생된 경우, 당해 국제의무의 근거가 되는 조약이 위법성조각의 원용가능성을 명시적 또는 묵시적으로 배제하는 경우 및 위법성조각 주장국이 위법행위의 발생에 기여한 경우에는 위법성 조각사유로 원용될 수 없다.

(6) 자위

국가행위가 UN헌장과 일치하게 취해진 합법한 자위행위인 경우에는 당해 행위의 위법성이 조각된다. 상기 규정은 일반 국제법상 강행규범의 의무인 경우에는 적용되지 않는다.

2. 해로운 결과책임

1) 의의

자국영역 내에서의 국제법상 금지되지 않은 행위로 인해 타국에 해로운 결과를 발생하는 경우 이에 대해 당해 국가가 부담하는 국제책임을 말하는 것으로, 국가책임의 성립에 있어서 행위의 국가에로의 귀속을 요구하지 않을 뿐 아니라, 해당 행위의 위법성도 요구하지 않는다.[150)]

2) 성립요건

이 분야에서의 국제책임은 일반적 국가책임의 성립요건인 행위의 국가로의 귀속과 행위의 위법성을 필요로 하지 않으며, 오로지 자국의 행위로 인해 야기된 손해의 발생만을 성립요건으로 하고 당해 손해와 당해 행위간의 인과관계만 존재하면 당해 행위의 원천국에게 심각한 손해를 방지하고 그 위험을 최소화하기 위한 조치를 취할 책임이 발생한다.

3) 사례

해로운 결과책임에 대한 국제사례는, 해양유류오염에 대한 국가책임, 우주

---

150) 이상은, 김석현, "소위 해로운 결과에 대한 국제책임의 특수성", 「고시연구」, 제231호, 고시연구사, 1993. 6, 177면, 참조.

활동으로 인한 국가책임, 원자력의 운송 및 이용에 관한 국가책임, 월경오염피해(황사, 산성비 등)로 인한 국가책임 등을 들 수 있다.

제3장

사법

제1절 민법

Ⅰ. 민법 일반론

1. 민법의 의의

사법 가운데에서 상법 기타의 특별사법을 제외한 일반사법만을 실질적 의미에 있어서의 민법이라고 한다. 따라서 사법·일반사법·실체법으로서의 속성을 가진 민법을 실질적 의의의 민법이라고 한다. 반면에 공법·특별사법인 상법·절차법인 민사소송법은 이에 포함되지 않는다. 실질적 의의의 민법은 민법전뿐만 아니라, 앞서의 민법부속법률, 그리고 실질은 민법에 속하면서도 특별법의 형식을 빌리고 있는 수많은 민사특별법과, 그 밖의 공법 관계법령에도 산재하고 있다. 민법을 형식적으로 파악하는 경우에, 1958년에 제정되어 1960년 1월 1일부터 시행되고 있는 현행 민법전을 형식적 의의의 민법이라고 한다. 민법전은 제1편 총칙, 제2편 물권, 제3편 채권, 제4편 친족, 제5편 상속의 순으로 구성되어 있다.

2. 민법의 법원

민법의 법원(法源)은 법관이 민사에 관한 재판을 하는 경우 적용할 수 있는 기준 즉, 민법의 존재형식을 의미한다. 우리 민법 제1조)는 민사에 관하여 법률(민법)에 규정이 없으면 관습법에 의하고 관습법이 없으면 조리(條理)에 의한다고 규정하고 있다.

민법 제1조는 민법의 법원으로 인정되는 범위와 법원 간의 적용 순위를 정하고 있는데, 법률이 최우선적으로 적용되며(원칙적 성문법주의), 민사에 적용되는 법규로서 성문법이 없는 경우 불문법이 보충적으로 적용되며(보충적 불문법주의), 불문법으로 인정되는 것에는 관습법과 조리가 있는데 관습법이 먼저 적용되고 관습법이 없는 경우에 한해 조리가 적용된다는 것이다.

다만, 민법 제 185조(물권의 종류)가 '물권은 법률 또는 관습법에 의하는 외에는 임의로 창설하지 못한다'고 규정하고 있기 때문에 물권의 종류와 내용은 조리에 의해서는 인정될 수 없으며, 법률이라고 명시하고 있기 때문에 법률 아닌 명령이나 규칙에 의해서도 물권을 임의로 창설하지 못한다.

Ⅱ. 권리의 변동

1. 권리의 의의

권리의 본질을 법에 의하여 보호되는 이익(이익설) 혹은 법에 규정된 의사의 힘에 의해서 보호되는 이익(절충설),법률에 의하여 주어진 의사의 힘 또는 의사의 지배(법력설)를 의미한다. .

권리는 법률상 부여되는 것이기 때문에 법률에 의해서 주어진 특정 이익을 향유하기 위해서 필요한 행위를 할 수 있는 가능성을 부여받는 것을 의미하며, 물질적 · 경제적 내용을 가진 재산적 이익은 물론 생명 · 신체 · 명예 등 비재산적 이익도 포함된다.

2. 권리의 주체와 객체

1) 주체

권리의 주체는 원칙적으로 자연인이며, 인간은 생존하는 동안 권리와 의무의 주체가 된다[151] 태아에게는 예외적으로 상속과 불법행위에 기한 손해배상 청구에서 주체가 되며, 사자(死者)는 명예훼손죄의 주체가 된다.

그 밖에 자연인에 의제하여 권리가 주어지는 것으로 법인이 있는데, 법인은

151) 민법 제3조: 사람은 생존한 동안 권리와 의무의 주체가 된다.

권리능력이 인정되는 사단(사람의 집합) 또는 재단(재산의 집합)이 있다.

2) 객체

권리의 내용이 되는 이익을 달성하기 위하여 필요한 대상을 말하며, 인격권의 경우에는 권리자, 친족법상의 권리 및 채권이 사람에 의해서 행해진 경우에는 그 타인, 물권의 경우에는 물건, 무체재산권은 무형의 정신적 소산(저작권 등), 권리 그 자체인 경우에는 채권 등을 말한다.

권리의 객체에서 가장 중요한 것이 물권의 대상인 물건이므로 아래에서는 물건에 대하여 간략히 설명하기로 한다.

민법 제98조에 따르면 본법에서 물건이라 함은 유체물 및 전기, 기타 관리할 수 있는 자연력을 말한다.

물건에는 유체물과 무체물이 있다. 유체물이라 함은 공간의 일부를 차지하고 사람의 오감에 의하여 지각할 수 있는 형태를 가진 고체・액체・기체 등의 물질을 말하고, 무체물은 형태는 없고 다만 생각속의 존재하나 사람이 관리가 가능한 경우를 말한다.

유체물이든 무체물이든 물건이 되기 위해서는 관리할 수 있는 것 즉, 배타적 지배가능성이 있어야 한다. 해・달・별・공기 등은 유체물이지만, 누구나 자유롭게 지배할 수 없는 것이기 때문에 물건이 될 수 없다.

민법은 물건을, 부동산과 동산[152], 주물과 종물[153], 원물과 과실[154]제101조・제로 구분하고 있다.

3. 권리행사의 제한

권리의 행사와 의무의 이행은 신의에 좇아 성실히 하여야 하며, 권리는 남용하지 못한다.[155]

---

152) 제99조; ①토지 및 그 정착물은 부동산이다. ②부동산이외의 물건은 동산이다.

153) 제100조: ①물건의 소유자가 그 물건의 상용에 공하기 위하여 자기소유인 다른 물건을 이에 부속하게 한 때에는 그 부속물은 종물이다. ②종물은 주물의 처분에 따른다

154) 제102조: 천연과실은 그 원물로부터 분리하는 때에 이를 수취할 권리자에게 속한다. ②법정과실은 수취할 권리의 존속기간일수의 비율로 취득한다.

155) 민법 제2조: ①권리의 행사와 의무의 이행은 신의에 좇아 성실히 하여야 한다. ②권리는 남용하지 못한다.

1) 신의성실

권리의 행사와 의무의 이행은 신의에 좇아 성실히 하여야 한다는 원칙을 말하며, 신의칙(信義則)이라고도 한다. 신의성실이라 함은 사회공동생활의 일원으로서 서로 상대방의 신뢰를 배반하지 않도록 성의를 가지고 행동해야 하는 것을 말하며, 권리남용의 금지의 원칙과 더불어 민법을 지배하는 대원칙이다.

2) 권리남용의 금지

권리남용금지의 원칙이란 외형상으로는 적법한 권리의 행사인 것과 같아 보이나 구체적인 경우에 실질적으로 검토해 볼 때 권리 본래의 사회적 목적을 벗어난 것이어서 정당한 권리의 행사로서 시인할 수 없는 것을 말한다.

4. 권리의 변동

1) 권리변동의 의의

권리변동이라 함은 권리 주체 상호간에 권리의 객체에 대한 권리·의무의 내용이 변동되는 것 혹은 어떤 행위나 자연적 사실에 의하여 권리가 발생·변경·소멸되는 것을 말한다.

2) 권리변동의 형태

우리 민법은 권리의 주체를 중심으로 권리변동의 형태를 구성하고 있는데, 권리의 발생·변경·소멸을 권리 주체의 관점에서 파악하면 권리의 취득·변경·상실이 된다.

(1) 취득

원시적 취득은 사회적으로 전에는 없었던 권리가 새로 생기는 것으로, 무주물선점[156], 유실물습득[157], 매장물발견[158], 채권의 취득 등이 있다.

---

156) 제252조: 무주의 동산을 소유의 의사로 점유한 자는 그 소유권을 취득한다.

157) 제253조: 유실물은 법률에 정한 바에 의하여 공고한 후 1년내에 그 소유자가 권리를 주장하지 아니하면 습득자가 그 소유권을 취득한다.

158) 제254조: 매장물은 법률에 정한 바에 의하여 공고한 후 1년내에 그 소유자가 권리를 주장하지 아니하면 발견자가 그 소유권을 취득한다. 그러나 타인의 토지 기타 물건으로부터

승계취득은 특정인이 가졌던 권리를 그대로 다른 사람이 취득하는 것으로, 상속[159], 포괄유증[160] 등이 있다.

(2) 변경

첫째, 권리주체가 변경되는 경우는 1인에게 속했던 권리를 수인이 공유로 한다거나 수인이 공유하는 권리를 1인 또는 다른 수인이 권리를 이어받는 것을 말한다.

둘째, 권리의 내용용이 변경가 있는데, 권리의 성질이 바뀌는 경우(이자없는 채권이 이자있는 채권으로 바뀌는 경우) 또는 권리의 액수가 변경(채무의 변제로 인한 채권액의 감소)되는 경우를 말한다.

셋째, 권리의 작용이 변경되는 경우인데, 등기가 없던 부동산 임차권을 등기함으로써 제3자에 대한 대항권을 가지게 되는 경우 등을 말한다.

(3) 권리의 상실

권리의 상실에는 건물이 소실되어 건물에 대한 소유권이 소멸하는 것처럼 권리가 절대적으로 소멸하는 경우(물건의 멸실에 의한 소유권의 소멸), 권리가 새로운 권리자에게 이전됨으로써 이전 권리자의 권리가 상대적으로 소멸하는 경우(매매 등에 의한 소유권의 상실)가 있다.

Ⅲ. 법률행위

1. 의의

법률행위라 함은 청약과 승낙이라는 의사표시를 필수적 요소로 하는 법률요건으로 법률적인 효과를 발생케 하는 행위를 말한다. 민법은 총칙 제5장에서 법률행위라는 제목으로 총칙 · 의사표시 · 대리 · 무효와 취소 · 조건과 기한에 관해 규정하고 있다.

발견한 매장물은 그 토지 기타 물건의 소유자와 발견자가 절반하여 취득한다.

159) 제997조 내지 제1059조.

160) 재1074조: ①유증을 받을 자는 유언자의 사망후에 언제든지 유증을 승인 또는 포기할 수 있다. ②전항의 승인이나 포기는 유언자의 사망한 때에 소급하여 그 효력이 있다.

2. 종류

1) 계약

일정한 법률효과의 발생을 목적으로 일방이 청약을 하고 상대방이 거기에 대한 승낙을 함으로써 성립한다. 민법상 14종의 전형계약의 종류에는 증여, 매매, 교환, 소비대차, 사용대차, 임대차, 고용, 도급, 현상광고, 위임, 임치, 조합, 종신정기금, 화해가 있다.

2) 합동행위

뜻을 같이 하는 두 사람 이상의 의사표시가 결합하여 성립되는 행위. 각각의 의사표시가 당사자들에게 동일한 뜻을 가진다는 점에서 계약과 구별된다. 회사설립행위를 예로 들 수 있다.

3) 단독행위

단독행위란 의사표시의 양태에 따라 법률행위를 분류한 것으로 행위자 1인의 의사표시로 성립하는 법률행위를 말하며, 상대방이 있는 단독행위(동의, 채무면제, 상계, 추인, 해제, 해지, 철회)와 상대방이 없는 단독행위(유증, 유언, 재단법인의 설립행위, 권리의 포기)로 나뉜다.

3. 의사표시

1) 의의

일정한 법률효과의 발생을 원하는 내부의 의사를 표시하는 행위를 말한다. 법률행위는 의사표시를 불가결의 요소로 하여 사법상의 효과를 발생시키므로 의사표시는 사적 자치의 출발점이 되고 있다.

의사표시는 명시적 의사표시와 묵시적 의사표시 또는 상대방이 있는 의사표시(취소 · 해제 · 청약 · 승낙 등)와 상대방이 없는 의사표시(유언)로 구분된다.

2) 의사와 표시의 불일치

의사표시에서 의사와 표시가 일치하지 않는 경우로는, 표의자만이 의사와 표시의 불일치를 알고 있는 진의 아닌 의사표시, 표의자뿐만 아니라 그 상대방도 그 사실을 알고 있는 허위표시, 의사와 표시를 불일치를 표의자가 모르는 착오 등이 있다.

3) 하자있는 의사표시

의사표시에 있어서 타인으로부터 부당한 간섭을 받아 기망당하거나 두려움 때문에 의사표시를 하는 수가 있는데 민법 제140조는 사기 또는 강박에 의한 의사표시를 하자 있는 의사표시라고 하여 취소할 수 있도록 하였다.

4. 대리행위

1) 의의

대리라 함은 타인(대리인)이 본인의 이름으로 법률행위를 하거나 또는 의사표시를 수령함으로써 그 법률효과가 본인에게 직접 귀속하는 제도를 말한다. 대리인이 본인을 위하여 일정한 대리행위를 할 수 있기 위해서는 본인과 대리인사이에 일정한 기초적 내부관계가 있어야 한다. 이러한 기초적 내부관계를 민법 제128조는 '원인된 법률관계' 라고 표현하고 있다.

2) 복대리(復代理)

복대리인은 대리인이 그의 권한범위 내의 행위를 대신하게 하기 위하여 대리인 자신의 이름(권한)으로 선임한 본인의 대리인이다. 대리인이 복대리인을 선임할 수 있는 권한을 복임권이라 하고, 그 선임행위를 복임행위라고 한다.

복대리인은 대리인의 대리인이 아니라 본인의 대리인이다.[161]

3) 무권대리

무권대리라 함은 대리행위의 다른 요건을 모두 갖추고 있으나 대리권이 없는 대리행위를 말한다. 따라서 원칙적으로 그 행위의 효과가 본인에게 발생하지 않을 뿐만 아니라, 대리인도 대리의사를 가지고 한 것이기 때문에 대리인에게도 그 효과가 발생하지 않게 된다.

161) 민법 제123조 1항.

4) 표현대리

표현대리는 무권대리 즉, 대리권이 없는 자가 대리인이라 칭하고 행하는 행위 가운데 그 대리인이라 칭하는 자(무권대리인)와 본인과의 사이에 특수한 관계가 있기 때문에 본인에 관하여 대리권이 진실로 존재한 것과 같은 효과를 생기게 하는 제도이다.

표현대리에는, 대리권 수여의 표시에 의한 표현대리[162], 권한을 넘은 표현대리[163], 대리권 소멸 후의 표현대리[164]가 있는데, 본인에게 표현대리행위로 발생한 효과가 귀속되며, 상대방은 표현대리의 경우에도 표현대리를 주장하지 않고 본인이 추인하기 전이라면 철회권을 행사하여 법률행위를 소멸시킬 수 있다.[165]

5. 무효와 취소

민법은 법률행위의 성립요건이나 유효요건을 규정함에 있어서 그들 요건을 구비하지 못한 법률행위에 대하여 무효 또는 취소할 수 있다고 규정하고 있다.

1) 무효

법률행위의 무효라 함은 법률행위가 성립한 때부터 법률상 당연히 그 효력이 없는 것으로 확정되어 있는 것을 말한다.

(1) 절대적 무효 · 상대적 무효

절대적 무효라고 함은 법률행위를 한 당사자 사이는 물론이고 제3자에 대한 관계에서도 무효인 것으로 의사무능력자의 법률행위 · 강행법규에 위반하는 법률행위 · 반사회질서의 법률행위[166]가 이에 속한다. 이에 대해 상대적 무효는 법률행위의 당사자 사이에서는 무효이지만 제3자에게는 그 무효를 주장할

---

162) 민법 제125조.
163) 민법 제126조.
164) 민법 제129조.
165) 민법 제134조.
166) 민법 제103조: 선량한 풍속 기타 사회질서에 위반한 사항을 내용으로 하는 법률행위는 무효로 한다.

수 없는 것으로 진의 아닌 의사표시 또는 허위표시의 법률행위가 이에 속한다.

(2) 당연무효 · 재판상 무효

재판상 무효라고 함은 무효의 주장을 소송을 통해서만 할 수 있는 무효로 회사설립의 무효(상법 제184조)[167] 회사합병의 무효[168] 등이 이에 해당하며, 소송에 의한 주장을 필요로 하지 않는 무효를 당연무효라고 한다.

(3) 전부무효 · 일부무효

법률행위의 내용 전부가 무효인 것이 전부무효이고, 그 일부가 무효인 것이 일부무효이다. 현행 민법 제137조(법률행위의 일부무효)는 법률행위의 일부무효를 전부무효라 하여 전부무효를 원칙으로 하고 있으면서(제137조 본문). 다만 그 일부가 무효임을 당사자 쌍방이 법률행위 당시에 알았더라도 나머지 부분은 유효하다(제137조 단서).

2) 취소

취소라 함은 일단 유효하게 성립한 법률행위의 효력을 행위시로 소급하여 소멸케 하는 특정인(취소권자)의 의사표시를 말한다.

의사무능력자의 법률행위 · 원시적으로 불가능한 법률행위 · 강행법규에 위반하는 법률행위 · 사회질서에 반하는 법률행위, [169]현저하게 불공정한 법률행위[170], 상대방이 안 비진의표시[171], 허위표시[172] 등의 법률행위는 무효로, 무능력자의 법률행위[173], 착오에 의한 의사표시[174], 사기 또는 강박에 의한 의사표시[175] 등의 법률행위는 취소할 수 있다.

---

167) 상법 제184조.
168) 상법 제236조.
169) 민법 제103조.
170) 민법 제104조.
171) 민법 제107조.
172) 민법 제108조.
173) 민법 제5조 이하.
174) 민법 제109조.
175) 민법 제110조.

3) 무효와 취소의 차이

무효와 취소는 다음과 같은 차이점이 있다.

첫째, 무효는 주장이 없더라도 처음부터 당연히 효력이 발생하지 않는 데 비해, 취소는 일정한 취소권자가 취소를 한 때에 한 해 소급하여 무효로 되며 취소되기 전에는 그 법률행위의 효력 발생에 아무런 영향이 없다.

둘째, 무효인 법률행위는 추인하여도 그 효력이 생기지 않는 것이 원칙이나, 취소할 수 있는 법률행위는 추인하면 그 이후에는 취소할 수 없고 유효한 법률행위로 확정된다.

셋째, 무효는 시간이 경과하더라도 유효로 변경되지 않으므로 이를 주장해야 할 기간의 제한이 없으나, 취소는 일정한 기간 내 취소권을 행사하지 않으면 취소권이 소멸하게 되어 그 이후에는 유효한 법률행위로 확정된다.

6. 조건과 기한

1) 조건

조건이라 함은 법률행위의 효력의 발생 또는 소멸을 장래의 불확실한 사실에 의존케 하는 법률행위의 부관으로, 조건이 되는 사실은 장래 발생할 것인가의 여부가 불확실한 것이어야 한다. 장래 반드시 실현되는 사실이거나 과거의 사실은 조건이 아니다. 조건의 종류로, 정지조건은 법률행위의 효력의 발생을 조건에 의존케 하는 것이고, 법률행위의 효력의 소멸을 조건에 의존케 하는 것이 해제조건이다.

한편, 법률행위 중에서, 혼인 · 이혼 · 입양 · 인지 · 상속의 포기 등 신분상의 행위, 단독행위(제493조 1항), 객관적 획일성이 요구되는 어음 · 수표행위(어음법 제1조 2호, 제75조 2호; 수표법 제1조 2호), 근로계약 등은 조약을 붙일 수 없는 법률행위이다.

2) 기한

기한이라 함은 법률행위 효력의 발생 · 소멸 또는 채무의 이행을 장래에 발생할 것이 확실한 사실에 의존케 하는 법률행위의 부관이다. 법률행위의 효력의 발생 또는 채무의 이행의 시기를 장래의 확정적 사실의 발생에 의존케 하는 기한이 시기(始期)이고(제152조 1항), 법률행위의 효력의 소멸을 장래의 확정적 사실에 의존케 하는 기한이 종기(終期)이다.[176]

법률행위 중에는 조건에 친하지 않는 행위가 있는 것처럼 기한에 친하지 않는 법률행위도 있다. 혼인 · 이혼 · 입양 · 파양 · 상속의 승인과 포기 등 가족법 · 상속법상의 신분행위는 그 행위와 동시에 효력이 발생해야 하기 때문에 시기를 붙이지 못한다.

7. 기간

기간이라 함은 어느 시점에서 어느 시점까지의 계속된 시간을 말하는 것으로 사실로서의 시간은 이른바 사건에 속하는데, 시간은 성년 · 최고기간 · 실종기간 · 기한 · 시효 등과 같이 다른 법률사실과 결합하여 법률요건의 중요한 법률사실이 되는 경우가 많다. 기간에는 장래를 향하여 계속하는 것과 과거를 향하여 소급하는 것이 있다.

기간의 계산방법에는 자연적 계산법과 역법적 계산법이 있는데, 자연적 계산법은 자연에서의 시간적 흐름을 순간에서 순간까지 정확하게 계산하는 방법이고, 역법적 계산법은 暦에 따라 계산하는 방법이다. 민법은 시간을 단위로 하는 단기간에 대하여는 자연적 계산법을, 日 · 週 · 月 · 年을 단위로 하는 장기간에 대하여는 역법적 계산법을 채택하고 있다.

8. 소멸시효

1) 의의

시효(時效)라 함은 일정한 사실상태가 일정 기간 동안 계속된 경우에 그 사실상태가 진실한 권리관계에 합치하느냐 여부를 묻지 않고서 법률상 일정한 효과를 부여하는 제도이다. 시효에는 권리의 소멸을 가져오는 소멸시효와, 권리의 취득을 가져오는 취득시효가 있다.

한편, 제척기간이라 함은 법률에서 획일적으로 정한 일정한 권리의 존속기

176) 민법 제152조 2항.

간(행사기간)을 말하는 것으로, 제척기간 내에 권리를 행사하지 않으면 그 권리는 당연히 소멸한다.

2) 소멸시효기간

보통 채권의 소멸시효기간은 10년이다(민법 제182조 1항). 다만 상행위로 인하여 생긴 채권의 소멸시효기간은 5년이다(상법 제64조). 그 밖에, 3년의 시효에 걸리는 채권[177], 1년의 시효에 걸리는 채권[178]이 있다. 기타, 불법행위로 인한 손해배상청구권[179] 판결 등에 의하여 확정된 채권의 소멸시효(10년)[180] 등이 있다.

3) 시효의 중단

소멸시효의 중단이라 함은 권리자의 청구 및 압류 또는 가압류나 가처분 등의 적극적인 권리행사가 있거나 의무자의 승인처럼 소극적인 의무승인이 있으면 중단되며, 청구[181], 압류 · 가압류 · 가처분[182], 승인[183] 등이 있다.

4) 시효의 정지

시효의 정지라 함은 시효기간이 거의 완성할 무렵에 권리자가 중단행위를

---

177) 〈민법 제163조〉
① 1년 이내의 기간으로 정한 금전 등의 지급을 목적으로 한 채권
② 의사 등의 치료 등에 관한 채권
③ 도급받은 자 등의 공사에 관한 채권
④ 변호사 등의 직무상 보관한 서류 반환을 청구하는 채권
⑤ 변호사 등의 직무에 관한 채권
⑥ 생산자 · 상인이 판매한 대가
⑦ 수공업자 · 제조자의 업무에 관한 채권

178) 〈민법 제164조〉
① 여관 등의 숙박료 등의 채권
② 의복 등 동산의 사용료의 채권
③ 노역인 · 연예인의 임금채권 및 그에 공급한 물권의 대금채권
④ 선생 등의 학생 등에 대한 교육 등의 채권

179) 민법 제766조 제1항: 불법행위로 인한 손해배상청구권에 대하여 "피해자나 그 법정대리인이 그 손해 및 가해자를 안 날로부터 3년간 이를 행사하지 아니하면 시효로 인하여 소멸한다.

180) 민법 제165조.

181) 민법 제168조 제1호.

182) 민법 제168조 제2호.

183) 민법 제168조 제3호.

하는 것이 불가능하거나 또는 대단히 곤란한 사정이 있는 경우에 그 시효기간의 진행을 일시적으로 중지시켰다가 그러한 사정이 없어지면 다시 나머지 기간을 진행시키는 것을 말한다.

Ⅳ. 물권법

1. 물권법의 개념

1) 의의

물권이라 함은 사람의 물건에 대한 직접적・배타적・독점적 지배권을 말하며, 실질적 물권법이라 함은 법률 이름에 구애됨이 없이 실질적으로 물권관계를 규율하는 법을 말한다.

이러한 실질적 의미의 물권법 이외에 형식적 의미의 물권법이라고 하면 민법 제2편에서 정하는 물권(민법 제185조부터 제372조까지)을 의미한다. 이러한 형식적 의미의 물권법은 총칙・점유권・소유권・지상권・지역권・전세권・유치권・질권・저당권 등 모두 8종의 물권으로 구성되어 있다.

2) 법원

(1) 민법

민법 제 185조(물권의 종류)가 '물권은 법률 또는 관습법에 의하는 외에는 임의로 창설하지 못한다'고 규정함으로써 물권법정주의를 취하고 있기 때문에 민법은 물권관계를 규율하는 대표적 법원이라고 하겠다.

(2) 특별법

물권관계를 규율하는 법률로, 민법을 보완하거나 특수한 분야를 규율하기 위하여 많은 특별법들이 제정되어 있다. 소유권과 관련하여 건물의 구분소유에 관한 '집합건물의 소유 및 관리에 관한 법률', 입목의 소유 및 저당권 설정에 관한 '입목에 관한 법률', 공장저당에 관한 '공장저당법', 동산저당에 관한 '자동차 저당법'・'항공기 저당법'・'건설기계저당법', 가등기담보 및 양도담보에 관한 '가등기담보 등에 관한 법률' 등의 특별법이 각 해당부분별로 물권법에 우선하여 적용된다.

물권법을 구체적으로 실현하기 위한 법률로, 부동산 등기를 위한 부동산등기법이나 부동산등기특별조치법, 유실물 습득(민법 제253조)과 매장물 발견(민법 제254조)과 관련해 소유권 취득에 대하여 규율하는 유실물법 등이 있다.

(3) 관습법

판례를 통해 물권관계를 규율하는 관습법으로 관습법상의 법정지상권과 분묘기지권 등이 있다.

3) 물권법정주의

물권은 법률과 관습법에 의해서만 성립하며, 물권관계의 法源은 법률과 관습법에 한정되는데, 물권법정주의는 법률 또는 관습법이 인정하지 않는 새로운 종류의 물권을 임의로 창설하지 못한다는 의미(종류강제)와 법률 또는 관습법이 인정하는 물권의 경우에도 그 물권에 관해 규정한 내용과는 다른 내용을 부여하지 못한다는 의미(내용강제)가 포함되어 있다.

민법 제1조(法源)는 '민사에 관하여 법률에 규정이 없으면 관습법에 의하고 관습법이 없으면 조리에 의한다'고 규정하고 있고, 제185조(물권의 종류)는 '물권은 법률 또는 관습법에 의하는 외에는 임의로 창설하지 못한다'고 규정하고 있다.

우리 민법은 개별적으로 관습이 있는 경우 성문법의 규정을 배제하거나 변경하는 효력을 부여하는 명문의 규정을 두고 있는 경우가 있는데 소통공사권(민법 제222조)과 저수(貯水) 등을 위한 공작물공사청구권(민법 제223조) · 수류변경권(민법 제229조 3항) · 용수권(민법 제234조) · 경계표 설치비용(민법 제237조) · 특수지역권(민법 제302조)등이 이에 속한다.

2. 물권법의 내용

1) 점유권

점유권(占有權)이라 함은 현재 물건을 점유하고 있다는 사실관계에 대하여 인정되는 권리를 말한다. 현재 물건을 점유하고 있다는 사실 자체를 중시하여 점유하게 된 원인관계를 고려함이 없이 점유 자체를 권리로써 보호함으로써 사회질서를 유지하기 위함이다.

2) 소유권

소유권(所有權)이라 함은 물건을 사용·수익·처분할 수 있는 권리이다. 즉 물건을 지배하는 방법은 그 물건의 사용가치(사용·수익)를 얻는 것이고, 다른 하나는 교환가치(처분)를 얻는 것인데 소유권은 사용가치와 교환가치 모두를 지배하는 것이다.

3) 용익물권

용익물권(用益物權)이라 함은 물건의 사용가치의 전부나 일부를 지배하는 물권을 말한다. 우리 민법은 제279조(지상권의 내용)부터 제290조(준용규정)까지 지상권에 대하여, 제291조(지역권의 내용)부터 제302조(특수지역권)까지 지역권에 대하여, 제303조(전세권의 내용)부터 제319조(준용규정)까지 전세권에 대하여 각각 규정하고 있다.

4) 담보물권

담보물권(擔保物權)이라 함은 채권의 담보를 위해 물건의 교환가치의 전부나 일부를 지배하는 물권을 말한다. 우리 민법상 일정한 요건이 구비되면 당연히 성립하는 유치권(민법 제320조부터 제328조까지), 당사자의 약정에 의해 성립하는 동산에 대한 담보물권인 질권(민법 제329조부터 제355조까지), 부동산에 대한 담보물권인 저당권(민법 제356조부터 제372조까지) 등에 대하여 규정하고 있다.

3. 물권의 효력

1) 물권 상호간의 우선적 효력

물권 상호간에는 시간적으로 먼저 성립한 물권이 나중에 성립한 물권에 우선하는 우선적 효력이 있다.

2) 채권에 우선하는 효력

특정의 물건이 물권과 채권 쌍방의 목적으로 되어 있는 경우에는 그 성립시기를 불문하고 항상 물권이 우선한다.

예외적으로 채권이 우선하는 경우도 있는데, 부동산물권 변동에 관한 청구권을 가등기한 때에는 그 시점을 기준으로 순위를 보전하게 되므로 나중에 본등기를 하게 되면 가등기 이후의 물권에 우선하게 되며[184], 부동산임차권은 채권이지만 등기를 한 때에는 그 후에 성립하는 물건에 우선하는 효력이 인정되며[185], 주택임차권은 주택의 인도와 주민등록 및 임대차계약서에 확정일자를 받으면 전세권과 동일한 우선적 지위를 보장받게 되며[186], 법률이 특별한 이유로 일정한 채권에 대해 저당권 등의 물권에 우선하는 효력을 인정하는 경우로 근로기준법상의 임금우선특권(제30조) · 주택임대차보호법상의 소액보증금(제8조) · 상법상의 우선특권(제468조, 제866조) 등이 있다.

3) 물권적 청구권

물권적 청구권이라 함은 물권 내용의 실현을 침해받거나 또는 침해받을 염려가 있는 경우에 물권자가 침해자에 대하여 그 침해의 배제 또는 예방을 청구할 수 있는 권리를 말한다.

물권적 청구권의 종류로, 물권적 반환청구권, 물권적 방해제거 청구권, 물권적 방해예방청구권이 있다.

4. 물권의 변동

1) 의의

물권의 변동은 물권의 발생 · 변경 · 소멸을 말한다. 물권 변동에 관하여 민법 제186조(부동산물권변동의 효력)는 "물권의 득실변경"이라고 표현하고 있는바 물권 주체의 관점에서 보면 물권의 취득 · 변경 · 상실이 된다.[187]

---

184) 부동산등기법 제3조 · 제6조 2항.

185) 민법 제621조.

186) 주택임대차보호법 제3조.

187) 민법 제186조: 부동산에 관한 법률행위로 인한 물권의 득실변경은 등기하여야 그 효력이 생긴다.

2) 물권의 취득

원시취득이라 함은 타인의 물권에 기초함이 없이 원시적으로 취득하는 것을 말한다. 즉 전에 존재하지 않던 물권이 새로이 발생하는 것을 말한다. 승계취득이라 함은 타인의 물권에 기초하여 취득하는 것이다.

3) 물권의 변경

물권의 변경이라 함은 물권이 그 동일성을 잃지 않으면서 그 주체・내용・작용에 변경이 생기는 것을 말한다.

4) 물권의 상실

물권의 상실이라 함은 목적물이 멸실되는 경우처럼 물권이 절대적으로 소멸하거나 물권의 이전적 승계의 경우처럼 상대적으로 소멸하는 것을 말한다. 물권의 객체의 관점에서는 물권의 소멸이 된다.

5) 물권의 변동과 공시제도

외부에 공식적으로 물권의 변동사항을 표시하는 방법을 공시방법이라고 한다.

부동산물권의 공시방법은 등기이다. 토지에 대해서는 토지등기부에, 건물에 대해서는 건물등기부에 각각 부동산 물권의 귀속과 변동과정이 기재된다. 동산물권의 공시방법은 점유[188]이다.

6) 공시의 원칙과 공신의 원칙

공시의 원칙(公示의 原則)이라 함은 물권의 변동이 인정되려면 공시방법이 수반되어야 한다는 원칙이다.

공신의 원칙(公信의 原則)이라 함은 공시된 물권에 대하여 그 공시방법을 진실한 권리관계와 일치하는 것으로 믿고 거래한 상대방에게 물권 변동의 효력을 인정하는 것을 말한다.

---

188) 점유를 이전하는 것을 인도라고 하는데, 이에는 현실인도(민법 제188조 1항)・간이인도(민법 제188조 2항)・점유개정(민법 제189조)・목적물반환청구권의 양도(민법 제190조)등 네 가지가 있다.

7) 등기의 효력

물권행위와 부합하는 등기가 있게 되면 등기의 본질적 효력인 부동산 물권변동의 효력이 생긴다(민법 제186조). 같은 부동산에 관하여 설정된 수개의 권리의 순위는 법률에 다른 규정이 없으면 등기한 순서에 의해서 결정된다(부동산등기법 제5조 1항).

Ⅴ. 채권법

1. 채권법의 개념

1) 의의

채권법이라 함은 당사자간의 채권・채무관계를 규율하는 법류를 총칭하여 이르는 것으로 채무법이라고도 한다. 물권법이 물건에 대한 권리를 규율하는 법인 데 반하여 채권법의 규율대상은 채권 즉, 채권자와 채무자 사이의 법률관계를 규율하는 법이라고 할 수 있다.

2) 법원

민법 제373조(채권의 목적)부터 제766조(손해배상청구권의 소멸시효)까지 규정되어 있는 채권관계를 규율하는 법이 형식적 의미의 채권법이다. 이는 모두 채권총칙・계약・사무관리・부당이득・불법행위 등 5개 장, 394개 조문으로 구성되어 있다. 민법은 채권의 발생원인에 대하여 계약・사무관리・부당이득・불법행위 등 네 가지를 규정하고 있다.

3) 특징

(1) 임의법규성

채권법은 물권법에 비해 임의법규적인 경우가 많다. 물권법은 대부분 강행법규적인 속성을 가지고 있음에 반하여 채권법은 특정인 사이의 법률관계를 규율하는 것이기 때문에 특정인 상호간의 사적 자치를 보다 중요시 하고, 임의 법규로 하더라도 제3자에게 피해를 주는 경우가 드물기 때문이다.

(2) 국제성 및 보편성

물권법이나 가족법은 국가나 민족, 지방에 따라 독특한 특성을 가지지만, 채권법은 거래법으로서, 특히 국제무역이 빈번한 현대사회에서는 국제적 · 보편적 성질을 가지고 있다.

(3) 신의칙

신의칙과 권리남용금지의 원칙이 민법의 최고원칙으로 작용하고 있는데 특히 채권법에서는 신의칙이 보다 더 강하게 작용하고 있다.

2. 채권의 종류

1) 특정물 채권

특정물채권(特定物債權)이라 함은 특정물의 인도를 목적으로 하는 채권이다. 종류물의 인도를 목적으로 하는 종류채권(불특정물채권)과 대비된다. 특정물의 인도의무는 점유의 인도뿐만 아니라 점유와 함께 소유권도 이전하는 경우도 포함되므로 증여 · 매매 · 교환 · 사용대차 · 임대차 · 임치 등과 법정채권 발생 원인으로서 사무관리[189], 부당이득[190] 등에 의하여 성립한다.

2) 종류채권

종류채권(種類債權)이라 함은 일정한 종류에 속하는 물건의 일정량을 인도할 것을 목적으로 하는 채권이다. 종류채권의 특정방법에 대하여 민법 제375조(종류채권) 제2항은 '1항의 경우에 채무자가 이행에 필요한 행위를 완료하거나 채권자의 동의를 얻어 이행할 물건을 지정한 때에는 그 때로부터 그 물건을 채권의 목적물로 한다'고 하여 그 특정의 방법과 시기에 관해 정하고 있다.

3) 금전채권

금전채권이라 함은 일정액의 금전의 급부를 목적으로 하는 채권이다. 금종

189) 민법 제738조.
190) 민법 제747조 제1항.

채권(金種債權)이라 함은 일정한 종류의 통화로 지급하기로 정한 금전채권을 말한다.

보통의 채권에서는 손해가 발생하면 이에 대한 입증책임이 손해배상을 주장하는 채권자에게 있으나, 금전채권에 있어서는 손해의 증명을 요하지 않는다. 채무자는 이행지체에 빠진 것에 과실 없음을 항변하지 못한다. 즉 일종의 무과실책임을 지는 것이다. 금전채무의 불이행이 있게 되면 그 손해배상액은 법정이율에 의해 정해진다.[191]

4) 이자채권

이자채권이라 함은 이자의 급부를 목적으로 하는 채권을 말한다. 이자는 이율에 의해 산정된다. 이자라 함은 금전 기타 대체물의 사용대가로서 원본액과 사용기간에 비례하여 지급되는 금전 기타의 대체물을 말한다. 이자는 원본채권의 이행기까지의 사용대가로서 지급되는 법정과실[192]의 일종이다. 당사자 사이에 약정이율의 정함이 있으면, 변제기 이후의 지연배상금도 약정이율에 의한다.

3. 채권의 효력

1) 기본적 효력

채권은 채권자가 채무자에 대해 일정한 급부를 청구하는 권리이므로, 채무자에 대한 청구적 효력(청구력)과 채무자의 급부를 받아서 이를 적법하게 보유할 수 있는 효력(급부보유력)이 있다.

2) 채무불이행

채무자가 채무불이행 상태에서 채무자의 고의, 과실, 위법이 있는 경우를 말하는데, 채무불이행의 경우에는 손해배상이 문제가 된다.[193]

이행지체(履行遲滯)라 함은 채무가 이행기에 있고 또 그 이행이 가능함에도 불구하고 채무자가 그에게 책임 있는 사유로 위법하게 채무의 내용에 좇은 이

191) 민법 제397조.
192) 민법 제101조 2항.
193) 민법 제390조.

행을 하지 않는 것을 말한다. 이를 채무자지체라고도 한다.

3) 이행불능

이행불능이라 함은 채권이 성립한 후에 채무자에게 책임 있는 사유로 위법하게 그 이행이 불가능하게 된 경우를 말한다. 이 점에서 이행이 가능한 이행지체와 다르다. 원시적 불능이라 함은 채무의 성립 당시에 이미 급부의 이행이 불가능하게 된 불능을 말하며, 후발적 불능이라 함은 계약체결 당시에는 급부의 이행이 가능하였으나 그 후 불능으로 된 경우이다.

4) 불완전이행

불완전이행이라 함은 채무자가 이행을 하기는 하였으나 그것이 채무의 내용에 좇은 것이 아닌 불완전한 경우를 말한다.

5) 채권자지체

채권자지체(債權者遲滯)란 채무의 이행에 채권자의 협력을 필요로 하는 경우에 채무자가 채무의 내용에 좇은 제공을 하였음에도 불구하고, 채권자가 이를 수령하지 않거나 기타 협력을 하지 않아 혹은 할 수 없어서 이행이 지연되고 있는 상태를 말한다.

채권자가 수령을 하지 않으면 채무자는 변제를 완료할 수 없게 되므로 민법은 공탁에 의하여 채무자가 단독으로 채무를 면할 수 있게 하였으며, 동시에 채권자지체의 제도를 두어 채무자의 책임경감 혹은 채권자의 책임을 인정하였다[194].

4. 채권의 대외적 효력

채무불이행이 있어서 채권자의 담보를 보장하기 위해 일정한 책임재산에 대한 보전방법으로 채권자에게 채권자대위권[195]과 채권자취소권[196]을 인정하고 있다.

194) 민법 제400조~제403조.
195) 민법 제404조, 제405조.
196) 민법 제406조, 제407조.

1) 채권자대위권

채권자대위권(債權者代位權)은 채권자가 자기의 채권을 보전하기 위하여 자기의 이름으로 자기의 채무자의 제3자에 대한 권리를 대신하여 행사할 수 있는 권리이다.

2) 채권자취소권

채권자취소권이라 함은 채무자가 채권자를 해하게 된다는 점을 알면서 행한 채무자의 법률행위(사해행위)를 채권자가 취소하여 그 사해행위로 감소된 채무자의 재산을 회복하는 것을 목적으로 하는 채권자의 권리를 말한다.

5. 수인의 채권자 및 채무자

채권관계는 한 사람의 채권자와 한 사람의 채무자가 있는 것이 일반적 형태이지만, 채권자 또는 채무자 혹은 그 쌍방이 복수인 경우가 있다.

1) 분할채권

분할채권이라 함은 채권의 목적이 성질상 가분인 경우에 채권자나 채무자가 복수이면 채권자의 지분비율로 채권을 나누어 그 분할된 급부부분에 관하여 독립한 채권을 갖는 경우(분할채권)와 각 채무자의 지분비율로 나누어 그 분할된 급부부분에 관하여 독립한 채무를 지는 경우(분할채무)를 말한다(민법 제408조).

2) 불가분채권

불가분 채권이라 함은 채권의 목적이 그 성질 또는 당사자의 의사표시에 의하여 불가분인 경우에 복수인 채권자 또는 채무자가 급부 전부에 관하여 채권을 갖거나(불가분채권) 채무를 부담하는 경우(불가분 채무)이다(민법 제409조부터 제411조 까지).

3) 연대채무

연대채무라 함은 채권의 목적이 성질상 가분인 경우에도 수인의 채무자가 채무전부를 각자 이행할 의무를 부담하되 한 사람의 채무자가 이행하면 다른 채무자는 채무를 면하게 되는 채무를 말한다(민법 第413조). 연대채무자 상호간에는 주종의 구별이 없이 모두가 주채무자로서 채무 전부에 대하여 책임을 져야 한다.

4) 보증채무

보증채무라 함은 주채무자가 채무를 이행하지 아니하는 경우 보증인이 그 채무를 대신하여 이행할 의무를 지는 경우이다.[197] 연대보증(連帶保證)이라 함은 보증인이 채권자와의 보증계약에서 주채무자와 연대하여 채무를 부담하기로 하는 보증채무이다.

6. 채권의 소멸

1) 의의

채권의 소멸이라 함은 채권이 객관적으로 존재하지 않게 되는 것을 말한다. 채권의 소멸은 종국적으로 채권이 부존재하는 상태로 되는 것을 의미하므로 채권양도 · 소권의 소멸 · 항변권의 행사에 의한 채권실현의 방해와는 구별된다.

2) 소멸원인

민법은 채권의 소멸원인으로 변제 · 대물변제 · 상계 · 경개 · 면제 · 혼동 · 공탁 등 일곱 가지를 규정하고 있다. 그 중 변제는 채권목적의 달성이라는 사실에 의하여 채권이 소멸하는 사실행위(준법률행위)에 해당되고, 대물변제 · 상계 · 경개 · 면제는 당사자의 의사표시에 의해 성립하는 법률행위이고(대물변제와 경개는 계약, 상계는 채무자의 단독행위, 면제는 채권자의 단독행위), 혼동은 사건에 해당한다.

---

197) 민법 제428조.

Ⅵ. 계약법

전형계약이라 함은 사회에서 행하여지는 수많은 계약 중 빈번하게 이용되는 계약을 유형화·정형화 하여 공통적으로 규율하도록 하기 위한 계약을 말한다. 우리 민법은 채권편 제2장 2절 부터 제15절 까지 증여·매매·교환·소비대차·사용대차·임대차 고용·도급·현상광고·위임·임치·조합·종신정기금·화해 등 14 종류의 전형계약을 규정하고 있다.

1. 증여

1) 의의

증여라 함은 당사자 일방이 무상으로 재산을 상대방에게 수여하는 의사를 표시하고 상대방이 이를 승낙함으로써 효력이 생기는 계약이다. 증여를 하는 자를 증여자, 증여를 받는 자를 수증자라고 한다.

2) 내용

증여자는 증여계약에 따라 그 재산을 상대방에게 이전할 의무를 진다. 동산의 경우에는 인도를, 부당산은 등기 및 인도를, 채권의 경우에는 대항요건을 갖추어야 한다.[198]

2. 매매

1) 의의

매매라 함은 당사자 일방이 상대방에게 재산권의 이전을 약정하고 이에 대해 상대방이 그 대금을 지급할 것을 약정함으로써 성립하는 계약이다. 재산권을 이전하는 자를 매도인, 대금을 지급하는 자를 매수인이라고 한다.

---

198) 민법 제554조.

2) 내용

매매는 유상계약이기 때문에 양 당사자의 출연이 대가적 의존관계에 있음을 중시하여 당사자 일방의 출연에 하자가 있는 경우에는 그 하자를 보완하도록 담보책임이 규정되어 있다. 담보책임에는 권리의 하자에 대한 담보책임과 물건의 하자에 대한 담보책임이 있다[199].

3) 특수한 매매

(1) 견본매매

견본매매라 함은 견본에 의하여 목적물의 품질·속성을 미리 정해두는 매매를 말한다. 견본매매에 있어서의 특수한 효과는 견본과 같은 물건이 급부되지 않으면 하자 담보책임이 생긴다는 점이다.

(2) 시험매매

시험매매(試驗賣買) 혹은 점검매매라 함은 실제로 상품이나 물건을 시험하거나 점검해 본 뒤에 매수인의 마음에 들면 비로소 매매계약을 체결하는 매매를 말한다.

(3) 할부판매

할부판매라 함은 매매대금을 분할하여 지급하는 매매를 말하는 것으로 일정기간 동안 매매대금을 분할하여 몇 회에 걸쳐서 지급하는 형식의 매매를 말한다.

(4) 방문판매

방문판매라 함은 외판원이 소비자의 가정이나 직장 등을 방문하여 상품을 팔거나(협의의 방문판매) 전화로 권유하여 판매(전화권유판매)하는 매매를 말한다.

---

199) 민법 제570조~제584조.

3. 교환

1) 의의

교환이라 함은 당사자 쌍방이 금전 이외의 재산권을 상호 이전할 것을 약정함으로써 그 효력이 생기는 계약을 말한다. 교환은 당사자 사이에 금전 이외의 재산권을 이전하기로 하는 의사의 합치로 성립한다.

2) 내용

각 당사자는 교환의 내용에 따라 목적이 된 재산권을 그 상대방에게 이전해 줄 채무를 부담한다. 그 밖에 쌍무계약에 따른 일반적 효과가 주어지기 때문에 동시이행의 항변권이 보장되고, 유상계약이므로 매매에 관한 규정이 준용된다(민법 제567조).

4. 소비대차

1) 의의

소비대차(消費貸借)라 함은 당사자 일방(대주)이 금전 기타 대체물의 소유권을 상대방에게 이전하고, 상대방(차주)이 이를 소비한 후 변제기에 그와 같은 종류·품질 및 수량으로 반환하는 것을 내용으로 하는 계약이다.

2) 내용

대주(貸主)는 계약의 목적물인 금전 기타 대체물의 소유권을 차주에게 이전해 줄 의무를 진다[200]. 차주(借主)가 목적물에 하자 있음을 모르거나 모르는데 과실이 없는 때에는 목적물의 하자가 중대한 것이어서 계약의 목적을 달성할 수 없는 경우에는 계약을 해제하고, 그렇지 않은 경우에는 손해배상을 청구하며, 또는 계약의 해제나 손해배상청구에 갈음하여 하자 없는 물건을 청구할 수 있다.

200) 민법 제598조.

5. 사용대차

1) 의의

사용대차(使用貸借)라 함은 물건을 빌려 사용한 뒤 나중에 바로 그 물건을 반환하는 대차이다. 소비대차 · 임대차와 더불어 대차형의 계약에 속하지만, 빌린 물건 그 자체를 사용한 후 반환하는 점에서 소비한 후 다른 동종의 물건으로 반환하는 소비대차와 다르고, 빌린 물건 그 자체를 반환하는 점에서는 임대차와 같으나 사용대차는 무상인데 반해 임대차는 유상이라는 점에서 다르다.

2) 내용

대주는 차주가 사용 · 수익할 수 있도록 목적물을 인도할 의무를 지고[201], 인도후에는 차주의 정당한 사용 · 수익을 방해하지 아니할 소극적 수인의무(受忍義務)를 부담한다.

6. 임대차

1) 의의

임대차(賃貸借)는 당사자 일방이 상대방에게 목적물을 사용 · 수익하게 할 것을 약정하고 상대방이 이에 대하여 차임을 지급할 것을 약정함으로써 그 효력이 생긴다. 임대차는 타인의 물건을 사용 · 수익하는 점에서 소비대차 및 사용대차와 같지만, 임차인이 그 임차물 자체를 반환하여야 하고 그 소유권을 취득하지 않는 점에서 소비대차와 다르고, 또 사용 · 수익의 대가로서 차임을 지급하여야 하는 유상계약인 점에서 무상계약인 사용대차와 구별된다.

2) 내용

임대차가 성립하기 위해서는 임대인과 임차인 사이에 임차 목적물에 대한 임대차 계약을 체결하겠다는 의사표시의 합치가 있어야 한다. 임대차는 유상계약이므로 목적물의 사용 · 수익의 대가로서 차주는 대주에게 차임을 지급하

201) 민법 제609조.

여야 한다.[202)]

3) 주택임대차보호법

주택임대차보호법은 주거용 건물, 즉 주택의 임대차에 관하여 민법에 대한 특례를 규정함으로써 국민의 주거생활의 안정을 보장함을 목적으로 1981년에 법 제3379호로 제정되었고, 그 후 수차례에 걸친 개정되었다.

임대차는 그 등기가 없는 경우에도 임차인이 주택의 인도와 주민등록을 마친 때에는 그 익일부터 제3자에 대하여 효력이 생긴다. 이 경우 전입신고를 한 때에 주민등록이 된 것으로 본다'고 하여 주택의 인도와 전입신고를 하면 제3자에 대한 대항력을 인정하고 있다.

기간의 정함이 없거나 기간을 2년 미만으로 정한 임대차는 그 기간을 2년으로 보며[203)], 임대차가 종료한 경우에도 임차인이 보증금을 반환받을 때까지는 임대차관계는 존속하는 것으로 본다[204)].

위 일정액 이하의 보증금을 내용으로 하는 임차인은 요건을 갖추게 되면 그 보증금 중 일정액에 대해서는 다른 담보물권자보다 언제나 우선하여 변제받을 권리를 가진다[205)].

7. 고용

1) 의의

고용(雇傭)은 계속적 채권관계로서 인적 신뢰관계를 기초로 하는 특수성으로 인해 고용에 따른 사용자 혹은 노무자의 권리의무는 일신전속성(一身專屬性)을 가진다[206)].

2) 내용

고용에 관한 민법의 원칙은 노무자와 사용자를 대등한 당사자로 예정하고

202) 민법 제618조.
203) 임대차보호법 제4조 1항 본문.
204) 동법 제4조 2항.
205) 동법 제8조 1항 1문.
206) 민법 제657조.

계약자유의 원칙 또는 사적자치의 원칙에 의해 그들의 자유로운 합의로 고용계약을 체결하도록 하고 있다. 그 계약 내용에 따라 노무자는 노무제공의무를, 사용자는 그 대가로 보수지급의무를 부담한다. 주로 사용자의 채권을 중심으로 규정하고 있다.

8. 도급

1) 의의

도급(都給)이라 함은 당사자 일방(수급인)이 어느 일을 완성할 것을 약정하고 상대방(도급인)이 그 일의 결과에 대하여 보수를 지급할 것을 약정함으로써 성립하는 계약이다.[207] 타인의 노무를 이용하고 보수를 지급한다는 점에서 고용·위임·임치 등과 같지만, 일의 결과물, 즉 일의 완성에 중점을 둔다는 점에서 차이가 있다.

2) 내용

도급은 당사자 일방이 어느 일을 완성할 것을 약정하고 상대방이 그 일의 결과에 대하여 보수를 지급할 것을 약정함으로써 그 효력이 생기므로, 수급인의 일의 완성의무와 도급인의 보수지급의무가 서로 의존관계에 있는 유상·쌍무계약이며 낙성·불요식의 계약으로 규정하고 있다.

9. 현상광고

1) 의의

현상광고(懸賞廣告)라 함은 광고자가 불특정 다수인을 상대방으로 예정하여 광고의 방식을 통해 청약을 하고 상대방이 광고에 정한 행위를 완료한 때에 계약이 성립하는 계약을 말한다.

2) 내용

현상광고는 타인이 어느 일을 완료한 경우에 광고자가 그 대가로 보수를 지

---

207) 민법 664조.

급한다는 점에서 도급과 유사하지만, 도급과 달리 처음부터 상대방이 특정되어 있지 않다는 점에서 차이가 있다.

10. 위임

1) 의의

위임(委任)이라 함은 당사자의 한쪽(위임인)이 상대방에 대하여 사무의 처리를 위탁하고, 그 상대방(수임인)이 이를 승낙함으로써 성립하는 계약이다.

2) 내용

위임은 위임인과 수임인간에 사무의 처리를 목적으로 하는 계약으로, 수임인의 노무를 이용하는 점에서 고용이나 도급과 비슷하지만, 그 사무처리의 목적 내에서 수임인에게 어느 정도 재량권이 인정된다는 점에서 고용과 다르고, 사무의 처리과정 자체에 목적을 둘 뿐 그 결과에 목적을 두는 것이 아니라는 점에서 도급과 구별된다.

11. 임치

1) 의의

임치(任置)라 함은 타인의 노무를 이용하여 물건 등을 보관하는 한정된 노무를 목적으로 하는 계약을 말한다. 임치의 목적물은 금전·유가증권 기타 물건이면 가능하다. 물건이면 부동산도 포함되기 때문에 부동산의 임치도 가능하다.

2) 내용

임치에 대하여 우리 민법은 보관의 대가로서 보수의 지급을 요소로 하지 않기 때문에[208], 원칙적으로 무상·편무계약이다. 임치는 일정기간 동안 물건을 보관하는 것을 내용으로 하는 점에서 계속적 채권관계에 속한다.

---

208) 민법 제693조.

12. 조합

1) 의의

조합(組合)이라 함은 2인 이상의 특정인이 서로 출자하여 공동사업을 경영할 것을 목적으로 결합한 단체를 말한다.

2) 내용

조합은 2인 이상이 상호 출자하여 공동사업을 경영하는 것을 약정함으로써 성립한다. 우리 민법은 조합계약을 의미하는 뜻으로 조합 또는 조합계약을 혼용하여 사용하고 있다.[209]

13. 종신정기급

1) 의의

종신정기금계약은 당사자 일방이 자기, 상대방 또는 제3자의 종신까지 정기로 금전 기타의 물건을 상대방 또는 제3자에게 지급할 것을 약정함으로써 그 효력이 생긴다.

2) 내용

종신정기금은 당사자의 합의에 의해 성립하는 경우가 대부분으로, 종신정기금은 특정인의 종신까지 급부를 하여야 할 정기금채권·채무, 즉 기본적 채권관계에 의해 성립한다. 종신정기금은 특정인의 사망으로 소멸한다.

14. 화해

1) 의의

화해(和解)라 함은 당사자가 상호 양보하여 당사자간의 분쟁을 종지할 것을 약정함으로써 그 효력이 생기는 계약을 말한다.[210]

---

209) 민법 제703조, 제706조, 제716조.
210) 민법 제731조.

2) 내용

화해는 양쪽 당사자가 서로 양보함으로써 손실을 입기 때문에 유상계약에 속하고, 서로 양보하는 것이 대가적 의존관계 의존관계에 있으므로 쌍무계약에 속한다. 또한 당사자간의 합의로 성립하는 낙성계약이고, 일정한 형식을 요구하지 않으므로 불요식계약이다.

Ⅶ. 사무관리, 부당이득, 불법행위

1. 사무관리

1) 의의

사무관리는 법률상의 의무 없이 타인을 위하여 그의 사무를 처리하는 것을 말한다.[211)]

2) 내용

사무관리가 성립하기 위해서는 타인의 사무를 관리하여야 한다. 또한 사무관리가 성립하기 위해서는 관리자에게 타인을 위하여 사무를 처리한다는 관리의사가 있어야 한다. 관리자가 본인에 대해 당해 사무를 처리할 계약상의 의무가 있는 경우[212)]에는 사무관리가 성립하지 않는다.

관리자가 본인의 의사를 알거나 알 수 있는 때에는, 그 의사에 적합하도록 관리하여야 하며[213)], 관리자가 본인의 의사를 알 수 없는 때에는, 사무의 성질에 좇아 가장 본인에게 이익 되는 방법으로 관리하여야 한다.[214)]

---

211) 민법 제734조 제1항.

212) 예컨대, 위임 · 도급 · 고용 등의 의무를 지거나 또는 법률의 규정에 의한 의무, 예를 들어 친권 · 후견 등의 의무를 부담하는 경우.

213) 민법 제734조 제2항.

214) 민법 제734조 제1항.

2. 부당이득

1) 의의

부당이득(不當利得)이라 함은 법률상 원인 없이 타인의 재산 또는 노무로 인하여 이익을 얻고 이로 인하여 타인에게 손해를 가한 것을 말한다.[215]

2) 내용

법률상 원인없이 재산이 증가하거나 감소할 재산이 감소하지 않아 부당이득자에게 수익이 발생하여야 한다. 이러한 수익은 타인의 재산 또는 노무로 인하여 생긴 것이어야 하며, 수익의 방법에는 제한이 없다. 부당이득이 성립하기 위해서는 부당이득자의 수익이 타인의 손해에 기초한 것이어야 한다. 수익이 있더라도 타인이 그로 인해 손해를 입지 않은 경우에는 부당이득은 성립하지 않는다.

3) 불법원인급여

불법원인급여(불법원인급부)라 함은 불법의 원인으로 인하여 재산을 급여하거나 노무를 제공하는 것을 말한다. 도박이나 인신매매와 같은 계약은 법의 보호를 받지 못한다. 민법은 불법의 원인으로 말미암아 급부한자에게는 부당이득 반환청구권을 인정하지 아니한다.[216]

3. 불법행위

1) 의의

불법행위(不法行爲)라 함은 고의 또는 과실로 인한 위법행위로 타인에게 손해를 가한 행위를 말하며, 불법행위로 인해 가해자가 타인에게 손해를 가한 경우에는 그 손해를 배상할 책임을 친다.[217]

---

215) 민법 제741조.
216) 민법 제746조.
217) 민법 제750조.

2) 성립요건

불법행위가 성립하기 위해서는, 일정한 행위가 있어야 하고, 그러한 행위가 고의나 과실에 의해야 하고, 그러한 행위에 위법성 혹은 비난가능성이 존재해야 하고, 그러한 위법행위로 인한 손해가 발생해야 하며, 위법한 행위와 손해사이에는 인과관계가 존재해야 하며, 위법한 행위를 한 자가 책임능력이 있어야 한다.

3) 과실책임과 무과실책임

민법 제750조(불법행위의 내용)에서 가해자에게 책임을 물을 만한 귀책사유, 즉 고의 또는 과실이 있는 경우에만 배상책임을 지도록 하는 과실책임의 원칙을 기본으로 하고 있다.

무과실책임이라 함은 과실이 없는 데도 타인에게 손해를 가한 결과가 나왔을 때 그 손해를 모두 타인이 지도록 하는 것이 불공평한 경우에 예외적으로 과실이 없는 가해자로 하여금 손해배상책임을 지도록 하는 것을 말한다.

4) 고의와 과실

불법행위를 이유로 한 손해 배상책임이 인정되기 위해서는 가해자에게 고의(故意)나 과실(過失)이 있어야만 한다.

고의라 함은 행위자가 일정한 결과가 발생하리라는 것을 알면서 감히 이를 행하는 심리상태를 말한다. 즉, 가해자가 손해발생을 인식하면서 위법행위를 하는 경우를 말한다. 이에 대해 과실이라 함은 일정한 결과가 발생한다는 것을 알고 있어야 함에도 불구하고 주의를 게을리하여 이를 알지 못하고서 어떤 행위를 하는 상태를 말한다.

5) 입증책임

고의나 과실은 불법행위의 성립요건이므로(민법 제750조), 불법행위의 성립을 주장하는 피해자(채권자)가 가해자(채무자)의 고의·과실을 입증하여야 한다.

한편, 최근에는 입법에 의해 과실을 추정함으로써 입증책임을 전환하고 있는 경우가 있다.

Ⅷ. 친족상속법

1. 가족법의 개념

1) 의의

민법전에서 제2편 물권과 제3편 채권을 재산법이라고 하고, 제4편 친족과 제5편 상속을 친족상속법이라고 한다, 즉 재산법은 재화의 생산・재생산을 하는 경제생활의 면을 규율하고 친족상속법은 종족의 생산・재생산, 가족적・친족적 공동생활의 면을 규율하고 있다.

2) 특징

(1) 호주제도

1990년의 민법의 일부개정으로 호주제도가 대폭 개정됨으로써 호주의 권리・의무를 거의 모두 삭제하여 호주는 하나의 상징적인 존재에 지나지 않게 되었다. 개정 민법에 의하면, 가족의 범위는, 배우자, 직계혈족 및 형제자매, 직계혈족의 배우자, 배우자의 직계혈족, 배우자의 형제자매를 가족으로 본다.

(2) 혼인

가족법은 종래 관습상 인정되어 온 약혼제도를 성문화하여 약혼을 보다 한층 두텁게 보호하려고 하고 있다. 즉 약혼해제사유를 명문화하는 동시에 과실 있는 당사자의 손해배상책임을 규정하고 있다[218]. 개정 민법은 가족의 혼인에는 호주의 동의는 전혀 필요 없게 하고, 성년에 달한 자는 부모의 동의 없이 혼인할 수 있도록 하였다.[219]

양성평등의 원칙에 의하며 동성동본불혼의 원칙과 남자본위의 근친혼금지

---

218) 민법 제800조~제806조.
219) 민법 제808조.

의 규정은 폐지되고, 근친혼금지규정[220]으로 대치되었고, 재혼금지기간에 관한 규정[221]이 삭제되었다.

(3) 이혼

개정 민법은 협의이혼신고에 대한 가정법원의 확인제도를 마련하였고 재판상 이혼원인에 있어서 예시주의를 채용하는 동시에 부부평등하게 부정행위를 이혼원인으로 하였다. 또한, 이혼 후의 子의 양육문제와 면접교섭권에 관하여 가정법원이 직권으로 관여할 수 있게 되었다.

이혼은 당사자의 협의로 자유롭게 할 수 있으나, 재판상이혼의 경우에는, 배우자에 부정한 행위가 있었을 때, 배우자가 악의로 다른 일방을 유기한 때, 배우자 또는 그 직계존속으로부터 심히 부당한 대우를 받았을 때, 자기의 직계존속이 배우자로부터 심히 부당한 대우를 받았을 때, 배우자의 생사가 3년 이상 분명하지 아니한 때, 기타 혼인을 계속하기 어려운 중대한 사유가 있을 때 등을 규정하고 있다.

2. 혼인

1) 혼인의 성립

혼인의 성립은 형식적으로는 호적법이 정하는 바에 의하여 신고하여야 하[222]며, 실질적으로는, 혼인적령에 달하였을 것[223], 부모 등의 동의를 얻을 것[224], 일정한 근친자가 아닐 것[225], iv) 중혼이 아닐 것[226] 등이 있다.

2) 혼인의 무효

당사자 사이에 혼인할 의사가 없으면 설사 혼인신고가 되었다고 하더라도 무효이다. 당사자 간에 8촌 이내의 혈족관계가 있는 때, 당사자 간에 직계인척

---

220) 민법 제809조.
221) 민법 제811조.
222) 민법 제812조~제814조.
223) 민법 제807조.
224) 민법 제808조.
225) 민법 제809조.
226) 민법 제810조.

관계가 있거나 있었던 때, 그리고 당사자간에 양부모계(養父母系)의 직계혈족 관계가 있었던 때에는 무효이다.

3) 혼인의 취소

혼인적령에 달하지 않은 혼인은 당사자 또는 그 법정대리인이 취소를 청구할 수 있다. 남자 만 18세, 여자 만 16세에 달한 자는 혼인할 수 있으나, 반드시 부모, 후견인 등의 동의가 필요하다. 만일 이러한 미성년자가 부모 등의 동의 없이 혼인한 경우에는 그 혼인은 취소할 수 있다.

근친혼으로서 취소될 수 있는 혼인은 금혼범위에서 무효혼이 되는 대상을 제외한 나머지이다. 인척 중에서는 당사자 간에 직계인척관계가 있거나 있었던 자를 제외한 인척, 즉 6촌 이내의 혈족의 배우자, 배우자의 6촌 이내의 혈족, 배우자의 4촌 이내의 혈족의 배우자인 인척이거나 이러한 인척이었던 자 사이의 혼인취소의 대상이 된다.

중혼인 경우에는 당사자 및 배우자, 직계존속, 4촌 이내의 방계혈족 또는 검사가 그 취소를 청구할 수 있다.

부부생활의 지속을 불가능하게 할 정도의 중대한 사유가 당사자 일방에 있는 사실을 알지 못하고 혼인한 때에는 상대방이 그 사유가 있음을 안 날로부터 6월 이내에 취소를 청구할 수 있다.

사기 또는 강박으로 인하여 혼인의 의사표시를 한 때에는 사기를 안 날 또는 강박을 면한 날로부터 3월 이내에 취소를 청구할 수 있다.

4) 혼인의 효과

부부는 서로 배우자인 신분을 가지고 친족이 된다. 부부는 동거하며 서로 부양하고 협조하여야 한다(동거의무, 부양의무). 부부에게는 동거의무가 있으나, 정당한 이유로 일시적으로 동거하지 않는 경우에는 서로 인용하여야 한다. 미성년자가 혼인하였을 때에는 성년에 달한 것으로 보아 행위능력이 인정된다.

민법은 부부별산제를 채택하여 부부의 일방이 혼인 전부터 가지고 있던 고유재산과 혼인에서 자기의 명의로 취득한 재산은 그 특유재산으로 하고, 부부의 누구에게 속한 것인지 분명하지 않은 재산은 부부의 공유재산으로 추정된다.

5) 일상가사대리권

민법은 부부평등의 원칙에 입각하여 부부는 일상가사에 관하여 서로 대리권이 있고 부부의 일방이 일상가사에 관하여 제3자와 법률행위를 한 때에는 다른 일방은 이로 인한 채무에 대하여 연대책임을 지도록 하였다.

6) 이혼

(1) 협의 이혼

협의이혼제도는 부부가 이혼에 합의하는 경우 법원의 협의이혼의사확인 절차를 거쳐 신고에 의하여 간단히 혼인관계를 해소할 수 있게 하는 제도이다. 협의이혼이 성립되기 위해서는 무엇보다도 당사자 사이에 이혼의사의 합치가 있어야 하며, 이혼의사의 합치에는 의사능력이 필요하다. 금치산자도 의사능력이 회복되어 있는 때에는 부모 또는 후견인의 동의를 얻어서 협의이혼을 할 수 있다. 부모 또는 후견인이 없거나 동의할 수 없을 때에는 친족회의 동의를 받아 이혼할 수 있다. 협의이혼도 혼인과 마찬가지로 신고에 의하여 성립한다.

(2) 재판상 이혼

재판상 이혼원인으로 배우자의 부정한 행위 배우자의 악의의 유기, 배우자 또는 그 직계존속에 의한 심히 부당한 대우, 자기의 직계존속에 대한 배우자의 심히 부당한 대우, 배우자의 3년 생사불명, 기타 혼인을 계속하기 어려운 중대한 사유 등이다. 이혼을 하려고 하는 자는 우선 가정법원에 조정을 신청하여야 한다.

(3) 이혼의 효과

이혼에 의하여 부부관계는 소멸한다. 즉, 부부 사이의 정조의무, 동거・부양・협조의 의무, 부부재산관계 등 혼인에 의하여 부부 사이에 생긴 모든 권리의무는 소멸한다. 그러나, 부모의 子에 대한 친족관계는 소멸하지 않으며, 혼인 중에 처가 포태한 父의 子는 이혼 후에 출생하더라도 부모의 혼인중의 출생자인 신분을 갖는다.

부부가 혼인 중에 공동의 노력으로 이룩한 재산은 기여도에 따라 적절히 분할하며, 재산분할로 취득한 재산에 대하여 증여세를 부과할 수 없다. 재산분할 청구권은 2년의 제척기간으로 소멸한다.

7) 사실혼

사실혼(事實婚)이란 사실상 부부로서 혼인생활을 하고 있으면서 단지 혼인 신고를 하지 않았기 때문에 법률혼으로 인정되지 않는 부부관계를 말한다. 사실혼으로 인정되기 위해서는 주관적으로 당사자 사이에 혼인의사가 있고, 객관적으로 부부공동생활의 실체가 존재하여야 한다.

혼인의 신분적 효과는 부부 사이의 실질적인 공동생활을 전제로 하여 인정되는 것이므로, 사실혼관계에서도 인정되는 것이 타당하다. 따라서 사실혼의 부부 사이에는 동거・부양・협조의무가 있으며, 정조의 의무도 인정된다. 사실혼의 부부도 일상가사에 대하여 서로 대리권이 있고, 일상가사에 관한 법률행위로 인한 채무에 대해서는 연대책임을 진다.

부자간의 법적 친자관계는 인지가 없는 한 발생하지 않으므로, 父의 인지가 없는 한 사실혼부부 사이에서 출생한 子는 모의 성과 본을 따르고 모가에 입적하며, 모의 친권에 따르게 된다.

3. 약혼

1) 의의

약혼이란 장래에 혼인을 성립시키겠다는 당사자(한 쌍의 남녀) 사이의 계약이라고 할 수 있다. 약혼은 혼인하려는 양당사자의 합의로 성립한다.

남자는 만 18세, 여자는 만 16세에 달하여야 약혼할 수 있다. 약혼연령미달자의 약혼은 혼인법규정[227]에 준하여 취소할 수 있다.

2) 효과

당사자는 서로 성실하게 교제하고 가까운 시기에 부부공동체를 성립시킬 의무를 진다. 그러나 반드시 결혼을 해야만 하는 의무를 부담하지는 않는다. 즉, 어느 일방이 이 의무에 위반하더라도 상대방은 손해배상을 청구할 수 있을 뿐

227) 민법 제801조 후단에 의한 제808조 제1항 단서의 준용.

강제이행을 청구할 수는 없다.

약혼자 사이에는 친족관계가 발생하지 않는다. 약혼중의 子는 혼인 전의 子이므로, 즉 혼인중의 출생자가 아니므로 혼인 외의 출생자가 된다. 그러나 그 후 약혼당사자가 혼인하면 그 子는 준정(準正)이 되어 혼인중의 출생자가 된다.

3) 해제

민법은 약혼해제사유[228]에 해당되는 경우에 따라서 언제든지 약혼을 해제할 수 있다. 약혼의 강제이행을 청구하는 것은 불가능하며, 정당한 사유없이 약혼을 해제하는 경우에는 손해배상의 책임을 지게 된다.

4. 부모와 자

1) 친자관계

부모와 자녀의 관계가 혈연에 기초하고 있는 경우가 친생친자관계이며, 혈연에 의하지 않고 당사자의 의사에 기초한 친자관계, 즉 법정친자관계(양친자관계)와 구별된다. 친생자는 부모와 혈연관계에 있는 子로서 부모의 혼인상태에 따라서 혼인중의 출생자와 혼인 외의 출생자로 나누어진다.[229]

2) 인공수정자 · 체외수정자

인공수정이란 남녀간의 자연적 성교섭에 의하지 않고, 인공적으로 기구를 사용하여 정액을 여성의 체내에 주입함으로써 정자와 난자를 결합(수정)시켜 포태를 하게 하는 것을 말한다. 이러한 수단을 써서 태어난 자가 인공수정자이다. 부의 동의하에 제3자의 정액을 사용하여 인공수정을 한 때에는 夫의 子로 추정받는 혼인중의 출생자가 된다.

---

228) ⅰ) 약혼 후 자격정지 이상의 형의 선고를 받은 때. 형의 선고를 '형의 확정'으로 축소해석하자는 견해가 있으나 약혼의 해제는 이혼의 경우와 다르므로 구태여 그렇게 해석할 필요가 없다. ⅱ) 약혼 후 금치산 또는 한정치산의 선고를 받은 때, ⅲ) 성병, 불치의 정신병 기타 불치의 악질이 있는 때, ⅳ) 약혼 후 타인과 약혼 또는 혼인을 한 때 ⅴ) 약혼 후 타인과 간음한 때, ⅵ) 약혼 후 1년 이상 그 생사가 불명한 때, ⅶ) 정당한 이유 없이 혼인을 거절하거나 그 시기를 지연하는 때, ⅷ) 기타 중대한 사유가 있는 때 등이다.

229) 민법 제844조: 처가 혼인 중에 포태한 자는 부의 자로 추정한다. 혼인성립의 날로부터 200일 후 또는 혼인관계 종료의 날로부터 300일 내에 출생한 자는 혼인 중에 포태한 것으로 추정한다.

3) 입양

입양이 성립하기 위해서는 우선 당사자 사이에 입양의사의 합치가 있어야 한다. 부부가 입양을 하는 경우에는 부부가 모두 성년에 달해 있어야 한다[230]. 따라서 민법은 양자될 자가 15세 미만인 경우에는 법정대리인이 입양을 동의할 수 있도록 하고[231], 15세에 달하면 스스로 입양의 의사표시를 할 수 있는 것으로 하였다[232].

입양으로 인하여 발생한 친족관계는 무효나 취소로 인하여 소멸한다. 양자는 입양의 무효나 취소로 인하여 원칙적으로 생가에 복적한다.

4) 파양

협의상의 파양은 호적법에 정한 바에 의하여 신고함으로써 그 효력이 생긴다.[233] 민법에 규정된 파양원인이 있는 경우에는 재판상 파양을 청구할 수 있다.

5. 친권

1) 의의

부모가 혼인중인 때에는 공동으로 친권을 행사해야 하며[234], 어느 일방이 단독으로 친권을 행사해서는 안 된다. 부모의 의견이 일치하지 않는 경우에는 당사자의 청구에 의하여 가정법원이 결정한다. 부모의 일방이 친권을 행사할 수 없을 때에는 다른 일방이 단독으로 친권을 행사한다.

2) 내용

친권의 효력으로서 子의 양육과 관련된 사항으로는 보호・교양의 권리의무 및 여기서 파생되는 거소지정권, 징계권, 子의 인도청구권 등이 있다. 친권의 효력 중 子의 인도청구권 등이 있다. 친권의 효력 중 子의 재산에 관한 것으로

---

230) 민법 제866조.
231) 민법 제869조.
232) 민법 제869조, 제871조.
233) 민법 제898조.
234) 민법 제909조 제2항.

는 子의 재산관리권, 법정대리권 및 동의권 등이 있다.

친권의 소멸에는 자연적 사실에 의한 소멸, 친권자의 의사에 의한 상실(즉 대리권・관리권의 사퇴) 및 친권자의 의사에 의하지 않는 상실(즉 외부로부터의 박탈) 등이 모두 포함된다.

6. 후견

1) 의의

미성년자를 위한 후견은 친권자가 법률행위의 대리권 및 재산관리권을 행사할 수 없을 때 후견은 개시된다[235].[236] 미성년자의 후견인은 제1순위가 지정후견인, 제2순위가 법정후견인, 제3순위가 선임후견인이다.

2) 내용

후견인은 피후견인인 미성년자의 신분에 대해서 친권자와 동일한 권리의무를 가지나, 일정한 제한을 받는다. 보호・교양의 권리의무, 거소지정권, 징계권, 영업허락권, 친권자와 마찬가지로, 후견인은 의사능력이 없는 피후견인을 부당하게 억류한 자에 대하여 인도청구권이 있다. 후견인도 법률이 정하는 일정한 경우에는 피후견인의 신분행위에 대하여 대리권과 동의권을 가진다. 후견인은 피후견인의 법정대리인이 되어, 피후견인의 재산을 관리하고 그 재산에 관한 법률행위에 대하여 피후견인을 대리한다.

7. 가족

1) 의의

가족이란 일가의 구성원으로서 호주가 아닌 자를 말한다. 호주의 배우자, 혈족과 그 배우자 기타 민법의 규정에 의하여 그 가에 입적한 자는 가족이 되며

---

235) 민법 제928조: 미성년자에 대하여 친권자가 없거나 친권자가 법률행위의 대리권 및 재산관리권을 행사할 수 없을 때에는 그 후견인을 두어야 한다.

236) 민법 제937조는 후견인이 될 수 없는 사람을, 미성년자 금치산자, 한정치산자, 파산자, 자격정지 이상의 형의 선고를 받고 그 형기 중에 있는 자, 가정법원에서 해임된 법정대리인 또는 친족회원, 행방이 불명한 자, 피후견인에 대하여 소송을 하였거나 하고 있는 자 또는 그 배우자와 직계혈족이라고 규정하고 있다.

호주의 변경, 즉 호주승계나 호주의 폐가입양이 있었을 경우에는 전호주의 가족은 원칙적으로 신호주의 가족이 된다.

일반적으로, 子는 출생에 의하여 父家 또는 母家에 입적하여 그 家의 가족이 된다. 한국인이 대한민국의 국적을 잃으면 가족인 자는 그 신분을 잃는 경우가 있으며, 외국인이 한국국적을 얻으면 호주가 되는 자 이외는 가족의 신분을 취득하는 경우가 있다.

2) 내용

가족은 호주권에 복종할 의무가 있다. 가족은 자기의 명의로 취득한 재산을 특유재산으로 소유할 수 있는 권리가 있으며 자기가 사용·관리·수익·처분할 수 있다. 가족의 누구에게 속한 것인지 분명하지 않은 재산은 가족의 공유로 추정한다.

8. 친족

민법은 친족을 배우자, 혈족 및 인척을 친족으로 있다.[237)]

1) 혈족

자기의 직계존속과 직계비속을 직계혈족이라 하고 자기의 형제자매와 형제자매의 직계비속, 직계존속의 형제자매 및 그 형제자매의 직계비속을 방계혈족이라 한다.[238)] 혈연관계로 연결되어 있는 사람들을 자연혈족이라고 하며, 부모와 자녀, 형제자매, 조손관계 등이 자연혈족의 대표적인 예이다. 8촌 이내의 혈족은 법률상 친족이 된다. 자연적인 혈연관계는 없으나 법률에 의해서 자연혈족과 같은 관계가 인정되는 사람을 법정혈족이라고 한다. 법정혈족관계는 입양에 의해서 발생한다.

직계혈족이란 혈연이 친자관계, 조손관계 등에 의하여 수직으로 연결되는 혈족으로서 직계존속과 직계비속으로 나누어진다. 직계존속이란 자기의 부모를 비롯하여 부모 보다 항렬(行列)이 높은 직계혈족을 말한다(조부모·증조부

237) 민법 제767조.
238) 민법 제768조.

모 등). 직계비속이란 자기의 자녀를 비롯하여 자녀보다 항렬이 낮은 직계혈족을 말한다(손자녀 · 증손자녀 등). 방계혈족이란 공동시조에서 갈라져 나간 혈족을 말하며, 형제자매 · 조카(형제자매의 직계비속) · 삼촌 · 이모 · 고모(직계존속의 형제자매) · 사촌형제자매(직계존속의 형제자매의 직계비속) 등이 방계혈족에 해당한다.

2) 배우자

혼인에 의하여 남녀는 서로 배우자가 되며, 친족의 범위에 속하게 된다.

3) 인척

인척이란 혈족의 배우자(예를 들어 형의 처, 누나의 남편, 삼촌의 처 등), 배우자의 혈족(예를 들어 배우자의 부모, 형제자매 등), 배우자의 혈족의 배우자(예를 들어 夫의 동생의 妻, 妻의 언니의 夫 등)를 말한다.[239)]

9. 상속

1) 의의

상속은 피상속인의 사망에 의해 상속인이 피상속인에 속하던 모든 재산상의 권리 · 의무를 포괄적으로 승계하는 것을 말한다. [240)]

상속순위는, 피상속인의 직계비속, 피상속인의 직계존속, 피상속인의 형제자매, 피상속인의 4촌 이내의 방계혈족의 순으로 하고, 동순위의 상속인이 수인인 때에는 최근친을 선순위로 하고 동친 등의 상속인이 수인인 때에는 공동상속인이 된다. 태아는 상속순위에 관하여는 이미 출생한 것으로 본다.[241)]

한편, 상속인은 상속으로 인하여 취득할 재산의 한도에서 피상속인의 채무와 유증을 변제할 것을 조건으로 상속을 승인할 수 있는데, 이를 상속의 한정승인이라 한다.[242)]

---

239) 민법 제769조.
240) 민법 제997조: 상속은 사망으로 인하여 개시된다.
241) 민법 제1000조.
242) 민법 제1028조.

2) 대습상속

상속개시 당시 살아 있었다면 상속인이 될 수 있었던 피상속인의 직계비속 또는 형제자매가 상속개시 전에 사망하거나 결격자가 된 경우에, 그 직계비속이 있는 때에는 그 직계비속이 사망하거나 결격된 자의 순위에 갈음하여 상속인이 된다. 상속개시 전에 사망 또는 결격된 자의 배우자도 그 직계비속과 함께 동순위로 공동상속인이 되며, 그 직계비속이 없을 때에는 단독상속인이 된다. 이를 대습상속이라고 한다.[243)]

3) 상속의 결격

상속의 결격사유는 두 종류로 크게 나눌 수 있는데, 피상속인 등의 생명침해에 관한 사유로서 피상속인에 대한 패륜행위, 피상속인의 유언에 대한 부정행위이다.[244)]

4) 상속분

상속분이란 전상속재산의 관념적・분량적인 일부를 말하는 것으로, 상속개시 시에 있어서의 상속재산 전체의 가액에 대한 비율에 의하여 표시된다. 상속분은 피상속인의 의사 또는 법률의 규정에 의하여 정해지는데, 전자를 지정상속분이라고 하고, 후자를 법정상속분[245)]이라고 한다.

피상속인의 처의 상속분은 직계비속과 공동으로 상속하는 때에는 동일가적 내에 있는 직계비속의 상속분의 5할을 가산하고, 배우자의 직계존속과 공동으로 상속하는 때에는 직계존속의 상속분의 5할을 가산하게 되어 있다.[246)]

---

243) 민법 제100조. 예컨대, A가 사망하고, A의 유족으로서 배우자 B, 아들 C가 있다. A의 딸 D는 1년 전에 사고로 사망하였는데, D의 남편 E는 재혼하지 않고 D와의 사이에서 태어난 F를 키우며 혼자 살고 있다. 이 경우 A의 상속인이 되는 사람은 B(배우자), C(직계비속), E, F(대습상속인)이다.

244) 예컨대, 고의로 직계존속, 피상속인, 그 배우자 또는 상속의 선순위자나 동순위자를 살해하거나 살해하려 한 것, 사기・강박으로 피상속인의 상속에 관한 유언 또는 그 철회를 방해한 것, 사기 또는 강박으로 피상속인의 상속에 관한 유언을 하게 한 것, 피상속인의 상속에 관한 유언서를 위조・변조・파기 또는 은닉한 것, 이러한 결격사유가 발생하면 상속인은 당연히 상속할 자격을 잃는다. 민법 제1004조.

245) 민법 제1009조.

246) ⅰ) 夫가 사망하고 상속인으로 처, 장녀, 장남, 차남, 차녀가 있는 경우에, 분배율은 3/9, 2/9, 2/9, 2/9이다.

5) 기여분

기여분(寄與分)이란 공동상속인 중에서 상당한 기간 동거, 간호 그 밖의 방법으로 피상속인을 특별히 부양하거나 피상속인의 재산의 유지 또는 증가에 관하여 특별히 기여한 자가 있을 경우에는, 그 기여분을 상속분의 산정에 있어서 고려하는 제도이다.[247)]

10. 유언

1) 의의

유언은 유언자의 사망과 동시에 일정한 법률효과를 발생시키는 것을 목적으로 일정한 방식에 따라서 하는 상대방이 없는 단독행위이다. 유언의 효력은 유언자의 사후에 발생하지만, 유언이 법률행위로서 성립하는 것은 일반의 단독행위와 마찬가지로 그 표시행위가 완료하였을 때이다.

2) 내용

유언은 요식행위로 법적방식에 위반하는 유언은 무효가 된다.[248)]

즉, 민법이 인정하는 유언방식에는, 자필증서[249)], 녹음[250)], 비밀증서, 비밀증서[251)]와 구주증서[252)]의 5종이다.[253)]

---

ii) 妻가 사망하고 상속인으로: 夫, 장녀, 장남, 차녀가 있는 경우에, 분배율은 3/9, 2/9, 2/9, 2/9이다.

iii) 혼인한 장남이 사망하고 상속인으로 父, 母, 처가 있는 경우에, 분배율은 2/7, 2/7, 3/7이다.

iv) 父가 피상속인인 경우의 대습상속인 경우에, 상속인으로 모,장남(사망 - 대습; 처・子), 장녀가 있다면, 분배율은 3/7, 2/7, (6/35・4/35), 2/7이다.

v) 대습상속으로 母가 사망한 경우에 상속인으로 父, 장남, 장녀(사망 - 대습; 夫・子), 차녀가 있다면, 분배율은 3/9, 2/9, 2/9, (6/45・4/45), 2/9 이다.

247) 민법 제1008조의 2. 예컨대, 피상속인 갑의 상속재산이 1억 5000만원인데, 상속인 을, 병, 정 중에서 을의 기여분이 3,000만원으로 인정된다면, 상속재산 1억 5,000만원에서 기여분 3,000만원을 공제한 1억 2,000만원을 상속재산으로 보고 을, 병, 정이 각각 4,000만원씩을 상속한다.

248) 민법 제1060조: 유언은 본법의 방식에 의하지 아니하면 효력이 생하지 아니한다.

249) 민법 제1066조: 자필증서에 의한 유언은 유언자가 그 전문과 연월일, 주소, 성명을 자서하고 날인하여야 한다.

250) 민법 제1067조: 녹음에 의한 유언은 유언자가 유언의 취지, 그 성명과 연월일을 구술하고 이에 참여한 중인이 유언의 정확함과 그 성명을 구술하여야 한다.

3) 유류분

유류분은 피상속인의 상속개시 시에 있어서 가진 재산의 가액에 증여재산의 가액을 가산하고 채무의 전액을 공제하여 이를 산정한다. 조건부의 권리 또는 존속기간이 불확정한 권리는 가정법원이 선임한 감정인의 평가에 의하여 그 가격을 정한다[254].

상속인의 유류분은, 피상속인의 직계비속은 그 법정상속분의 2분의 1, 피상속인의 배우자는 그 법정상속분의 2분의 1, 피상속인의 직계존속은 그 법정상속분의 3분의 1, 피상속인의 형제자매는 그 법정상속분의 3분의 1로 한다.[255]

11. 유증

1) 의의

유증이란 유언에 의한 재산의 무상증여로, 포괄적 유증과 특정적 유증으로 구별된다. 포괄적 유증은 적극・소극의 재산을 포괄하는 상속재산의 전부 또는 그 분수적 부분 혹은 비율에 의한 유증 - 예컨대 상속재산의 3분의 1 또는 2할 - 이다. 이에 반하여 특정적 유증은 하나하나의 재산상의 이익을 구체적으로 특정하여 유증의 내용으로 하는 것 이다.

2) 내용

유증이 단순유증인 때에는 그 효력은 유언자가 사망한 때로부터 발생하며, 정지조건이 있는 유증이면 그 효력은 조건이 성취한 때부터 발생한다. 수증자가 유언자의 사망 전에 사망한 경우에는 유증의 효력은 생기지 않으며, 유언자

---

251) 민법 제1069조: 비밀증서에 의한 유언은 유언자가 필자의 성명을 기입한 증서를 엄봉날인하고 이를 2인 이상의 증인의 면전에 제출하여 자기의 유언서임을 표시한 후 그 봉서표면에 제출 연월일을 기재하고 유언자와 증인이 각자 서명 또는 기명날인하여야 한다.

252) 민법 제1070조: 구수증서에 의한 유언은 질병 기타 급박한 사유로 인하여 앞의 방식들에 의한 유언을 할 수 없는 경우에 유언자가 2인 이상의 증인의 참여로 그 1인에게 유언의 취지를 구술하고 그 구수를 받은 자가 이를 필기 낭독하여 유언자의 증인이 그 정확함을 승인한 후 각자 서명 또는 기명날인하여야 한다.

253) 민법 제1065조.

254) 민법 제1113조.

255) 민법 제1112조.

와 수증자가 동시에 사망한 경우에도 마찬가지이다. 유증을 받을 자는 유언자의 사망 후에 언제든지 유증을 승인 또는 포기할 수 있다.[256)]

256) 민법 제1074조.

제2절 상법

Ⅰ. 상법의 개념

1. 상법의 의의

실질적 의의의 상법이란 상법이 규율하는 생활관계의 실질 또는 내용을 파헤쳐서 파악된 통일적이며 체계적인 개념이고, 형식적 의의의 상법이란 상법이라는 이름으로 제정된 성문법전을 의미하는 개념이다.

2. 상법의 특성

기업을 중심으로 하는 생활관계를 규율하는 상법의 기본적 이념은 한마디로 기업을 유지·강화하고 기업활동(영리활동)을 왕성하게 하여 자본의 순조로운 재생산운동을 발전시키고, 나아가서 국민경제에 이바지하도록 하는데 있다. 상법은 기업에 관한 특별사법으로서 경제법칙에 따르는 성격을 많이 갖고 있다. 따라서 상법의 법역은 다른 법역(특히 민법)에 비하여 현저한 특성을 갖고 있다. 이러한 상법의 특성은 시간적인 면에서 볼 때는 유동적·진보적 경향으로 나타나고, 공간적으로 볼 때는 세계적·통일적 경향으로 나타나고 있다.[257)]

3. 상법의 법원과 효력

1) 상법의 법원

(1) 상법전

우리나라의 상법전은 1962년 1월 20일 공포되고 1963년 1월 1일부터 시행

257) 이범찬/최준선, 상법개론 제8판, 삼영사 2004, 26면.

되고 있는데, 이것이 가장 기본적인 상법의 법원이다. 전문 5편(총칙 · 상행위 · 회사 · 보험 · 해상) 874조, 부칙(제정당시) 12조로 되어 있다.

(2) 상사특별법령

상사특별법령은 크게 상법전에 부속된 상사특별법령과 상법전에 독립한 상사특별법령이 있다. 상법전에 부속된 상사특별법령은 상법시행법 · 상법의 일부규정의 시행에 관한 규정 · 선박소유자 등의 책임제한절차에 관한 법률 · 선박의 속구목록에 관한 규정 · 상업등기처리규칙 등이 있고, 상법전과 독립한 상사특별법령으로는 증권거래법 · 보험업법 · 독점규제 및 공정거래에 관한 법률 · 주식회사의 외부감사에 관한 법률 · 약관의 규제에 관한 법률 · 소비자보호법 · 여신전문금융업법 등이 있다.

(3) 상관습법

상관습법으로 인정된 것 중 중요한 것으로는 백지어음의 유효성 등이 있었으나 성문화되었고, 현재로는 국제무역과 관련된 상업신용장에 관한 관습, 해상화물운송에 있어서의 보증도의 관습 등이 있다고 볼 수 있다.

(4) 상사자치법

회사 기타의 단체가 그의 조직 및 구성원에 관하여 자주적으로 제정하는 자치법규도 상법의 법원이 된다. 이러한 자치법규의 예로는 회사의 정관이나 증권거래소의 업무규정 등이 있다.

(5) 보통거래약관

보통거래약관이란 그 명칭이나 형태 또는 범위를 불문하고 계약의 일방 당사자가 다수의 상대방과 계약을 체결하기 위하여 일정한 형식에 의하여 미리 마련한 계약의 내용을 말한다.

2) 상사에 관하여 적용될 법규의 적용순서

(1) 상법전과 상관습법

상법 제1조에 의하면 상사에 관하여 상법전에 규정이 없으면 상관습법을 적용한다.

(2) 상관습법과 민법전

상사에 관하여 상법전에 규정이 없는 경우에는 즉시 민법전을 적용하는 것이 아니라, 이에 관한 상관습법을 우선적으로 적용하여야 한다.[258)]

4. 상인(기업의 주체)

1) 상인의 의의

상인은 형식적으로 보면 기업활동에서 발생하는 권리의무의 귀속자(명의인)이고, 실질적으로 보면 기업에 내재하여 기업활동을 영위하는 자라고 할 것이다. 우리 상법은 제4조에서 기본적 상행위(영업적 상행위)를 전제로 하여 당연상인을 규정하고 있고, 제5조에서 상행위를 전제로 하지 않은 의제상인을 규정하고 있다.

(1) 당연상인

당연상인이란 자기명의로 상행위를 하는 자를 말하는데 당연상인의 개념의 기초가 되는 상행위라 함은 상법 제46조에 규정된 기본적 상행위(영업적 상행위)와 특별법에서 상행위로 본 것이다.

① 기본적 상행위(영업적 상행위)

매매행위 · 임대차행위 · 제조 · 가공 또는 · 수선에 관한 행위 · 전기, 전파, 가스 또는 물의 공급에 관한 행위

② 특별법상 상행위

담보부사채신탁법에 의한 사채총액의 인수 · 신탁법에 의한 신탁의 인수

(2) 의제상인(형식에 의한 상인)

의제상인에는 설비상인과 민사회사가 있다.

① 설비상인

설비상인이란 점포 기타 유사한 설비에 의하여 상인적 방법으로 상행위 이

---

258) 상법 제1조 참조.

외의 영업을 하는 자를 말한다.[259] 이러한 설비상인은 ⓐ 상인적 설비(점포 기타 유사한 설비)와 ⓑ 상인적 방법의 두 가지 요건을 요한다.

② **민사회사**

민사회사란 상행위 이외의 행위를 영리의 목적으로 하는 회사를 말한다. 회사에는 상사회사와 민사회사가 있는데, 상행위를 영리의 목적으로 (즉, 영업으로)하는 회사가 상사회사(당연상인)이고, 상행위 이외의 행위를 영리의 목적으로 하는 회사가 민사회사(의제상인)인 점에서 양자는 차이가 있다.

(3) 소상인(簡易企業)

소상인이란 자본금이 1,000만원 미만으로 회사가 아닌 자를 말한다. 이러한 소상인에 대하여는 지배인, 상호, 상업장부 및 상업등기에 관한 규정이 적용되지 않는다.

2) 상인자격의 취득과 상실

(1) 상인능력

상인자격을 취득할 수 있는 법률상의 지위를 상인능력이라고 하는바[260], 이러한 상인능력은 법이 권리능력자에 대하여 일반적으로 인정하고 있다. 따라서 민법상 권리능력자는 상법상으로는 모두 상인능력자라고 볼 수 있다. 상인능력이 있는 자는 상법 제4조와 제5조의 요건[261]을 구비함으로써 상인자격을 취득한다. 상인능력자(권리능력자) 중 자연인은 개별적인 의사에 기하여 상인자격을 취득하기도 하고 상실하기도 하나, 법인(특히 회사)의 경우는 일반적으로 그 존재의 목적(즉, 영리성의 유무)이 권리능력(법인격)의 부여의 기초가 되고 있으므로 상인자격은 권리능력(법인격)의 시기 및 종기와 일치한다.

상인자격을 취득한 자가 스스로 유효한 영업활동을 할 수 있는 능력을 영업능력이라고 한다.[262] 민법상 행위무능력자는 상인자격을 취득하여도 영업능

---

259) 상법 제5조 1항 참조.
260) 이범찬/최준선, 전게서, 73면.
261) 상법 제4조 : 자기명의로 상행위를 하는 자를 상인이라고 한다. 제5조 ① 점포 기타 유사한 설비에 의하여 상인적 방법으로 영업을 하는 자는 상행위를 하지 아니하더라도 상인으로 된다. ② 회사는 상행위를 하지 아니하더라도 전항과 같다.
262) 이범찬/최준선, 전게서, 74면; 정찬형, 상법강의(상) 제11판, 박영사 2008, 68면.

력은 취득하지 못하게 된다.

(2) 자연인의 상인자격

자연인은 생존한 동안 권리능력(상인능력)이 있으므로, 생존한 동안 원칙적으로 아무런 제한 없이(연령 · 성별 · 행위능력 유무 등) 자기의 의사에 기하여 상법 제4조 또는 제5조의 요건을 구비하여 상인자격을 취득하게 된다. 자연인의 상인자격은 영업의 종료(영업의 폐지)로써 소멸한다. 영업의 종료의 원인은 상인의 의사에 의하는 경우(폐업)와 상인의 의사 이외의 원인(법률에 의하여 그 영업이 금지되는 경우 등)에 의하는 경우가 있다.

(3) 법인의 상인자격

① 사법

영리법인은 사단법인에 한하여 인정되는데, 이 영리사단법인이 바로 회사이다. 회사에는 상행위를 목적으로 하는 상사회사와 상행위 이외의 영리를 목적으로 하는 민사회사가 있는데, 상사회사는 당연상인이고 민사회사는 의제상인이다. 따라서 양자는 모두 상인인 점에서 같고 또한 모두 회사로서 성립한 때에 상인자격을 취득한다. 상인자격의 취득시기와 법인격의 취득시기가 동일하다.

② 공법인

국가나 지방자치단체와 같은 일반공법인은 그 목적이나 활동에 제한이 없으므로 상인능력이 있고, 따라서 상인자격을 취득할 수 있다. 그러나 특별법(농촌근대화촉진법 등)에 의하여 설립되는 특수공법인(농지개량조합 등)은 각각의 법률에 의하여 법인격 부여의 목적이 비영리적인 특정사업에 한정되어 있고 그 이외의 사업(영업)은 할 수 없으므로, 이러한 특수공법인은 사법인 중의 특수법인과 같이 처음부터 상인능력이 없고, 따라서 상인자격을 취득할 여지가 없다.

3) 영업능력

민법상 행위무능력자는 상법상 영업무능력자로서 그의 영업행위에는 일정한 제한을 받는다. 다만 상법은 영업행위의 특수성(집단성 · 반복성 · 거래안전 등)으로 인하여 약간의 특별규정을 두고 있다.

(1) 미성년자

① 미성년자가 스스로 영업을 하는 경우

미성년자가 법정대리인의 허락을 얻어 스스로 영업을 하는 경우에는 거래의 안전을 위하여 이를 상업등기부에 등기하여야 한다. 법정대리인은 이 허락을 취소 또는 제한할 수 있는데, 다만 선의의 제3자에게 대항하지 못한다. 법정대리인이 영업의 허락을 취소 또는 제한한 때에도 거래의 안전을 위하여 지체 없이 이를 등기하여야 한다.

② 법정대리인이 영업을 대리하는 경우

법정대리인은 미성년자를 대리하여 영업을 할 수 있는데, 법정대리인이 미성년자를 대리하여 영업을 하는 경우에도 거래의 안전을 위하여 이를 상업등기부에 등기하여야 한다. 법정대리인의 대리권에 대한 제한은 선의의 제 3자에게 대항하지 못한다. 법정대리인의 대리권의 소멸은 등기사항의 소멸이므로 변경등기를 요한다.

③ 미성년자가 인적회사의 무한책임사원인 경우

미성년자가 법정대리인의 허락을 얻어 인적회사의 무한책임사원이 된 때에는 그 사원자격으로 인한 행위에는 능력자로 본다.

(2) 한정치산자

한정치산자의 영업능력은 미성년자의 그것과 같다.

(3) 금치산자

금치산자의 경우에는 언제나 영업능력이 없으므로, 금치산자 자신이 법정대리인(후견인)의 허락을 얻어 유효한 영업행위를 하지 못한다.

5. 상업사용인(기업의 경영보조자)

1) 의의

기업의 보조자에는 특정한 상인에 종속하여 기업의 내부에서 기업을 보조하는 자와, 기업의 외부에서 독립한 상인으로 기업을 보조하는 자가 있다. 전자에 해당하는 자는 이 장에서 다룰 상업사용인이고, 후자에 해당하는 자는 대리상·중개인·위탁매매인·운송주선인·운송인·창고업자이다. 상업사용인이란 특정한 상인에 종속하여 경영상의 노무(대외적인 영업상의 업무)에 종사하는 자이다.

2) 상업사용인의 종류

상법은 상업사용인에 대하여 대리권의 유무·광협에 따라 지배인, 부분적 포괄대리권을 가진 상업사용인, 물건판매점포사용인(의제상업사용인)이라는 세 가지의 상업사용인을 인정하고 있다.

(1) 지배인

지배인은 영업주에 갈음하여 그 영업에 관한 재판상 또는 재판외의 모든 행위를 할 수 있는 대리권을 가진 상업사용인이다.

(2) 부분적 포괄대리권을 가진 상업사용인

부분적 포괄대리권을 가진 상업사용인이란 영업주의 영업의 특정한 종류 또는 특정한 사항에 관하여 재판외의 모든 행위를 할 수 있는 대리권을 가진 상업사용인을 말한다. 보통 회사의 과장·계장·대리 등의 명칭을 가진 상업사용인이 이에 해당한다.

(3) 물건판매점포사용인

물건을 판매하는 점포의 사용인은 그 판매에 관한 모든 권한이 있는 것으로 의제되는데, 이로 인하여 물건판매점포사용인을 의제상업사용인이라고도 한다.

(4) 상업사용인의 의무

상법은 상업사용인의 부작위의무에 대하여 두 가지를 규정하고 있는데, 하나는 경업금지의무(협의의 경업피지의무, 경업회피의무, 거래금지의무)이고, 다른 하나는 겸직금지의무(겸직회피의무, 특정지위취임금지의무)이다.

6. 상호(기업의 명칭)

상호의 정의에 대하여는 상법에 명문규정은 없으나, 상인이 영업상 자기를 표시하기 위하여 사용하는 명칭[263] 혹은 기업(영업)활동상 사용하는 기업(영업)의 명칭이라고 정의할 수 있겠다.[264] 상호는 명칭이므로 문자로 표시되고 발음할 수 있는 것이어야 한다. 상법 제18조는 상인은 그 성명 기타의 명칭으로 상호를 정할 수 있다고 규정하여, 원칙적으로 상호자유주의를 채용하고 있다. 동일한 영업에는 단일상호를 사용하여야 하는데, 이를 상호단일의 원칙이라 한다.

상호권은 적법하게 선정한 상호를 타인의 방해를 받지 않고 사용할 수 있는 상호사용권(적극적 권리, 사용권능)과, 타인이 부정한 목적으로 자기가 사용하는 상호와 동일 또는 유사한 상호를 사용하는 경우에 이를 배척할 수 있는 상호전용권(소극적 권리, 배타권능)을 말한다.

7. 상업장부

상업장부는 상인이 영업상의 재산 및 손익의 상황을 명백하게 하기 위하여 상법상의 의무로서 작성하는 장부이다.[265] 상법상 상업장부의 종류에는 회계장부와 대차대조표가 있다.

1) 회계장부

회계장부란 상인의 영업상의 거래 기타 기업재산의 일상의 동적 상태를 기록하기 위한 장부이다.

2) 대차대조표

대차대조표라 함은 일정시기에 있어서의 기업의 총재산을 자산・부채・자본의 과목으로 분류・기재하여 기업의 재무상태를 일목요연하게 나타내는 개

263) 이범찬/최준선, 93-94면; 최기원, 상법학개론 신정8판, 박영사 2008, 61면.
264) 정찬형, 전게서(상), 103면.
265) 이범찬/최준선, 전게서, 105면; 정찬형, 전게서(상), 994면.

괄표이다.[266]

8. 영업소

영업소라 함은 상인의 영업활동의 중심인 일정한 장소[267] 혹은 기업의 존재와 활동을 공간적으로 통일하는 일정한 장소[268]를 말한다. 이러한 영업소는 ① 기업활동에 관한 기본적 사항을 결정하고 경영활동에 관한 지휘명령을 하는 중심지이어야 하며, ② 어느 정도 시간적으로 계속성을 가지는 장소이어야 하며, ③ 인적조직과 물적조직에 의한 하나의 단위로서 기업활동의 결과가 보고·통일되는 중심지이어야 한다. 상법상의 영업소의 종류는 본점과 지점뿐이다.

9. 상업등기(기업의 공시)

상업등기라 함은 일정한 사항을 공시할 목적으로 상법의 규정에 의하여 등기할 사항을 법원의 상업등기부에 하는 등기[269] 혹은 상법의 규정에 따라 법원의 상업등기부에 완전상인에 관한 법정사항을 법정의 절차에 따라 등기[270]하는 것을 말한다. 상업등기부에는 상호·무능력자·법정대리인·지배인·합명회사·합자회사·주식회사·유한회사·외국회사에 관한 9종이 있다. 상업등기는 사실상 추정력 밖에 없는데 상법 제39조는 고의 또는 과실에 의하여 사실과 상위한 사항을 등기한 자는 그 상위를 선의의 제3자에게 대항하지 못한다라고 규정하여, 상업등기의 공신력을 제한적(상대적)으로만 인정하고 있다.

10. 영업양도(기업의 이전)

영업양도란 영업의 동일성을 유지하면서 영업용재산과 재산적 가치있는 사실관계가 합하여 이루어진 조직적·기능적 재산으로서의 영업재산의 일체(객관적 의의의 영업)의 이전을 목적으로 하는 채권계약으로 볼 수 있다.[271] 당사

266) 이범찬/최준선, 전게서, 108면; 정찬형, 전게서(상), 995면.
267) 이범찬/최준선, 전게서, 92면; 최기원, 전게서, 83면.
268) 정찬형, 전게서(상), 138면.
269) 정찬형, 전게서(상), 141-142면.
270) 이범찬/최준선, 전게서, 110면; 최기원, 전게서, 86면.
271) 이범찬/최준선, 전게서, 120면 참조. 대법원의 판례(대판 1968. 4. 2. 68 다 185)에 따르면 '영업양도라 함은 일정한 영업목적에 의하여 조직화된 업체의 일체로서 이전을 목적으로

자간에 영업양도계약이 체결된 경우에는 민법상 매매계약이 체결된 경우와 같이 양도인은 양수인에게 영업을 이전할 의무를 부담하고, 양수인은 양도인에게 양수대금을 지급할 의무를 부담한다. 상법은 영업양도가 있은 후에(즉 영업양도계약의 이행이 있은 후에) 양수인을 보호하기 위하여 양도인에게 경업피지의무를 부과하고, 또 영업으로 인한 양도인의 채권자 및 채무자를 보호하기 위하여 양수인에게 일정한 책임을 부과하고 있다.

Ⅱ. 상행위

1. 서론

1) 상행위법의 의의와 특성

상행위법은 기업의 활동(거래)에 관한 법이다. 형식적 의의의 상행위법은 상행위라는 명칭을 가진 성문법을 의미하는데, 우리 상법전 제2편이 이에 해당한다. 상거래는 사인 상호간의 거래에 비하여 집단성・반복성 등의 특징이 있으므로 상행위법은 민법에 대한 특성이 있고, 또한 상행위법은 기업활동법으로서 기업조직법에 대한 특성이 있다. 상행위법의 민법에 대한 중요한 특성은 유상성・신속성 및 정형이다. 상행위법은 기업활동법으로서 기업조직법에 대한 중요한 특성은 임의법규성 및 국제성이다.

2) 상행위의 의의와 종류

실질적 의의의 상행위란 일반적으로 기업이 유통활동으로서 하는 영리행위[272]라고 말할 수 있겠다. 이에 반하여 형식적 의의의 상행위란 상법 및 특별법에서 상행위로 규정되어 있는 상행위[273]를 말한다.

하는 것으로서, 영업이 그 동일성을 유지하면서 이전됨을 요한다'고 한다.

272) 정찬형, 전게서(상), 191면.

273) 정찬형, 전게서(상), 191면.

(1) 영업적 상행위와 보조적 상행위

① 영업적 상행위

영업적 상행위는 상인(당연상인 및 의제상인)이 영업으로 하는 상행위를 말하는데, 이에는 당연상인이 영업으로 하는 상행위인 기본적 상행위와 의제상인이 영업으로 하는 상행위인 준상행위[274)]가 있다.

② 보조적 상행위

보조적 상행위란 상인(당연상인 및 의제상인)이 영업을 위하여 하는 상행위를 말한다. 보조적 상행위는 영업을 위하여 하는 점에서 영업으로 하는 영업적 상행위(기본적 상행위 및 준상행위)와 구별되고, 부속적 상행위 또는 부수적 상행위라고도 한다.

(2) 일방적 상행위와 쌍방적 상행위

① 일방적 상행위

일방적 상행위란 당사자의 일방에게만 상행위가 되는 행위이다. 예컨대, 상인 甲이 비상인 乙로부터 영업자금을 차용하는 경우에 이 소비대차는 甲에 대하여는 상행위(보조적 상행위)가 되지만, 乙에 대하여는 상행위가 되지 않는다. 이러한 일방적 상행위인 경우에도 전원에게 상법이 적용된다.

② 쌍방적 상행위

쌍방적 상행위란 당사자의 쌍방에게 상행위가 되는 행위이다. 예컨대, 도매상(상인)과 소매자(상인)와의 거래가 이에 속한다. 이 경우에 상법이 적용됨은 말할 나위가 없으나, 상법의 일부규정은 쌍방적 상행위에만 적용된다.

2. 상법총칙

1) 민법 총칙편에 대한 특칙

(1) 상행위의 대리와 위임

상행위의 대리인이 본인(영업주)을 위하여 상행위를 하는 경우에는 본인을

---

274) 최기원, 전게서, 120면.

표시하지 않더라도 그 행위는 원칙적으로 본인에 대하여 효력이 생기고, 다만 예외적으로 상대방이 본인을 위하여 하는 것임을 알지 못한 경우에는 본인 또는 대리인의 어느 편에도 이행청구를 하더라도 무방하다. 상행위의 위임에 의한 대리권은 본인의 사망에 의하여 소멸하지 않고 그 상속인과 대리인 사이에 여전히 대리관계가 존속한다. 상행위의 수임인은 위임의 본지에 반하지 않는 범위 내에서 위임을 받지 않은 행위도 할 수 있다.

(2) 소멸시효기간

상행위로 인한 채권(상사채권)의 소멸시효기간은 원칙적으로 5년이다. 이렇게 상사채권의 소멸시효기간을 민사채권의 그것(10년)보다 단기로 규정한 것은, 상거래의 신속한 해결을 위한 것이다. 상사채권에 관한 5년의 소멸시효기간에 관하여는 예외적으로 상법에 소멸시효기간에 관하여 다른 규정이 있는 경우에는 그에 의하고, 상법 이외의 다른 법령(민법 · 어음법 · 수표법 등)에 일반상사채권의 소멸시효기간(5년)보다 단기의 소멸시효기간이 규정된 때에는 그 규정에 의한다.

2) 민법 물권편에 대한 특칙

(1) 상사유치권(일반상사유치권)

일반상사유치권(상인간의 유치권)이란 상인간의 상행위로 인한 채권이 변제기에 있는 경우에 채권자가 변제를 받을 때까지 그 채무자에 대한 상행위로 인하여 그가 점유하고 있는 채무자소유의 물건 또는 유가증권을 유치할 수 있는 권리이다.

(2) 상사질권(유질계약의 허용)

민법상 질권설정자는 채권변제기 전의 계약으로 질권자에게 변제에 갈음하여 질물의 소유권을 취득하게 하거나 법률에 정한 방법에 의하지 아니하고 질물을 처분할 것을 약정하지 못하나(유질계약의 금지), 상법은 명문규정을 두어 상행위로 인하여 생긴 채권을 담보하기 위하여 설정한 질권에는 유질계약을 허용하고 있다.

3) 민법 채권편에 대한 특칙

(1) 채권총칙에 대한 특칙

이자있는 민사채권의 이율은 다른 법률의 규정이나 당사자의 약정이 없으면 年 5分이나, 상행위로 인한 채무의 법정이율은 年 6分이다. 상법에서는 수인이 그 1인 또는 전원에게 상행위가 되는 행위로 인하여 채무를 부담한 때에는 연대하여 변제할 책임이 있다(연대채무).

(2) 채권각칙에 대한 특칙

상법 제51조는 대화자간의 계약의 청약은 상대방이 즉시 승낙하지 아니한 때에는 그 효력을 잃는다고 하여, 청약과 동시에 하는 승낙에 의하여 계약이 성립함을 규정하고 있다. 상법에 규정된 상사매매에 관한 특칙은 매도인의 목적물의 공탁 · 경매권, 확정기매매의 해제, 매수인의 목적물 검사 · 하자통지의무 및 매수인의 목적물 보관 · 공탁의무의 네 가지인데, 이 중 확정기매매의 해제를 제외하고는 모두 매도인의 이익을 보호하기 위한 규정들이다. 민법상 소비대차는 당사자간에 특약이 없는 한 무이자가 원칙이나, 상법은 사인간에 금전의 소비대차를 한 때에는 대주는 법정이자를 청구할 수 있다고 규정하여 당사자간에 이자약정의 유무에 불구하고 대주에게 법정이자의 청구권을 인정하고 있다.

3. 상법각칙

1) 대리상

대리상이라 함은 일정한 상인을 위하여 상업사용인이 아니면서 상시 그 영업부류에 속하는 거래의 대리 또는 중개를 하는 자이다. 대리상은 일정한 상인을 위하여 그 영업을 보조하는 자인데 여기에서 본인은 반드시 상인이어야 하며, 대리상은 독립된 상인이므로 영업주에게 종속되는 상업사용인과 다르고, 특정다수인과 상속관계를 갖고 거래의 대리 또는 중개를 하는 점에서 불특정다수인을 위하여 상행위의 중개 또는 주선행위를 하는 중개인이나 위탁매매인과도 구별된다.[275)]

2) 중개업

중개인이라 함은 타인간의 상행위의 중개를 영업으로 하는 자이다. 널리 타인간(불특정다수인)의 상행위의 중개를 하는 점에서 특정한 상인을 위하여 계속적으로 상행위의 중개를 하는 중개대리상과 다르고, 상행위의 중개를 하여야 하는 점에서(상사중개인) 당사자의 어느 일방에게도 상행위가 되지 않는 행위의 중개를 하는 민사중개인과 구별되며, 중개(사실행위)를 하는 점에서 위탁매매인 또는 체약대리상과 구별된다.[276]

중개계약은 위임계약이므로 중개인은 수임인으로서의 일반적 의무인 선량한 관리자의 주의로써 위임사무(중개행위)를 처리할 의무를 부담한다.

3) 위탁매매업

위탁매매인이라 함은 자기의 명의로 타인의 계산으로 물건 또는 유가증권의 매매를 영업으로 하는 자이다. 자기명의(법률적 형식)로 하는 점에서 전혀 계약의 당사자로 나타나지 않는 중개인 또는 중개대리상과 구별되고, 본인명의로 제3자와 거래하는 체약대리상 또는 기타의 본인의 대리인과도 구별된다. 위탁매매인과 위탁자와의 관계, 즉 주선계약은 「위임」이다.[277] 따라서 이 양자 사이에는 위임에 관한 규정이 적용된다.

4) 운송주선업

운송주선인이라 함은 자기의 명의로 물건운송의 주선을 영업으로 하는 자이다. (타인의 계산으로) 자기의 명의로 운송계약을 체결하는 점에서, 운송계약의 개별적인 대리인 또는 운송대리인(체결대리상)과 다르고, 또한 당사자로서 전혀 나타나지 않으면서 운송계약의 중개만을 하는 중개인 또는 중개대리상과도 구별된다.

운송주선인은 물건운송의 주선의 인수를 영업으로 함으로써 상인이 된다. 위탁자와 운송주선인과의 관계, 즉 주선인수계약의 성질은 위임이다.

---

275) 이범찬/최준선, 전게서, 171면; 정찬형, 전게서(상), 263면-264면; 최기원, 전게서, 168면 참조.
276) 최기원, 전게서, 176면 참조.
277) 정찬형, 전게서(상), 282면. 민법 제680조 이하 참조.

5) 운송업

화물 또는 여객의 운송을 목적으로 하는 영업을 말한다. 운송의 대상에 따라 물건운송·여객운송·통신운송으로 분류되며, 또 운송이 행해지는 장소에 따라 육상운송·해상운송·항공운송 등으로 구분된다.

6) 공중접객업

극장·여관·음식점 기타 객의 집래를 위한 시설에 의한 거래를 하는 영업을 말한다. 호텔·목욕탕·이미용원(理美容院)·당구장·골프장·유기장(遊技場)·극장 등 시설에 의하여 일반 손님을 상대로 하는 영업이다.

공중접객업자는 손님으로부터 맡겨진 물건의 멸실 또는 훼손에 대하여 불가항력으로 인함을 증명하지 아니하면 그 손해를 배상할 책임을 면하지 못한다[278]. 화폐·유가증권 기타의 고가물(高價物)에 대하여 손님이 그 종류와 가액(價額)을 명시하여 맡기지 아니하면 공중접객업자는 물건의 멸실 또는 훼손으로 인한 손해를 배상할 책임이 없다.[279] 특히, 위생접객업을 하는 업자는 영업의 종류별로 보건복지부령이 정하는 시설을 갖추고 유지·관리해야 한다. 공중이용시설의 소유·관리자는 공중위생에 관한 위생관리를 해야 한다.

7) 창고업

타인을 위하여 물건을 창고에 보관하는 영업[280]을 말한다. 물건의 임치(任置)의 인수를 목적으로 하는 것으로 기본적 상행위에 속하며, 주체인 창고업자는 상인이다. 주요 업무는 물건의 보관, 창고증권의 발행, 화물의 이동 또는 매매의 보조이나, 대고업무(貸庫業務)·이전업무·운송취급업무·보관화물 매매의 중개 등 여러 관련사업을 겸영한다. 국민생활에 필요한 물자의 유통과정에서 중요한 기능을 담당하고 있다. 공익성이 강하기 때문에 특별히 창고업법에 의한 행정적 감독을 받는 것 외에, 상법은 창고업자가 보수를 받지 아니하는 때에도 선량한 관리자의 주의를 요구하고 있다.[281] 자기 또는 사용인은 임

---

278) 상법 제152조 1항.
279) 상법 제153조.
280) 상법 제155조, 창고업법 제2조 2항.

치물의 보관에 관하여 주의를 태만하지 않았다는 증명을 하지 못하면, 멸실·훼손에 관하여 손해배상책임을 진다.[282)]

Ⅲ. 회사법통칙

1. 회사의 개념

1) 회사의 의의

상법상 회사라 함은 상행위 기타의 영리를 목적으로 하여 설립된 사단법인을 말한다. 즉 회사라고 하기 위하여는 다음과 같은 요소가 있어야 한다.

(1) 영리성

회사는 상행위 기타 영리를 목적으로 하여야 한다. 회사가 영리를 목적으로 하는 것 중에서 상행위를 영업으로 하면 상사회사가 되고, 상행위 이외의 영리를 목적으로 하면 민사회사가 된다. 회사의 영리성에서 재단법인이나 공법인은 회사가 될 수 없으며, 또한 협동조합이나 상호회사도 회사가 아니다.

(2) 사단성

주식회사에서는 사원의 복수가 아니라 주식의 복수가 요구된다. 사원의 지위의 이전이 증권화된 주권에 의하여 유통되고 있는 점이다.

(3) 법인성

우리 상법은 모든 회사를 법인으로 규정하고 있다.

2) 회사의 종류

(1) 합명회사

회사채권자에 대하여 직접·연대·무한의 책임을 지는 무한책임사원만으로 일원적으로 구성된 회사이다.

---

281) 상법 제62조.
282) 상법 제160조.

(2) 합자회사

합명회사의 사원과 동일한 책임을 지는 무한책임사원과 회사채권자에 대하여 직접・연대책임을 지지만 출자액을 한도로 하여 변제책임을 부담하는 유한책임사원으로 이원적으로 구성된 회사이다.

(3) 주식회사

주식회사는 주주의 출자에 의한 자본단체로서 주주의 지위는 균등한 비례적 단위인 주식의 수로 표시되고, 사원인 주주는 그가 인수한 주식금액을 한도로 하여 회사에 대해서만 책임(유한책임)을 지고 회사채권자에 대하여는 아무런 책임을 지지 않는(간접책임) 사원으로 구성된 회사이다.

(4) 유한회사

유한회사는 주식회사의 주주와 같이 회사채권자에 대하여는 직접 아무런 책임을 지지 않고 회사에 대하여만 일정한 범위의 출자의무만을 부담하는, 즉 간접・유한책임만을 부담하는 사원으로 구성된 회사이다.

3) 회사의 능력

(1) 회사의 권리능력

① 성질에 의한 제한

회사는 법인이므로 자연인에게 특유한 권리의무, 예컨대 신체・생명에 관한 권리, 친권, 상속권, 부양의무 등과 같은 신분상의 권리의무는 가질 수 없다. (그러나 유증은 받을 수 있다). 그러나 회사는 그 밖의 권리는 모두 가질 수 있다. 따라서 회사는 재산권뿐만 아니라, 명예권・상호권 등과 같은 권리를 가질 수 있다.

② 법률에 의한 제한

회사는 법률에 의하여 법인격(권리능력)을 부여 받으므로, 법률에 의하여 권리능력이 제한될 수 있음은 당연하다. 상법에 의하면 회사는 다른 회사의 무한책임사원이 되지 못하고, 청산중의 회사는 청산의 목적범위 내로 권리능력이 제한된다.

③ 목적에 의한 제한

주주와 채권자를 보호하기 위해 정관 소정의 목적에 따라 회사의 권리능력이 제한된다는 설과 정관 소정의 목적에 의한 능력의 제한을 인정한다면 남용의 위험도 있고 거래의 안전을 해치기 때문에 인정할 수 없다는 설이 주장되고 있다.[283)]

(2) 의사능력 · 행위능력

회사는 법인으로서 권리능력이 있으나, 그 의사능력이나 행위능력은 법인의 조직의 일부를 구성하는 기관을 통해서 갖게 되며, 그 기관이 하는 행위가 곧 회사의 행위가 된다(법인실재설).[284)] 회사와 기관의 관계를 대표관계라고 하는데, 이에 관하여는 특별한 규정이 없으므로 대리에 관한 규정이 유추적용된다.[285)]

(3) 불법행위능력

회사의 행위능력이 인정되는 한 이의 당연한 귀결로서 회사의 불법행위능력도 인정된다.[286)] 회사의 불법행위능력에 관하여는 상법상 특별규정이 있다. 즉, 회사를 대표하는 사원이 그 업무집행으로 인하여 타인에게 손해를 가한 때에는 회사는 그 사원과 연대하여 배상할 책임이 있는 것으로 하여[287)], 피해자의 구제에 만전을 기하고 있다.

(4) 공법상의 능력

회사는 그 성질에 반하지 않는 한 공법상의 권리능력이 있다(예컨대, 행정소송제기권 · 납세의무 등). 또 회사는 소송법상의 당사자능력과 소송능력을 가진다. 회사는 일반적으로 형법상 범죄능력은 없으나, 특별법상 범죄능력은 있다.[288)]

---

283) 이범찬/최준선, 전게서, 241면-243면 참조; 정찬형, 전게서(상), 434면-437면 참조; 최기원, 전게서, 283면-285면 참조.

284) 정찬형, 전게서(상), 437면.

285) 이범찬/최준선, 전게서, 244면.

286) 이범찬/최준선, 전게서, 244면; 정찬형, 전게서(상), 437면.

287) 상법 제210조, 제269조, 제389조 3항, 제567조.

288) 정찬형, 전게서(상), 439면.

2. 회사의 설립

회사설립에 관한 입법주의에는 자유설립주의・특허주의・면허주의 또는 허가주의 및 준칙주의(엄격준칙주의)의 입법을 취하고 있다. 회사의 설립절차는 크게 실체형성절차와 설립등기로 분류된다.

1) 회사의 실체형성절차

회사의 실체형성절차는 여러 가지의 행위로 진행되는데, 이 중 가장 중요한 설립행위는 정관작성 및 사원확정절차이다. 이외에 물적회사는 출자이행절차 및 기관구성절차가 별도로 있다.

2) 설립등기

회사가 법정된 요건을 갖추어 실체형성절차를 완료한 경우에는 본점소재지에서 설립등기라는 형식을 갖춤으로써 비로소 회사가 성립하게 된다. 이것은 거래안전을 위하여 필요한 제도이며, 설립등기는 회사성립의 최종요건이다.

3. 회사의 기구변경

1) 회사의 합병

회사의 합병이란 2개 이상의 회사가 상법의 특별규정에 의하여 청산절차를 거치지 않고 합쳐져 그 중 한 회사가 다른 회사를 흡수하거나(흡수합병) 신회사를 설립함(신설합병)으로써, 1개 이상의 회사의 소멸과 권리의무(및 사원)의 포괄적 이전을 생기게 하는 회사법상의 법률요건을 말한다.[289)]

2) 회사의 분할

회사의 분할이란 1개의 회사가 2개 이상으로 분할되어 1개 또는 수개의 회사를 설립하거나 1개 또는 수개의 존립중의 회사와 합병하고, 분할로 인하여 설립되거나 분할 수 존속하는 회사가 분할되는 회사의 권리・의무 및 사원(주

289) 정찬형, 전게서(상), 456면.

주)을 승계하며, 분할로 인하여 소멸하는 회사는 청산절차를 거치지 아니하고 소멸하는 회사법상의 법률요건을 말한다.[290)]

3) 회사의 조직변경

회사의 조직변경이란 회사가 그 법인격의 동일성을 유지하면서 조직을 변경하여 다른 종류의 회사가 되는 것을 말한다.

4) 회사의 매수(M&A)

기업매수(M&A)는 대상회사의 경영권을 장악함으로써 가능하고 이는 이사선임에 필요한 의결권을 확보함으로써 가능한데, 이의 수단으로는 합병・주식의 매수・의결권대리행사의 위임장(proxy)의 취득 및 영업양수 등이 있다.

5) 기업(회사)결합

기업(회사)결합이란 협의로는 2개 이상의 기업(회사)이 경제적 공동목적을 위하여 결합하는 현상으로 각 기업(회사)이 그 법적 독립성(법인격)을 유지하는 것을 말하나, 광의로는 각 기업(회사)이 그 법인격을 상실하는 합병을 포함한다.[291)]

4. 회사의 해산・청산・해산명령・계속

1) 해산

회사의 해산이라 함은 회사의 법인격(회사의 권리능력)을 소멸시키는 원인이 되는 법률요건을 말한다. 해산은 법인격소멸의 원인이 되지만, 소멸 자체를 가져오는 것은 아니다.

회사의 해산은 회사의 법인격 상실에 이르는 원인이기는 하나, 이로써 곧 권리능력을 상실하는 것은 아니며, 청산이 종료될 때 비로소 법인격이 소멸한다. 따라서 상법은, 회사는 해산 후라도 청산의 목적범위 안에서 존속하는 것으로 규정하고 있으며, 파산에 의한 해산에서도 파산의 절차가 종료되어야 비로소

290) 이범찬/최준선, 전게서, 530면.
291) 정찬형, 전게서(상), 487면.

법인격이 소멸된다.

2) 청산

청산이라 함은 회사가 해산 후 그 재산관계를 원만히 끝내고 회사의 법인격을 소멸시키는 절차를 말한다. 합병 또는 파산에 의한 해산의 경우에는 청산을 필요로 하지 않는다.

3) 해산명령

상법 제176조에 따르면 법원은 ① 회사의 설립목적이 불법한 것인 때, ② 회사가 정당한 사유없이 설립한 후 1년 내에 영업을 개시하지 아니하거나 1년이상 영업을 휴지하는 때, ③ 이사 또는 회사의 업무를 집행하는 사원이 법령 또는 정관에 위반하여 회사의 존속을 허용할 수 없는 행위를 한 때 이해관계인이나 검사의 청구에 의하여 직권으로 회사의 해산을 명할 수 있다.

4) 회사의 계속

회사의 계속이란 일정한 해산사유로 인하여 해산된 회사가 상법의 규정과 사원의 의사에 의하여 다시 해산전의 회사로 복귀하여 존속하는 것을 말한다.

Ⅳ. 보험제도

1. 의의

보험제도는 동일한 우발적 사고발생의 위험에 직면해 있는 다수인이 사고로 인해 생기는 경제적 수요를 충족시키기 위해, 일정한 과학적 기초에 의해 산출된 금액을 미리 갹출하여 공동재산을 비축하고, 사고가 발생한 경우에 공동재산으로부터 일정한 금액의 급여를 하는 제도이다. 이러한 보험제도는 인간이 이성의 힘으로 찾아낸 가장 훌륭한 제도로서 이를 통하여 인간은 스스로 단체의 힘으로 불의의 사고에 대비하여 안정된 경제생활을 영위하게 되었다.[292)]

292) 정찬형, 전게서(하), 484면.

2. 연혁

BC 4000년경 바빌로니아의 기록에서 발견된 선박저당대차계약이 현존하는 보험의 형태로서 가장 오랜 역사를 지닌다. 이것은 보통 선주에게 대부하는 형태를 띠는데, 안전한 항해를 채무이행조건으로 했다. 즉, 특정항해 또는 특정기간에 계약에서 미리 정한 위험이 발생하여 선박이 침몰했을 경우 돈을 빌려준 자는 그 돈을 받지 못하였다. 이후 중세 말 원격지 무역이 확대됨에 따라 선박저당대차계약은 다시 해상보험으로 발전하게 되고 육상분야에까지 확대되었다.

3. 종류

보험업을 운영하는 목적에 의한 구별로서 공보험·사보험, 영리성의 유무에 의한 구별로서 영리보험·상호보험, 보험사고가 발생하는 객체에 따라 재산(물건)보험·인보험, 보험금의 지급방법에 따라 손해(不定額)보험·정액보험, 보험사고의 발생장소에 따라 해상보험·육상보험·항공보험, 보험인수의 순서에 따라 원보험(原保險)·재보험(再保險), 보험목적의 수에 따라 개별보험·집단보험(단체보험), 보험계약자의 경제적 목적에 따라 기업보험·가계보험 등으로 나눌 수 있다.

4. 손해보험계약

1) 의의

손해보험계약이란 당사자의 일방이 우연한 사고에 의하여 생길 수 있는 피보험자의 재산상 손해를 보상할 것을 약정하고 상대방이 이에 대하여 보험료를 지급할 것을 약정함으로써 효력이 생기는 보험계약이다.[293)]

293) 상법 제665조, 상법 제638조.

2) 손해보험계약의 종류

(1) 화재보험

화재보험은 보험계약자가 보험료를 지급하고, 보험자는 보험의 목적에 화재라는 보험사고가 생김으로써 피보험자가 입은 재산상의 손해를 보상하는 것을 내용으로 하는 손해보험이다.

화재보험에는 보통화재보험 이외에 주택화재보험 · 장기화재보험 등이 있고, 또 화재로 인한 재해보상과 보험 가입에 관한 법률은 특수한 건물에 대해 신체손해배상특약부 화재보험의 가입을 강제[294] 하고 있다.

상법은 화재보험의 목적으로 건물과 동산을 들고 있으나[295], 그밖에도 다리 · 입목(立木) · 삼림 · 원료 · 기구 등 유체물이 동산이든 부동산이든지 간에 불에 탈 수 있는 한 그 목적으로 할 수 있으며, 그것이 개별적이든 집합된 물건이든지 간에 상관없다. 그밖에도 화재보험증권에는 보험의 대상이 되고 있는 목적물의 범위를 반드시 기재해야 한다.

(2) 운송보험

육상운송의 목적인 운송물에 관하여 운송인이 그 운송물을 수령한 때부터 수하인에게 인도할 때까지 생길 손해를 보상하기로 하는 손해보험계약이다. 즉, 운송보험은 보험계약자가 보험료를 지급하고 보험자는 운송물의 운송에 관한 사고로 피보험자가 입은 재산상의 손해를 보상하는 것을 내용으로 하는 손해보험이다. 운송보험은 육상운송보험뿐 아니라 해상운송보험이나 항공운송보험도 포함하나, 상법상 운송이라고 할 때에는 육상 또는 호천(湖川) · 항만에서의 물건운송에 국한시키고 있어[296] 해상운송이나 항공운송은 제외된다. 따라서 운송보험이라고 할 때에는 육상 또는 호천 · 항만에서의 물건운송에 관한 위험을 담보하는 것을 가리키며 일반적으로 항만에서의 사고는 해상보험에서 담보하고 있다.[297]

---

294) 동법 제5조 2항.
295) 상법 제685조.
296) 상법 제125조.
297) 최기원, 전게서, 653면.

(3) 해상보험

해상보험은 항해와 관련된 사고로 인한 선박이나 적하(積荷)의 손해를 담보하기 위해 이용되는 것으로, 보험계약자는 보험료를 지급하고 보험자는 항해와 관련된 우연한 사고로 보험의 목적물에 입은 피보험자의 재산상의 손해를 보상할 것을 내용으로 하는 손해보험이다.[298)]

해상보험은 그 피보험이익의 종류에 따라 다음과 같이 분류될 수 있다.

① 선박보험

보험의 목적인 선박의 소유자로서의 피보험이익에 관한 보험이다. 해상법상 선박은 상행위와 기타 영리를 목적으로 항해에 사용하는 선박을 이르고 있으나[299)], 선박보험의 대상은 해상법상의 선박에 한정되지 않는다. 선박보험에서는 선박 자체 이외에 선박의 속구(屬具), 연료, 양식, 기타 항해에 필요한 모든 물건은 보험의 목적에 포함된 것으로 한다.[300)]

② 적하보험

해상물건운송의 대상인 운송물을 보험의 목적으로 하여 그 적하에 대한 이익을 피보험이익으로 한 보험이다.[301)]. 이 경우에 적하는 해상운송의 객체인 유체물로서 반드시 상품에 한하는 것은 아니다.[302)]

③ 운임보험

운송인이 하물(荷物) 또는 여객을 무사히 운송한 경우에 얻을 운임에 대해서 가지는 피보험이익에 관한 보험이다.[303)] 운송인은 운송물이 해상위험으로 인해 멸실한 때에는 그 운임을 청구할 수 없다.[304)] 여기서 해상위험으로 해상운송인이 받을 수 없는 운임을 피보험이익으로 한 보험이 운임보험이다.[305)]

---

298) 상법 제693조.
299) 상법 제740조.
300) 상법 제696조 2항; 정찬형, 전게서(하), 650면.
301) 상법 제697조 참조.
302) 정찬형, 전게서(하), 650면; 최기원, 전게서, 1170면.
303) 최기원, 전게서, 657면.
304) 상법 제134조, 제812조.
305) 상법 제706조 2호 참조.

④ **희망이익보험**

희망이익은 보험이익의 목적인 적하가 목적지에 무사히 도착하면 수하인(受荷人)이 얻으리라고 기대되는 이익을 말하고[306], 이러한 희망이익을 피보험이익으로 하는 보험이 희망이익보험이다.[307] 희망이익은 일반적으로 적하의 보험가액에 포함시키고 있으나, 이를 따로 떼어 희망이익보험으로 붙일 수도 있다.[308]

⑤ **선비보험(船費保險)**

선박의 의장(艤裝)과 기타 선박의 운항에 요하는 모든 비용에 대하여 가지는 피보험이익에 관한 보험이다. 일반적으로 선비는 운임의 취득에 의해 회수되는 것이고, 따라서 선비에 대한 피보험이익은 운임보험에서 포함시키고 있으나 선비만을 따로 보험에 붙일 수도 있다.

⑥ **불가동손실보험**

선박이 해난으로 손상을 입어 가동불능으로 된 경우 선주 및 나용선자가 불가동기간 중 무익하게 지급하여야 할 선박경상비 또는 잃게 된 운임 기타 용선료의 손실을 전보하는 보험이다.[309]

(4) 책임보험

책임보험은 보험계약자가 보험료를 지급하고 피보험자가 보험기간중의 사고로 제3자에게 손해배상책임을 짐으로써 입은 재산상의 손해를 보상할 것을 내용으로 하는 손해보험이다.[310]. 이것은 피보험자가 보험사고로 인하여 직접 입은 재산상의 손해를 보상하는 것이 아니고, 피보험자의 책임으로 돌아갈 사고로 말미암아 피해자인 제3자에게 손해배상책임을 짐으로써 입은 이른바 간접손해를 보상할 것을 목적으로 하는 점에서 일반손해보험과 다르다.

---

306) 정찬형, 전게서(하), 652면.
307) 상법 제698조, 제699조 2항, 제703조 참조.
308) 정찬형, 전게서(하), 652면;
309) 최기원, 전게서, 1171면.
310) 상법 제638조, 제719조.

(5) 자동차보험

자동차보험은 피보험자가 자동차를 소유・사용・관리하는 동안에 발생한 사고로 인하여 피보험자에게 생긴 손해를 보험자가 보상할 것을 약정하는 보험계약이다.[311]

1962년 한국자동차보험공영사(韓國自動車保險共營社)[312]가 발족, 다음해 자동차손해배상보장법이 제정되어 책임보험으로 시행되었다.

5. 인보험계약

1) 의의

당사자 일방이 상대방 또는 제3자의 생명이나 신체에 관하여 보험사고가 생길 경우에 계약의 정하는 바에 따라 보험금액 기타의 급여를 할 것을 약정하고, 보험계약자가 이에 대하여 보수(보험료)를 지급할 것을 약정함으로써 효력이 생기는 보험계약을 말한다.[313]

2) 종류

(1) 보험사고 종류에 따른 종류

① 사망보험

보험자는 피보험자의 생명에 관한 보험사고가 생길 경우에 약정한 보험금액을 지급하기로 하는 보험으로 정기보험, 종신보험 등이 여기에 속한다. 사망보험계약에 있어서는 사고가 보험계약자 또는 피보험자나 보험수익자의 중대한 과실로 생긴경우에도 보험자는 보험금액을 지급할 책임을 면치 못한다.[314] 사망보험에서는 15세 미만자, 심신상실자 또는 심신미약자를 피보험자로 한 경우에는 그 보험계약은 무효가 된다.[315]

---

311) 상법 제726조의 2.
312) 동부화재해상보험(주)의 전신.
313) 상법 제638조, 제727조.
314) 상법 제732조의 2.
315) 상법 제732조.

② **생존보험**

피보험자가 일정한 보험기간까지 생존할 것을 보험사고로 하는 계약이다.

③ **혼합보험**

혼합보험은 일정한 보험기간까지의 생존하면 보험금을 지급하는 동시에 일정한 연령전에 사망한 경우에도 보험금액을 지급하는 보험계약이다.[316)]

(2) 피보험자의 수에 따른 종류

① **단독(개인)보험**

1인의 생사를 보험사고로 하는 보험계약이다.

② **연생(連生)보험**

피보험자 2인 중 1인의 사망을 보험사고로 하는 보험계약이다.

③ **단체보험**

단체의 구성원의 전부 또는 일부를 포괄적으로 피보험자로 하여 그의 생사를 보험사고로 하는 보험계약이다.

(3) 보험금액의 지급방법에 따른 종류

① **일시금(資金)보험**

보험사고가 발생한 때 보험자가 보험금액의 전부를 일시에 지급하는 보험계약이다.

② **연금보험**

보험하고가 발생한 때 보험자가 보험금액을 연금으로 분할하여 지급하는 계약이다.

(4) 기타의 기준에 따른 종류

① 이익배당을 하는지의 여부에 따른 이익배당부보험과 무이익배당보험

② 피보험자의 표준체 여부에 따른 표준체보험과 표준하체보험

---

316) 예: 양로보험(상법 제735조).

③ 신체검사의 유무에 따른 진사보험과 무진사보험

3) 타인의 생명보험

타인의 생명보험이라 함은 보험계약자가 자기 이외의 제3자를 피보험자로 한 생명보험계약을 말한다. 보험계약자는 보험계약을 체결할 때 누구를 피보험자로 할 것인가를 정하여야 하고[317], 특히 타인의 사망을 보험사고로 하는 보험계약은 보험계약 체결시에 그 타인의 서면에 의한 동의를 얻어야 한다.[318]

4) 타인을 위한 생명보험

타인을 위한 생명보험이란 보험계약자가 자기 이외의 제3자를 보험수익자로 한 생명보험을 말한다. 타인을 위한 생명보험계약에서 보험수익자를 지정하거나 변경할 수 있는 권리는 보험계약자에게 있는데[319], 보험계약자가 보험수익자를 지정하거나 변경하면 보험수익자는 당연히 그 보험계약상의 권리를 취득하므로[320]보험자에 대하여 직접 보험금청구권을 행사할 수 있다. 청구권을 행사하기 전에 보험수익자는 보험사고발생의 통지의무[321] 등을 부담한다.

6. 상해보험

1) 의의

상해보험이란 피보험자의 신체 상해에 관한 보험사고가 생길 경우에 보험자가 보험금액 기타의 급여에 대한 책임을 지는 인보험[322]을 말한다. 그러나 보험사고를 기준으로 본다면 상해보험은 단순한 신체상해사고의 담보를 의미하는 것이 아니라, 외부의 급격한 원인에 의한 사고로 인하여 인체가 상해를 입을 수 있는 위험을 담보하는 것이다.[323]

---

317) 상법 제728조 2호 참조.
318) 상법 제731조 1항.
319) 상법 제733조 1항.
320) 상법 제639조 2항 참조.
321) 상법 제657조 1항.
322) 상법 제737조.
323) 대판 2980. 11. 25, 80 다 1109.

상해보험은 상해를 보험사고로 하는 점에서 질병·부상·사망·분만에 대하여 보험급여를 하는 의료보험이나 건강보험과도 다르다.

2) 종류

상해보험에는 보통상해보험·교통상해보험·단체상해보험·여행상해보험 등의 종류가 있다. 또한 상해의 태양(態樣)에 따라 일정한 보험금액을 지급하는 정액보험(定額保險)의 경우와, 의료비 및 기타의 비용을 부담하기로 하는 부정액보험의 경우가 있다. 후자의 경우에는 손해보험으로서의 성격을 가진다.

Ⅴ. 어음·수표

1. 어음

1) 의의

어음은 발행하는 사람이 일정한 금액을 일정한 시기와 장소에서 무조건 지급할 것을 약속하거나(약속어음) 또는 제3자에게 그 지급을 위탁하는 유가증권이다(환어음).

2) 종류

(1) 약속어음

발행인 자신이 다른 사람에게 장래에 정해진 날짜 또는 그 사람이 요구하는 날짜에 일정 금액을 지급할 것을 약속하는, 발행인이 주채무자인 지급약속증권[324]을 어음이라고 한다. 약속어음은 보통 양도할 수 있으며, 담보에 의해 보증되기도 한다.

(2) 환어음

환어음은 발행인이 제3자인 지급인에 대하여 증권상에 기재된 금액을 일정일에 어음상의 정당한 권리자(수취인 또는 피배서인)에게 지급할 것을 무조건

---

324) 이범찬/최준선, 전게서, 848면.

으로 위탁하는 증권이다.

2. 수표

1) 의의

발행인이 지급인에 대하여 수취인 또는 그 밖의 정당한 소지인에게 일정한 금액을 지급할 것을 위탁하는 증권, 즉 금전지급위탁증권이다.[325] 화폐제도하의 재화교역에서 창출된 법기술적 지급수단으로서, 선진국의 국내 상거래에서 화폐의 주된 형태로 이용되고 있다.

수표는 금전의 대용물로서 수표를 사용하는 목적 가운데 현금지급 기능이 가장 중요하며, 수표법에서도 지급의 보증과 유통의 보호를 기본 이념으로 하고 있다.

2) 종류

(1) 당좌수표

수표의 발행인이 은행과 당좌거래계약(당좌예금계약, 당좌차월계약, 수표계약을 포함)을 체결하고, 은행에 있는 수표자금(당좌예금잔액, 당좌차월한도액)의 범위 내에서 발행하는 형식의 수표를 말한다. 수표법에서 말하는 전형적인 형태의 수표로서 개인수표라고도 한다.[326]

(2) 자기앞수표

수표의 발행인이 자기를 지급인으로 하여 발행한 수표를 말한다. 지급이 확실하므로 보증수표라고도 한다.[327] 발행인 · 지급인이 서로 다른 수표를 당좌수표라고 하는데 자기앞수표는 수표의 발행인 자신이 지급인이 되는 것으로 수표법에 허용되어 있다.[328]

---

325) 이범찬/최준선, 전게서, 848면; 최기원, 전게서, 849면.
326) 이범찬/최준선, 전게서, 866면.
327) 이범찬/최준선, 전게서, 866면.
328) 수표법 제6조 3항.

(3) 여행자수표

해외여행자가 현금 대신 사용할 수 있는 수표이다. 현금의 분실・도난 등의 위험을 피하기 위하여 고안되었다. 이것에 대한 각국의 제도가 반드시 일치하지는 않지만 일반적으로 은행이 발행인이 되며, 발행인인 은행은 여행자를 수취인으로 하여 그의 해외지점 또는 거래은행에 대하여 지급인 또는 상대방의 면전에서의 부서(副署)를 조건으로 증권에 기재된 금액의 지급을 지시하는 내용의 수표이다.

(4) 횡선수표

수표의 발행인 또는 소지인이 수표 앞면에 2줄의 평행선을 그어놓은 수표를 말한다. 지급은행이 자기의 거래처나 소지인이 거래하고 있는 타은행으로부터 제시된 경우 외에는 지급할 수 없는 수표이다. 대개 수표는 발행인이나 소지인의 이름을 지정해놓지 않는 무기명 지급보증형태로 발행된다. 그러나 이 경우 도난 및 분실로 인한 손실의 위험이 있으므로 이를 방지하고자 횡선수표가 생긴 것이다.

(5) 연수표(선일자수표)

실제의 발행일보다 장래의 어느 일자를 발행일로 하여 발행하는 수표를 말하며, 선일자수표(先日字手票)라고도 한다. 연수표라는 용어는 사회 관행상의 용어이고, 법률상으로는 보통 수표와 다른 점이 없으며 효력에도 아무런 차이가 없다. 다만 발행자와 수취인 사이의 개인적 약속(발행일 후에 은행에 제시・지급요구를 할 약속)에 불과하며, 은행은 그 발행일에 구속받지 않는다. 따라서 수표의 수취인(또는 양도받은 제3자)이 발행일 전에 은행에 제시, 지급요구를 하면 은행은 예금이 있는 한 지급하며, 예금이 없는 경우에는 부도로 처리한다. 지급요구 수취인은 다만 발행인과의 약속 때문에 그 신의를 지켜 발행일 전에는 은행에 지급요구를 하지 않는다. 따라서 연수표는 약속어음과 같은 기능을 지니기 때문에 신용증권으로서의 경제적 효용이 있다.

(6) 가계수표

개인이 은행과 가계당좌거래계약을 체결하고 은행에 있는 수표자금의 범위 내에서 발행하는 수표를 말한다. 현재 일반가계수표 · 은행보증가계수표 · 은행공동정액보증가계수표 등 크게 3종류가 발행되고 있다. 이 중 가장 많이 유통되고 있는 일반가계수표의 경우는 장당 발행한도가 개인의 경우 100만 원, 자영업자의 경우 500만 원이며, 이자는 연 1.0 %이다.

3. 백지수표와 백지어음

후일 어음 · 수표 소지인으로 하여금 보충시킬 의사로 어음 · 수표 요건의 전부 또는 일부를 기재하지 않은 채 어음 · 수표가 될 서면에 기명날인해 발행한 미완성 어음 · 수표를 말한다.

어음 · 수표는 원래 엄격한 요식(要式) 증권으로서 그 요건이 불비된 때는 효력이 없다. 그러나 어음법 · 수표법은 어음 · 수표 교부시 원인관계에 의한 채무의 금액 및 변제기간이 미정이거나, 거래의 상대방이 아직 확정되지 않아 어음금액 · 만기 · 수취인 · 기타 요건을 기재할 수 없는 경우 후일 불비된 요건이 보충될 것이 확실한 때는 그 백지어음 · 백지수표의 효력을 인정하고 있다.[329] 백지어음 · 백지수표의 소지인은 후일 미비된 요건을 보충해 어음 · 수표로서 완성시키는 권리(백지보충권)를 가지며, 이 권리의 행사에 의해 어음 · 수표가 완성되면 백지어음 · 백지수표의 발행자(기명날인자)는 백지어음 · 백지수표를 교부한 시점으로 소급해 책임진다. 백지보충권은 일종의 형성권으로서 백지어음 · 백지수표와 불가분의 관계를 가지며, 어음 · 수표의 양도와 함께 백지보충권도 양도된다.

Ⅵ. 해상

1. 해상법

넓은 뜻으로는 해사(海事)에 관한 법규의 전체인 해법, 일반적으로는 그 중 해상운송을 중심으로 하는 해상기업의 조직과 해상거래에 관한 법을 말한다. 실질적으로는 해상기업에 관한 법을, 형식적으로는 상법전 제5편(해상)의 규

329) 어음법 제10조, 수표법 제13조.

정을 뜻한다.

해상법은 해상운송에 관한 규정을 핵심으로 하여 해상기업을 수행하는 데 필요한 기업주체로서의 선박소유자 · 임차인 · 공유자 및 기업 보조자로서의 선장에 관한 사항과, 물적 조직에 관한 선박, 선박 우선특권(優先特權), 선박 저당권 등을 규정하였다. 또한 해상기업에는 항상 위험이 따르기 때문에, 공동해손(共同海損) · 해난구조 · 선박충돌 · 해상보험에 관한 규정을 두었다.

2. 해상기업조직

1) 인적조직

(1) 선박소유자

선박에 대하여 물권법상 소유권을 갖는 자로서 그 소유선박을 상행위 기타 영리의 목적으로 자기의 해상기업에 이용하는 자를 의미한다.

(2) 선체용선자

선체용선계약상의 용선자를 말하며, 선체용선계약이란 용선자의 관리 · 지배하에 선박을 운항할 목적으로 선박소유자가 용선자에게 선박을 제공할 것을 약정하고 용선자가 이에 따른 용선료를 지급하기로 약정함으로써 그 효력이 생기는 계약이다.[330)]

(3) 선박공유자

선박을 공유하고 이것을 공동의 해상기업에 이용하는 자를 말한다.

(4) 정기용선자

정기용선계약상의 용선자를 말하며, 정기용선계약이란 선박소유자가 용선자에게 선원이 승무하고 항해장비를 갖춘 선박을 일정한 기간동안 항해에 사용하게 할 것을 약정하고, 용선자가 이에 대하여 기간으로 정한 용선료를 지급할 것을 약정함으로써 그 효력이 생기는 계약이다.[331)]

---

330) 상법 제847조 1항.
331) 상법 제842조.

(5) 선장

상선·여객선·어선 등의 선박에서 모든 승무원을 지휘·통솔하고, 선박과 선적화물을 관리하며 여객의 안전항해를 도모하는 최고 책임자를 말한다. 선장은 선박 소유자·임차인·운항자 등 해상기업인(海上企業人)의 대리인으로서 공법상·사법상의 직무와 권한을 가진다.

(6) 선원과 해원

선원법상 선원이라 함은 임금을 받을 목적으로 배 안에서 근로를 제공하기 위하여 고용된 자로서 선박의 승무원을 말한다. 선원은 선장·해원(海員) 및 예비원(승무 중이 아닌 자)으로 구분하고, 선장은 선박의 운항관리에 대하여 책임을 지는 선원을 말하며, 해원은 배 안에서 근무하는 선장이 아닌 선원을 말한다. 이 해원에는 항해사·기관장·기관사·통신장·통신사·운항장·운항사 등의 직원이 포함된다.[332].

선원은 항해하는 동안 국가의 권력이 미치지 않는 해상에서 인명과 재화를 운항·관리해야 하므로 엄격한 규율이 적용되고 있다. 선장은 모든 해원을 지휘·감독하며 선내의 질서를 유지하기 위해 필요한 명령을 할 수 있고 징계권을 행사할 수 있다.[333]

해원은 상사의 직무상 명령에 따라야 하고 선장의 허가 없이 선박을 떠나서는 안 되며 선내 질서를 어지럽게 하는 행위를 하여서는 안 되는 의무를 진다.[334].

(7) 선박사용인

임시로 선박상의 노무에 종사하기 위하여 고용된 자를 말한다.

(8) 도선사

일정한 도선구(導船區)에서 도선업무를 할 수 있는 도선사의 면허를 받은 자를 말한다. 도선사는 선장에 의하여 고용된 선박사용인의 일종인데 다른 한

332) 선원법 제3조.
333) 선원법 제6조, 제24조.
334) 선원법 제23조.

편 독립된 도선업의 영업자이기도 하다.

2) 물적조직 – 선박

해상법에서 선박이라 함은 상행위나 그 밖의 영리를 목적으로 항해에 사용하는 선박을 말한다.[335] 구체적으로는 선박은 다음과 같다.

① 상행위 기타 영리를 목적으로 하는 선박(영리선)일 것

② 항해에 사용하는 선박(항해선)일 것

③ 사회통념상 선박이라고 인정되는 것일 것

④ 단정(短艇) 또는 주로 노(櫓) 또는 상앗대로 운전하는 선박이 아닐 것[336].

3) 책임제한

선박소유자의 책임제한은 선장(船長)의 대리권이 광범위하다는 것, 선장과 선원)에 대한 선박소유자의 지휘·감독이 곤란하다는 것, 해상기업의 위험성과 손해액이 크다는 것, 국민경제상 해상기업을 보호하여야 한다는 것 등을 근거로 한다. 상법(商法)은 통일조약에 따라 물적(物的) 피해에 대하여는 선가책임주의와 금액책임주의를 병용하고, 인적(人的) 피해에 대하여는 금액책임주의에 의한다.

책임이 제한되는 선박소유자의 개념에는 선박소유자 이외에 선박공유자, 선박임차인, 정기용선자 등의 해상기업의 주체가 포함된다. 그리고 용선자, 선박관리인, 선박운항자, 법인인 선박소유자, 해상기업의 무한책임사원, 자기의 행위로 인하여 선박소유자 등의 책임이 성립하게 한 선장 등은 선박소유자의 경우와 동일하게 책임을 제한할 수 있다. 선박소유자가 책임제한을 주장할 수 있는 손해 및 책임제한을 주장할 수 없는 손해에 대하여는 자세한 규정이 있다.[337]

---

335) 상법 제740조.

336) 상법 제741조 2항 참조.

337) 책임제한이 인정될 수 있는 채권이라도 그 채권이 선박소유자 자신의 고의(故意) 또는 손해발생의 염려가 있음을 인식하면서 무모하게 한 작위(作爲) 또는 부작위(不作爲)로 인하여 생긴 손해에 관한 것인 때에는 책임제한이 인정되지 않는다(상법 제746조). 동일한 사고에서 발생한 모든 채권에 대한 책임제한의 대상자의 책임제한의 총액은 선박마다 책임한도액(상법 제746조)을 초과하지 못한다(동법 제750조). 책임제한을 하고자 하는 자는 채권자로부터 책임한도액을 초과하는 청구금액을 명시한 서면(書面)에 의한 청구를 받은 날부터 1년

3. 해상기업활동(해상운송)

해상운송은 해상에서 선박에 의하여 물건 또는 여객을 운송하는 것을 말하며, 이때 해상이라 함은 湖川(內水)과 항만을 제외한 수면이다. 해상운송은 운송의 수단이 선박이며 운송의 장소가 해상이라는 점에서 육상운송과 비교하여 그 위험성·운송기간·운송방법·비용 등에서 많은 차이점이 있기 때문에 상법은 이를 구별하여 규정하고 있다.

1) 해상물건운송계약(개품운송계약)

(1) 의의

운송인이 개개의 물건을 해상에서 선박으로 운송할 것을 인수하고, 송하인이 이에 대하여 운임을 지급하기로 약정함으로써 그 효력이 생기는 계약이다.[338]

(2) 종류

① 재운송계약

용선자가 자기명의로 제3자와 체결한 제2의 운송계약을 말한다[339].

② 통(연락)운송계약

해상운송인이 자기 담당 구간의 운송뿐만 아니라 전운임을 받고 자기와 연락이 있는 다른 운송인(실제운송인)의 운송수단(선박·철도·항공기·자동차 등)에 의하여 목적지에 이르기까지 전운송을 인수하는 계약을 말한다.

③ 복합운송계약

운송계약 중 육상 또는 해육공(海陸空)운송과 같이 2개 이상의 운송수단에 의하여 실행되는 운송을 내용으로 하는 운송계약을 말한다.

내에 법원(法院)에 책임제한절차개시의 신청을 하여야 한다(상법 제752조). 책임제한의 대상자의 1인이 책임제한절차개시의 결정을 받은 때에는 책임제한을 할 수 있는 다른 자도 이를 원용할 수 있다(상법 750조).

338) 상법 제791조.

339) 상법 제809조.

④ **계속운송계약**

육상운송인이 송하인에 대하여 일정한 기간 일정한 운임률로써 일정한 종류의 적하의 불특정다량을 수시로 또는 부분적으로 계속하여 운송할 것을 약정하고, 그 매 회의 적하의 수량·선적의 때와 장소·양륙항의 결정 등을 보통 송하인에게 유보하는 것을 내용으로 하는 운송계약을 말한다.

⑤ **혼합선적계약**

해상운송에서 서로 다른 송하인이 자기의 적하를 다른 동종·동질의 운송물과 혼합하여 운송할 것을 승인하고 체결하는 물건운송계약이다.

(3) 효력

① **선적에 관한 의무**

i) **선박제공의무**

해상물건운송인은 운송계약에서정한 선박을 선적지에서 송하인에게 제공하여야 한다.

ii) **운송수령증·적부(積付)의무**

운송인은 운송계약에 따라 인도된 운송물을 수령할 의무가 있고, 수령한 운송물을 적부할 의무를 부담한다.[340] 적부란 운송물을 배에 실어서 선창(船艙; hold)내에 적당히 배치하는 것을 말한다.

iii) **선하증권교부의무**

운송인은 송하인의 청구에 의하여 운송물의 수령 후 또는 선적 후 1통 또는 수통의 선하증권을 교부하여야 한다.[341]

② **항해에 관한 의무**

i) **감항능력 주의의무**

해상운송인이 송하인에 대하여 선적항을 발항할 당시 예정된 항해를 안전하게 완성할 수 있는 선박을 제공함에 있어서 자기 또는 선원 기타의 선박사용인

340) 상법 제795조 1항.
341) 상법 제852조 1, 2항.

이 상당한 주의를 다하여야할 의무를 말한다.[342)]

ⅱ) **발항의무**

해상운송인은 운송물의 선적이 종료할 경우 지체 없이 발항하여야할 의무를 부담한다.

ⅲ) **직항의무**

해상운송인은 발항하면 원칙적으로 예정항로에 따라 도착항(양륙항)까지 직항하여야할 의무를 부담한다. 다만 해상에서의 인명이나 재산의 구조행위로 인한 이로(理路)나 기타 정당한 사유가 있는 이로는 할 수 있다.[343)]

ⅳ) **운송물에 관한 의무**

운송인은 운송을 인수한 자이므로 운송물의 수령시 부터 인도시 까지 선량한 관리자의 주의로써 이것을 보관하여야 할 의무를 부담하고, 또한 송하인 또는 선하증권소지자의 지시에 따라 운송의 중지, 운송물의 반환, 기타의 처분을 하여야할 의무를 부담한다.[344)] 운송인은 법령 또는 계약에 위반하여 선적한 운송물을 언제든지 양륙할 수 있고, 그 운송물이 선박 또는 다른 운송물에 손해를 미칠 염려가 있는 때에는 이를 포기할 수 있다.[345)]

③ **양륙에 관한 의무**

ⅰ) **입항의무**

해상운송인은 운송물의 양륙・인도를 위하여 운송계약상 정하여진 양륙항 또는 송하인이 지정하는 양륙항에 입항하여, 특약 또는 관습에 의하여 정하여지는 양륙장소에 정박하여야할 의무를 부담한다.

ⅱ) **양륙의무**

해상운송인은 운송물을 선창에서 인도장소까지 반출하여야 한다.

---

342) 상법 제794조.
343) 상법 제796조 2항 8호 참조.
344) 상법 제815조, 제139조.
345) 상법 제800조 1항.

iii) **인도의무**

해상운송인은 양륙항에서 운송물을 정당한 수하인에게 인도할 의무를 부담한다.

(4) 해상물건운송인의 책임

해상물건운송인은 감항능력주의의무에 위반하거나 상사과실(운송물의 취급과 보관에 관한 과실)이 있는 경우에 책임을 진다. 그러나 항행과실이 있거나 선박화재의 경우에는 원칙적으로 면책된다.

송하인이 고가물의 운송을 위탁할 때에는 그 종류와 가액을 명시한 경우에 한하여 운송인은 손해배상책임을 부담한다.[346]

2) 해상여객운송계약

(1) 의의

운송인이 특정한 여객을 출발지에서 도착지 까지 해상에서 선박으로 운송할 것을 인수하고, 이에 대하여 상대방이 운임을 지급하기로 약정함으로써 그 효력이 생기는 계약을 말한다.

(2) 효력

① 여객에 대한 책임

해상여객운송인은 자기 또는 사용인이 운송에 관한 주의를 게을리 하지 아니하였음을 증명하지 아니하면 여객이 운송으로 인하여 받은 손해를 배상할 책임을 부담한다.[347]

② 탁송소화물에 대한 책임

운송물의 전부 또는 일부가 송하인의 책임없는 사유로 인하여 멸실한 때에는 운송인은 그 운임을 청구하지 못한다. 운송인이 이미 그 운임의 전부 또는 일부를 받은 때에는 이를 반환하여야 한다.[348] 운송물의 전부 또는 일부가 그

---

346) 상법 제815조, 제136조.
347) 상법 제826조 1항, 제148조 1항.
348) 상법 제134조 1항.

성질이나 하자 또는 송하인의 과실로 인하여 멸실한 때에는 운송인은 운임의 전액을 청구할 수 있다.[349] 화폐, 유가증권 기타의 고가물에 대하여는 송하인이 운송을 위탁할 때에 그 종류와 가액을 명시한 경우에 한하여 운송인이 손해를 배상할 책임이 있다.[350]

③ **휴대수화물에 대한 책임**

운송인은 여객으로부터 인도를 받지 아니한 수하물의 멸실 또는 훼손에 대하여는 자기 또는 사용인의 과실이 없으면 손해를 배상할 책임이 없다.[351]

3) 항해용선계약

일정한 항로에 한하여 계약하는 용선계약으로, 특정 항해구간을 정하여 선박을 대여 또는 차용하는 계약을 말한다. 일정기간을 정하여 용선하는 기간용선계약(time charter)에 상대되는 개념으로, 항로용선계약(trip charter)이라고도 한다. 원칙적으로 1회의 항해를 단위로 하며 운임은 화물 1톤당 얼마로 정해진다. 선주는 화주에게 운임조건만을 수취하고 그외 항해비 일체를 부담한다.

선복용선계약(lump-sum charter)과 일대용선계약(daily charter)으로 나뉜다. 선복용선계약은 적하량에 관계없이 일정한 선복을 계약하고 운임도 포괄적으로 약정하는 선복운임을 적용한다. 일대용선계약은 화물을 선적한 날부터 양륙할 때까지의 날짜를 하루당 얼마로 선복을 임대하는 계약을 말한다.

4) 해상운송증서

(1) 선하증권

해상운송계약에 따라 운송화물을 수령 또는 선적(船積)하였음을 인증하고, 그 화물의 인도청구권을 문서화한 증권을 말한다. 증권에 기재된 조건에 따라 운송하며 지정된 양륙항(揚陸港)에서 증권의 정당한 소지인에게 그 화물을 인도할 것을 약정하는 유가증권이다. 이는 화주(貨主)의 청구에 따라 선장(실제로는 선박회사 또는 대리점)이 발행한다. 육상운송에서의 화물인환증과 같이

349) 상법 제134조.
350) 상법 제136조.
351) 상법 제150조.

물권적 효력 및 채권적 효력을 가지고 있으며, 배서에 따라 양도할 수 있는 유통증권이다.

(2) 해상화물운송장

해상화물을 수취했다는 증거로 발행되는 선적서류로서 해상화물수취증이라고도 한다. 선하증권처럼 운송계약의 증거가 되나 유가증권이 아닌 비유통증권이다. 1977년 1월 영국의 11개 선박회사가 영국선주협회(GCBS)의 권고를 받아들이면서 사용하기 시작하였다. 수하인이 물품을 수령할 때 운송인에게 제출할 필요가 없으므로 물품의 인도가 지연되는 것을 해소할 수 있고, 그 결과 보관료와 이자 등의 비용이 절감된다. 유가증권이 아니므로 분실해도 손해를 입을 우려가 없으며, 물품을 신속하게 통관시킬 수 있다는 장점이 있다. 또한 서식을 통일시켜 사무처리의 합리화도 꾀할 수 있다. 이러한 장점 때문에 무역거래에서 선하증권을 대체하는 용도로 많이 사용되고 있으며, INCOTERMS 1990[352]에서도 물품인도의 증빙서류로 명시하였다.

4. 해상기업위험

1) 공동해손

선장이 선박(船舶)과 적하(積荷)의 공동위험을 면하기 위해 행한 처분으로 발생한 손해와 비용을 말한다. 선박과 적하에 공동의 위험이 발생하였을 경우에 그러한 위험을 제거·경감시키기 위해 선체나 적하를 희생시키거나 필요한 경비를 지출하는 행위를 공동해손행위라고 하며, 그에 의한 손해와 경비를 공동해손이라고 한다.

2) 해난구조

광의의 해난구조라 함은 해난을 당한 선박 또는 적하를 구조하는 모든 경우를 의미하고, 협의의 해난구조라 함은 구조계약이 없이 해난을 당한 선박 또는 적하를 구조하는 경우를 의미한다. 상법에 규정하는 해난구조는 협의의 해난

---

352) 무역 정형거래조건의 해석에 관한 국제규칙(International Rules for the Interpretation of Trade Terms). 매 10년마다 개정하고 있는 이 규칙은 현재 INCOTERMS 2000을 따르고 있다.

구조를 말한다.

3) 선박충돌

상법이 적용 또는 준용되는 2척 이상의 선박간에 손해가 생길 정도의 접촉을 말한다. 선박과 잔교(棧橋)·암벽 기타 물체와의 접촉은 포함되지 않는다.[353)]

4) 해상보험

항해에 따르는 사고로 인하여 생긴 손해를 전보(塡補)하는 손해보험을 말한다. 해상보험은 많은 종류의 위험을 종합적으로 담보하고, 보험가액은 미리 보험자(보험회사)와 보험계약자 사이에 보험증권에 의하여 정해진다. 이 점에서 단일위험만이 담보되며, 보험가액은 손해발생시의 시가에 의하여 산출되는 화재보험과 다르다.

5. 해상기업금융

1) 선박우선특권

선박에 관한 특정 채권에 관하여 채권자가 선박과 그 부속물에 대하여 다른 채권자보다 우선변제를 받을 수 있는 특수한 담보권을 말한다. 해상우선특권이라고도 하며, 해상기업금융의 특수성과 그 원활을 기하기 위하여 인정된 제도이다. 선박우선특권의 발생원인이 되는 채권은 구체적으로 법정되어 있으며, 그 목적물은 선박·속구(屬具), 미수(未收) 또는 소지하는 운송임(運送賃) 및 선박과 운임에 부수하는 채권이다.[354)]

---

353) 선박의 충돌이 불가항력으로 인하여 발생하거나, 충돌의 원인이 불명한 때에는 피해자는 손해의 배상을 청구하지 못한다(상법 제844조). 충돌이 한쪽 선원의 과실로 인하여 발생한 때에는 그 한쪽의 선박소유자는 손해배상의 책임을 진다(상법 제845조). 또 선박의 충돌이 쌍방 선원의 과실로 발생한 때에는 과실의 경중에 따라 각 선박소유자가 손해배상의 책임을 분담한다. 그 과실의 경중을 판정할 수 없는 때에는 그 책임을 균분(均分)하여 부담한다(상법 제846조). 또한 도선사(導船士)의 과실로 인한 선박충돌의 경우에도 선박소유자가 전기(前記)한 책임을 진다(상법 제847조). 선박충돌로 인한 손해배상의 청구권은 충돌이 있은 날부터 2년간 행사하지 아니하면 소멸시효가 완성한다(상법 제848조).

354) 선박우선특권은 다른 채권과 선박에 관한 담보권에 우선한다(상법 제872조). 그리고 선박우선특권 상호간에는 뒤의 항해에서 생긴 것이 앞의 항해에서 생긴 것에 우선하는 등 그 우선순위가 규정되어 있다(상법 제866조, 제867조). 선박우선특권에는 그 성질에 반하지 않는

2) 선박저당권

선박은 동산이지만 그 성질이 부동산에 유사하고, 선박등기부에 따라 공시가 가능하므로 상법은 등기된 선박에 대하여 저당권을 설정할 수 있도록 하고 있다.[355] 선박저당권[356]은 당사자가 임의로 설정할 수 있고 공시에 의하여 거래의 안전이 도모되는 장점이 있으나, 해상위험에 의하여 선박이 멸실될 수 있고 선박우선특권에 의하여 담보가치가 감소될 수 있는 단점이 있다.

한, 민법의 저당권에 관한 규정을 준용한다(상법 제861조 2항).

355) 상법 제871조.

356) 선박저당권에 대하여는 민법의 저당권에 관한 규정을 준용한다(상법 제871조). 선박저당권의 목적물은 등기된 선박에 한한다(상법 제871조). 선박등기는 총톤수 20톤 이상의 선박을 대상으로 한다(선박등기법 제2조). 등기된 선박은 저당권의 목적으로만 할 수 있고 질권의 목적으로 하지 못한다(상법 제873조). 선박저당권은 그 속구(屬具)에 미친다(상법 제871조). 속구는 반드시 속구목록(屬具目錄)에 기재된 것에 한하지 않고, 선박에 대한 종물(從物)인가의 여부를 불문하며, 저당권을 설정할 때에 존재하는 것뿐만 아니라 저당권을 실행할 때에 존재하는 것도 포함된다. 등기된 선박의 공유지분도 선박관리인의 지분이 아닌 한 각각 저당권의 목적이 될 수 있다(상법 제756조). 동일한 선박에 여러 개의 선박저당권이 존재하는 경우에 그 순위는 저당권의 일반원칙에 따라 등기의 순서에 의하여 결정된다(민법 제333조, 제370조). 선박저당권과 선박우선특권이 경합하는 경우에는 선박우선특권이 우선한다(상법 제872조). 선박저당권과 유치권이 경합하는 경우에는 사실상 유치권이 우선하는 결과가 된다. 선박저당권과 선박임차권이 경합하는 경우에는 등기의 순서에 의하여 결정된다(상법 제765조). 선박저당권자는 선박저당권의 목적물에 대하여 경매권(競賣權)과 우선변제권을 가진다(민법 제356조, 제363조). 선박저당권은 건조(建造) 중인 선박에 대하여도 설정될 수 있다(동법 제874조). 이 경우에는 일단 특별등기부(特別登記簿)에 저당권의 등기를 하였다가, 선박의 건조에 의한 소유권보존등기가 있게 되면 선박등기부에 전사(轉寫)하게 된다.

제4장

사회법

제1절 노동법

Ⅰ. 노동법 일반론

1. 노동법의 의의

노동법학의 직접적인 대상은 노동법규의 총체와 노동법관계가 될 것이며, 노동법규의 규율대상은 노동법의 고유한 사회적 생활관계라고 할 수 있다. 노동법은 근로자의 근로관계를 그 대상으로 하며 근로자에게 그의 생존을 확보하도록 하는 것을 목적으로 하는 법규의 총체이다.

노동은 자본주의경제질서 하에 있어서 상품으로서 거래의 대상이 되지만 일반상품과는 달리 저장할 수가 없다. 노동은 상품으로서의 성질을 가지고 있으나 근로계약에 의하여 사용자에게 제공되어야 한다는 점에서 다른 상품과 다르다. 자본주의 경제하에 있어서의 노동의 상품성은 노사의 이익이 적절하게 조절되지도 않는다. 근로자들은 국가의 법에 전적으로 의존할 수가 없는 것이며, 자주적인 방법을 통하여 그들의 지위를 향상하는데 노력하지 않으면 안 된다. 노동은 상품으로서의 성질을 가지고 있으나 이것을 근로자로부터 완전히 분리하여 사용자의 자유로운 사용에 맡길 수는 없다.

2. 현행 노동법의 구조

1) 현행 노동법은 근로관계의 당사자인 근로자의 보호를 그 목적으로 한다.

2) 현행 노동법은 크게 3가지 범주로 구분될 수 있음은 위에서 언급한 바와

같다. 첫째는 국가가 근로조건의 최저기준을 정한 강행법률 체계이다. 여기에는 근로기준법, 남녀고용평등법, 최저임금법, 산업안전보건법, 산업재해보상보험법 등이 속한다. 그 중에서 근로기준법이 가장 중요하고 대표적인 법률이다. 둘째로 근로3권(단결권, 단체교섭권, 단체행동권)의 보장을 기초로 제정된 노동조합 및 노동관계조정법이다. 이 법률은 근로자들이 자주적으로 결성·조직한 노동조합에 대하여 사용자와의 단체교섭권을 인정하고 단체협약체결을 통해서 근로조건을 개선하는 것을 그 중요내용으로 하고 있다. 셋째는 노사관계의 결합을 경영중심의 차원에서 협조적 관점으로서 규율하고 있는 법률이 바로 근로자참여 및 협력증진에 관한 법률이다. 이 법률은 근로기준법이나 노동조합 및 노동관계조정법과는 달리 국가의 강제력이나 집단적 압력을 기초로 근로조건의 개선을 직접적 목적으로 하는 것이 아니라, 종업원과 기업주간의 협력적 조직을 효율화 혹은 강화함으로써 공동적 기업목적을 달성하려는 것이다.

3. 노동법과 근로자

1) 노동법 및 근로자의 정의

노동법은 「근로자의 보호」를 목적으로 하는 법이다. 근로기준법은 「직업의 종류를 불문하고 사업 또는 사업장에서 임금을 목적으로 근로를 제공하는 자」[357], 노동조합 및 노동관계조정법은 「직업의 종류를 불문하고 임금·급료 기타 이에 준하는 수입에 의하여 생활하는 자」[358]라고 규정하고 있다.

2) 근로자의 종속성

(1) 교섭력의 불평등

노동법이 적용되는 근로관계는 근로자가 종속적 근로를 제공하는 경우에 인정된다. 이 경우에 이른바 근로자와 사용자의 계약관계가 형식상 고용계약·위임계약·도급계약 또는 조합계약이냐 하는 것은 크게 문제되지 않는다.

---

357) 동법 제2조 참조.
358) 동법 제2조 참조.

(2) 인적 종속성

첫째, 근로자의 노무제공은 그의 인신과 분리하여 제공될 수 없으므로 근로자의 신체・건강・노동력 유지라는 보호가 요청되며, 둘째, 사용자의 지배영역인 경영조직 하에서 그의 지시 하에 노무를 제공하므로 근로자는 인격적으로 보호되어야 하고, 셋째, 사용자는 노동력의 수급을 결정・조절할 수 있으므로 임금이나 해고로부터 근로자를 보호할 필요가 있다.

4. 노동법의 기능

1) 근로자의 보호기능

노동법도 모든 법질서가 가지고 있는 속성을 가지고 있다. 다시 말하면 노사간에 존재하는 전형적인 불만과 불균형을 해결하고 그들 간의 분쟁을 조정・해결하는 기능, 이른바 법적 평화를 유지하는 기능을 가지고 있다.

2) 사회적 안정을 도모하는 기능

노동법은 전체 사회질서를 위하여 평화유지적 기능을 한다.

3) 분배적 기능

노동법의 분배적 기능은 넓은 의미에서 근로자의 보호기능에 속하는 것으로 볼 수 있지만, 여기서 분배적 기능이라 함은 경제구조와 관련해서 생산을 통하여 발생된 재화의 분배에 노동법이 중요한 기능을 담당함을 뜻한다.

5. 노동법의 법원

노동법의 법원에는 성문노동법・단체협약・노동조합규약・취업규칙・근로계약・사용자의 지시권・노동관습법・경영관행 등이 있다.

1) 성문노동법

성문노동법으로는 헌법의 관계조항과 근로관계에 관한 제법령이 있다.

(1) 헌법

헌법상의 법원으로는 근로자의 노동기본권을 보장한 제32조 및 제33조가 있으며, 이 조항들은 노사관계질서의 기본유형을 규정한 것으로 노동법의 해석·적용에 있어서 종국적 기준으로서의 효력을 가진다.

(2) 법률

근로기준법·노동조합 및 노동관계 조정법·근로자참여 및 협력증진에 관한 법률·노동위원회법 등은 근로관계 또는 노사관계를 직접 또는 간접으로 규율하는 재판규범임은 의심할 여지가 없다. 다만 근로기준법·선원법 등은 개별적 근로관계에 관한 법원임에 반하여 노동조합 및 노동관계조정법 등은 집단적 노사관계에 관한 법원이다.

(3) 시행령

노동관계법의 시행령이 개별적 근로관계 또는 집단적 노사관계를 규율하는 재판규범의 존재형식임은 의심할 여지가 없다. 시행령은 그 효력의 계위상(階位上) 법률에 반할 수 없다.

2) 단체협약

단체협약은 노동조합과 사용자 사이에 체결되는 규범계약이다. 단체협약 내에는 개별적 근로관계에 대하여 이른바 기준적 효력을 미치는 규범적 부분과 협약체결당사자인 노동조합과 사용자 사이의 권리·의무를 규율하는 채무적 부분이 포함되어 있다. 단체협약은 그 효력상의 계위(階位)에 있어서는 법률(노동관계법)보다 하위에 있지만 취업규칙과 근로계약에 대해서는 상위에 있다. 단체협약은 원칙적으로 노동조합의 조합원에 대해서만 적용된다.

3) 노동조합규약

노동조합은 법인격의 유무에 불구하고, 노동조합 및 노동관계조정법이 요구하는 자주성과 민주성을 갖추고 사단으로서의 조직적 통일성을 유지하고 있으면 합법적으로 노동조합의 운영, 조합원의 권리·의무, 조합재산의 관계 등을 조합규약 내에 규율할 수 있다.

4) 취업규칙

취업규칙은 일정한 사업장에서 근로관계와 경영질서를 규율하는 역할을 담당하고 있다.

5) 근로계약

근로계약은 근로자와 사용자의 의사표시에 의하여 근로관계를 성립시키는 법률행위로서 근로자와 사용자 사이의 중요한 권리 · 의무를 규정한다.

6) 사용자의 지시권

사용자의 지시권은 근로자의 주된 의무인 노무급부의무를 사용자의 일방적 의사표시에 의하여 구체적으로 실현하는 권리로서 근로관계의 중요한 구성부분이다.

7) 경영관행(노동관행)

노동법은 원래 현실적인 노사관계로부터 규범의식이 발생함으로써 생성되며, 또 그러한 생성과정을 거쳐 발전하는 것이 일반적 경향이다.

8) 행정해석

행정관청에 의한 법해석이 노동법의 법원성을 가지느냐 하는 것은 구체적으로 노동부에 의한 질의해석 또는 법무부에 의한 유권해석의 법원성의 문제이다. 행정해석이 판례와 같은 의미의 법원성을 가질 수 없다는 것이 일반적인 견해로 보인다.

9) 법원의 경합(법원 사이의 상호관계)

(1) 유리한 조건 우선의 원칙

이러한 법원들 사이에는 다음과 같은 효력상의 계위가 존재한다. 즉 헌법, 법령, 단체협약, 노사협의에 의한 협정, 취업규칙, 근로계약, 경영관행(노동관행) 사용자의 지시의 차례가 그것이다. 이와 같은 효력의 계위는 우선 법령이 헌법에 위반할 수 없으며, 단체협약, 취업규칙, 근로계약, 사용자의 지시는 단체협약에 위반할 수 없고, 취업규칙, 근로계약, 사용자의 지시는 취업규칙에 위반할 수 없다. 그리고 사용자의 지시는 근로계약에 반할 수 없다. 그러나 이와 같은 계위는 하위의 법원이 상위의 법원보다 근로자들에게 유리한 내용을 규정하고 있을 때에는 하위의 법원이 그대로 효력을 발생하고 상위의 법원은 적용되지 않는다. 이를 유리한 조건 우선의 원칙이라고 한다.

(2) 질서의 원칙과 특별규정 우선의 원칙

해소의 원칙은 어떤 동위의 규정이 다른 동위의 규정 후에 성립되어 그 두 개의 규정이 충돌하면 후에 성립한 규정이 우선한다는 원칙이다. 특별규정 우선의 원칙은 동위의 규정간에 있어서 일반규정보다 특별규정이 불리하다 하더라도 우선하여 적용된다는 원칙이다.

Ⅱ. 근로3권

헌법 제33조 1항은 근로자는 근로조건의 향상을 위하여 자주적인 단결권·단체교섭권 및 단체행동권을 가진다고 규정하고 있다. 이 규정은 근로자로 하여금 사용자와 대등한 지위에서 근로조건을 결정할 수 있도록 하기 위한 것임은 더 말할 필요가 없다. 다시 말하면 자유와 평등을 기조로 하는 헌법이 실질적 의미에 있어서 자유와 평등을 근로자에게 확보하여 주기 위한 기본권이다.

1. 단결권

헌법은 근로자들에게 단결권을 보장함으로써 노사의 실질적 평등의 실현을 기대하면서, 단체교섭에 의하여 노사관계가 자주적으로 형성되어 나갈 것을 이상으로 하고 있다. 단결체라고 하면 사용자에 대항하여 근로자들이 단결한 일시적 또는 계속적인 단체를 말한다. 단결권은 자유주의사회에 있어서 조직화 된 이해의 대립을 전제로 하여, 사용자에 대한 근로자들의 민주적이고 자주적인 단결을 그 보장 내용으로 하고 있다. 단결권의 보장과 관련해서는 ILO협약 제87호, 협약 제98호와 협약 제151호가 있다.

2. 단체교섭권

1) 의의

단체교섭권은 단결권이나 단체행동권과 마찬가지로 근로자들을 위해서 보장되었다. 그러나 단체교섭은 평화적 노사관계의 조성과 유지를 위한 것이므로 사용자는 물론 노동조합도 성실하게 교섭에 임해야 하고 정당한 이유 없이 교섭의 거부나 해태를 해서는 안 된다. 단체교섭의 주체는 원칙적으로 노동조합이다. 단체교섭이란 사실행위인 교섭행위뿐만 아니라 법률행위인 단체협약의 체결까지 포함하는 개념이다.

2) 내용

노동조합은 사용자에 대하여 단체교섭을 요구할 수 있는 권한을 헌법상의 권리로서 부여받고 있는 것이다. 이와 같은 취지에서 노동조합 및 노동관계조정법은 노동조합이 단체교섭을 요구할 수 있는 권한과 사용자가 단체교섭에 응할 의무를 규정하고 있다.

3. 단체행동권

1) 의의

단체행동을 인정한다고 하는 것은 근로자들이 사실적인 실력행사를 통하여 그들의 경제적 지위를 향상시키는 것을 제도적으로 인정하는 것이며, 사용자와 근로자들의 이해관계의 대립을 투쟁행위에 의하여 해결하도록 하는 것을 말한다.

우리나라 헌법은 단체행동권을 단결권이나 단체교섭권과 함께 근로자들의 권리로서 보장하고 있다. 그러므로 근로자들은 단체행동권으로서의 쟁의권을 행사하여 사용자의 노무지휘권을 배제함으로써 기업에 있어서의 업무의 정상적인 운영을 저해하는 집단적 행위를 정당하게 감행할 수 있으며, 사용자는 이로 인하여 필연적으로 발생되는 손해를 감수하지 않으면 안 된다.

2) 근로3권의 제한

(1) 근거

현행 헌법 제33조 1항은 법률유보의 제한 없이 근로 3권을 보장하고 있다. 그리고 같은 조 2항은 공무원인 근로자는 법률로 정하여진 자에 한하여 근로 3권을 가진다고 규정하고, 같은 조 3항에서는 법률이 정하는 주요 방위산업체에 종사하는 근로자의 단체행동권은 법률이 정하는 바에 의하여 이를 제한하거나 인정하지 아니할 수 있다고 규정하고 있다. 그러므로 헌법 제33조의 법문의 형식에 의하면 법률에 의하여 근로 3권이 인정되지 않는 공무원을 제외하면 모든 근로자에게 근로 3권이 보장되어 있다. 다만 법률로 정한 주요 방위산업체에 종사하는 근로자에 대해서는 단체행동권이 제한 또는 금지될 수 있다.

(2) 태양

① 근로자의 근로의 성질상의 제한

공무원인 근로자는 일반근로자와는 달리 「공무원」이라는 신분을 가지고 있으므로 법률로 정하는 자에 한하여 단결권·단체교섭권 및 단체행동권을 가진다. 현역군인·군속(軍屬)·경찰관리·소방관리인 공무원에게도 근로 3권의 행사는 인정되지 않는다.

② 사업의 성질상의 제한

주요 방위산업체에 종사하는 근로자의 단체행동권은 법률이 정하는 바에 따라 이를 제한하거나 인정하지 아니할 수 있다. 노동조합 및 노동관계조정법 제41호 2항은 방위산업에 관한 특별조치법에 의하여 지정된 주요 방위산업체에 종사하는 근로자 중 전력, 용수 및 주로 방산물자를 생산하는 업무에 종사하는 자는 쟁의행위를 할 수 없다고 규정하고 있으며, 같은 법 제71조는 공중의 일상생활과 밀접한 관련이 있거나 국민경제에 미치는 영향이 큰 사업으로서 정기노선여객운수사업, 수도·전기·가스 및 석유정제·공급사업, 공급사업, 공중위생 및 의료사업, 한국은행 및 조폐사업, 방송·통신사업을 공익사업으로 규정하고 단체행동권의 행사와 관련하여 특별한 취급을 하고 있다.

제2절 사회보장법

Ⅰ. 사회보장법의 개념

1. 의의

사회보장(Social Security)이란 용어의 어원은 '동료에 의해서 걱정없게 하다'는 의미를 지니고 있다고 한다.[359)]

사회보장이란 일정한 사회적 수요의 충족을 목적으로 하는 사회급여체계이며, 생존권의 보장을 이념적 지주로 하여 구각의 책임에 의해 운영되는 공행정작용을 말하는 것으로,[360)] 국가가 주체가 되어 전 국민의 물질적, 정신적, 사회적 기본 욕구를 해결함으로써 인간다운 생활을 영위케 하는 공사의 제반 사회적 서비스와 관련된 법제도를 말한다.

사회보장은 현대사회에서 개인의 생활안정이 궁극적으로 개인이나 가족의 책임을 떠나 각종의 사회적 위험과 핵가족화에 따른 노인부양문제 등에 대처하기 위하여 사회적 위험과 질병, 노후에 대해 적절한 급여를 제공함으로써 국민의 최저생활을 보장하고자 하는 제도인 것이다.[361)]

사회보장법[362)]은 형식적 의미로는 사회보장에 관한 법령의 형식을 갖춘 법규를 말하며, 실질적 의미로는 법령의 형식과 명칭에 관계없이 사회보장적 의미를 지닌 제반 제도와 정책의 실천을 표현한 법령을 포함하는 개념이다.

---

359) 이수진, "한국 사회보장정책에 관한 연구", 「지역복지정책」, 제14권, 한국지역복지정책연구회, 2000년 12월, 384면.

360) 이헌석, "사회보장수급권과 사회보장청구권", 「공법연구」, 제26집 제1호, 한국공법학회, 1998년 5월,231면.

361) 김영우, "한국 국민연금제도의 현황과 정책과제", 「한국동서경제연구」, 제15집 제1권, 2003. 2, 124면.

362) 사회보장법은, 사회복지법, 사회법, 사회복지 사업법, 사회복지서비스법 등으로 혼용되고 있다.

2. 기본원리

1) 최저생활의 보장

사회보장제도에서 기본원리의 하나는 국민의 최저생활을 보장하는 것으로, 궁핍, 질병, 무지, 부랑, 실업 등의 사회적 해악으로부터 국민을 보호하는 것이다.[363)]

2) 기회의 균등

기회의 균등이란 비차별과 동등한 경쟁을 의미하는데, 비차별이란 사회적 지위를 향한 경쟁에서 해당 지위가 요구하는 특성을 지니고 있는 모든 사람들은 차별받지 않고 동등하게 참여할 수 있는 것을 말한다. 동등한 경쟁이란 개인의 책임을 넘어서는 사회적 요건에 의해 발생하는 불평등에 대하서 그 개인이 책임이나 부담을 지지 않아야 한다는 원칙을 말한다.[364)]

Ⅱ. 사회보장 일반

1. 사회보장기본법[365)]

1) 의의

사회보장기본법은 1996년에 제정되어 2008년 2월에 재개정된 법률로,. 사회보장에 관한 국민의 권리와 국가 및 지방자치단체의 책임을 정하고 사회보장제도에 관한 기본적인 사항을 규정함으로써 국민의 복지증진에 기여함을 목적으로 한다.[366)]

사회보장은 모든 국민이 인간다운 생활을 할 수 있도록 최저생활을 보장하고 국민 개개인이 생활의 수준을 향상시킬 수 있도록 제도와 여건을 조성하여,

---

363) 한국보건사회연구원, 『중장기 사회보장제도 개편방안』, 한국보건사회연구원, 2006년, 84면.

364) 위의 보고서, 88~89면.

365) 법률 제8852호, 2008.2.29.

366) 동법 제1조.

그 시행에 있어 형평과 효율의 조화를 기함으로써 복지사회를 실현하는 것을 기본이념으로 한다.[367)]

여기서, 사회보장이란, 질병·장애·노령·사망 등의 사회적 위험으로부터 모든 국민을 보호하고 빈곤을 해소하며 국민생활의 질을 향상하기 위하여 제공되는 사회보험, 공공부조, 사회복지서비스 및 관련 복지제도를 말한다.[368)]

2) 내용

국가 및 지방자치단체는 국가발전의 수준에 부응하는 사회보장제도를 확립하고 필요한 재원을 조달하여야 하고, 가정과 지역공동체의 자발적 복지활동을 촉진하여야 한다.[369)]

모든 국민은 사회보장에 관한 관계법령이 정하는 바에 의하여 사회보장의 급여를 받을 권리를 가지며 그 급여의 수준을 위하여 기준을 설정해 놓고 있다.[370)] 사회보장비용의 부담은 각각의 사회보장제도에 대한 역할분담에 따라 국가·지방자치단체 및 민간 부문 간에 합리적으로 조정되어야 한다.[371)]

위법 또는 부당한 처분을 받거나 필요한 처분을 받지 못함으로써 권리 또는 이익의 침해를 받은 국민은 행정심판법 또는 행정소송법의 규정에 의한 심판청구 또는 행정소송을 제기하여 그 처분의 취소 또는 변경 등을 청구할 수 있다.[372)]

2. 국민기초생활보장법[373)]

1) 의의

국민기초생활보장법은 2000년에 제정되어 2008년 2월에 재개정된 법률로, 빈곤 문제에 처한 국민에게 필요한 급여를 행하여 이들의 최저생활을 보장하고 자활을 조성하는 것을 그 목적으로 하고 있다.[374)] 즉, 저소득 국민, 영세 도

367) 동법 제2조.
368) 동법 제3조 제1호.
369) 동법 제5조~제6조.
370) 동법 제10조.
371) 동법 제27조.
372) 동법 제36조.
373) 법률 제8852호, 2008. 2.29,

시빈민, 실업자등을 지원하여 빈곤문제에 대한 사회안전망의 기초를 튼튼히 하는 한편, 빈곤가구별로 자활지원계획을 수립하고 그에 맞는 자활급여를 실시함으로써 빈곤의 장기화를 방지하려는 것이다.

2) 내용

동 법의 보호대상은 수급권자 및 수급자인데, 수급권자란 이 법에 의한 급여를 받을 수 있는 자격을 가진 자이고, 수급자란 국민기초생활보장법에 의해 급여를 받는 자를 말한다.[375]

기초생활보장급여는 신청주의를 원칙으로 하는데, 수급권자와 그 친족, 기타 관계인은 관할 시장・군수・구청장에게 수급권자에 대한 급여를 신청할 수 있다[376]. 급여 정도와 기준은 수급권자 및 수급자의 연령, 세대구성, 거주 지역 기타 생활여건 등을 고려하여 실제의 필요에 상응하도록 정한다.[377]

급여의 실시는 세대를 단위로 하여 자산 및 소득을 조사하고 수급권자를 세대원 중 근로 능력자 유무를 기준으로 구분하여 각기 필요한 급여를 행하는 것을 원칙으로 하며, 생계급여는 금전급여를 원칙으로 하고 예외적으로 현물급여를 할 수 있다. [378]

국민기초생활보장법은 급여의 내용에 따라 생계급여, 주거급여, 의료급여, 교육급여, 해산급여, 장제급여, 자활급여 등 7가지로 구분하고, 의료급여는 의료급여법에 따라서 급여를 실시하고 있다.[379]

수급자나 급여 또는 급여변경의 신청을 한 자는 그 결정의 통지를 받은 날부터 60일 이내에 시장・군수・구청장의 처분에 대하여 이의가 있는 경우에는 당해 보장기관을 걸쳐 시・도지사에게 각각 서면 또는 구두로 이의를 신청할 수 있다.[380]

---

374) 동법 제1조.
375) 동법 제2조.
376) 동법 제21조 제1항.
377) 동법 제4조 제2항.
378) 동법 제9조 제1항.
379) 동법 제7조.
380) 동법 제38조 제1항.

3) 사례

자혜의 집 요양원과의 촉탁의사계약에 따라 위 요양원 입소자들을 진료하고 그 진료행위에 대하여 국가 또는 지방자치단체가 보조하는 촉탁의사 급여를 지급받는 것은 의료급여법의 규정에 따라 의료급여기관이 수급권자에게 의료급여를 행하는 것과 별개의 진료행위임에도 불구하고 그 진료비용을 청구인이 운영하는 의료급여기관의 의료급여비용으로 청구하여 수급한 것은 부당하다.[381)]

3. 의료급여법[382)]

1) 의의

의료급여법은 생활이 어려운 자에게 의료급여를 실시하여 국민보건의 향상과 사회복지의 증진에 이바지함을 목적으로 한다.[383)] 의료급여제도는 대표적인 공적 부조제도로 경제적 약자에게 의료보장을 제공하는 장치이며, 의료급여대상자는 최저생계수준에 미달하는 실질적인 경제적 약자를 포함하여야 한다.[384)]

2) 내용

의료급여제도는 민간에 의해 행해지는 사적 의료부조가 아니라 국가에 의해 행해지는 공적 의료부조제도로, 자신의 소득이 최저생계비 이하인 절대 빈곤층이 주 대상이 되는 선별적인 제도다. 의료급여는 건강보험과는 달리 필요한 재원은 일반 조세수입으로 충당한다.

의료급여의 내용은, 진찰・검사, 약제・치료재료의 지급, 처치・수술과 그 밖의 치료, 예방, 재활, 입원, 간호, 이송과 그 밖의 의료목적의 달성을 위한 조치가 있다.[385)]

381) 보건복지부, 200605217, 2006. 5. 29.
382) 법률 제8852호, 2008. 2. 29.
383) 동법 제1조.
384) 장동민, "의료급에제도의 평가 및 발전방안", 「보건과 사회과학」, 제10집, 한국보건사회학회. 2001. 10, 119면.
385) 동법 제7조.

시장·군수·구청장은 수급권자를 선정하였을 때에는 지체 없이 의료급여증을 발급하여 이를 수급권자에게 교부하여야 하며 이는 가구당 1매씩 발급한다. 유효기간은 매년 1월 1일부터 12월 31일까지이다. 급여비용은 대통령령이 정하는 바에 따라 그 전부 또는 일부를 법 제25조의 규정에 의한 의료급여기금에서 부담한다.[386]

3) 사례

사회복지시설인 ○○○원의 의사가 환자들을 진료하면서 동 시설에는 약국이 없어 투약을 위하여 환자들을 의료기관에 후송하는 일이 번거로워 투약을 위한 처방전을 발급하고 진료비용을 의료급여기금으로 청구한 것은 위법하므로, 동 시설의 의료급여기관의 업무정지처분은 정당하다.[387]

Ⅲ. 연금 및 보험법

1. 국민연금법[388]

1) 의의

국민연금법은 국민의 노령·폐질 또는 사망에 대하여 연금급여를 실시함으로써 국민의 생활안정과 복지증진에 기여함을 목적으로 한다.[389] 연금제도는 장애, 불구, 사망 등 사회적 사고나 노후에 취업을 할 수 없어서 소득의 중단 또는 상실의 위험이 있는 경우에 일정 수준의 소득을 확보해 주가 위한 제도이다.[390]

2) 내용

국민연금은 원칙적으로 국내에 거주하는 18세 이상 60세 미만의 국민을 가

386) 동법 제10조.
387) 행정심판, 보건복지부, 200605217, 2006.5.29,
388) 법률 제8852호, 2008. 2. 29.
389) 동법 제1조.
390) 김영우, 앞의 논문, 125면.

입대상으로 하며, 예외적으로 국민연금 가입 기간이 20년 미만인 가입자로서 60세에 달한 자가 임의계속가입자로서 가입신청을 하는 경우에는 65세에 이를 때까지 가입자가 될 수 있다. 국민연금법상 규정된 급여의 종류는 노령연금, 장애연금, 유족연금, 반환일시금 등 4종류이다.[391]

3) 사례

근로자가 국민연금법상 사업장가입자의 자격을 취득한 날이 속하는 달이나, 자격을 상실한 날의 전날이 속하는 달은 모두 실제 근무일수와 관계없이 1달로 계산하여 사업장에 대한 사업장가입자로서의 가입기간에 포함된다.[392]

2. 국민건강보험법[393]

1) 의의

국민건강보험법은 국민의 질병・부상에 대한 예방・진단・치료・재활과 출산・사망 및 건강증진에 대하여 보험급여를 실시함으로써 국민건강을 향상시키고 사회보장을 증진함을 목적으로 한다.[394]

2) 내용

국민건강보험법의 가입자가 될 수 있는 사람은 국내에 거주하는 국민으로서, 자격요건은 가입자와 피부양자[395]가 모두 포함된다. 요양급여의 기준과 요양급여비용 기타 건강보험에 관한 주요 사항을 심의하기 위하여 보건복지부장관 소속하에 건강보험심의조정위원회를 둔다.[396]

제공되는 급여는 요양급여[397]와 건강진단[398], 요양비지급 및 임의 급여가

391) 동법 제45조.
392) 가입기간의 산정방법, 대법원, 2007. 8. 23, 2005두3660.
393) 법률 제8852호, 2008. 2. 29.
394) 동법 제1조.
395) 피부양자는 다음과 같은 경우에 해당하는 자 중 직장가입자에 의하여 주로 생계를 유지하는 자로서 보수 또는 소득이 없는 자를 말한다. 첫째, 직장가입자의 배우자, 둘째, 직장가입자의 직계존속(배우자의 직계존속을 포함한다), 셋째, 직장가입자의 직계비속(배우자의 직계비속을 포함한다) 및 그 배우자, 넷째, 직장가입자의 형제・자매이다(법 제5조).
396) 동법 제4조 1항.
397) 동법 제39조.
398) 동법 제47조.

있다. 이 중에서 요양급여, 건강진단 및 요양비 지급은 법정급여라고 한다. 직장가입자의 보험료는 직장가입자와 직장가입자가 근로자인 경우에는 소속사업장의 사업주가, 직장가입자가 공무원인 경우에는 소속된 국가 또는 지방자치단체가 각각 보험료의 100분의 50을 부담한다. 직장가입자가 교직원인 경우에는 그 직장가입자가 100분의 30을, 소속 학교경영기관이 100분의 30을, 국가가 100분의 20을 각각 부담한다.

3) 사례

국민건강보험법에서, 국민연금의 가입기간은 가입자의 자격을 취득한 날이 속하는 달부터 그 자격을 상실한 날의 전날이 속하는 달까지라고 규정하고 있으므로, 근로자들이 사업장가입자의 자격을 취득한 날이 속하는 달이나, 사업장가입자의 자격을 상실한 날의 전날이 속하는 달은 모두 실제 근무일수와 관계없이 1달로 계산하여 가입기간에 포함되는 것으로 보아야 한다.[399]

3. 산업재해보상보험법[400]

1) 의의

산재법은 산업재해보상보험사업을 행하여 근로자의 업무상의 재해를 신속하고 공정하게 보상하고 재해근로자의 재활 및 사회복귀를 촉진하기 위하여 이에 필요한 보험시설을 설치・운영하며 재해예방 기타 근로자의 복지증진을 위한 사업을 행함으로써 근로자 보호에 이바지함을 목적으로 한다.[401]

2) 내용

이 법은 근로자를 사용하는 모든 사업 또는 사업장에 적용하는데,[402] 보험급여의 종류는 요양급여, 휴업급여, 장해급여, 간병급여, 유족급여, 상병보상연금, 장의비 등이 있다. [403]

---

399) 대법원, 2007.8.23, 2005두3660.
400) 법률 제9338호, 2009. 1. 7.
401) 동법 제1조.
402) 동법 제5조.
403) 동법 제36조.

3) 사례

근로자가 회사의 긴요한 업무상 필요 때문에 심야까지 근무한 후 대중교통수단을 이용하기 어려워 승용차를 이용하여 퇴근하다가 교통사고로 사망한 사안에서, 퇴근 방법과 경로의 선택이 사실상 망인에게 유보되었다고 볼 수 없고 사업주인 회사의 객관적 지배・관리 아래 있었다고 보아 산업재해보상보험법상 업무상 재해에 해당한다.[404)]

4. 고용보험법[405)]

1) 의의

고용보험이란, 실직근로자에게 실업급여를 지급하는 전통적 의미의 실업보험 사업 외에 적극적인 취업알선을 통한 재취업의 촉진과 근로자의 고용안정을 위한 고용안정사업, 근로자의 직업능력개발사업 등을 상호 연계하여 실시하는 사회보험제도이다. 고용보험제도는 고용안정사업, 직업능력개발사업, 실업급여사업을 내용으로 하며, 국가는 보험의 적용, 보험료의 징수, 기금의 관리, 급여지급 등을 담당한다.[406)]

2) 내용

고용보험법은 근로자를 고용하는 모든 사업 또는 사업장에 대하여 적용하는 것을 원칙으로 하고 있으며, 사업규모를 고려하여 대통령령으로 정하는 사업 또는 사업장에 대해서는 그 예외가 인정된다.[407)]. 즉, 국가 및 지방공무원법에 의한 공무원, 사립학교법에 의한 교직원, 선원법에 의한 선원(노동부령으로 정한 선원은 고용보험을 적용함), 별정우체국법에 의한 별정우체국직원, 국가, 지방자치단체가 실업자의 고용 및 생활안정을 위하여 직접 행하는 사업으로서 실업자에게 일시적으로 일자리를 제공하는 사업에 종사하는 자 및 외국인의

---

404) 자가용을 이용하여 퇴근하다가 교통사고로 사망한 경우에 업무상 재해에 해당된다고 한 사례, 대법원, 2008. 9. 25, 2006두4127.

405) 법률 제9315호, 2008. 12. 31.

406) 정연택, "고용보험제도와 '삶의 질'", 「동향과 전망」, 제30호, 한국사회과학연구소, 1996. 7, 36~40면

407) 동법 제8조.

경우[408]에는 예외적으로 고용보험을 적용하지 않는다.

보험료는 고용보험사업에 소요되는 비용에 충당하기 위하여 보험가입자인 사업주와 피보험자인 근로자로부터 징수하는 금액을 말하며, 보험료는 고용안정사업, 직업능력개발사업 및 실업급여사업 등 보험사업별로 구분하여 산정한다.[409] 실업급여보험료는 노・사가 보험료의 1/2을 각각 부담한다. 고용보험료는 매 보험년도마다 그 1년 동안 적용사업의 보험사업별 피보험자인 근로자의 임금총액에 보험사업별 보험료율을 곱하여 산정한다. 고용보험의 보험료율은 보험수지의 추이와 경제상황 등을 고려하여 1000분의 30범위 내에서 고용안정사업, 직업능력개발사업 및 실업급여의 보험료율을 구분 결정한다.

3) 사례

고용보험 적용제외 근로자에 관한 舊고용보험법(2007. 5. 11. 법률 제8429호) 제8조 및 같은 법 시행령 제3조가 청원경찰에 대하여 적용제외를 따로 정하지 아니하였고, 청원경찰에 대해서는 청원주의 재량에 의한 구조조정이 허용되며, 공무원연금과 고용보험은 그 제도의 취지·기능이 동일하지 않다는 사정을 종합하면, 청원경찰에게 공무원연금과 고용보험을 동시에 적용하는 것은 신분상의 특이성 및 직무내용의 성격을 모두 고려한 입법자의 정책적 판단의 결과로서 비합리적인 이중의 과도한 보호라고 볼 수 없으므로, 청원경찰은 고용보험법의 적용을 받으며, 따라서 청원경찰에 대한 고용보험료 부과처분은 적법하다.[410]

---

408) 외국이라도, 국내 거주 자격(F-2)이 있거나 영주의 자격(F-5)을 갖고 있는 외국인은 적용대상으로 하고, 기타 국내 취업활동이 가능한 체류자격을 가진 외국인(C4 : 단기취업, E1 : 교수, E2 : 회화지도, E3 : 연구, E4 : 기술지도, E5 : 전문직업, E6 : 예술흥행, E7 : 특정활동, E8 : 연수활동, F1 : 방문동거, F4: 재외동포)의 경우에는 가입을 희망하는 경우에 적용하며, 불법취업근로자는 고용보험의 적용대상이 되지 않는다.

409) 동법 제5조의 2.

410) 청원경찰에 대한 고용보험료 부과처분이 적법하다고 한 하급심 판례, 광주지법, 2007. 12. 13, 2007구합3176.

Ⅳ. 사회복지

1. 사회복지사업법[411)]

1) 의의

이 법은 사회복지사업에 관한 기본적 사항을 규정하여 사회복지를 필요로 하는 사람의 인간다운 생활을 할 권리를 보장하고 사회 복지의 전문성을 높이며, 사회복지사업의 공정・투명・적정을 기하고, 지역사회복지의 체계를 구축함으로써 사회복지의 증진에 이바지함을 목적으로 한다.[412)]

사회복지사업은 현대사회에서 아동, 노인, 장애인, 모자가정, 부랑인, 빈민 등 소득능력과 직업능력이 사회적으로 제한되거나 박탈되어 있는 경제적, 사회적 약자를 우리 사회의 구성원들이 연대하여 사회적 위험으로부터 도와주는 제도인 것이다.[413)]

2) 내용

사회복지 관련법에 의한 보호・선도 또는 복지에 관한 사업과 사회복지상담・부랑인 및 노숙인보호・직업보도・무료숙박・지역사회복지・의료복지・재가복지・사회복지관운영정신질환자 및 한센병력자 사회복귀에 관한 사업 등 각종 복지사업과 이와 관련된 자원봉사활동 및 복지시설의 운영 또는 지원을 그 내용으로 한다.

보건복지부장관은 사회복지에 관한 전문지식과 기술을 가진 자로서 금치산자・한정치산자 등 대통령령이 정하는 결격사유에 해당되지 아니한 자에게 사회복지사의 자격증을 교부할 수 있다[414)] 사회복지법인을 설립하고자 하는 자는 대통령령이 정하는 바에 의하여 보건복지부장관의 허가를 받아야 한다.[415)]

---

411) 법률 제8852호, 2008. 2. 29.
412) 동법 제1조.
413) 윤찬영, "사회복지법의 규범적 타당성과 실효성의 문제", 「한국사회복지학」, 제23권, 한국사회복지학회, 1994. 5, 180~181면 참조.
414) 동법 제11조.
415) 동법 제16조.

사회복지서비스를 필요로 하는 자와 그 친족 그 밖의 관계인은 관할 시장・군수・구청장에게 보호대상자에 대한 사회복지서비스의 제공을 신청할 수 있으며, 시・군・구 복지담당공무원은 이 법에 의한 보호대상자가 누락되지 아니하도록 하기 위하여 관할지역안에 거주하는 보호대상자의 보호를 직권으로 신청할 수 있다.[416]

보호대상자에 대한 보호는 현물로 제공함을 원칙으로 하며, 시장・군수・구청장은 국가 또는 지방자치단체외의 자로 하여금 보호를 실시하게 하는 경우에는 보호대상자에게 사회복지서비스이용권을 지급하여 국가 또는 지방자치단체외의 자로부터 그 이용권으로 보호를 받게 할 수 있다.[417]

3) 사례

부랑인 선도시설 및 정신질환자요양시설에 대한 지방자치단체장의 지도・감독업무를 담당하는 공무원이 위 시설에서 수용자들에 대하여 폭행 등의 부당한 대우가 있음을 알았거나 쉽게 알 수 있었음에도 불구하고 이와 관련하여 필요한 조치를 취하지 아니한 경우에는 그 직무상 권한의 불행사가 현저히 합리성을 결한 것으로서 위법하여 그 피해자에 대한 손해배상의 책임이 성립한다.[418]

2. 아동복지법[419]

1) 의의

아동복지법은 18세 미만의 아동이 건전하게 출생하여 행복하고 건강하게 육성되도록 생활을 보장하는 것을 목적으로 하며, 국가는 이 법을 통해 아동의 권리를 국가적인 차원에서 보장해야 한다.[420]

우리나라에서도 최근에 이르러 부모의 실직, 이혼 등으로 인하여 가정의 해체, 아동의 빈곤, 학대, 보육, 입양, 장대 등이 사회적 문제 부각되면서 아동의

---

416) 동법 제33조의 2.
417) 동법 제33조의 7.
418) 수용시설의 관리에 관한 공무원의 불법행위, 대법원, 2006.7.28, 2004다759.
419) 법률 제9122호, 2008. 6. 13.
420) 동법 제1조.

권리와 복지에 대한 사회적 관심과 지원의 필요성을 인식하기 시작하여 아동복지의 최대한 보장이라는 국가적 책무를 실천하고 있는 것이다.[421)]

2) 내용

아동복지법은 아동의 복지증진 및 보호책임의 주체로 국가와 지방자치단체, 아동의 보호자 그리고 국민으로 구분하여 각각의 책임을 밝히고 있다.

보호를 필요로 하는 아동에 대한 적절한 보호조치, 아동 및 그 가족 또는 관계인에 대한 상담, 아동지도에 필요한 가정환경의 조사, 아동에 관한 전문적·기술적 지도를 필요로 하는 경우의 개별지도·집단지도 및 그 알선, 아동복지시설 또는 보호를 필요로 하는 아동에 대한 조사·지도 및 감독 이러한 사항을 수행하게 하기 위하여 특별시·광역시·도 및 시·군·구에 아동복지지도원을 둔다.[422)] 국가 또는 지방자치단체는 아동복지시설을 설치할 수 있다. 국가 또는 지방자치단체 이외의 자도 관할 시장·군수·구청장에게 신고하고 아동복지 시설을 설치할 수 있다.[423)]

3) 사례

영업자가 18세 이상 20세 미만의 미성년자에게 「금지된 공연물」 을 관람시켰을 경우에 있어서 영업자에 대한 위와 과태료의 부과나 형사상의 처벌 이외에 다시 관계 행정관청은 공연법 제17조에 의한 공연의 정지 등의 처분을 병행할 수 있다.[424)]

3. 노인복지법[425)]

1) 의의

노인복지법은 노인복지제도 또는 노인복지활동의 내용과 형태를 규정하는 법률로, 노인의 질환을 사전예방 또는 조기발견하고 질환상태에 따른 적절한

421) 도미향, "지방분권과 아동복지정책", 「학술대회 발표논문집」, 서울행정학회, 2003. 10, 133~134면 참조.
422) 동법 제7조.
423) 동법 제14조.
424) 미성년자의 공연장출입단속에 관한 유권해석, 법무부, 연도 미상.
425) 법률 제8974호, 2008. 3. 21.

치료・요양으로 심신의 건강을 유지하고, 노후의 생활안정을 위하여 필요한 조치를 강구함으로써 노인의 보건복지증진에 기여함을 목적으로 한다.426)

인구고령화는 국가의 경제, 산업, 보건, 복지, 고용, 교육, 문화 등 사회시스템 전반의 변화를 요구하는 구조적 문제로, 우리나라와 같이 빠른 속도로 고령화되고 있는 경우에는 범국가적 차원의 종합적, 체결적 대비책이 필요하다.427)

2) 내용

65세 이상의 모든 노인이 적용대상이다. 외국인은 원칙적으로 적용대상에 포함되지 않는다고 한다. 예외로는 보건복지부장관, 시・도지사 또는 시장・군수・구청장은 65세 미만의 자에 대하여도 그 노쇠현상이 현저하여 특별히 보호가 필요 하다고 인정할 때에는 조치를 할 수 있다.428)

국가 또는 지방자치단체는 연금을 지급받고자 하는 자의 신청에 대하여 이를 지급하며,429) 국가 또는 지방자치단체는 대통령령이 정하는 바에 의하여 65세 이상의 자에 대하여 건강진단과 보건교육을 실시할 수 있다. 노인복지시설의 종류는 노인주거복지시설, 노인의료복지시설, 노인여가복지시설, 재가노인복지시설이 있다430)

3) 사례

노인복지법에 따르면 유료노인복지주택의 입소는 임대 또는 분양계약에 의하여 60세 이상의 자만이 가능하도록 하고 있는데, 유료노인복지주택을 상속받은 자라고 하더라도 60세 미만의 자는 유료노인복지주택에 입소할 수 없고, 유료노인복지주택을 분양받은 입소적격자의 60세 미만의 자녀들도 유료노인복지주택에 함께 입소할 수 없다.431)

---

426) 동법 제1조.
427) 김경호, "저출산 고령화사회의 노인복지정책", 「사회연구」」 2004년 제1호, 한국사회조사연구소, 2004. 4, 27면.
428) 동법 제28조 제2항.
429) 동법 제11조.
430) 동법 제31조.
431) 유료노인복지주택의 입소자격 및 양도적격에 관한 유권해석, 법제처, 07-0441, 2008. 2. 15.

4. 장애인복지법[432)]

1) 의의

장애인복지법은 장애인의 인간다운 삶과 권리 보장을 위한 국가와 지방자치단체 등의 책임을 명백히 하고, 장애 발생의 예방과 장애인의 의료, 교육, 직업생활, 생활환경개선 등에 관한 사업을 정함으로써 장애인복지대책의 종합적 추진을 도모하며, 장애인의 생활 안정에 기여하는 등 장애인의 복지 증진 및 사회활동 참여 증진에 기여함을 목적으로 하는 법이다.[433)]

2) 내용

동 법에 의한 장애인은 신체적 · 정신적 장애로 인하여 장기간에 걸쳐 일상생활 또는 사회생활에 상당한 제약을 받는 자를 말한다.[434)] 이러한 규정에 의한 장애인은 외부 신체 기능의 장애, 내부기관의 장애 등을 말하는 신체적 장애와 정신지체 또는 정신적 질환으로 발생하는 장애를 말하는 정신적 장애로 구분된다.[435)]

보건복지부장관은 이 법의 적절한 시행을 위하여 장애인의 실태조사를 5년마다 실시하며,[436)] 의료비의 지급, 자녀교육비의 지급, 자립훈련비의 지급, 장애 수당의 지급, 장애아동 부양수당 및 보호수당의 지급, 재활보조기구의 교부, 재활보조기구업체의 지원 육성 등에 소요되는 비용과 장애인 복지시설의 설치 운영에 소요되는 비용은 예산의 범위 내에서 대통령이 정하는 바에 의하여 복지실시기관이 부담하게 할 수 있다.[437)]

---

432) 법률 제8852호, 2008. 2. 29.

433) 동법 제1조.

434) 동법 제2조 1항.

435) 대통령령으로 정하는 장애의 기준과 종류는, 지체장애인, 뇌병변장애인, 시각장애인, 청각장애인, 언어장애인, 정신지체인, 발달장애인, 정신장애인, 신장장애인, 심장장애인, 호흡기장애인, 간 장애인, 안면장애인. 장루 · 요루장애인, 간질장애인 등이 있다.

436) 동법 제28조.

437) 동법 제70조).

3) 사례

군 복무 중 월남에 파병되어 전투에서 포탄투하 등의 굉음으로 우측 귀의 고막이 파열되어 청각장애등급 6급을 받았으나 장애인복지법에 의한 장애등급은 장애등급에 따른 복지정책의 효율적인 시행과 지원을 위한 것으로 국가유공자의 특별한 희생의 정도에 따른 보상과 예우를 목적으로 하는 국가유공자 등 예우 및 지원에 관한 법률과는 법의 목적과 등급의 분류체계 및 기준을 달리하고 있어 장애인복지법 장애 6급에 해당한다고 하여 6급의 상이등급을 부여하는 것은 아니다.[438)]

5. 한부모가족지원법[439)]

1) 의의

이 법은 이전의 모자복지빕이 모・부자복지법으로 개정된 것을 다시 한부모가족지원법으로 개정한 것으로, 모・부자가정이 건강하고 문화적인 생활을 영위할 수 있게 함으로써 그 가정의 생활안정과 복지증진에 기여함을 목적으로 한다[440)](법 제1조)

2) 내용

국가와 지방자치단체는 모・부자가정의 복지를 증진할 책임을 지고, 모든 국민은 모・부자가정의 복지증진에 협력하여야 한다.[441)] 이 법에 의한 보호대상자는, 배우자와 사별 또는 이혼하거나 배우자로부터 유기된 자, 정신 또는 신체의 장애로 인하여 장기간 노동 능력을 상실한 배우자를 가진 자 및 미혼자(사실혼관계에 있는 자를 제외)에 해당하는 자로서 아동을 양육하는 자를 말한다.[442)] 보호대상자 또는 그 친족 그 밖의 이해관계인은 복지급여를 관할시장・군수・구청장에게 신청할 수 있다.[443)]

---

438) 상이등급구분신체검사등외판정처분취소청구, 부산보훈청, 200516142, 2005. 11. 7.
439) 법률 제8852호, 2008. 2. 29.
440) 동법 제1조.
441) 동법 제2조.
442) 동법 제4조.
443) 동법 제제11조.

3) 사례

당초 “모자원”의 신축을 위해 받은 국고보조금을 다른 사회사업용도로 전용하기 위한 승인을 받지 아니한 점, 청구인이 운영하려는 종합사회복지관의 예정지에는 이미 기존의 종합사회복지관 3개소가 설치 · 운영 중에 있는 관계로 중복투자가 되어 사회적으로 비효율적인 점 등으로 보아, 피청구인이 청구인에 대하여 종합사회복지관 설립을 위한 정관변경신청을 거부하는 사회복지법인정관불인가처분이 위법 · 부당하다 할 수 없다[444]

V. 재해 및 재난구호

1. 재해구호법[445]

1) 의의

재해구호란 국가와 지방자치단체가 한해, 풍해, 수해, 화재 등 비상재해가 발생하였을 때, 공적 자금을 활용하여 피해지역의 재해를 복구하고, 재난을 입은 이재민의 생존을 보호하며, 사회질서를 유지하기 위해 행해지는 응급적인 구호를 말한다. 따라서 재해구호법은 재해가 발생하였을 때에 피해자에 대한 구호를 실시함으로써 피해자의 보호와 생활안정에 기여함을 목적으로 한다.[446]

2) 내용

재해 구호법상 재해구호 대상은 한해, 충해, 수해, 화재 기타의 재해로 인하여 동일 지역 내에서 다수의 이재자가 발생하여 ‘응급적인 구호의 필요가 있을 때, 이재민과 일시대피자에 대한’ 재해구호를 행한다.[447]

제공되는 구호의 종류는, 임시주거시설의 제공, 급식 또는 식품, 의류, 침구

---

444) 사회복지법인정관불인가처분취소청구, 부산광역시장, 199907042, 1999. 12. 20.
445) 법률 제9206호, 2008. 12. 26.
446) 재난구호법 제1조.
447) 동법 제3조.

그 밖의 생활필수품의 제공, 의료서비스의 제공, 전염병 예방 및 방역활동, 위생지도, 장례의 지원 등이다.448)

재해로 인한 사망, 실종자의 유족 및 부상자에게는 시・도 보유 재해구호기금에서 위로금을 즉시 지급한다. 위로금은 사망, 실종자 및 부상자가 실제 거주하는 거주지 관할 시・도지사가 지급한다.

2. 의사상자 등 예우 및 지원에 관한 법률449)

1) 의의

이 법은 타인의 위해를 구제하다가 신체의 부상을 입은 자와 그 가족 및 사망한 자의 유족에 대하여 필요한 보상 등 국가적 예우를 함으로써 사회정의의 구현에 이바지함을 목적으로 하고 있다.450)

2) 내용

타인의 생명, 신체 또는 재산을 보호하기 위하여 강도, 절도, 폭행, 납치 등 범죄 행위를 제지하거나 그 범인을 체포하다가 의상자 또는 의사자가 된 때, 자동차, 열차, 기타 승용물의 사고 또는 기타의 이유로 위해에 처하여진 타인의 생명 또는 신체를 구하다가 의상자 또는 의사자가 된 때, 천재지변 기타 수난, 화재, 건물의 도괴, 축대나 제방의 붕괴 등으로 인하여 일어날 수 있는 불특정 다수인의 위해를 방지하기 위하여 긴급한 조치를 하다가 의상자 또는 의사자가 된 때, 야생의 동물 또는 광견 등의 공격으로 인하여 위해에 처하여진 타인의 생명 또는 신체를 구하다가 의상자 또는 의사자가 된 경우에 적용된다.451)

의상자와 그 가족 또는 의사자의 유족으로서 이 법의 적용을 받고자 하는 자는 대통령령이 정하는 바에 따라 그 주소지를 관할하는 시장・군수・구청장에게 신청하여야 한다.

국가는 의상자 및 의사자의 유족에 대하여 그 신청에 의하여 보상금을 지급

448) 동법 제4조.
449) 법률 제8852호, 2008. 2. 29.
450) 동법 제1조.
451) 동법 제3조.

한다. 지급비용은 의사자의 유족에 대하여는 사망 당시의 국가유공자 등 예우 및 지원에 관한 법률에 의한 기본 연금월액에 240을 곱한 금액이며 의상자는 이 규정에 의하여 산출된 금액의 최고 100분의 100 최저 100분의 40의 범위 안에서 부상의 정도에 따라 대통령령이 정하는 금액에 의해 보상한다.[452)]

3) 사례

상가 친목회원가족들과 야유회를 갔다가 일행이었던 정○○(당시 15세)과 장○○(당시 13세)이 물에 빠져 허우적거리는 것을 발견하고 이들을 구하려고 물속으로 들어갔다가 익사한 것은 고인이 상가 친목회원들과 함께 강가에 놀러갔다는 사실만으로 물에 빠져 허우적거리는 친목회원들의 아들을 구하기 위하여 자신의 생명에 대한 위험을 무릅써야 할 직무상의 의무가 있었다고는 볼 수 없으므로 고인은 직무외의 행위로서 구제행위를 하다가 사망한 의사자에 해당한다.[453)]

---

452) 동법 제7조.
453) 의상자불인정처분취소청구, 보건복지부, 200305926, 2003. 11. 24.

제3절 지적재산권법

Ⅰ. 지적소유권법

1. 의의

지적소유권법은 정신적 재화인 지적재산(intellectual property) 혹은 무형의 재화인 무체재산을 그 보호대상으로 하는 일련의 사법체계를 일컫는다.

발명, 산업디자인, 상표와 상호 등 영업상 표지, 학문·예술에 관한 창작물, 컴퓨터 프로그램, 반도체칩 등 현대 고도정보사회에서 중요재화인 "정보"를 보호하는 법의 핵심을 이루고 있다. 이러한 지적무체재산에 대한 보호권인 지적소유권(intellectual property)은 인간의 지적활동의 성과로 얻어진 정신적, 무형적 재화에 대한 소유권에 유사한 재산권을 지칭하는 것으로 문학적 또는 미술적 저작물에 관한 권리인 저작권과 산업적 또는 영업적 재산권인 산업재산권의 두 가지 유형으로 대별된다.

2. 지적소유권의 유형

지적소유권은 전술한 바와 같이 산업재산권과 저작권으로 대별된다. 산업재산권은 산업상의 기여를 보호본질로 함에 대하여 저작권은 산업의 영역이 아닌 문화의 영역에 있어서 정신적 기여를 보호본질로 하는 점에서 구별된다.

1) 산업재산권

산업재산권은 특허발명이나 실용적인 고안, 심미적인 의장과 같은 산업상 유용한 신규의 창작에 대한 권리와 상호, 상표, 서비스표, 영업표 등 영업상 유용한 표지(標識)에 대한 권리로 나누어진다. 산업재산권은 말하자면 상업 또는 산업의 영역에서의 유용한 무형의 다양한 경쟁재에 대한 집합적 명칭이며,

상위개념으로 편의상 사용된 공통분모라 할 수 있다. 전자, 즉 창작에 관한 권리는 다시 특허권, 실용신안권, 의장권으로 분류된다. 특허권과 실용신안권은 모두 산업상 유용한 기술적 창작을 보호목적으로 함에 대하여 의장권은 산업상 유용한 미적 창작을 보호목적으로 하는 점에서 구별된다.

(1) 특허권

특허권은 기술적 창조에 대한 특허발명을 일정기간 독점적・배타적으로 이용할 수 있는 권리[454]이다. 발명가의 보호에 관하여는 헌법에 규정하고 있다.[455] 특허제도는 발명의 보호를 통해서 기술진보와 국가산업발전을 도모함을 목적으로 하는 제도이다.

(2) 실용신안권

실용신안권 방법이나 물질에 대한 기술이론을 제외한 물품의 형상, 구조, 조합에 관한 실용적인 고안 즉 물품에 구현된 기술이론을 보호대상으로 한다.[456]. 그것은 소발명(small invention)에 대한 단기간의 간이한 보호를 꾀하기 위하여 만들어진 제도로서 특허발명의 보호와 그 취지나 목적은 동일하다.[457] 이 제도는 세계적으로 보편화된 제도는 아니지만 독일, 일본을 비롯한 여러 나라에서 시행되어 산업발전에 긍정적 기여를 해 온 것으로 평가되고 있고 우리나라에서도 많이 이용되고 있다.

(3) 디자인권

디자인권은 물품의 형상, 모양, 색채 또는 이들의 결합으로 시각을 통하여 미감을 일으키게 하는 공업적으로 이용가능한 창작을 보호대상으로 한다.[458] 물품에 대한 창작인 점에서 실용신안과 공통의 기반을 가지지만 디자인은 미적과제의 해결을 목적으로 하므로 기술적 과제의 해결을 목적으로 하는 실용신안과 구별된다. 디자인권의 보호대상인 산업디자인은 특허법체제와 저작권법체제의 중간에 있는 법적 혼혈아(legal hybrid)라 할 수 있어 복잡한 문제가

---

454) 특허법 제94조.
455) 헌법 제22조.
456) 실용신안법 제2조, 제4조.
457) 실용신안법 제1조.
458) 디자인보호법 제2조, 제5조.

발생한다.

(4) 상표권

상표권은 등록상표를 독점적으로 사용할 수 있는 권리이다. 법이 상표를 보호하는 것은 상표가 갖는 이러한 기능 즉 출처표시기능, 품질보호기능, 광고선전기능 등을 인식하고 이를 보호하기 위한 것이다.

상표법이 규정하는 상표권, 서비스표권 등에 관한 권리와 상법이 규정하는 상호권을 제외한 기타의 영업상의 여러 표지 중 주지되어 거래계에 공시된 상품 표시인 상품의 용기, 포장 등과 영업상 사용되는 성명, 영업표 등 주지영업표지(周知營業標識) 및 원산지표시, 품질표시 등은 모두 부정경쟁방지법에 의해 보호되고 있다.

2) 저작권

저작권은 학문이나 예술에 관한 정신적 창작물을 대상으로 하는 권리로써 그 보호객체인 저작물은 창작자의 정신노동의 소산임과 동시에 정신의 객관적인 실재이며 창작자의 인격에 그 뿌리를 박고 있어서 일반의 재산권과는 다른 독특한 보호와 규제를 할 필요가 있는 분야이므로 지적소유권법의 영역에서도 특수한 위치를 차지하고 있다. 저작권법은 이처럼 학문이나 예술과 같은 정신문화의 영역에 속하는 권리로써 인간의 정신생활을 풍요롭게 하고 인류의 정신문화의 발달에 기여하여 왔기 때문에 문화기본법이라고 불려왔다.

저작권법은 헌법 정신에 따라 저작자의 권리와 인접권(隣接權)의 보호 및 저작물의 공정이용을 통하여 문화의 향상발전에 이바지함을 목적으로 한다[459]고 천명하고 저작권자에게 저작권이 존속하는 동안 저작물의 복제, 배포 등 저작물을 이용할 수 있는 배타적 권리를 보장하고 있다.

3) 기타의 지적소유권

(1) 신지적소유권

최근의 과학발달은 제3차 산업혁명이라고 불릴 만큼 획기적이다. 그 중 컴퓨터프로그램과 같은 산업상 저작권(industrial copyright), 유전자 조작과 세

459) 저작권법 제1조.

포융합에 의한 동·식물의 신품종이나 생명공학의 산업응용(예컨대, biochip)에 의한 첨단산업재산권 및 데이터베이스(data base), 뉴미디어, 영업비밀, 전자상거래의 발달에 따른 인터넷관련 발명, 디지털 콘텐츠 등 정보산업재산권 등이 이른바 신지적소유권이라 불리고 있다. 이들은 전통적인 지적소유권분류 기준인 산업재산권과 저작권중 어느 하나로 쉽게 판별될 수 없는 특징을 가지고 있다.

(2) 배치설계권

이와 같은 신지적소유권의 하나로 지목되고 있는 반도체 칩은 1960년대부터 실용화되어 컴퓨터와 각종사무용품, 가전제품, 자동차 등의 고성능과, 고품질화, 소형간편화, 저가화(低價化)를 이룩하는 데 결정적 기여를 하여 현대산업에 있어서 백미(白米)로 불리고 있다. 반도체집적회로(Integrated Circuit, IC)의 회로기판상에 소자(elements)를 어떻게 배열·배선할 것인가 하는 회로의 배치설계(layout design, topography)에 독점배타적인 전용권을 부여하자는 것이 반도체보호칩이다.

(3) Publicity의 권리

성문법에 의하여 인정된 권리는 아니지만 인격권에 속하는 성명, 초상을 기초로 하여 그 재산적 가치, 주로 유명인의 명성·초상 등이 갖는 이익획득 능력을 이용하는 권리를 강학상 Publicity의 권리라 하여 제3자의 무단이용행위에 대하여 침해금지 및 손해배상청구권이 인정되고 있어 이 역시 넓은 의미에 있어서 지적소유권의 하나로 논하여지고 있다.

(4) 식물신품종보호권

식물신품종의 육성은 자연적인 변이(예, 돌연변이)의 특성이 세대를 거치면서 안정적으로 발현하는 것을 검정한다거나 인위적인 변이(예, 교잡육종·방사선 조사·바이오테크놀로지 등)에 의해 신품종으로 세대를 거치면서 안정적으로 고정토록 하는 것이다. 이러한 신품종 육성권은 우리나라의 경우 종자산업법에 의해 보호하고 있는 바, 방법여하를 묻지 아니하고 재현성을 요건으로 하지 아니하는 점에서 특허와 다르다. 등록일로부터 20년간 종묘의 생산판매를 독점한다. 농가의 자가채종에는 효력이 미치지 아니한다.

(5) 디지털 콘텐츠

최근에는 디지털 기술의 발달에 따라 전자책, CD나 인터넷으로 전송되는 음악, 디지털 화상, 컴퓨터 게임, 소프트웨어 등 디지털 신호에 의해 정보가 표현된 정보내용 (Digital Contents)들이 다양하게 개발되고 이용되고 있다. 이들 디지털 콘텐츠는 책이나 영화, 음반 등 종래의 저작물과 그 존재형태가 다르고 복제와 변경이 극히 용이하며 인터넷 등 전자네트워크를 통하여 권리자로부터 사용자에게 직접 전달되어 그 유통흐름이 전혀 다르고 영상, 음성, 문자, 사진, 화상 등 여려가지 표현형태가 디지털 기술에 의해 통합되어 종래의 저작물과 달리 다른 분야와 융합된 작품이 출연하고 또 쌍방향형(interactive)의 콘텐츠처럼 종래의 저작물과 다른 표현으로 존재하는 경우도 있다. 그 내용 중에는 저작권법이 규정하는 저작물로 평가되는 것(저작권법 또는 컴퓨터프로그램보호법에 의한 보호)도 있지만 경계가 애매한 콘텐츠도 다수 존재한다. 따라서 저작권법 또는 컴퓨터프로그램보호법으로 보호할 수 없는 디지털 콘텐츠의 경우 특별한 보호를 할 필요성이 있고 이는 새로운 형태의 지적재산이라 할 수 있다. 우리나라는 최근(2002. 1. 14.)온라인디지털콘텐츠산업발전법(법률 제6603호)을 제정하여 일정한 온라인디지털콘텐츠를 보호하고 있다. 물권적인 배타적 권리로 보호하지는 아니하나 부정경쟁방지법상 보호되는 영업비밀과 같이 권원없는 복제 또는 전송행위를 일정기간(5년) 금지시키는 방식으로(즉 행위 규제형) 보호하고 있다

3. 지적소유권의 기능

지적소유권의 법적기능으로 ① 창작자의 권리보호기능, ② 競業, 질서유지기능, ③ 산업발전촉진기능을 가짐은 공통적이다. 이 밖에 경제적 기능에 관하여도 언급키로 한다.

1) 창작자의 권리보호기능

지적소유권은 영업상의 경쟁재(競爭財)로 사용되는 지적·정신적 성과물을 법적보호대상으로 승격시켜 하나의 재산권으로 보호함으로써 창작자의 권리

를 보호한다는 기본적 기능을 가진다.

2) 경업질서유지기능

상표 · 상호 등 표지에 대한 권리는 발명 등 창작물과 달리 표지 그 자체에 가치가 있는 것이 아니라 표지에 화체된 영업상의 신용(고객흡입력)에 가치가 있기 때문에 그 부정이용을 금지시키는 것이다. 이들 권리의 배타적 보호를 통하여 표지소유자를 보호하는 이외에 시장의 상품 및 영업거래에 있어 경쟁질서를 유지함을 목적으로 한다. 이 점에서 상표 등 표지에 관한 권리는 경업(영업상 경쟁)질서 유지기능이 가장 현저하게 나타난다.

3) 산업발전촉진기능

창작에 관한 권리는 창작물의 공개 · 공표를 조건으로 일정기간 독점권을 부여하는 방법에 의하여 발명이나 저작에의 투자를 촉진시키고 사회전체의 기술과 문화수준의 향상을 꾀하려는 제도이다. 상표 · 상호 등 표지에 관한 권리 역시 타인의 신용이 화체된 표지의 부정이용을 금지시킴으로서 신용형성을 장려하고 이를 통하여 궁극적으로 산업발전을 꾀하려는 제도이다. 부정경쟁행위 · 영업비밀 침해행위의 금지를 규정한 부정경쟁방지법 역시 경쟁질서를 공정 · 투명하게 유지시켜 나라의 산업발전을 목적으로 하는 점에서 공통적이다. 저작권의 경우는 문화의 발전을 직접 목적으로 하나 현재 문화산업 · 지식산업 · 정보산업이 극히 중요한 비중을 차지하므로 현실적으로는 산업발전을 위한 법제도로서 중시되고 있다. 지적소유권법은 이처럼 궁극적으로 산업발전을 목적으로 한다는 점에서 공통적이며, 그 목적에 따라 권리내용도 제한된다.

4) 지적소유권의 경제적 기능

지적소유권은 경제적으로 산업발전에의 기여기능을 가진다. 상표 · 상호 등 영업상 표지에 관한 권리는 경쟁질서유지를 통해서 건전한 산업의 발전에 기여한다.

이론상으로는 지적소유권의 최적보호 문제가 대두된다. 즉 과도한 창작자의 보호는 기존의 기술을 최초로 하여 새로운 기술이 개발되는 점에 비추어 기술혁신을 저해하고 개량기술의 이용을 방해하여 산업발전을 정체하게 할 우려도 있으므로 창작자의 보호만 강조할 것이 아니라 사회전체적인 이익과의 조화를 중시하여야 한다.

4. 지적소유권법의 특성

1) 정책적 요소

지적소유권법 가운데 산업재산권법은 산업정책적인 요소가, 저작권법은 문화 정책적인 요소가 강하다.

산업재산권법의 궁극의 목적은 국가의 산업발전에 있고[460], 따라서 국가의 산업정책이나 기술수준에 따라 영향을 많이 받는 점에서 다른 법 특히, 보편성과 항구성을 가지는 소유권 등 물권에 관한 법과는 다른 특징을 가지는 것이다. 특히 물질특허의 도입, 특허기간의 연장, 영업비밀의 보호, 상표사용제도의 개선, 반도체 칩 보호, 권리침해에 대한 처벌강화 등 최근에 이루어진 일련의 법 개정이나 제정이 모두 우리나라의 대외무역거래량의 급증으로 인한 국제통상 마찰과 관련한 정책적 결단으로 이루어진 것을 보아도 산업재산권이 얼마나 산업정책적인 요소가 강한지 알 수 있다.

저작권법의 목적은 저작권의 정당한 보호를 통한 국가의 문화발전에 있고[461], 따라서 국가의 문화정책에 의존하는 바가 큰 점에서 다른 지적소유권법과 비슷하다.

2) 경쟁적 요소

지적소유권법은 영업활동에 있어서 이해관계자의 경쟁을 금지시키고 권리소유자에게 합법적인 독점을 보장하는 수단이 되므로 경쟁적 요소를 가진다. 특히 상표, 서비스표, 상호, 영업표, 원산지 표시 등의 모용(冒用)은 그자체가 경쟁의 순정(純正)을 해치므로 부정한 경쟁행위로 되어 일반적으로 금지된다(부정경쟁방지법, 상표법, 상호에 관한 상법규정 등). 그러므로 영업상의 표지에 관한 보호법은 경쟁법의 일부를 구성하며 이들 표지에 대한 권리는 경쟁적 요소가 가장 강하다.

---

460) 특허법 제1조, 실용신안법 제1조, 디자인보호법 제1조, 상표법 제1조.
461) 저작권법 제1조.

3) 인격적 요소

지적소유권은 인격의 모태가 되는 정신에 그 뿌리를 두고 있어서 일반적으로 인격적 요소가 강하다. 특히 학문이나 예술정신의 독창적 표현인 저작물은 인격의 발현 그 자체로 보기 때문에 저작권법은 저작물에 대한 인격적 보호를 가장 두텁게 하여 저작물에 대한 공표권[462], 성명표시권[463], 동일성유지권[464] 등의 권리를 일신전속적(一身專屬的)인 인격권[465]으로 구성하여 저작재산권이 양도되더라도 항구적으로 저작자에게 귀속되도록 규정하고 있다.

발명의 경우는 저작물에 비하여 인격의 발현정도가 낮지만 정신활동의 성과로서 인격권이 다소라도 화체(化體)되어 있으므로 특허공보 등에 발명자로서 성명을 기재토록 하고 있다.[466] 이에 대하여 상표는 상인의 영업상 신용이 화체된 재산권이고 사상의 창작은 아니므로 인격권은 화체되어 있지 아니한 것으로 보아 그에 대한 특별보호조치를 꾀하지 아니하고 있다.

4) 국제적 요소

지적소유권은 국제화에 친하기 쉬운 성격을 가지고 있다. 특히 오늘날 교통·통신의 눈부신 발달은 지석창작물의 급속한 확산을 가져와 국제교역대상으로서의 지적소유권의 비중도 매우 높아지게 되었다. 또 지적소유권은 자국내는 물론 제3국에서의 침해도 용이하므로 국제적 보호가 필요하다. 따라서 일찍부터 산업재산권보호에 관하여는 파리조약이, 저작권보호에 관하여는 베른조약이 성립되어 있고 이들 조약은 각국별로 독자적인 지적소유권제도의 존재를 전제로 하고 있으나 그 보호대상이 기술이나 지식에 관한 것이어서 민족적 색채가 희박하고 기술과 지식의 지구촌화에 따라 규제방식 역시 국제화됨이 큰 특징이다.

---

462) 저작권법 제11조.
463) 저작권법 제12조.
464) 저작권법 제13조.
465) 저작권법 제14조.
466) 특허법 제42조 1항 5호, 동법 시행령 제19조 2항 1호.

5) 물권법과 대비한 지적소유권법의 특색

지적소유권을 보호하는 방법은 여러 가지가 있을 수 있지만, 우리나라는 물론 다른 나라도 대체로 특허권, 실용신안권, 디자인권, 상표권, 저작권, 배치설계권 등을 독점배타적인 권리로 구성하여 특별법에 의한 보호를 꾀하고 있고 그 침해에 대하여는 물권 침해에 있어서와 마찬가지로 침해행위금지청구권, 손해배상청구권 등을 명문으로 규정하고 그 밖의 지적소유권은 민법, 상법, 부정경쟁방지법 등의 일반원리에 맡기고 있다.

6) 공공적 제한

지적소유권에 대하여는 국가의 산업, 문화발전을 촉진시키기 위하여 소유권에 비하여 공공적인 제한을 보다 많이 가한다는 점에서 특이하다. 첫째, 지적소유권은 원칙으로 존속기간이 정하여져 있어 그 기간이 지나면 일반 국민의 공유재산으로 귀속시키고 있다(상표와 같은 영업상 표지는 예외). 둘째, 지적소유권의 보유자들에 대하여는 권리를 가지고만 있을 것이 아니라 이를 적극적으로 사용 또는 실시하여야 할 의무를 부과하고 또 그 권리를 정당하게 사용할 의무를 부과함과 동시에 공공이익을 위하여 필요한 경우에 제3자가 권리를 강제적으로 이용할 수 있는 제도를 마련하고 있다. 셋째, 지적소유권법은 궁극적으로 국가의 산업, 문화발전을 목적으로 하므로 공공이익을 위한 자유이용, 문화 및 산업정책상 제3자와의 이익조정이 필요한 경우에 있어서의 자유이용(實施)을 예상하여 권리의 효력을 제한하는 구체적이고 자세한 규정을 두어 이익의 조정을 꾀하고 있다.

7) 법의 구성상 특색

지적소유권은 각 법에 특별히 규정되어 있는 사항 이외에는 일반적인 민법, 민사소송법, 형법, 형사소송법 등이 보충적으로 적용되게 되어 있어 이들 법의 전체적인 이해가 필요한 점에서 특이하다.

8) 독점규제법과의 관계

지적소유권법은 발명 · 저작물 · 상표 등에 대한 독점을 허용하는 점에서 독점을 금지하는 독점규제법과 대립하고 있다. 그러나 두 가지 법은 모두 국민경제 및 국가산업발전을 목적으로 하는 점[467]에서 일치하고 있다. 지적소유권제도는 동태적(動態的)인 경쟁을 유인(특히 지적창작을 장려하는 특허권·저작권을 유인)하기 위하여, 독점규제법이 옹호하는 경쟁의 일부를 희생하는 제도이기는 하지만 모두 국민경제의 건전한 발전도구로서 상호보완적인 관계가 있는 만큼 두 법을 모순 없이 공존케 하는 것이 해석론상·입법론상 중요하다.

독점규제법은 특허법 등 지적소유권법에 의한 권리행사에는 적용되지 아니한다고 규정[468]하고 있으나, 이 규정이 특별한 의미가 있는 것이 아니고 당연한 것을 확인적으로 규정한 것일 뿐이고, 지적소유권의 부당한 행사에까지 합법이라는 취지는 아니라고 봄이 통설적 견해이다.

지적소유권이 부여하는 독점은 어디까지나 국가사업발전을 위한 것이므로 국가산업발전에 마이너스 효과를 가져 오는 독점은 허용할 것이 아니다. 결국 지적소유권법에 의한 권리의 부여 및 그 행사에 있어서는 독점규제법과의 조화를 통하여 독점의 폐해를 제거하여 소비자복지를 확대하고 기술개발투자경쟁을 촉진시킬 수 있는 견제와 조화를 위한 경쟁법적 고려가 특히 요망된다.

Ⅱ. 특허실체법

1. 특허를 받을 수 없는 발명(소극적 요건)

산업상 이용할 수 없는 신규의 진보적인 발명이라 하여도 특허법은 공익적 또는 산업정책적인 이유에서 일정한 발명을 특허의 대상에서 제외하는 것으로 하고 있다.[469] 이 불특허사유(不特許事由)는 한 나라의 산업발달의 정도와 과학기술의 수준 및 특허정책에 따라 변화하며 각국의 특허법도 약간씩 다르다. 우리법은 공공의 질서 또는 선량한 풍속을 문란하게 하거나 공중의 위생을 해할 염려가 있는 발명만을 특허받을 수 없는 발명으로 규정하고 있다.

---

467) 독점규제법 제1조, 특허법 제1조.
468) 독점규제법 제59조.
469) 특허법 제32조.

2. 직무발명(종업원의 발명)

1) 의의

발명의 대부분은 많은 선진공업국의 예가 보여주는 바와 같이 회사 등과 고용관계에 있는 종업원들의 공동연구에 의한 집단발명의 형태를 띄게 됨이 필연적 추세라 할 수 있다. 이 경우 이러한 발명의 성과를 종업원과 사용자의 누구에게 귀속케 할 것인가는 단순한 노사간의 이익조정에 문제에 그치는 것이 아니고 한 나라의 산업정책과 밀접한 관계를 가진 극히 중요한 문제이다. 특허제도의 목적인 발명장려와 기술투자에의 인텐시브를 주기 위하여 발명으로부터 생기는 권리와 이익을 어떻게 공평적정하게 분배할 것인가가 종업원 발명에 있어 중요한 과제이다.

2) 종업원발명의 유형

(1) 자유발명

사용자의 업무범위에 속하지 아니한 발명으로 이러한 경우 발명에 관한 권리는 종업원의 고유의 권리에 속하고 따로 문제될 것이 없다. 사용자는 자유발명에 관해서는 미리 어떤 규정이나 계약으로 종업원을 구속할 수 없고 사후적으로 자유로운 계약에 의한 양도 등이 가능함은 물론이다.

(2) 직무발명

발명을 하게 된 해우이가 종업원의 현재 또는 과거의 직무에 속하는 발명으로 우리 특허법 제39조는 모든 권리가 당해 종업원 등에게 원시적으로 귀속하고 사용자는 무상의 통상실시권만 가지는 것으로 규정하고 있다.

3) 직무발명의 요건

직무발명이라 함은 종업원 등(법인의 임원 및 공무원도 포함하며 비상근직이나 촉탁 · 임시직 등도 포함된다)이 그 직무에 관하여 발명한 것이 성질상 사용자 등(법인 및 국가 포함)의 업무범위에 속하고 그 발명을 하게 된 행위가 종업원 등의 현재 또는 과거의 직무에 속하는 것을 말한다.

(1) 사용자 등의 업무범위에 속하는 발명

여기서 업무범위라 함은 사용자가 현재 행하고 있거나 장래에 행할 것이 구체적으로 예정되어 있는 모든 업무를 의미한다. 법인의 경우에는 정관에 정하여진 목적범위가 그 한 가지 기준이 되겠으나 이를 널리 해석하여 사업수행상 관계있는 발명은 모두 업무범위에 속한다고 본다.

(2) 발명을 하게 된 행위가 직무에 속하는 경우

발명을 하게 된 행위라 함은 발명을 하는 것이 직무인 경우(구체적인 과제를 부여받아 발명업에 종사하는 것) 뿐만 아니라 널리 발명완성에 이르기까지의 행위로써 발명을 의도 하였는가 아닌가에 관계없이 직무수행의 결과 생기는 모든 발명 행위를 말한다. 발명을 하게 된 행위가 직무에 속하는지 아닌지에 관한 구체적 판단은 당해 종업원의 지위, 급여, 직종 등을 종합하여 판단하여야 하며 종업원 등의 직무내용 혹은 직책을 참고로 하여 결정함이 편리하다.

4) 직무발명에 관한 권리의 귀속

직무발명에 있어서는 어느 일방에게만 권리를 부여할 수 없고 어느 한쪽에 특허를 받을 수 있는 권리를 줄 때에는 다른 한쪽에는 그에 상응한 보상적 권리를 주지 않으면 안 된다. 특허법은 직무발명에 관하여 발명자로서의 권리인 특허권을 종업원에게 주고 사용자에게는 무상실시권이라고 하는 보상적 권리를 인정한다.

(1) 사용자의 권리

종업원 등 또는 그 승계인이 직무발명에 관하여 특허를 받은 때, 사용자 등은 그 특허발명을 당연히 실시할 권리를 가진다. 이 실시권은 법률의 규정에 의하여 특허법의 설정등록시로부터 당연히 발생하는 법정의 통상실시권이며 등록하지 않아도 특허권 등을 그 이후에 취득한 자에게 대하여도 효력을 가진다.[470)]

470) 특허법 제39조 1항, 제118조 2항

(2) 종업원 등의 권리

종업원 등이 직무발명에 관하여 특허를 받을 수 있는 권리 또는 특허권을 사용자 등으로 하여금 승계하게 하거나 전용실시권을 설정하게 한 때에는 정당한 보상을 받을 권리를 가진다.[471] 보상의 액은 그 발명에 의하여 사용자 등이 얻을 이익액과 그 발명을 완성하게 한데 대하여 사용자 등이 공헌한 정도를 고려하여야 하며 종업원 등이 정당한 결정방법을 제시하였을 때에는 이를 참작하여야 한다. 그 지급기준에 관하여 필요한 사항은 대통령령 또는 조례로 정한다.[472]

3. 특허를 받을 수 있는 자

특허를 받을 수 있는 자는 진실한 발명자 또는 그 승계인에 한한다.[473]. 그렇지 못한 자가 출원을 하면 무권리자의 출원(冒認出願)이라 하여 거절이 되고[474] 특허가 잘못 부여된 경우에는 이의신청사유 및 무효사유[475]에도 해당한다. 특허법상 발명자는 발명이라는 사실행위를 한 자연인에 한한다. 따라서 미성년자와 같이 법률행위능력이 없는 자라도 발명자로 될 수 있다.

4. 특허권의 효력

1) 이용권과 금지권

특허권은 적극적으로 특허대상인 발명을 독점적으로 이용할 수 있는 이용권 혹은 독점권이며, 소극적으로는 제3자에 의한 특허발명의 위법실시를 배제할 수 있는 금지권 혹은 배타권이다. 특허권은 단순한 금지권에 그치는 것이 아니고 적극적 사용권 혹은 이용권을 포함하므로[476] 다해 특허가 일정한 심판절차를 거쳐 무효인 것이 판명될 때 까지는 이용권자로서의 지위를 계속 누릴 수 있다. 상호 저촉되는 특허권이 존재하는 경우도 마찬가지 이다.

---

471) 특허법 제40조 1항.
472) 특허법 제40조 2항.
473) 특허법 제33조 1항.
474) 특허법 제62조 2호
475) 특허법 제133조의 2.
476) 특허법 제94조, 실용신안법 제23조, 디자인보호법 제41조, 상표법 제50조.

2) 특허권의 적적 효력(積的 效力)

특허권자는 業으로서 그 특허발명을 실시할 권리를 독점한다(특허법 제94조). 특허발명에 있어서는 업으로서 그 물건을 생산・사용・양도・대여・수입 또는 양도・대여를 위한 청약 및 전시할 권리를 독점하고, 그 방법의 발명에 있어서는 업으로서 그 방법을 사용하는 행위, 물건을 생산하는 방법의 발명인 경우에는 업으로서 그 방법을 사용하는 행위 외에 방법에 의하여 생산된 물건을 사용・양도・대여・수입 또는 양도・대여를 위한 청약 및 전시를 할 권리를 독점한다.[477]

5. 특허권의 침해에 대한 구제

특허권은 독점배타적인 재산권이므로 그 침해에 대하여는 민법의 일반원칙에 따라 그 침해의 제거・예방을 청구할 수 있고 손해배상・부당이득반환・준사무관리의 법리에 의하여 구제를 받을 수도 있다.

1) 특허권 침해의 유형

특허침해는 직접침해(direct infringement)와 간접침해(기여적 침해, contributory infringement)로 나눌 수 있고 직접침해는 동일영역에 있어서의 침해와 균등영역에 있어서의 침해로 나눌 수 있다. 특허청구 범위의 문언의 해석에 의하여 특정된 발명내용(대상)에 대한 동일영역에 있어서의 침해, 즉 당해 특허의 구성요건적 특징을 모두 그대로 사용하는 경우(문언상 일치, literal overlap)는 선사용권[478], 중용권[479] 등 위법성조각사유가 없는 한 특허침해를 구성함은 명백하므로, 이 경우 침해소송법원은 공지공용기술(公知公用技術, prior art), 발명의 본질 등을 검토・확정할 필요는 원칙적으로 없다.

2) 손해배상청구권

특허권자・전용실시권자는 고의 또는 과실에 의하여 자기의 특허권 또는 전

477) 특허법 제2조 1항 3호, 제94조.
478) 특허법 제103조.
479) 특허법 제104조.

용실시권을 침해한 자에 대하여 손해의 배상을 청구할 수 있다.[480] 불법행위 일반원리에 따라 주관적 요건으로 고의・과실을 요한다. 특허법은 타인의 특허권 또는 전용실시권을 침해한 자는 그 침해행위에 대하여 과실이 있는 것으로 추정한다.[481]

특허권 등은 공보에 의한 등록공고제도 및 특허표식(特許標識) 등으로 일반에게 널리 공시되므로 특별한 사정이 없는 한 침해자는 침해행위에 관하여 과실이 있었던 것으로 추정된다(입증책임의 전환). 따라서 침해자는 과실이 없음을 입증하지 않으면 그 책임을 벗어날 수 없다. 침해와 손해발생 사이에 인과관계가 있어야 된다. 인과관계는 합리적인 개연성이 있으면 충분하다. 손해배상의 범위는 침해와 상당인과 관계에 있는 모든 손해로서 적극적 손해, 소극적 손해 및 정신적 손해를 모두 포함하며 금전배상이 원칙이다. 특허의 경우, 무형의 기술적 사상이 보호대상이 되므로 적극적 손해는 생각키 어렵고 실무상 침해사실을 위한 조사비용정도가 적극적 손해항목에 포함된다.

3) 형사법

특허법은 특허에 관한 범죄로 특허권침해죄, 위증죄, 사위행위의 죄, 허위표시에 의한 죄, 비밀누설죄를 각각 규정하고 있다.

Ⅲ. 실용신안법

실용신안법은 실용적인 고안을 보호, 장려하고 그 이용을 도모함으로써 기술의 발전을 촉진하여 산업발전에 이바지함을 목적으로 한다.[482]

1. 실용신안제도의 의의

실용신안제도는 인간생활에 유용한 새로운 물품을 창작하였지만 특허부여에 필요한 기술적 진보 또는 발명의 고도성의 기준에 달하지 못한 소발명을 단기간 동안 간이 신속하게 보호하기 위하여 입법화된 것으로 특허, 의장 및 상

480) 민법 제750조, 특허법 제128조.
481) 특허법 제130조.
482) 실용신안법 제1조.

표제도와 함께 산업재산권제도의 하나에 속한다. 특허제도를 운영함에 있어 특허 수준에 이르지 못하여 특허보호를 받을 수 없는 발명을 그대로 방치하지 아니하고 인간생활에 실용성 있는 소발명에 대한 간이한 보호를 강구함으로써 특허제도를 보완하려는 취지에서 만들어진 제도로서 특허법과 극히 밀접한 관계를 가지고 있다.

2. 실용신안의 보호대상

실용신안법의 보호객체는 "물품의 형상·구조·조합에 관한 고안[483]"으로 규정되어 있는 바, 그 본질에 대해서는 형(型)에서 구할 것이냐 고안(考案)에서 구할 것이냐에 따라 의견이 대립되어 왔다.

실용신안법은 등록요건을 갖춘 고안이라 하더라도 공익적 관점에서 일정한 경우를 부등록사유로 규정함으로써, 실용신안제도를 둘러싼 공익과 사익의 조화를 꾀하고 있음은 특허법과 동일하나, 그 내용에 있어서 차이가 있다. 즉 실용신안법상 부등록사유는 ① 국기 또는 훈장과 동일하거나 유사한 고안과 ② 공공의 질서 또는 선량한 풍속을 문란하게 하거나 공중의 위생을 해할 염려가 있는 고안이다.

3. 실용신안권의 효력과 존속기간

절차적 요건과 기초적 요건의 심사를 거쳐 등록되면 실용신안권이 발생한다. 실용신안권도 권리로서의 효력면에서는 특허권과 기본권으로는 동일하다.[484] 다만 실용신안권의 존속기간은 특허권의 존속기간보다 단기이다. 즉 "실용신안권의 존속기간은 실용신안권의 설정등록이 된 날부터 실용신안등록출원일 후 10년 되는 날까지"이다.[485] 또한 특허법에서 인정하고 있는 소위 존속기간연장제도[486]를 채택하고 있지 않다. 또 권리행사를 위해서는 기술평가라는 별도의 절차를 거쳐야 한다.

발명과 고안은 다른 점도 있지만 본질적인 면에서는 동일하기 때문에 실용

483) 실용신안법 제5조 1항.
484) 실용신안법 제37조, 제39조, 제42조 등.
485) 실용신안법 제36조 1항.
486) 특허법 제89조.

신안법은 많은 부분 특허법의 규정을 준용하고 있을 뿐 아니라 특허 제도와 실용신안제도간의 조정규정을 두고 있다.

첫째, 특허출원자라도 실용신안등록출원을 할 수 있고 실용신안출원자라도 특허출원할 수 있다는 이중출원제도를 인정하고 있다.[487] 다만 이중등록은 인정되지 않으며, 하나의 권리를 포기하여야 한다. 둘째, 동일한 내용의 특허출원과 실용신안등록출원이 경합하였을 경우 원칙적으로 선원주의(先願主義)를 적용하여 양자의 저촉을 피하고 있다.[488] 다만 이중출원의 경우에는 예외이다.[489] 셋째, 특허발명과 등록실용신안 사이에 이용관계가 있는 경우 선원주의 원칙에 따라 조정규정을 두고 있다.[490]

4. 침해에 대한 구제

1) 민사적 구제

실용신안권의 침해에 대한 구제제도는 대체로 특허권과 동일하다. 다만 실용신안권의 침해자에 대하여 권리를 행사하기 위해서는 기술평가에 의한 유지결정의 등본을 제시하여 경고하여야 하므로[491], 실용신안권 침해자에 대한 과실추정은 기술평가에 의한 유지결정을 받은 실용신안권의 침해자로 제한되며[492], 실체적 요건에 대한 판단없이 등록되었기 때문에 등록후 취소결정이나 무효심결에 의하여 권리가 소멸되거나 정정에 의하여 권리범위에서 제외된 경우에는 원칙적으로 그 권리의 행사 또는 경고에 의하여 상대방에게 입힌 손해를 배상할 책임을 진다.[493]

2) 벌칙

권리침해죄, 허위표시죄, 사위행위죄에 대해서 특허보다 경미한 처벌규정을 두고 있는 입법례도 있으나 우리법은 특허법과 동일한 처벌을 규정하고 있

487) 실용신안법 제17조, 특허법 제53조.
488) 실용신안법 제8조 3항, 특허법 제36조 3항.
489) 특허법 제36조 3항 단서, 실용신안법 제8조 4항 단서.
490) 실용신안법 제39조, 특허법 제98조
491) 실용신안법 제44조.
492) 실용신안법 제46조 후단.
493) 실용신안법 제45조 1, 2항.

다.[494] 또한, 1998년 개정에서 제81조 사위행위의 조의 허위 기타 부정한 행위로서 기술평가의 청구에 대한 결정을 받은 자도 포함되었다.

위증죄・비밀누설죄에 대하여 특허와 실용신안을 구별하지 않고 동일한 처벌규정을 두고 있다.[495] 동죄의 성질상 구별할 필요가 없기 때문이다. 또한, 전문조사기관 또는 특허문서 전자화기관의 임원・직원 또는 그 직에 있었던 자도 비밀누설죄가 적용된다.[496]

Ⅳ. 디자인보호법

디자인보호법은 디자인의 보호 및 이용을 보호함으로써 디자인의 창작을 장려하고, 산업발전에 이바지함을 목적으로 한다.[497]

1. 디자인보호제도의 의의

디자인보호법상 디자인은 "물품의 형상・모양・색채 또는 이들을 결합한 것으로써 시각을 통하여 미감을 일으키게 하는 것"을 말하고[498], 이러한 디자인개념에 적합한 것이더라도 디자인보호정책상 특별한 보호요건을 갖춘 것에 한해서만 국가에서 심사, 등록하여 보호하고 있다.[499]

디자인(industrial design or model, Geschmacksmuster order Modell)은 공산품의 장식적, 미적효과를 보호하기 위한 것으로 경제거래의 대상이 되는 상품의 외관과 그 심미적, 전체적 효과(ensemble)를 의미한다. 상품의 외관 즉 신규의 공간형태를 보호한다는 점에서 실용신안과 공통되지만 디자인보호는 상품의 외관에 구현된 심미적, 전체적 효과의 보호를 목적으로 하는 점에서 상품의 실용적, 기술적 효과를 보호하려는 실용신안과 구별된다.

---

494) 실용신안법 제78조, 제80조, 제81조; 특허법 제225조, 제227조, 제228조.
495) 실용신안법 제79조, 제82조; 특허법 제226조, 제229조.
496) 실용신안법 제83조, 특허법 제229조의 2.
497) 디자인보호법 제1.
498) 디자인보호법 제2조 1항.
499) 디자인보호법 제5조, 제6조.

2. 디자인의 인접개념

1) 디자인과 실용신안

디자인과 실용신안은 모두 산업재산권을 이루는 권리의 대상으로 지적 활동의 창작이라는 점에서 공통점이 있으나 디자인은 물품외관의 미적창작을 대상으로 하고 실용신안은 물품에 관한 기술적, 실용적 창작을 대상으로 하며, 전자는 소저작권법(小著作權法), 후자는 소특허법(小特許法)이라고 불리듯이 그 제도적 목적과 보호대상 및 역사적 발전과정 등에서 여러 가지 상이한 점이 존재한다.

2) 디자인과 상표

디자인은 공업신제품의 창작을 보호대상으로 하며 기본적으로 창작보호법의 영역에 속하고, 상표는 물품의 식별표지로서 상인의 신용과 경쟁질서의 투명성을 보호함을 목적으로 하는 경쟁법으로서 양자는 전혀 그 제도적 취지와 목적을 달리한다. 디자인은 물품의 형상・색채 또는 이들의 결합으로서 시작을 통하여 미감을 일으키는 것으로 미적외관의 창작을 보호대상으로 하나, 상표는 상품을 생산・가공・발명 또는 판매하는 것을 업으로 영위하는 자가 자기의 업무에 관련된 상품을 타인의 상품과 식별되도록 하기 위하여 사용하는 기호・문자・도형・입체적 형상 또는 이들을 結合한 것을 그 보호 대상으로 한다.

디자인보호의 목적은 디자인의 창작을 장려하여 국가산업의 발전에 기여하게 함에 있는데 대해 상표보호의 목적은 상표사용자의 업무상의 신용유지 및 경쟁질서의 투명성을 보장하여 국가산업발전에 기여함과 동시에 수요자의 이익을 보호하려는 데 있다[500].

디자인은 물품의 형상・모양・색채 또는 이들의 결합이며, 상표는 기호・문자・도형・입체적 형상 또는 이들의 결합을 구성요소로 하고 있다. 디자인은 지적활동의 소산인 창작물인 반면 상표는 일종의 선택행위의 결과로써, 디자인은 수요자의 구매욕을 자극하여 수요를 증대시킴으로써 생산・수출을 증대

500) 상표법 제1조.

시키는 기능을 하는 데 대해 상표는 자타상품을 식별시킴으로써 상품의 출처 및 품질의 오인을 방지하는 기능을 한다.

3) 디자인과 저작권

디자인이나 미술저작물이나 모두 미술창작물이므로 공통성을 가지며 그 경계영역은 극히 불분명함은 이미 여러 차례 설명한 바와 같다. 이들은 지적창작의 소산인 무체재산권이라는 점에서 공통점이 있으나 그 제도적 목적이나 보호대상의 차이로부터 여러 가지 상이한 점이 존재한다.

저작권법의 목적은 학문적 또는 예술적 저작물의 저작자 및 인권자(隣權者)를 보호하여 문화의 향상발전을 도모함을 목적으로 하는데 반해 디자인보호법은 디자인의 창작을 장려하여 산업발전에 기여함을 목적으로 한다.

종래 디자인은 공업상 이용할 수 있는 것, 즉 양산가능한 산출물임에 대해 미술저작물은 문학·학술 또는 예술의 범위에 속하는 창작물로서 일품산물(一品産物)만을 저작물로 보았다. 그러나 현재는 그렇게 해석하기 힘들다.

디자인권은 창작만으로는 발생하지 않고 권리의 발생을 위해서는 출원절차에 의해 등록요건을 구비한 최선의 디자인출원만이 심사결과 등록되거나, 유행성이 강한 일부 품목의 디자인에 대하여는 무심사로 등록이 되나 아무튼 등록에 의하여 권리가 발생한다. 등록된 것은 권리의 유무를 명확하게 하기 위하여 원칙적으로 공표된다. 저작권은 등록을 요건으로 하지 않고 창작이라는 사실에 의하여 발생하므로 심사나 공표절차를 요하지 않는다.

디자인의 등록에는 신규성이 요구된다. 신규성이란 출원 전에 그것과 동일 또는 유사한 디자인이 국내외에 공지가 된다든가 국내외의 간행물에 기재되어 있지 않아야 한다. 저작권의 경우에는 신규성이 요구되지 않으므로 창작인 것이 증명되면 비록 그 이전에 동일, 유사한 것이 있었다 하더라도 저작권은 발생한다.

디자인권의 존속기간은 등록일로부터 15년이며 저작권은 저작자의 생존 중 및 사후 50년까지 권리가 존속된다.

3. 디자인보호법상 디자인의 개념(成立要件)

디자인보호법 제2조 1항은 디자인을 정의하여 “디자인이라 함은 물품의 형상・모양・색채 또는 이들을 결합한 것으로서 시각을 통하여 미감을 일으키게 하는 것을 말한다”고 규정하고 있다. 이 규정에 의하면, 우리 디자인보호법이 규정하는 디자인이라고 할 수 있기 위해서는 ① 물품에 표현되어야 하며(물품성), ② 물품의 형상・모양・색채 또는 이들의 결합으로서(형태성), ③ 시각을 통하여(시각성), ④ 미감을 일으키게 하는 것(심미성)이 요구되고 있다.

1) 물품성

디자인보호법상의 디자인은 전술한 바와 같이 물품을 전제로 한 것이기 때문에 물품에 화체하지 않은 단순한 모티브만으로서는 디자인권의 대상이 되지 못하고 물품에 화체하여야 비로소 디자인권의 대상이 된다. 디자인과 물품은 밀접불가분의 관계에 있다고 하나 모든 물품이 디자인의 대상이 되는 것은 아니며 디자인보호법상의 물품은 원칙적으로 독립성이 있는 구체적인 물품으로서 유체동산을 의미한다(독립성・유체성・동산성). 따라서 토지・건물 등 부동산 등은 디자인의 대상에서 제외된다.

2) 형태성

디자인보호법상 물품의 형상이라 함은 물품이 공간을 점하고 있는 윤곽을 말하며, 물품은 반드시 형상을 지니는 것이기 때문에 형상이 없는 디자인은 존재할 수 없다. 법에서 형상이라 함은 물품 자체의 형상이며, 그 물품에 의하여 2차적으로 만들어 낸 형상을 말하는 것이 아니다. 그런데 물품 중에는 그 물품 자체의 형상보다도 그것에 의하여 만들어 지는 물(物)의 형상에 본래적인 의미가 있는 물품이 있다. 금형(金型), 전사지(轉寫紙) 등이 그것이다.

디자인보호법상 형상은 입체적 형상과 평면적 형상으로 대별할 수 있는데, 손수건, 종이, 비닐지 등은 각기 어느 정도 두께를 가지고 있으므로 이론적으로는 입체인 것이나 이러한 두께는 디자인보호법상 중요한 사항이 되지 않는 것이므로 평면적인 것으로 본다. 그러나 앨범의 표지, 합판, 판유리 정도의 두

께를 가지는 경우 입체적 형상으로 본다.

3) 시각성

디자인보호법상 디자인은 시각을 통하여, 즉 육안으로 보아서 식별할 수 있는 디자인만을 그 대상으로 함을 분명히 하고 있다. 이것을 디자인의 시각성이라 하는 바, 디자인은 물품의 외관에 대한 창작을 대상으로 하여 미감을 일으키는 것이기 때문에 디자인의 시각성은 ① 시각만으로 디자인을 파악할 수 있어야 하며, ② 육안으로 식별할 수 있어야 하고, ③ 외부로부터 보이는 것이어야 한다는 3가지 의미를 내포하고 있는 것이다.

4) 미감성(심미성)

디자인은 시각을 통하여 「미감을 일으키게 하는 것」이어야 한다. 디자인보호법에 있어서 규정하고 있는 미감이 무엇을 의미하는지에 관하여는 여러 가지 학설이 나누어져 있다.

4. 등록을 받을 수 있는 디자인(積極的 要件)

디자인으로 등록받기 위해서는 디자인보호법상의 디자인개념에 적합(디자인으로서의 성립성)하여야 할 뿐만 아니라 국가의 디자인 정책에 의한 일정한 요건이 필요하다. 디자인보호법 제5조는 등록을 위한 적극적 요건에 관하여 ① 공업상 이용가능성(공업성), ② 신규성 및 ③ 창작 비용이성의 3요소를 갖추어야 할 것으로 규정하고 있다.

1) 공업상 이용가능성(공업성)

디자인이 등록받기 위해서는 공업상 이용가능성이 있는 디자인이어야 한다. 공업상 이용할 수 있는 것이란 공업적 생산방법에 의하여 동일물품이 양산될 수 있는 것을 의미한다. 공업적 생산방법이란 원자재에 물리적・화학적 변화를 가하여 유용한 물품을 제조하는 것을 말하며, 양산이라 함은 동일물품을 계속해서 생산하는 것을 말한다. 양산이 가능하면 공업적 방법이 기계생산에 의하건 수공업적 가내공업에 의한 생산이건 문제되지 않으며 그 제조과정은 관계가 없다. 또 동일물품이란 물리적으로 완전히 동일한 물품을 의미하는 것이 아니고, 일견하여 동일하게 보이는 정도의 동일성을 의미한다.

2) 공업상 이용가능성이 없는 경우

자연물을 디자인의 구성주체로 사용한 것으로서 대량생산할 수 없는 것 이어야 한다. 자연물을 디자인의 주체로 하며 그 디자인의 형상·모양·색채가 동일성을 가지고 반복생산되지 않는 디자인으로 예컨대, 분재나 박제표본 등이 이에 속한다.

그러나 자연물이라도 가공한 경우 공업적 생산이 가능한 경우라면 디자인의 대상이 된다고 보아야 할 것이다(예컨대, 솔방울로 만든 브로치 등). 이 경우 그 가공의 정도를 어느 수준으로 하느냐는 그때그때 마다 구체적으로 판단하여야 하나 최근 한국의 경우를 볼 때 점차 그 등록대상의 폭을 넓혀가고 있는 경향이라 할 수 있다. 순수한 미술분야에 속하는 조각·회화 등의 창작물은 동일성 있는 양산 가능성이 없다고 보는 것이 일반적이나 사회통념에 따라 개별적·구체적으로 판단하여야 할 것이다.

5. 등록을 받을 수 없는 디자인(消極的 要件)

디자인등록출원이 디자인개념에 적합하고(디자인으로서의 성립성이라고도 한다) 공업적 이용가능성, 신규성 및 창작성이 있을 때는 등록이 된다. 그러나 이러한 적극적 요건을 갖춘 디자인이라 하더라도 디자인보호법 제6조는 공익적 이유에 의해 다음 4가지의 경우에는 등록하지 아니할 것으로 규정하고 있다.

1) 국기, 국장(國章) 등과 동일 또는 유사한 디자인

국기, 국장 등과 동일 또는 유사한 디자인에 대해 특정개인에게 독점·배타적인 권리를 부여하는 것은 공익에 반하고 또 남용가능성의 우려가 클 뿐 아니라, 내외국을 막론한 국가의 존엄성, 공공기관 또는 국제기관 등의 지향하는 이념과 목적을 존중하고 유지한다는 강한 공익적 견지에서 법으로 금하고 있는 것이다.

국기라 함은 국가의 상징을 표상하는 기로서 우리나라의 국기는 중앙에 태극모양이 표현되고 네 귀에 卦가 표현되어 이루어진 것으로 국기제작법 제1조에 의한 태극기를 말한다. 국장이란 국가의 권위를 표창하는 휘장을 말하며 군기란 육·해·공군을 표상하는 기를 말한다.

훈장이란 국가 또는 공익에 공로가 있는 자에게 국가가 수여하는 상이며, 장이란 상훈법 제19조에 규정된 것으로 훈장보다는 그 격이 낮은 것을 말하며,「기장이란 기념장의 약칭이다. 국제기관의 문자나 표지란 국제기관에서 사용하는 문자와 마크 등을 말하는 바, 예를 들면 UN등의 국제기구를 표시하는 마크, 적십자 마크, 올림픽 마크 등이 그것이다.

2) 공공의 질서 등을 문란하게 하는 디자인

공공의 질서나 선량한 풍속을 문란하게 할 염려가 있는 디자인에 대하여 디자인등록을 해야 한다면 이는 법의 자기부정을 의미하게 되는 것으로 특허법에서 불특허사유로 규정한 취지와 동일한 것이다.

공공의 질서란 국가나 사회의 공공적 질서 혹은 일반적 이익을 말하며 공공의 질서에 위반하는 경우라 함은 물품에 표현된 디자인이 정의관념이나 국민감정에 현저하게 반하거나, 국가원수의 초상 및 이에 준하는 것, 특정국가 또는 그 국민을 모욕하는 것, 상거래를 문란케 하는 마크 등이다. 선량한 풍속이라 함은 사회의 일반적 도덕관념 즉 모든 국민에게 지킬 것이 요구되는 최소한도의 도덕률을 말하며, 선량한 풍속에 위반할 염려가 있는 경우라 함은 일반적으로 지나치게 사실적이고 놀라게 할 정도로 인체, 사체, 해골 등이 표현되었거나 지나친 외설적인 표현, 타인의 인격이나 명예를 고의로 손상시킬 것이 명백한 경우 등으로 저속, 혐오 기타 사회 일반적인 미풍양속에 반하는 것을 말한다.

3) 물품의 혼동을 가져올 염려가 있는 디자인

디자인은 물품의 외관으로서 사람이 상품을 선택할 경우 그 상품을 판단하는 눈짐작이 될 수도 있고 그 상품의 출처를 상상하게 되기도 한다. 이러한 디자인의 성질로 해서 타인의 업무에 관계되는 상품으로서 오인(誤認)·혼동(混同)되어 결국 타인의 고객흡인력에 편승하는 결과가 된다. 따라서 디자인보호법은 디자인에 관하여 발생하는 영업상의 부정경쟁행위를 방지하여 건전한 유통질서를 확립하고자 하는 취지에서 타인의 업무에 관한 물품과 혼동을 일으키는 디자인의 등록을 배제하고 있는 것이다.

제4절 환경법

Ⅰ. 환경법 일반론

1. 환경법이란?

환경법(Umweltrecht ; Environmental Law)이란 모든 국민에게 '건강하고 쾌적한 환경에서 생활할 권리', 즉 환경권을 보장하고 생활환경 및 자연환경(환경자원 · 생태계 등)을 침해 및 훼손으로부터 보호하며 나아가 환경침해로 인한 피해와 불이익을 전보하기 위한 법규의 총체를 말한다.[501)]

환경법을 '환경보호를 위한 법규의 총체'로 본다면 그것은 환경헌법, 환경행정법, 환경형법, 환경사법, 환경소송법, 국제환경법 등을 포함하는 집합적 법영역이 될 것이다. 환경문제가 더 이상 국내적 수준에 국한된 문제가 아니라 전지구적 차원에서 다루어져야 할 인류생존의 문제라는 인식이 확산됨에 따라 국제환경법이 생성 · 발전되기 시작하였다.

오늘날 지구적 차원에서의 환경문제의 해결을 위한 노력은 주로 지구의 기후변화를 초래하는 오존층파괴, 지구온난화현상 및 산성비 등의 문제에 집중되어 왔다. 국제환경법은 20년의 시간적 차이를 두고 유엔에 의하여 개최된 두 가지 국제회의를 통해 형성되었다. 먼저 국제환경법의 탄생을 촉진한 결정적인 계기가 된 것은 1972년 스톡홀름에서 열린 <세계 인간환경회의>였다. 스톡홀름회의 이후 국제환경법의 전개과정에서 또 하나 거대한 분수령을 이룬 것은 1992년 6월 브라질의 리우데자네이로에서 세계 각국의 정상 · 환경전문가들이 대거 참여한 가운데 개최된 <환경과 개발에 관한 유엔회의>(UNCED)였다.

---

501) 유상현, 조인성, 행정법각론, 형설출판사, 2007, 408면.

2. 환경법의 기본원리

일반적으로 환경법의 기본원리로 사전배려의 원칙, 원임자책임의 원칙, 협력의 원칙 등이 제시되고 있다.[502)]

1) 지속가능한 발전의 원칙

지속가능한 발전(Sustainable Development)은 1992년 리우 데 자네이로에서 열린 환경과 개발에 관한 유엔회의의 중심적 테마였다. 그러나 지속가능한 발전의 이념은 이미 1972년 스톡홀름선언(제5 및 제8 원칙)과 이를 바탕으로 한 1972년 유엔 환경과 개발에 관한 세계위원회(World Commission on(Environment and Developement : WCED)의 유엔총회에 대한 보고서 "우리의 공동미래"(Our Common Future, 1987 : The Brundtland Commission)를 통해 가시화되기 시작했고, 1992년의 "환경과 개발에 관한 리우선언"(The Rio Declaration on Environment and Development)을 통하여 전지구적 차원의 환경보호이념으로 고양된 것이다.

이제까지 사용되어 온 지속가능한 발전의 개념은 대체로 다음 세 가지 유형으로 나눌 수 있을 것이다. 그것은 첫째, 가장 좁은 의미로 어떤 특정자원의 총 물량을 감소시키지 않으면서 그 자원의 증가분만 사용하는 것으로 이해된다. 두 번째 개념, 즉 삼림, 수자원, 동・식물 등을 총괄하는 생태계의 지속을 의미하는 확장된 의미의 지속가능한 발전 개념이 나온다. 세 번째 개념, 즉 가장 넓은 의미에서의 지속가능한 발전의 개념은 생태계의 지속만을 고집하지 않고 경제와 환경을 포괄하는 개념으로서 지속가능한 발전 속에 경제와 환경・생태계를 통합시킨다.

일반적으로 승인된 지속가능성의 개념은 세계환경개발위원회(WCED)의 보고서 <우리의 공동미래>에 의하여 정립되었다. 이에 따르면 지속가능한 발전이란 "미래의 세대가 그들의 필요를 충족시킬 수 있는 능력을 저해하지 않으면서 현세대의 필요를 충족시키는 개발"이라고 정의된다.

---

502) 박균성, 함태성, 환경법, 박영사, 2006, 52면 이하 참조.

2) 사전배려의 원칙

사전배려의 원칙이란 미래예측적이고 형성적인 계획적 조치들을 통하여 모든 사회적 · 국가적 행위주체들이 환경보호적으로 행동하고 이들이 결정을 내림에 있어 가능한 환경영향을 고려하도록 함으로써 생태계의 기초를 보호해야 한다는 원칙이다. 환경정책기본법은 제1조에서 "이 법은 환경보전에 관한 국민의 권리 · 의무와 국가의 책무를 명확히 하고 환경정책의 기본이 되는 사항을 정하여 환경오염과 환경훼손을 예방하고 환경을 적정하게 관리 · 보전함으로써 모든 국민이 건강하고 쾌적한 삶을 누릴 수 있도록 함을 목적으로 한다."고 규정하고 있는데 이 규정은 환경정책기본법이 '사전배려의 원칙'을 환경보호의 기본원리로 삼고 있음을 보여 주는 뚜렷한 예이다.

3) 존속보장의 원칙

존속보장의 원칙이란 환경보호의 목표를 현상의 유지 · 보호에 둔다는 점에서 악화금지의 원칙으로도 표현될 수 있다. 이 원칙은 환경상태의 악화를 금지한다는 점에서, 보호적인 환경관리 및 자원배분을 통해 결국 추가적인 환경부담을 허용하기 마련인 사전배려의 원칙보다도 더 엄격한 원칙이라고 할 수 있다.

환경정책기본법의 규정에 기하여 자연환경보전법은 제 3조에서 다시금 자연환경보전의 6대 기본원칙을 정하고 있는데 이 중 멸종위기에 처한 야생동 · 식물의 보호, 생물다양성 · 생태계 및 수려한 자연경관 등의 보전을 규정한 제3호는 이러한 존속보장의 원칙을 입법화한 것이라 할 수 있다.

4) 원인자책임의 원칙

원인자책임의 원칙이란 환경침해의 방지 · 제거 및 손실전보에 관한 단순한 비용부담에 관한 원칙이 아니라 실질적 책임의 원칙이다. 누가 환경오염의 방지 · 제거 및 손실전보에 관하여 책임을 질 것인가에 관한 원칙으로서, 자기 또는 자기의 영향권 내에 있는 자의 행위 또는 물건으로 인하여 환경오염의 발생에 원인을 제공한 자가 그 환경오염의 방지 · 제거 및 손실전보에 관하여 책임을 져야 한다는 것이다.

5) 협동의 원칙

협동의 원칙이란 환경보전의 과제를 달성하기 위하여 국가와 사회가 협동하여야 한다는 원칙이다. 협동의 원칙은 환경정책적인 의사형성 및 결정의 과정에 있어 이해관계인의 참가를 보장함으로써 국가적 책임의 원칙을 손상시키지 않으면서 개인의 자유와 사회적 필요 사이에 적정한 관계를 창출하는 데 복무한다. 따라서 협동의 원칙은 행정과정(또는 행정절차)뿐만 아니라 입법과정 등 환경정책의 형성과정에 대한 참여 및 정보에의 자유로운 접근의 기회를 보장하고 확장하는 데에 기여한다.

3. 환경기준[503)]

환경정책기본법 제10조 제 1항은 "정부는 국민의 건강을 보호하고 쾌적한 환경을 조성하기 위하여 환경기준을 설정하여야 하며 환경여건의 변화에 따라 그 적정성이 유지되도록 하여야 한다"고 규정하고 있다. 일반적으로 환경질기준이란 쾌적한 환경을 보전하고 사람의 건강을 보호하기 위하여 요구되는 환경상의 조건을 수치화한 것으로 이해되고 있다.

환경기준을 달성하기 위하여는 오염물질을 배출원에서의 배출단계에서 원천적으로 억제할 필요가 있다. 이와 같은 관점에서 환경오염방지를 위한 수단으로 사용되는 것이 바로 배출기준에 의한 규제이며 이 때 그 허용기준을 배출허용기준이라고 한다. 배출허용기준은 앞에서 본 환경기준을 달성하기 위한 수단의 하나지만 환경기준과는 달리 규제기준으로서 직접 구속력을 가진다. 배출허용기준의 대표적인 예로는 수질환경보전법, 대기환경보전법에 의한 배출허용기준, 오수·분뇨 및 축산폐수의 처리에 관한 법률에 의한 방류수수질기준 등을 들 수 있다.

4. 환경영향평가

환경영향평가란 사전배려 또는 예방의 원칙에 배경을 둔 효과적인 환경보전수단의 하나이다. 환경영향평가제도는 환경에 대한 위해요인을 사전에 예측·

503) 조현권, 환경법, 법률문화사, 2006, 167면 이하 참조.

평가하여 저지 또는 완화방안을 강구할 수 있는 효과적인 수단이다. 환경정책기본법은 제28조에서 "국가는 환경에 미치는 영향이 큰 사업에 대한 계획을 수립·시행함에 있어서 당해 사업이 환경에 미칠 영향을 미리 평가·검토하여 사업시행으로 인하여 환경에 미치는 영향을 최소화하기 위한 환경영향평가를 실시하여야 한다"고 규정하고 있다.[504)]

5. 경제유인적 규제수단

1) 배출부과금

배출부과금제도란 일반적으로 일정한 기준을 초과하는 공해배출량이나 잔류량에 대하여 일정단위당 부과금을 곱하여 산정되는 금전적 급부의무를 부과함으로써 환경오염을 방지하려는 수단을 말한다. 가령 대기환경보전법·수질환경보전법, 오수·분뇨 및 축산폐수의 처리에 관한 법률 등이 배출허용기준을 초과하여 배출되는 오염물질로 인한 환경상의 피해를 방지하고 배출허용기준의 준수를 확보하기 위하여 그 배출허용기준을 초과하여 오염물질을 배출하는 업체에 애하여 대통령령이 정하는 바에 의하여 오염물질의 종류·배출기간·배출량 등을 기준으로 산정한 배출부과금을 부과할 수 있도록 한 것이 대체로 이에 해당한다.

2) 과징금

대기환경보전법 제37조 (과징금 처분) 제1항은 "환경부장관은 다음 각 호[505)]의 어느 하나에 해당하는 배출시설을 설치·운영하는 사업자에 대하여 제36조에 따라 조업정지를 명하여야 하는 경우로서 그 조업정지가 주민의 생활, 대외적인 신용·고용·물가 등 국민경제, 그 밖에 공익에 현저한 지장을 줄 우려가 있다고 인정되는 경우 등 그 밖에 대통령령으로 정하는 경우에는 조업정지

---

504) 박균성, 함태성, 전게서, 96면 이하 참조.
505) 1. 「의료법」에 따른 의료기관의 배출시설
2. 사회복지시설 및 공동주택의 냉난방시설
3. 발전소의 발전 설비
4. 「집단에너지사업법」에 따른 집단에너지시설
5. 「초·중등교육법」 및 「고등교육법」에 따른 학교의 배출시설
6. 제조업의 배출시설
7. 그 밖에 대통령령으로 정하는 배출시설

처분을 갈음하여 2억원 이하의 과징금을 부과할 수 있다"라고 규정하고 있다.

조업을 정지시키지 않고 계속 할 수 있도록 해주는 대신 과징금이라는 금전적 제재를 가함으로써 조업정지에 상응하는 제재효과를 거둘 수 있도록 하여 막바로 조업을 정지시키는 것보다 훨씬 합리적 결과를 얻을 수 있다는 법정책적 고려를 반영한 것으로서, 여기서 과징금은 제재적 과징금처분이라는 법적 성질을 가진다.

3) 기타 공과금

그 밖에도 일정한 범위 내에서는 환경보전의 목적을 달성하기 위하여 공과금방식이 활용될 수 있다. 개별환경법에서 공과금방식을 활용한 예로는 <자원의 절약과 재활용촉진에 관한 법률>에 의한 폐기물예치금 및 부담금제도를 들 수 있다.

4) 세제상의 규제수단

그 밖에도 환경정책적 목적을 위하여 일정한 범위 내에서 세제상의 규제수단이 사용될 수 있다. 현행법상 제도로는 토지의 개발이익에 관하여 부과하는 도시계획세(지방세법)・개발부담금・개발이익금・수익자부담금・양도소득세(소득세법), 개발사업자에게 부과되는 개발부담금(개발이익환수에 관한 법률) 등을 들 수 있다.

6. 환경분쟁해결을 위한 현행법제도

일반적으로 환경오염의 피해를 구제받는 방법으로는 ① 직접 가해자와의 대화를 통해 타협하거나, ② 관계행정기관에게 피해발생을 알리고 이를 저지하기 위한 행정규제개입 등을 통한 해결을 요구하고, 또는 ③ 환경분쟁조정법에 의하여 환경분쟁조정위원회에 분쟁조정을 신청하거나, ④ 법원에 제소함으로써 환경오염으로 인한 피해의 구제를 구할 수 있다.

1) 환경분쟁의 사법적 해결

법원을 통한 환경분쟁의 해결수단은 크게 당해 가해시설의 허가와 같은 합법적 존립의 기초를 소멸시키거나 규제행정청에 대한 환경규제조치 발동청구권을 행정소송을 통하여 관철시키는 공법상 구제와 환경오염피해의 가해자를 직접 상대방으로 한 민사소송에 의한 구제로 나뉜다. 민사구제는 주로 민법 제 750조 이하에 의한 불법행위로 인한 손해배상책임과 유지소송 등에 이루어진다.

2) 환경법상 권리구제의 체계와 민사상 구제

(1) 환경에 관한 권리구제법

환경상 권리구제제도는 사법상의 각종 구제수단과 행정쟁송 · 국가배상 · 손실보상 등 일반행정구제법상의 권리구제제도를 비롯하여 헌법소원 · 청원 그리고 각종 비정식적 권리구제수단들을 포함한다.

(2) 환경상 권리구제의 방식

환경오염으로 인한 피해의 구제를 위한 민사상의 구제에 관하여는 사법학자들을 중심으로 무과실책임 또는 위험책임의 채용, 인과관계의 입증완화 등 많은 해결책이 강구되거나 검토되어 왔다.

민법 제750조는 「고의 또는 과실로 인한 위법행위로 타인에게 피해를 가한 자는 피해를 배상할 책임이 있다」고 규정한다. 따라서 환경오염으로 인한 피해에 대하여 손해배상책임이 성립하기 위해서는 적어도 ① 가해자에게 고의 또는 과실이 있을 것(책임요소), ② 가해행위가 위법한 행위일 것(위법성), ③ 가해행위와 손해의 발생 사이에 인과관계가 있을 것(인과관계), ④ 손해가 발생했을 것(손해발생)이란 요건이 충족되지 않으면 안 된다.

3) 환경행정쟁송

(1) 환경행정상의 분쟁구조

환경행정쟁송을 통하여 다투어지는 분쟁의 전형적인 구조는 환경오염물질을 배출하는 배출시설의 사업자와 이로 말미암아 권익침해를 받은 주민, 그리고 배출시설의 설치허가 · 개선명령 등 일정한 작위 또는 부작위를 통하여 이에 관련하고 있는 행정청간의 삼각관계를 바탕으로 이루어지는 것이 일반적이다.

(2) 국가배상

국가 또는 지방자치단체에 의한 환경오염이나 환경훼손행위로 인하여 손해를 입은 때에는 국가배상법이 정하는 바에 따라 손해배상을 청구할 수 있음은 물론이다.

국가배상책임이 발생하는 사례유형으로는 첫째, 위법한 배출시설 설치허가에 의해 설치·운영되고 있는 배출시설로부터 환경오염피해를 받은 자가 그 위법한 설치허가를 이유로 국가배상을 청구하는 경우, 둘째, 국가 또는 지방자치단체의 기관이 직접 환경오염이나 환경훼손을 초래하는 행위를 하거나 이들이 운영하는 배출시설 또는 폐기물처리시설에 의해 환경오염이 발생하여 이로부터 손해를 입은 자가 국가배상을 청구하는 경우, 셋째, 국가 또는 지방자치단체의 환경행정상의 감독권의 해태로 인하여 환경오염이나 환경훼손이 발생하고 그로 인한 손해의 배상을 청구하는 경우로 나누어 볼 수 있다.

(3) 손실보상

환경행정법상 손실보상이 문제되는 계기는 환경오염발생 행위가 아니라 환경보전을 위한 계획이나 각종 규제명령 등에 의하여 개인의 재산권에 특별한 희생이 가해진다는 데 있다. 이 점에서 일반적인 손실보상의 경우와는 양상이 다르다. 가령 자연환경보전법 제16조의 규정에 의한 생태계보전지역 등에서의 행위제한으로 인하여 이미 실시하고 있는 개발사업·영농행위 등을 할 수 없음에 따라 초래되는 재산상의 손실 , 수질및생태계보전에관한법률 제9조 및 대기환경보전법 제3조에서 규정하는 측정망설치를 위한 토지·건축물 등의 수용·사용으로 인한 손실보상, 등 현행법상 손실보상을 명시적으로 인정한 경우가 그러한 예들이다.

4) 환경분쟁조정제도

(1) 의의

환경분쟁조정제도는 준사법적 분쟁해결기구를 통해 환경분쟁을 소송외적 방법으로 신속·공정하게 해결하려는 제도이다. 환경정책기본법은 국가 및 지방자치단체에게 환경오염 또는 환경훼손으로 인한 분쟁 기타 환경관련 분쟁이 발생한 경우에 그 분쟁이 신속하고 공정하게 해결되도록 하기 위하여 필요한 시책과, 환경오염 또는 환경훼손으로 인한 피해를 원활히 구제하기 위하여 필요한 시책을 강구하여야 할 의무를 지우고 있다. 이를 근거로 하여 만들어진 것이 환경분쟁조정법이다.

환경분쟁조정법은 제1조에서 "환경분쟁의 알선·조정 및 재정의 절차등을 규정함으로써 환경분쟁을 신속·공정하고 효율적으로 해결하여 환경을 보전하고 국민의 건강 및 재산상의 피해를 구제함"을 목적으로 천명하고 있다.

(2) 환경분쟁조정기구

환경분쟁조정법은 환경오염으로 인한 민사상 분쟁을 조정하기 위한 알선·조정 및 재정의 절차 등을 규정함으로써 신속하고 공정하게 분쟁을 해결하여 국민의 건강 및 재산상의 피해를 구제함을 목적으로 하고 있다. 이러한 목적을 달성하기 위해 법은 환경부에 중앙환경분쟁조정위원회(이하 "중앙조정위원회"라 한다)를 서울특별시·광역시·도에 지방환경분쟁조정위원회(이하 "지방조정위원회"라 한다)를 각각 설치하여 환경분쟁의 처리를 담당하도록 하고 있다.

Ⅱ. 환경정책

1. 환경정책기본법

환경정책기본법은 1990년 8월 1일 제정되어 1991년 2월부터 시행되다. 환경권에 관한 헌법이념에 근거하여 환경보전에 관한 국민의 권리·의무 및 국가의 책무를 명확히 하고, 환경정책의 기본이념과 방향을 정하며 분야별 개별법에 공통된 사항을 규정하는 것을 내용으로 하고 있다.

2. 자연환경보전법

자연환경보전법은 제2장 생태·경관보전지역의 관리, 제3장 생물다양성의 보전, 제4장 자연자산의 관리, 제5장 생태계보전 협력금, 제6장 보칙, 그리고

제7장 벌칙으로 이루어져 있는데, 생물다양성이 풍부하여 보전할 필요가 있는 지역 등을 생태계보전지역으로 정하여 특별히 관리하도록 하고 있다. 또한 비무장지대(DMZ)를 자연유보지역으로 정하여 이 지역에 대한 체계적인 보전과 지속가능한 이용이 이루어질 수 있도록 하는 한편, 환경부장관이 환경영향평가대상사업 등 자연환경의 악화를 초래하는 대규모 개발사업자에 대하여 생태계보전협력금을 부과하여 이를 생태계보전사업과 생태 · 경관보전지역의 주민지원사업 등에 사용할 수 있도록 하고 있다.

3. 자연공원법

자연공원법은 제3조[506]에서 국가 · 지방자치단체 및 공원사업을 시행하거나 공원시설을 관리하는 자, 자연공원을 점용 또는 사용하는 자, 자연공원에 들어가는 자 및 자연공원에 거주하는 자로 하여금 '자연공원을 보호하며 자연의 질서를 유지하고 회복하는 데 정성을 다하도록' 의무화하고 있다.

아울러 법은, 국가 및 지방자치단체에게 자연생태계가 우수하거나 경관이 아름다운 지역을 자연공원으로 지정하여야 하며, 이를 보전 · 관리하여 지속적으로 이용할 수 있도록 하여야 할 책무를 부과하고 있다. 이에 따라 국가 및 지방자치단체는 자연공원의 지정 및 보전 · 관리의무를 진다.

4. 야생동 · 식물보호법

야생동 · 식물의 보호 및 관리에 관한 규정이 자연환경보전법과 조수보호 및 수렵에 관한 법률(이하 "조수보호법"이라 한다)에 분산 · 중복되어 있어 체계적인 관리가 곤란했고, 생물자원 보전시설 등에 대한 법적 · 제도적 장치가 미비했다. 또한 개구리 · 뱀 등의 남획으로 인한 자연생태계 교란이 심각하여 이를 방지하는 것이 시급하게 되었고, 밀렵 근절을 위하여 밀렵의 중요한 원인이 되고 있는 수요자(먹는 자)도 처벌대상에 포함시켜야 한다는 주장이 강력하게

---

506) 제3조 (자연공원보호 등의 의무); ① 국가·지방자치단체 및 공원사업을 시행하거나 공원시설을 관리하는 자, 자연공원을 점용 또는 사용하는 자, 자연공원에 들어가는 자 및 자연공원에서 거주하는 자는 자연공원을 보호하며 자연의 질서를 유지하고 회복하는 데 정성을 다하여야 한다. ② 국가 및 지방자치단체는 자연생태계가 우수하거나 경관이 아름다운 지역을 자연공원으로 지정하여야 하며, 이를 보전·관리하여 지속적으로 이용할 수 있도록 하여야 한다.

대두되었다. 그러한 배경에서 야생동 · 식물 보호 및 관리를 체계화하기 위해 야생동 · 식물보호법이 제정되었다.

5. 습지보전법

습지, 즉 '담수 · 기수 또는 염수가 영구적 또는 일시적으로 그 표면을 덮고 있는 지역으로서 내륙습지 및 연안습지'는 생물다양성의 보고인 동시에 오염물질정화기능을 가지는 자연환경의 중요요소이다. 이러한 습지를 효율적으로 보전 · 관리함으로써 국토의 효율적 이용을 도모하고, 「물새서식처로서 국제적으로 중요한 습지에 관한 협약」(람사협약)의 국내이행 및 국제협력의 증진을 위하여 제정된 것이 습지보전법이다.

Ⅲ. 산림보전을 위한 법

산림의 보전 등에 관한 주요 법률로는 산림기본법, 산림법, 산지관리법, 「임업 및 산촌 진흥촉진에 관한 법률」, 「수목원 조성 및 진흥에 관한 법률」, 「백두대간 보호에 관한 법률」, 사방사업법 등이 있다. 지속 가능한 산림경영의 촉진 및 산림생산력 증진, 구성원의 경제적 · 사회적 · 문화적 지위 향상을 도모하기 위하여 산림조합의 조직과 기능을 규정하고 있는 산림조합법, 국토의 황폐를 방지하고 효율적 사방사업 시행을 위한 사방사업법, 임업의 구조개선을 통하여 임업인의 권익 증진, 임업의 경쟁력 강화 및 낙후된 산촌지역의 진흥과 주민의 삶의 질 향상을 위해 제정된 「임업 및 산촌 진흥촉진에 관한 법률」 등도 중요하지만, 그 중 가장 기본이 되는 법률이 산림기본법과 산림법이다.

Ⅳ. 대기환경보전법

대기환경보전법은 대기환경행정의 수요증가, 전문화 · 다양화추세에 신속히 대처하기 위하여 대기배출시설, 비산먼지, 자동차배출가스 등 각종 대기환경관계정책을 종합 조정할 수 있는 독자적인 개별법을 제정하려는 취지에서 종래 환경보전법의 한 구성부분이었던 부분을 분리하여 이를 단행법으로 제정한 것이다.

대기환경보전법은 오염원으로부터 배출되는 대기오염물질에 대한 배출규제의 유형을 크게 세 가지로 나누어 규정하고 있다. 즉, 고정오염원인 사업장 등의 대기오염물질 배출을 규제하기 위한 제2장과 생활환경상의 대기오염물질배출을 규제하기 위한 제3장을, 이동오염원인 자동차배출가스를 규제하기 위한 제4장을 두어 해당 규제수단들을 규율하고 있다. 제5장에서는 보칙을, 제6장에서는 벌칙을 각각 규정하고 있다.

Ⅴ. 오존층보호를 위한 법적 수단

오존층보호를 위한 비엔나협약과 오존층파괴물질에 관한 몬트리올의 정서(이하 "의정서"라 한다)의 시행을 위하여 제정된 「오존층보호를 위한 특정물질의 제조규제 등에 관한 법률」은 특정물질의 제조 및 사용 등을 규제하고 대체물질의 개발·이용의 촉진과 특정물질의 배출억제 및 사용합리화 등을 효율적으로 추진하는 것을 목적으로 삼고 있다. 법률은 이러한 목적을 달성하기 위하여 특정물질의 제조, 제조수량을 규제하고 특정물질의 배출을 억제하고 사용을 합리화하기 위한 수단 및 대체물질 개발의 촉진책 등을 규정하고 있다.

Ⅵ. 수질환경의 보전

1. 수질및수생태계보전에관한법률

산업화·도시화가 진전됨에 따라 산업폐수나 생활하수 등으로 인한 수질오염이 가속화되고 오염원이 양적으로 확산되고 질적으로도 악화일로에 있다. 반면 국민의 맑은 물에 대한 요구와 수요는 계속 커지고 있다. 이러한 상황에서 '수질오염으로 인한 국민건강 및 환경상의 위해를 예방하고 하천·호소 등 공공수역의 수질을 적정하게 관리·보전함으로써 모든 국민이 건강하고 쾌적한 환경에서 생활할 수 있게' 하기 위하여 제정된 것이 수질및수생태계보전에관한법률이다.

2. 하수도법

도시화의 진전에 따른 인구의 도시집중으로 생활하수를 포함한 각종 도시하수가 대량으로 배출되고 있다. 이러한 하수가 제대로 처리되지 못한 채 하천 등 공공수역으로 방류될 경우 수질오염을 발생시키거나 악화시키는 요인이 되기 때문에 예로부터 도시하수의 처리가 중요한 도시행정의 과제가 되어 왔다. 이와 같이 도시생활에서 생기는 하수를 처리하는 공공하수도의 설치 · 관리에 관한 사항을 규율하기 위하여 만들어진 법이 하수도법이다.

3. 수도법

수도법은 수도에 관한 종합적인 계획을 수립하고 수도를 적정하고 합리적으로 설치 · 관리함으로써 공중위생의 향상과 생활환경의 개선에 이바지함을 목적으로 제정된 법률로서 수도수원의 보호를 위한 상수원보호구역제도, 수돗물의 수질기준, 수도사업의 인허가제도 등을 규정하고 있다. 여기서 수도란 도관 기타의 공작물을 사용하여 원수 또는 정수를 공급하는 시설의 전부를 말하며, 일반수도 · 공업용수도 및 전용수도로 구분한다. 다만, 일시적인 목적으로 설치된 시설과 농어촌정비법 제2조 제4호의 규정에 의한 농업생산기반시설을 제외한다.

4. 먹는 물 관리법

먹는 물의 안전성을 확보하기 위한 방안을 부문별로 나누어 본다면 ① 먹는 물의 수질기준 강화, ② 수돗물 생산 · 공급과정의 규제와 수질보전, ③ 먹는 샘물의 규제 · 관리 등 세 가지로 구분할 수 있다.

「먹는 물 관리법」은 맑은 물 공급을 위한 정부의 수질관리 일원화 정책에 따라 식품위생법, 공중위생법 등에 분산되어 있는 음용수 관련규정을 통합하여 먹는 물에 대한 관리를 체계화함으로써 국민건강상의 위해를 예방하고 합리적인 수질관리를 도모한다는 취지에서 1995년 1월 5일 법률 제4908호로 제정 · 공포되었다.

5. 하천법

현행 하천법은 하수로 인한 피해를 예방하고 하천사용의 이익을 증진시키기 위하여 하천의 지정・관리・사용 및 보전과 비용에 관한 사항을 규정하는 하천관리의 일반법으로서 총칙, 하천관리, 유수사용의 분쟁조정, 하천에 관한 비용과 수익, 하천관리위원회, 등 총 11개장, 98개 조항과 부칙으로 구성되어 있다.

6. 해양오염방지법에 의한 해양오염의 방지

해양오염방지법은 해양오염과 그 방지에 관하여 적용하도록 되어 있다. 다만, 방사성물질에 의한 해양오염 및 그 방지에 관하여는 적용이 없고 원자력법이 정하는 바에 의한다.

폐유・폐기물 및 유해액체물질에 대한 육상에서의 처리에 관하여는 해양오염방지법에 특별한 규정이 있는 경우를 제외하고는 폐기물관리법, 수질및수생태계보전에관한법률이 정하는 바에 의한다.

법은 제5장에서 방제・청소업에 관한 규정들을 두고 있다. 우선 제37조[507]에서는 방제・청소업을 등록제로 하고 그 시설기준 기타 필요한 사항을 국토해양부령으로 정하도록 하였고, 등록의 결격사유, 휴업 또는 폐업한 방제・청소업자가 저장시설 등에 미처리상태로 보관하고 있는 기름 등 폐기물에 대한 처리명령, 방제・청소업의 등록취소등에관한 규정들을 두고 있다.

Ⅶ. 연안관리법

연안관리법은 연안의 효율적인 보전・이용 및 개발에 관하여 필요한 사항을 규정함으로써 연안환경을 보전하고 연안의 지속가능한 개발을 도모하여 연안

---

507) 제37조 (방제·청소업의 등록); ① 다음 각호의 1에 해당하는 사업을 하고자 하는 자는 대통령령이 정하는 바에 따라 해양경찰청장에게 등록하여야 한다.
1. 방제업 : 방제에 필요한 설비 및 장비를 갖추고 해양에 배출되거나 배출될 우려가 있는 기름등폐기물을 제거하는 사업
2. 유창청소업 : 유창청소 및 폐유수거에 필요한 설비 및 장비를 갖추고 선박의 유창청소와 폐유수거를 하는 사업
②제1항의 규정에 의한 방제업 및 유창청소업(이하 "방제·청소업"이라 한다)의 시설기준 기타 필요한 사항은 국토해양부령으로 정한다.

을 쾌적하고 풍요로운 삶의 터전으로 조성하는 것을 목적으로 설정하는 한편, 연안을 생태적·문화적·경제적 가치가 조화롭게 공존할 수 있도록 종합적이고 미래지향적인 관점에서 관리하는 것을 연안관리의 기본이념으로 천명하고 있다.

Ⅷ. 토양환경보전법의 주요내용

토양오염으로 인한 국민건강 및 환경상의 위해를 예방하고, 토양생태계의 보전을 위하여 오염된 토양을 정화하는 등 토양을 적정하게 관리·보전함으로써 모든 국민이 건강하고 쾌적한 삶을 누릴 수 있게 함을 목적으로 제정된 토양환경보전법은 환경부장관에게 토양환경보전의 책무를 부과하면서 이를 토양보전기본계획을 수립하여 수행하도록 규정하고 있다.

1. 폐기물관리법

폐기물관리법은 폐기물의 발생을 최대한 억제하고 발생된 폐기물을 적정하게 처리함으로써 환경보전과 국민생활의 질적 향상에 이바지함을 목적으로 제정되었다. 오물 및 폐기물의 적정한 관리로 환경에 대한 오염을 최소화하기 위하여 1961년부터 오물청소법이 시행되었고, 산업폐기물의 경우 환경보전법이 규율하고 있었으나, 산업의 고도화와 인구의 급증으로 다량의 폐기물이 배출되고 그 성상 및 특성이 다양해져서 기존의 법으로는 폐기물의 발생부터 수거·재활용·소각·매립에 이르는 전과정을 체계적·합리적으로 관리할 수 없다는 이유에서 새로운 통합입법이 요구되었다. 그에 따라 종래 환경보전법과 오물청소법으로 이원화되어 있는 폐기물관리에 관한 사항을 단일법에 규정함으로써 폐기물의 특성에 따른 관리를 강화한다는 취지에서 오물청소법을 폐지하고 환경보전법의 산업폐기물조항을 통합하여 1986년 12월 31일 법률 제3904호로 폐기물관리법이 제정되었다.

2. 쓰레기종량제

급속한 도시화와 산업구조의 고도화로 인한 인구집중 및 소득수준의 향상에 따라 쓰레기 배출량이 계속 증가하고, 1회용품 사용의 증가, 과다한 포장, 가구·가전제품 폐기, 필요 이상의 음식물 소비, 특히 소비행태의 변화로 인해 종래 재활용되었던 폐기물이 그대로 버려지는 현상 등 여러 가지 요인들로 말미암아 쓰레기문제의 해결이 점점 어려워지게 되었다. 이러한 상황에서 국민 각자가 실제 배출하는 쓰레기의 양에 따라 수수료를 차등부담하도록 하는 것이 국민 스스로 쓰레기 배출을 줄이는 방안이라는 생각이 대두되었고 이에 일종의 원인자 부담제도인 쓰레기 종량제가 도입된 것이다.

쓰레기종량제란 쓰레기 배출량에 따라 배출자에게 쓰레기처리비용을 부담하도록 함으로써 쓰레기의 발생을 근본적으로 억제하고 재활용품의 분리배출을 촉진하기 위한 경제적 유인수단을 말한다. 이것은 과거 재산세나 건물면적 등을 기준으로 하는 정액부과방식의 쓰레기수수료 부과체계를 쓰레기배출량에 비례하는 부과체계로 전환한 것으로서 1995년 1월 1일부터 전국적으로 시행되었다.

3. 유해화학물질관리를 위한 법적 수단

우리나라에서 화학물질은 그 성상 및 이용목적에 따라 유해화학물질관리법, 약사법, 농약관리법, 산업안전보건법, 고압가스안전관리법, 마약법 및 소방법 등 7개 부처의 13개 법률에 의하여 관리되고 있다. 유해화학물질관리법은 화학물질관리의 기본이 되는 법이다. 이 법률은 화학물질로 인한 국민건강 및 환경상의 위해를 예방하고 유해화학물질을 적정하게 관리함으로써 모든 국민이 건강하고 쾌적한 환경에서 생활할 수 있게 함을 목적으로 삼고 있다. 유해화학물질관리법의 주요 골자는 신규 및 기존 화학물질의 유해성심사를 통한 유독물의 분류·지정·표시, 유독물 등의 취급자에 대한 관리기준 제시 등 화학물질의 안전관리, 배출량 및 유통량보고제도 등으로 되어 있다.

Ⅸ. 소음·진동의 규제

소음과 진동이 대기오염이나 수질오염 못지않게 인간과 동식물에 심각한 영향을 끼칠 수 있다는 사실이 과학적으로 밝혀지면서 소음·진동의 규제가 필요하다는 인식도 계속 확산되어 왔다. 이와 같은 소음·진동으로 인한 피해를 방지하고 소음 · 진동을 적정하게 관리 · 규제함으로써 모든 국민이 정온한, 즉 조용하고 쾌적한 환경에서 생활할 수 있도록 하기 위하여 제정된 것이 소음 · 진동규제법이다. 이것은 종래 환경보전법 중에서 소음 · 진동관계 조항을 분리하여 개별법으로 정비하여, 건설소음 · 진동, 교통소음 · 진동, 생활소음 · 진동, 항공기소음 · 진동 등 소음 · 진동발생원별로 합리적인 관리와 규제를 하여 모든 국민이 정온한 환경에서 생활할 수 있게 하려는 데 그 제도적 취지를 두고 있다.

법은 제3조[508]에서 환경부장관에게 전국적인 소음 · 진동의 실태를 파악하기 위하여 측정망을 설치하고 상시 측정하도록 의무화하는 한편, 특별시장 · 광역시장 또는 도지사(이하 "시 · 도지사"라 한다)에 대해서는 당해 관할구역 내의 소음 · 진동실태를 파악하기 위하여 측정망을 설치하여 상시측정하고 측정한 자료를 환경부령이 정하는 바에 따라 환경부장관에게 보고하도록 하고 있다.

508) 제3조 (상시 측정); ① 환경부장관은 전국적인 소음·진동의 실태를 파악하기 위하여 측정망을 설치하고 상시(상시) 측정하여야 한다. ② 특별시장·광역시장 또는 도지사(이하 "시·도지사"라 한다)는 해당 관할 구역의 소음·진동 실태를 파악하기 위하여 측정망을 설치하고 상시 측정하여 측정한 자료를 환경부령으로 정하는 바에 따라 환경부장관에게 보고하여야 한다. ③ 제1항과 제2항에 따른 측정망을 설치하려면 관계 기관의 장과 미리 협의하여야 한다.

제5장

소송법

제1절 민사소송법

Ⅰ. 민사소송법 일반

1. 민사소송법이란?

민사소송은 권리의 침해에 대한 법적 구제 중에서 그 대상이 사적 분쟁관계에 관한 것이다. 이는 국가권력기관인 사법부가 이러한 결론에 대해 양당사자를 복종하게 함으로써 더 이상의 반복적 분쟁해결의 시도를 봉쇄하려는 데에 그 바탕을 두고 있다. 이를 통해 사인간의 권리구제뿐 아니라 국가 법질서를 유지・확립하게 함으로써 법에 의한 지배가 가능하도록 하고 있다.

이러한 민사소송의 기본 목적[509)]을 달성키 위해서 소송제도가 어떠한 방향으로 운용되어야 할 것인가는 흔히 민사소송의 나아가야 할 바 혹은 이상이라고 표현되는 것이다. 이는 소송에 관하여는 당사자나 법원이 기본적으로 유념하여야 하는 핵심적 내용이라 할 것이다. 즉, 첫째로 재판의 내용이 바르고, 잘못이 없어야 하는 적정성의 추구이다. 둘째로 재판관은 어느 한편에 치우침이 없이 심리・판결을 하고 양당사자에게 주장・입증할 수 있는 대등한 기회를 주어야 한다. 셋째로 가능한 한 빠른 시일에 소송을 매듭짓는 것이 필요하며, 넷째로 재판을 계속 진행함으로써 무용한 비용이 증가되는 것은 양당사자에게

509) 이시윤, 신민사소송법, 박영사, 2008, 2면 이하 참조.

뿐 아니라 사회적 측면에서도 바람직하지 않다. 따라서 꼭 필요한 비용에 대해서만 지출되도록 하는 경제성의 추구가 함께 행해져야 한다.

1) 민사소송법의 성격

민사소송법은 공・사법의 관점에 있어서 공법에, 민사・형사법의 관점에서는 민사법에, 실체법과 절차법의 관점에서는 절차법에 속하게 된다.

(1) 공법

민사소송법은 국가의 국민에 대한 권력작용, 즉 사법권(司法權)과 이를 행사하는 법원의 조직・권한을 직접 규율한 것이므로 그 성질은 공법에 속한다.

(2) 민사법

민사소송법은 대등한 사인간의 생활관계상의 분쟁해결을 위한 법규로서, 이 점에서 민・상법 등의 사법과 그 대상을 같이 하므로 민사법에 속한다.

(3) 절차법

실체법은 권리관계의 변동에 관해 규율하는 법으로 재판내용의 기준으로서 작용함에 대해, 절차법은 실체적 권리관계의 구체화・현실화에 관한 법으로서의 기능을 담당한다. 민사소송법은 사법상(私法上)의 실체적 권리의 확정・실현을 위한 절차적 측면을 규율한다는 점에서 절차법이라 할 것이다.

2) 민사소송 이외의 사적분쟁해결제도

(1) 화해

분쟁의 자주적 해결방식으로서의 화해는 재판외의 화해와 재판상의 화해로 구별된다.

① 재판외의 화해

이는 민법상의 화해계약을 뜻하는바, 당사자가 상호 양보하여 당사자간의 분쟁을 끝낼 것을 약정하는 것이다. 불법행위 등 사고의 발생시 이른바 합의라는 이름으로 많이 사용되고 있다.

② 재판상의 화해

i) 제소전 화해

이는 분쟁당사자 중의 일방이 지방법원 단독판사에게 화해신청을 하여 단독판사의 주재하에 행하는 것으로, 화해가 이루어지면 소송상의 화해와 그 효력에 차이가 없다. 그러나 재소전의 화해가 제도외적 목적에 남용되는 사례를 쉽게 발견할 수 있다.

ii) 소송상 화해

이는 소송계속중 소송물인 권리관계에 대하여 당사자 쌍방이 양보한 끝에 일치된 결과 법원에 진술한 것으로 조서화(調書化)되면 소송은 판결에 의하지 않고 종료된다.

(2) 조정

조정이라 함은 법관이나 조정위원회가 분쟁관계에 개입하여 화해로 이끄는 절차를 말한다. 이는 관계인이 서로 양보한 끝에 조리에 따라 실정에 맞게 타협하는 분쟁해결로서 조정이 성립되어 조정조서가 작성되면 재판상의 화해와 동일한 효력을 가지며 준재심(準再審)의 절차에 의하여서만 다룰 수 있을 뿐이다.[510] 소송에 비해 비용이 저렴하게 들고, 간단・신속하게 처리될 수 있는 이점이 있으며 제3자의 관여가 필요적이라는 점에서 화해와 차이가 있다. 또 조정에는 민간인이 참여하는 조정위원회의 주도가 원칙이다.

(3) 중재

중재라 함은 당사자의 합의에 의해 선출된 중재인의 중재판정에 의하여 당사자간의 분쟁을 해결하는 절차를 말한다. 분쟁의 강제적 해결방식이라는 점에서 화해나 조정과는 다르나, 당사자 사이에 중재계약의 존재를 필요로 한다는 점에서 자주적 분쟁해결방식이 된다.

---

510) 대판, 1968.10.22. 68므32.

Ⅱ. 소송절차

1. 소송의 개념 및 종류

재판에 의해 권리를 보호받고자 하는 원고의 신청을 소라 하며, 소송은 이와 같은 소의 제기에 의해 개시된다. 소는 청구의 성립・내용에 따라서 확인의 소, 이행의 소, 형성의 소로 구분할 수 있다.

1) 확인의 소

확인의 소란 특정의 권리 또는 법률관계의 현재에 있어서의 존부의 확정을 구하는 소를 의미하는데, 다시 그 존재를 구하는 적극적 확인의 소와 그 부존재를 구하는 소극적 확인의 소로 나누어진다.

2) 이행의 소

이행의 소는 사법상 청구권의 존재와 이에 의한 피고의 현재나 장래에 있어서의 이행의무의 존재를 주장하는 소인데, 이에 대한 판결이 확정되는 경우에는 피고를 상대로 강제집행할 수 있는 집행력이 발생케 된다.

3) 형성의 소

형성의 소란 법률관계의 변경을 구하는 소로서 이혼・혼인의 무효・취소, 회사설립 무효, 주주총회 결의취소의 소 등이 그 예이다.

2. 소송의 주체

1) 당사자

소송당사자라 함은 법원으로부터 판결이나 집행을 요구받는 자를 소극적 당사자, 요구하는 자를 적극적 당사자라고 한다. 민사소송의 당사자는 보통 소송물의 실체상의 주체가 되나, 제3자가 그 소송수행권에 의하여 당연히 소송당사자가 되는 경우도 있고, 자기의 소송수행권능을 타인에게 이전시키는 경우도 있다.

(1) 당사자능력과 소송능력

민사소송에 있어 당사자가 되려면 일정한 능력, 즉 당사자능력을 갖추어야 한다. 당사자능력이라 함을 일반적으로 민사소송의 당사자, 즉 원고나 피고가 될 수 있는 소송법상의 지위를 말하는데, 이는 민법상의 권리능력에 해당한다. 위의 자가 소송행위를 하려면 소송상 자기의 이익을 스스로 충분히 주장·옹호할 만한 능력에 해당하는 소송능력[511)]을 갖추어야 한다. 이러한 소송능력은 민법상 행위능력에 해당되는데, 미성년자, 한정치산자, 금치산자 등은 홀로 독립하여 소송행위를 할 수 없고 법정대리인을 통해서만 가능하다.

(2) 변론능력

민사소송절차는 합목적성을 고려한 기술적인 요소가 강하게 작용하고 있어서 상당한 학식을 가진 사람이라고 하더라도 쉽사리 이를 이해할 수 없는 경우가 많다. 그러므로 소송절차를 신속·확실하게 진행시키려는 공익상 요구에서 소송당사자가 현실로 법원에 대하여 적법한 민사소송행위를 함에 있어서 변론능력을 요구하고 있다.

(3) 선정당사자제도

선정당사자란 공동의 이해관계가 있는 다수자 중에서 총원을 위하여 소송을 수행할 당사자로 선정된 자를 말한다. 선정당사자제도는 다수의 자가 소송에 참가함으로써 발생되는 번잡과 경제적 비용 등을 고려하여 나타난 개념으로서, 자기의 이름으로 소송을 수행한다는 점에서 본인을 대리하는 소송대리인과는 구별된다.

(4) 소송대리제도

소송법상 대리인이라 함은 당사자 등을 위해 본인의 이름으로 자기의 의사로서 소송행위를 하고, 상대방 또는 법원으로부터 본인에 대해 행하여지는 소

511) 민사소송법 제51조는 소송능력에 관하여는 민사소송법에 특별한 규정이 없으면 민법 그 밖의 법률에 의한다고 하였으므로, 민법상 행위능력을 갖는 자(만 20세의 성년에 달한 자로서 한정치산자, 금치산자가 아닌 자)는 소송능력을 갖는다(이시윤, 전게서, 140면).

송행위를 받는 제3자를 말한다. 이는 그 발생원인이 법률 등에 근거하는 소송행위를 받는 제3자를 말한다.[512]

2) 법원

(1) 개념

법원은 그 심급에 따라 지방법원, 고등법원, 대법원으로 나누어지게 된다. 이를 현행의 민사소송구조와 관련하여 대체로 소가(訴價) 3천만원 미만의 사건은 지방 단독판사→지방본원 합의부→대법원, 소가 3천만원을 초과하는 사건은 지방법원 합의부→고등법원→대법원의 순서로 심리하게 된다.

(2) 관할

민사재판권을 행사하는 여러 종류, 다수의 법원 사이의 사무분할을 관할이라 한다. 관할제도는 재판의 공정성과 능률성을 담보하는 것을 그 기본취지로 하고 있다. 관할은 그 기준에 따라서 토지관할 · 사물관할 · 직분관할 · 전속 · 임의관할, 심급관할 등으로 나누어진다.[513]

① 직분관할

직분관할이란 각 법원 사이에 그 담당하는 직분을 정하는 관점에서 본 관할을 말한다.[514]

② 사물관할

사물관할이라 함은 제1심 소송사건을 다투는 지방법원 단독판사와 지방법원 합의부 사이에서 사건의 경중을 표준으로 재판권의 분담관계를 정해 놓은 것을 말한다(제1심 사건 중 어떤 종류의 사건을 지방법원단독판사가 담당하고, 나머지를 합의부가 담당하느냐의 문제).[515]

---

512) 이시윤, 전게서, 147면 이하 참조.
513) 관할에 관하여는 민사소송법 제2조~제40조 참조.
514) 민사소송법 제62조, 제297조 · 제298조, 민사집행법 제260조 · 제303조 참조).
515) 이시윤, 전게서, 83면.

③ **토지관할**

이는 당해 사건과 인적 또는 물적으로 관련되는 지점이 그 법원의 관할구역 안에 있는지의 여부에 의해 결정되는데, 이 같은 인적 또는 물적으로 관련되는 지점을 재판적이라고 한다.

④ **지정관할**

이는 심급법원의 지정에 의해 결정되는 관할로서, 재정관할이라고도 한다.[516)]

⑤ **합의관할**

이는 당사자의 편의를 위한 것으로서 당사자 사이의 합의에 의해 정해지는 관할을 의미한다.[517)] 예를 들면 갑이 을과 임대차계약을 체결하면서 앞으로 그 계약과 관련하여 제소할 경우 A법원을 관할법원으로 하자고 합의하여 생긴 관할을 말한다.

⑥ **응소관할(변론관할)**

이는 원고가 본래의 관할권이 없는 법원에 제소했음에도 불구하고 피고가 관할위반의 항변을 제출하지 아니하고, 본안에 관해 변론을 하거나 준비절차에서 진술을 하면 제소법원에 관할권이 생기는 것으로서 바로 이때의 관할을 의미한다.[518)]

---

516) 제28조 (관할의 지정); ① 다음 각호 가운데 어느 하나에 해당하면 관계된 법원과 공통되는 바로 위의 상급법원이 그 관계된 법원 또는 당사자의 신청에 따라 결정으로 관할법원을 정한다.

1. 관할법원이 재판권을 법률상 또는 사실상 행사할 수 없는 때
2. 법원의 관할구역이 분명하지 아니한 때

② 제1항의 결정에 대하여는 불복할 수 없다.

517) 제29조 (합의관할); ① 당사자는 합의로 제1심 관할법원을 정할 수 있다. ② 제1항의 합의는 일정한 법률관계로 말미암은 소에 관하여 서면으로 하여야 한다.

518) 제30조 (변론관할) 피고가 제1심 법원에서 관할위반이라고 항변(항변)하지 아니하고 본안(본안)에 대하여 변론(변론)하거나 변론준비기일(변론준비기일)에서 진술하면 그 법원은 관할권을 가진다.

Ⅲ. 소의 제기

1. 소장의 제출과 관할법원의 선정

민사소송의 첫 단계는 원고가 제1심의 관할법원에 소장을 제출하는 것이다. 소장제출단계에서 바로 관할의 문제가 도출된다.

관할 중 가장 중요한 것은 토지관할이다. 사물관할은 원래는 법원 내부에서 정할 문제이고, 전속관할은 회사소송이나 인사소송에서 주로 문제될 따름이다. 즉, 원고는 관할법원이 어디인가를 잘 살펴서 소장을 제출하여야 한다. 하나의 사건에 대하여 여러 개의 관한법원이 있을 수 있으므로 원고로서는 자기에게 가장 유리한 관할법원을 고르게 된다.

2. 소장의 요건과 심사

소장제출에는 몇 가지 조치가 필요하다. 소장은 일정한 형식을 갖추어야 하는 서면이므로 소정의 사항을 기재하고, 원고 또는 대리인이 서명날인하며, 소송물 가액에 따라 인지를 붙이고, 피고의 수만큼의 부본을 첨부한다.

소장을 접수받는 법원에서는 사무분담에 따라 사건을 특정재판부에 배당한다. 사건을 배당받은 재판부의 재판장은 소장을 심사한다. 즉 부장판사나 단독판사가 소장이 제대로 되어 있는가의 여부를 살펴보는 것이다. 이것이 재판장의 소장심사권이다.

3. 소장의 송달과 기일지정

통상의 경우에는 형식적 요건을 갖춘 소장이 제출된다. 이에 따라 재판장은 소장부본을 피고에게 송달하고, 변론기일을 지정하여 원고와 피고를 소환한다. 그런데 가끔 피고에게 소장이 송달되지 않는 경우가 있다. 이것을 송달불능이라고 부른다. 그러면 재판장은 원고에게 피고의 주소를 보정할 것을 명령한다. 이에 원고가 불응하면 역시 소장이 각하된다.

4. 변론절차

1) 변론[519]의 의의와 종류

소송의 심리를 위해 거쳐야 하는 과정으로서, 협의로는 수소법원에서 특정 기일에 당사자가 구술로써 신청 및 공격방어방법에 관해 진술하는 것을 의미하고, 광의로는 당사자의 소송행위 이외에 법원의 소송지휘·증거조사 및 재판의 선고도 포함하는 절차를 말한다. 이는 다시 크게 변론과정을 반드시 거쳐야만 하는 필요적 변론과 변론경유 여부가 법원의 자유재량에 속하는 임의적 변론의 둘로 나누어진다.

2) 변론과 관련한 제원칙

(1) 공개심리주의

소송의 심판, 변론과 재판을 일반 공중이 방청할 수 있는 상태에서 심리하는 것.

(2) 쌍방심리주의

당사자 쌍방에게 평등한 진술기회를 부여하여 심리하는 것.

(3) 구술심리주의

청구의 신청, 소송자료의 제출, 심문 등 당사자와 법원의 행위를 모두 구술로 하는 주의.

(4) 직접심리주의

변론의 청취 및 증거조사를 수소법원이 스스로 직접 행하도록 하는 주의.

(5) 당사자처분주의

소송의 개시·종결 그리고 심판의 대상을 당사자의 의사에 맡기는 것.

---

519) 변론에 관하여는 민사소송법 제134조~제164조 참조.

(6) 자유심증주의

법원이 당사자가 주장한 사실 등을 진실한 것으로 인정함에 있어 법률상 구속을 받지 않고 자유로이 판단할 수 있는 것.

3) 변론기일과 당사자 불출석

최초의 변론기일은 재판부 사정에 따라 다르지만 보통의 경우라면 소장이 제출되고 나서 1~2개월 정도가 지나서 열리게 된다. 변론기일은 사건과 당사자의 호명으로 시작된다. 즉 재판장이 사건번호를 부르고, 원고와 피고의 이름을 부르면 원고와 피고가 법대(法臺) 앞에 나와 선다.

만약 원고는 출석했는데 피고가 적법한 송달을 받고서도 나오지 않으면 의제자백이 되어, 이것 자체로서 원고가 승소한다.

4) 통상적인 경우의 변론기일

대부분의 소송에서 원고와 피고가 모두 출석한다. 피고가 출석하더라도 원고의 청구를 그대로 인정하거나, 주장사실을 모두 인정하면 증거조사로 나아갈 필요 없이 소송은 이로써 종결한다. 원고의 청구를 그대로 인정하는 것이 이른바 청구의 인락(認諾)이다. 청구의 인락이 있으면 판결을 할 필요도 없이 조서에다 청구를 인락했다는 취지를 기재하고 그 사건을 끝낸다.

5) 부인과 항변 등 피고의 소송상 태도

원고의 청구원인사실에 대하여 피고가 취할 수 있는 태도는 네가지이다. 첫째는 그러한 사실이 없다고 주장하는 否認이다. 둘째는 그러한 사실이 존재여부를 잘 모르겠다고 하는 不知이다. 셋째는 그러한 사실을 인정한다고 하는 自白이다. 넷째는 아무런 말도 하지 않는 침묵이다. 이때 피고가 어떠한 태도를 취하는가는 그 후의 심리전개에 결정적인 영향을 미친다.

Ⅳ. 증거조사절차

법원은 원칙적으로 원고 또는 피고가 신청한 증거를 조사하면 족하다. 법원은 당사자가 신청한 모든 증거를 조사하여야 하는 것은 아니다. 그 중에서 불필요하다고 생각되는 것은 증거신청을 각하한다.

증거조사는 원칙적으로 법정에서 이루어진다. 그러나 때로는 법정 밖에서 이루어지기도 한다.

Ⅴ. 심리의 종결과 판결

1. 심리종결 및 판결서의 작성

증거조사절차가 끝나면 심리를 종결하는데 이를 실무상에서는 終審이라고 줄여 부른다.

심리를 종결하면 법관들은 그동안 제출된 준비서면과 증거서류가 묶어져 있는 소송기록을 약 2~3주 읽게 된다. 그동안 여러 사건이 결심되었을 것이므로 여러 건을 한꺼번에 보게 된다. 그동안의 심리과정에서도 어느 정도의 심증이 형성되었겠지만, 이 단계에서 결정적으로 심증이 형성되게 되고 이를 토대로 판결을 하게 된다.

2. 판결

판결[520]에는 소송판결과 본안판결이 있다. 소송판결이란 소송요건에 흠결이 있을 때 소를 부적법하다 하여 각하하는 종국판결이다. 즉 자격이 없다고 하여 그 내용을 살펴보지 않고 문전에서 쫓아내는 판결이다. 본안판결이란 그 내용을 살핀 판결고서 이행판결, 확인판결, 형성판결이 있다. 이행판결이란 '피고는 원고에게 금00원을 지급하라'라는 것이고, 확인판결은 '…는 원고의 소유임을 확인한다'라는 것이고, 형성판결은 '원고와 피고는 이혼한다', '…임대차계약을 해지하라'는 것이다.

---

520) 재판에 관하여는 민사소송법 제198조~제224조 참조.

Ⅵ. 재판에 대한 불복절차

1. 상소심 절차

상소는 당사자, 기타 소송관련인이 상급법원에 대하여 하급법원이 자기에게 불이익하게 내린 미확정재판의 취소나 변경을 구하는 불복신청방법이다. 민사소송법상 상소에는 제1심 판결에 대한 불복신청인 항소, 제2심 판결에 대한 불복신청인 상고 및 결정・명령에 대한 상소인 항고와 항고법원의 판결에 대한 불복신청인 재항고가 있다. 이외에 형식상 취급되는 특별항고가 있다.

2. 재심절차

재심은 이미 확정된 종국판결에 대하여 기판력에 따른 효력을 유지할 수 없는 중대한 하자가 있을 때, 판결을 한 법원에 대하여 그 판결을 취소하고 소송을 판결 전의 상태로 회복시켜, 다시 변론절차에 돌아가서 재판할 것을 구하는 특별한 불복신청방법이다.

3. 특수절차

1) 소액사건심판절차

소액사건이란 지방법원 및 동지원의 관할사건 중 대법원규칙으로 정하는 민사사건이다. 소액사건심판규칙은 현재 소송물 가액이 2천만원을 초과하지 아니하는 금전 기타 대체물이나 유가증권의 일정한 수량의 지급을 목적으로 하는 민사사건이라고 규정하고 있다.

2) 독촉절차

독촉절차란 채권자가 강제집행을 통한 만족을 얻기 위하여 일일이 이행의 소를 제기하여 승소판결에 대한 채무명의를 얻는 대신, 채무자가 채권의 존부에 관하여 다투지 아니하는 경우에는 간이・신속한 절차에 따라 싼 비용으로 채무명의를 얻게 하는 것이다.

3) 형사배상명령

형사배상명령은 제1심 또는 제2심의 형사공판절차에서 소송촉진등특별법의 제25조 제1항에 규정된 범죄에 관하여 유죄판결을 선고할 경우에 법원이 직권 또는 피해자나 그 상속인의 신청에 의하여 피고사건의 범죄행위로 인하여 발생한 직접적·물적 피해와 치료비의 배상을 명하는 것을 가리킨다.

제2절 형사소송법

Ⅰ. 형사소송법 일반

1. 형사소송법이란?

형사소송법이란 형법을 적용·실현하기 위한 절차를 규정하는 법률체계를 말한다. 형사소송법에 의하여 국가공형벌권을 실현하는 데 있어서 필연적으로 개인의 기본적 인권을 침해하지 않을 수 없다. 형법의 적용이라는 공익과 개인의 자유라는 이익이 가장 예리하게 충돌하고 있는 법률체계가 형사소송법이라 할 수 있다. 형사소송법은 이러한 충돌하는 이익을 적절히 조정하지 않으면 안 된다. 여기서 형벌권을 실현하는 절차에서 개인의 자유침해를 억제하기 위하여 형사절차를 법률에 의하여 규정할 것이 요구된다. 이를 형사절차법정주의라고 한다.[521]

Ⅱ. 소송주체

소송의 주체는 법원·검사·피고인이다. 피고인과 검사를 당사자라고 하며, 검사는 공소권의 주체로서 원고의 지위를 가진다.

1. 법원

1) 의의와 종류

법원의 의의는 국법상 의미와 소송법상 의미가 있다. 국법상의 의미는 사법행정상의 관청으로서의 법원과 사법행정상의 관서로서의 법원으로 구분된다. 전자는 사법행정권의 주체가 되는 법원을 말하고, 후자는 그 자체로서는 아무

---

521) 이재상, 신형사소송법, 박영사, 2008, 4면.

런 권한이 없는 법관과 전직원을 총괄하는 사법행정상의 단위에 불과한 법원을 말한다. 법원조직법상의 법원은 통상 국법상의 의미를 뜻한다. 소송법상의 의미에서의 법원은 개개의 사건에 관하여 실제로 재판권을 행사하는 재판기관 즉, 법관의 합의체 또는 1인의 법관(단독판사)을 말하며, 형사소송법상의 법원은 통상 소송법상의 의미를 뜻한다.

법원에는 최고법원인 대법원과 하급법원인 고등법원과 특허법원, 지방법원, 가정법원, 행정법원이 있고, 지방법원과 가정법원의 사무의 일부를 처리하기 위하여 그 관할구역내에 지방법원지원과 소년부지원, 사법원 또는 郡法源 및 등기소가 있다. 이밖에 특별법원으로 군사법원이 있다.

2) 제척 · 기피 · 회피(공평한 법원구성)

재판이 공정하기 위해서는 우선 조직과 구성에 있어서 편파적인 재판을 할 우려가 없는 법원이 그 전제로 된다. 제척 · 기피 · 회피제도는 공평한 법원의 구성을 보장하기 위한 제도이다.

제척은 구체적인 사건의 심판에 있어서 법관이 불공정한 재판을 할 우려가 현저한 것으로 법률에 유형적으로 규정되어 있는 사유에 해당하는 때에 그 법관을 직무집행에서 당연히 배제시키는 제도이다.[522)]

기피는 법관이 제척사유가 있음에도 불구하고 재판에 관여하거나 기타 불공정한 재판을 할 염려가 있는 때에 당사자의 신청에 의하여 그 법관을 직무집행에서 탈퇴하게 하는 제도로서 제척을 보충하는 데 의의가 있다.[523)]

---

522) 제17조 (제척의 원인); 법관은 다음 경우에는 직무집행에서 제척된다.
1. 법관이 피해자인 때
2. 법관이 피고인 또는 피해자의 친족 또는 친족관계가 있었던 자인 때
3. 법관이 피고인 또는 피해자의 법정대리인, 후견감독인인 때
4. 법관이 사건에 관하여 증인, 감정인, 피해자의 대리인으로 된 때
5. 법관이 사건에 관하여 피고인의 대리인, 변호인, 보조인으로 된 때
6. 법관이 사건에 관하여 검사 또는 사법경찰관의 직무를 행한 때
7. 법관이 사건에 관하여 전심재판 또는 그 기초되는 조사, 심리에 관여한 때

523) 제18조 (기피의 원인과 신청권자); ① 검사 또는 피고인은 다음 경우에 법관의 기피를 신청할 수 있다.
1. 법관이 전조 각호의 사유에 해당되는 때
2. 법관이 불공평한 재판을 할 염려가 있는 때

② 변호인은 피고인의 명시한 의사에 반하지 아니하는 때에 한하여 법관에 대한 기피를 신청할 수 있다.

회피는 법관 스스로 기피의 원인이 있다고 판단한 때에 자발적으로 직무집행에서 탈퇴하는 제도이다.[524)]

2. 검사

1) 검사의 의의 · 성격

검사란 검찰권을 행사하는 국가기관으로서, 범죄수사기관이고 소추기관인 동시에 재판의 집행기관이다. 검사는 검찰사무를 처리하는 단독체의 관청이며, 자격과 신분보장은 법관과 같다. 범죄수사와 공소제기 · 유지 및 재판의 집행을 내용으로 하는 검찰권은 사법권과 밀접한 관계를 맺고 있으므로 준사법기관으로서의 성격을 가지고 있다. 또한 공익의 대표자로서 피고인 · 피의자의 정당한 이익을 보호해야 할 공익적 입장에 있으며, 검사의 피고인 · 피의자를 위한 변호를 실질적 변호라고 한다.

2) 검사동일체의 원칙

전국의 검사는 검찰권을 행사함에 있어 검찰총장을 정점으로 하여 상명하복관계에 서서 일체불가분의 유기적 통일체로 활동하는데, 이를 검사동일체의 원칙이라고 한다. 이 원칙은 범죄의 수사와 공소의 제기 · 유지 및 재판의 집행을 내용으로 하는 검찰권의 행사가 전국적으로 균형을 이루게 하여 기동성 · 신속성에 대처하고, 검찰권 행사의 통일성 · 공정성을 기하려는 데 그 존재이유가 있다.[525)]

3. 피고인

피고인이란 형사사건으로 국가기관에 의하여 형사소추를 당한 자 또는 형사

524) 제24조 (회피의 원인등); ① 법관이 제18조의 규정에 해당하는 사유가 있다고 사료한 때에는 회피하여야 한다. ②회피는 소속법원에 서면으로 신청하여야 한다. ③ 제21조의 규정은 회피에 준용한다.

525) 검찰청법 제7조는 2003.12.30. 개정을 통하여 검사동일체의 원칙이 표제를 삭제하고 검사는 검찰사무에 관하여 소속 상급자의 지휘 · 감독을 받아야 한다고 규정하여 검찰사무에 대한 지휘 · 감독관계를 규정하고 있다. 그러나 검사동일체의 원칙의 내용인 직무승계와 이전의 권한은 개정법에서도 유지되고 있고(동법 제7조의2), 검사의 지휘 · 감독관계는 상명하복관계를 전제로 하는 것이고 종래의 검사의 상명하복관계도 순수한 의미의 그것이 아니었던 이상 검사동일체의 원칙은 여전히 유지되고 있다고 해야 한다(이재상, 전게서, 95면).

소추를 당한 자로 의제되거나 취급되고 있는 자를 말한다. 피고인은 공소제기 이후의 개념이므로 피의자와 구별되며, 판결확정 이전의 개념으로서 수형자와도 구별된다.[526]

4. 변호인

변호인이란 피고인 또는 피의자의 방어력을 보충함을 임무로 하는 보조자를 말한다. 피고인은 법률에 대하여 문외한이며 범죄의 협의를 받고 있다는 불안과 공포로 인한 심리적 열등감에 빠지게 된다. 그러므로 검사와 대등한 당사자로서의 지위를 확보하기 위해 피고인과 신뢰관계에 있으면서 법률적 지식을 갖춘 변호사로 하여금 피고인을 보조하게 하려는 것이 변호인제도의 존재이유이다.

Ⅲ. 수사와 공소제기

1. 수사

수사[527]란 형사사건에 관하여 공소를 제기하고, 이를 수행하기 위하여 범인을 발견・확보하고 증거를 수집・보전하는 수사기관의 활동을 말한다. 수사기관에는 검사와 사법경찰관리가 있는데, 검사는 수사의 주재자이고, 사법경찰관리는 검사와 상명하복의 관계에 있는 검사의 보조기관이다.

수사기관은 범죄의 혐의가 있다고 판단된 때에 한하여 수사를 개시할 수 있다. 수사의 방법으로는 임의수사와 강제수사가 있으며, 임의수사는 강제력을 행사하지 않고 수사를 받는 상대방의 승낙이나 동의를 받아서 하는 수사를 말하고, 강제수사란 상대방의 의사 여하를 불문하고 강제적으로 실시하는 수사를 말한다.

---

526) 피고인의 소환, 구속에 관하여는 형사소송법 제68～제105조 참조.
527) 수사에 관한 내용은 형사소송법 제195조～제245조 참조.

2. 소송의 제기

검사가 수사를 종결하면 기소 또는 불기소를 하게 되는데, 검사가 형사사건에 관하여 법원의 재판을 요구하는 행위를 이를테면 기소, 즉 공소제기라고 한다. 형사소송법은 공소[528]는 검사가 제기하여 수행한다고 규정하여 국가소추주의를 택함과 동시에 공소권의 행사를 검사에게 독점시키는 기소독점주의를 채용하고 있다. 또한 수사결과 기소를 함에 충분한 범죄의 혐의가 있더라도 범인의 연령·성행·지능과 환경 등 여러 가지 사유를 참작하여 검사는 기소를 하지 아니할 수 있는데, 이를 기소편의주의라고 한다.

Ⅳ. 공판절차

1. 공판절차의 기본원칙

공판절차에서 법률관계가 공정성을 유지하기 위하여는 공판절차의 여러 가지 기본원칙이 필요하게 되는데, 여기에는 공개주의,[529] 구두변론주의,[530] 직접주의,[531] 집중심리주의가 있다. 직접주의는 공판정에서 직접 조사한 증거에 한하여 재판의 기초로 할 수 있다는 주의를 말하고, 집중심리주의라 함은 심리에 2일 이상을 소요하는 사건은 연일 계속하여 심리해야 한다는 것으로 계속심리주의라고도 한다.

2. 공판의 절차

공판절차는 공판준비절차와 공판기일의 절차로 나뉘는데, 공판기일에서의 일반적 순서는 인정신문, 검사의 모두진술, 진술거부권 등의 고지, 피고인의

---

528) 공소에 관하여는 형사소송법 제246조~제265조 참조.
529) 공개주의란 일반 국민에게 심리의 방청을 허용하는 주의를 말한다.
530) 구두변론주의란 법원이 당사자의 구두에 의한 공격·방어를 근거로 하여 심리·재판하는 주의를 말한다.
531) 직접주의란 공판정에서 직접 조사한 증거만을 재판의 기초로 삼을 수 있다는 주의를 말한다.

모두진술, 피고인신문, 증거조사, 최종변론, 판결의 선고로 진행된다.

1) 인정심문

공판기일의 맨 처음에 행하는 절차로서 공소장에 기재된 피고인과 출정한 피고인이 동일인임을 확인하려는 데 그 목적이 있다.

2) 검사의 모두진술

재판장의 인정신문이 끝나면 재판장은 검사로 하여금 공소장에 의하여 기소의 요지를 진술하게 할 수 있다.

3) 진술거부권 등의 고지

검사의 모두진술이 끝나면 재판장은 피고인에게 각개의 신문에 대해 진술거부권을 행사할 수 있다는 취지를 고지해야 한다.

4) 피고인의 모두진술 및 피고인심문

재판장은 피고인에게 그 이익되는 사실을 진술할 기회를 주어야 하고, 이후 검사와 변호인이 피고인에 대하여 순차로 공소사실과 정황에 대하여 신문할 수 있으며, 재판장은 검사와 변호인의 신문이 끝난 후에 신문할 수 있다.

5) 증거조사

증거조사는 피고인신문이 끝난 후에 하는 것이 원칙이나 필요시에는 피고인신문중에서도 가능하다. 증거조사란 법원이 피고사건의 사실인정과 형의 양정에 관한 심증을 얻기 위하여 인증・서증・물증 등 각종의 증거방법을 조사하여 그 내용을 감지하는 소송행위를 말한다.

6) 최종변론

피고인신문과 증거조사가 끝난 후에 검사는 사실과 법률적용에 관하여 의견을 진술하여야 한다. 검사의 의견진술이 끝나면 재판장은 변호인과 피고인에게 최종의 의견을 진술할 기회를 주어야 한다.

7) 판결선고

공판절차의 최종단계이다. 판결의 선고는 재판장이 하며 주문을 낭독하고 이유의 요지를 설명해야 한다. 판결선고를 하는 공판기일에는 원칙적으로 피고인이 출석하여야 한다.

Ⅴ. 상소

상소[532]란 미확정의 재판에 대하여 상급법원에 구제를 구하는 불복신청제도를 말한다. 재판에 대한 불복신청이라는 점에서 불기소처분에 대한 항고나 재정신청과 같이 검사의 처분에 대한 불복신청과 구별되며, 미확정된 재판에 대한 불복신청이라는 점에서 확정판결에 대한 비상구제절차인 재심 또는 비상상고와도 구별된다.

상소제도는 오판의 시정에서 그 존재이유를 찾을 수 있으며 여기에는 항소·상고·항고가 있다. 항소는 제1심 판결에 대한 상소이며, 상고는 제2심 판결에 대한 상소이다 법원의 결정에 대한 상소는 항고라고 하며 이는 일반항고와 특별항고(재항고)가 있고 일반항고에는 형사소송법에 특별한 규정이 있는 경우를 제외하고 법원의 결정에 대하여 불복하는 보통항고와 형사소송법에 특별한 규정이 있는 경우에 한해서 할 수 있는 즉시항고가 있다.

---

532) 상소에 관하여는 형사소송법 제338조~제356조 참조.

찾아보기

저자소개 및 집필내용

정갑용(영산대학교 법과대학 교수 · 법학박사)

제1장 법학일반

제2장 제4절 국제법

설계경(영산대학교 법과대학 교수 · 법학박사)

제2장 제1절 헌법

제2절 행정법

제3절 형법

제4장 제4절 환경법

제5장 소송법

정성숙(영산대학교 법과대학 교수 · 법학박사)

제3장 제1절 민법

제2절 상법

제4장 제1절 노동법

제2절 사회보장법

제3절 지적소유권법

법 학 입 문

2017년 2월 19일 1판 3쇄 인쇄
2017년 2월 27일 1판 3쇄 발행

저 자 정갑용 · 설계경 · 정성숙
발 행 인 김 용 성
발 행 처 법률출판사
서울시 동대문구 휘경동 187-20 오스카빌딩 4층
☎ 02)962-9154 팩스 02)962-9156
등록번호 제1-1982호
ISBN 978-89-5821-201-0 93360
☎ 02)962-9154 팩스 02)962-9156
등록번호 제1-1982호